איך לדבר עם ילדינו על מיניות ואינטימיות

מדריך להורה הדתי

ד"ר יוכבד דיבו

איך לדבר עם ילדינו
על מיניות ואינטימיות

מדריך להורה הדתי

מגיד
אמונה

Yocheved Debow

Talking about Intimacy and Sexuality
A Guide for Orthodox Jewish Parents

יוכבד דיבו

איך לדבר עם ילדינו על מיניות ואינטימיות: מדריך להורה הדתי

עורך אחראי: ראובן ציגלר
עורכת משנה: אפרת גרוס
תרגום: רחל קסל
עריכה לשונית: אפרת גרוס, משה גרוס, אריאל הורוביץ
הגהה: שרה המר
עימוד: רינה בן גל
עיצוב העטיפה: אליהו משגב

ספרי מגיד, הוצאת קורן
ת"ד 4044 ירושלים 9104001
טל': 02-6330530 פקס: 02-6330534
www.maggidbooks.com

ISBN 978-965-526-268-1 מסת"ב

Printed in Israel 2021 נדפס בישראל

לדוד
כי שלי ושלך שלנו הם
ונפשי קשורה בנפשך

לזכר ידיד נפשי במשך שנים רבות
פרופ׳ יחיאל (סיריל) דומב ז״ל

חיים (הארי) ואנה שימל

תוכן העניינים

פרק 1: למה לדבר עם ילדינו על מיניות?

פרק 2: תפיסה יהודית של מיניות

פרק 3: איך לפתוח בשיחה?

פרק 4: התפתחות בקרב ילדים

פרק 5: דימוי גוף

פרק 6: הפרעות אכילה

פרק 7: צניעות

פרק 8: יחסים בין המינים

פרק 9: התמודדות עם ברכת הזרע

פרק 10: הומוסקסואליות ויהדות

פרק 11: להבין את סוגיית המגדר – ג׳נדר וטרנסג׳נדר ביהדות

פרק 12: המדיה והאתגרים שהיא מזמנת

פרק 13: הטרדה ופגיעה מינית

פרק 14: משמעת עצמית כדרך להגיע לקדושה

מכתבי ברכה

הרב ד"ר צבי הירש ויינרב

אני מנסה למצוא את המילים להביע את ההתרגשות העזה שחשתי למקרא ספרה החדש של ד"ר יוכבד דיבו, "איך לדבר עם ילדינו על מיניות ואינטימיות: מדריך להורה הדתי", ואני מוצף בשמות תואר, וכולם דברי שבח: הכרחי, אינפורמטיבי, מעשי, גלוי, מקיף, ברור.

הכרחי – מראשית הזמנים היה החינוך בנושאי רבייה אנושית באחריות המשפחה. לא ידוע לנו כיצד הקנו הורים לילדיהם מידע על מין ורבייה בזמנים עברו. רוב ההורים הדתיים מתקשים היום מאוד להעביר את המידע החיוני הזה לילדיהם באופן עובדתי מבחינה מדעית, מדויק מבחינה הלכתית ומועיל. התהליך הזה מעורר לרוב מבוכה בקרב הורים, ורבים מתחמקים מאחריות ומשאירים היבט חיוני זה של החינוך בידי אחרים. לפעמים האחריות עוברת לידיהם של מורים וספרי לימוד, אבל לעיתים קרובות יותר ילדינו לומדים על מין מחבריהם במגרש המשחקים, או גרוע מזה, מגיבורי התרבות של החברה המערבית בת־זמננו שדעותיהם וערכיהם בהחלט אינם תואמים את מה שנראה לנו כדאי ובריא, וסותרים לחלוטין את אמונתנו הדתית.

לפיכך, זה מכבר קיים צורך בספר כמו ספרה של ד"ר דיבו. הורים זקוקים לו כדי לקיים חובה עקרונית זו באופן מיטיב שיצליח לצמצם, ואולי אף לבטל לחלוטין, את המבוכה הנלווית לה. ספר זה מגיע בדיוק בזמן, והוא עונה על צורך מיידי.

אינפורמטיבי – פעמים רבות במהלך השנים אמרו לי הורים שיעצתי להם בנושא זה: "אנחנו פשוט לא יודעים מה לומר". רובם מודים שאינם יודעים באילו מילים להשתמש כדי לתקשר היטב עם ילדיהם הצעירים. רבים אינם בטוחים מהו המסר של התורה בנושא חיוני זה. יש שמודים שהם אינם מתמצאים בפרטים הנוגעים לרבייה האנושית ולמיניות.

ד"ר דיבו עוזרת להפיג את תחושות הבורות וחוסר המיומנות. שפת הילדים בכל שלבי ההתפתחות נהירה לה, והיא חולקת עצות מעשיות בדבר מונחים ודימויים שמדברים גם לצעירים ביותר. היא מספקת ידע מדעי בנושאים כמו: הפיזיולוגיה של הרבייה, דימוי גוף, וסת ואוננות, ואף הומוסקסואליות.

היא מתמחה במיוחד בהצגה ובהבהרה של ערכים יהודיים ועקרונות הלכתיים. היא מגדירה את האתיקה המינית היהודית, מלמדת צניעות, ומשכנעת את הקוראים במקומה החשוב של התשובה ובאפשרות להשתמש במשמעת עצמית, גם בימינו אלה, כדרך להגיע לקדושה.

מעשי – ספר זה מבוסס על ניסיונה הנרחב ומומחיותה המעשית של המחברת. ד"ר דיבו היא בעלת מיומנות כמו גם השכלה מקיפה בתחום המדעי הכללי של התפתחות האדם. לרשותה ידע נרחב בטקסטים ההלכתיים והמחשבתיים הרלוונטיים. כהשלמה לידע האישי שלה וכדי להעניק לו תוקף נוסף, היא דאגה להתייעץ גם עם שפע של רבנים, מחנכים ויועצים פסיכולוגיים.

וחשוב מכול, ד"ר דיבו מכירה את עולם הילדים. היא מודעת לקונפליקטים ולפיתויים שהם חווים והיא שמעה את שאלותיהם. דבריה מבוססים ישירות על האינטראקציות הרבות שהיו לה עם הורים וילדים. ההוראות וההמלצות שלה לעולם אינן מופשטות ותיאורטיות אלא תמיד מעשיות ומציאותיות.

גלוי – ספר כזה נועד לכישלון אם לא יהיה גלוי לב ועובדתי. אל לו להתבסס על תפיסה לא מציאותית של מסוגלות הורית, ואל לו להתעלם מחוויותיהם ומחשבותיהם הממשיות של ילדים בימינו. הוא חייב לקרוא לדברים בשמם ולפעמים אף להתייחס למיניות ואינטימיות באופן בוטה, ועליו להימנע תמיד מעיוות המסרים של התורה בנושא זה. הוא חייב 'לשים הכול על השולחן', וזה בדיוק מה שעושה ד"ר דיבו בספרה.

מקיף – זה איננו מדריך מעשי פשטני. בספר יש התייחסות מקיפה לנושא בכ־400 עמודים. הוא מתייחס לשלל נושאים חיוניים, גם אם בתחילה אולי לא יבינו הקוראים את חשיבותם. כוונתי במיוחד לפרק על הפרעות אכילה ולדיונים המועילים ומלאי התובנה על אמצעי התקשורת, ובמיוחד האינטרנט. טיפולה בנושא הרגיש של הטרדה ופגיעה מינית הוא בגדר קריאת חובה.

ישנם ספרים שיש בהם חומר רב, אך הם סובלים מהיעדר לכידות. ספרים כאלו מקיפים מדי, ויוצרים את הרושם שמחברם פשוט שפך על הנייר את כל הידע שלו בנושא. ספרה של ד״ר דיבו אינו חוטא בכך. ד״ר דיבו מפגינה לא רק שליטה בכמה תחומים נבדלים, אלא גם מצליחה למזג את הידע הרב בהתאמה מלאה, כמו בין חלקיו של פאזל ענק.

בהירות – לבסוף, הספר כתוב באופן משכנע וברור לכל קורא בר־דעת. הוא עוסק בנושאים מורכבים וברעיונות שלרבים יש בהם מן החידוש. משובצות בו דוגמאות לשיחות על נושאים רגישים, ולמרות זאת, הוא כתוב בבהירות ראויה לשבח ויש ביכולתו לסייע להורים בפועל, ככוונתה של המחברת.

אסיים בשם תואר נוסף, ייחודי – ספר זה הוא מהספרים הבודדים על חינוך מיני המיועד להורים דתיים. זהו הספר היחיד המקיף את הנושא באופן כה מיומן ומשכנע, ובצורה ידידותית למשתמשים.

אני מברך את המחברת על הישגה יוצא הדופן, וממליץ על ספרה לכל הורה יהודי שמתייחס לחובות ההורות במלוא הרצינות.

הרב ד״ר צבי הירש ויינרב הוא סגן הנשיא לשעבר של איגוד הקהילות האורתודוקסיות של אמריקה (OU), בעל דוקטורט בפסיכולוגיה קלינית שעבד במשך שנים רבות כפסיכותרפיסט ופסיכולוג קליני.

איך לדבר עם ילדינו על מיניות ואינטימיות

ד"ר טובה ליכטנשטיין

מאז ומתמיד הורים וילדים התקשו לקיים דו־שיח על הנושאים החשובים בחייהם המשותפים. הסיבות מורכבות, ומושפעות מתרבות, מניסיון חיים, ואף מאישיותם של ההורה והילד. הורים מתקשים במיוחד להתייחס לנושאים מיניים, אם מהרגשת אי־נוחות, אם מחוסר ידע שלהם, אם מרתיעה להכיר בעובדה שלילד שלהם יש צרכים מיניים והוא או היא הפכו להיות חלק מעולם המבוגרים, על כל המשתמע מכך. השיח בין ההורה והילד בנושא מיניות הוא דבר חשוב ביותר. תוכנו אמור להיות חינוכי ומטרתו היא לתת לילד הבנה בנושא. הבנה זו אינה טכנית בלבד, אלא הבנה של המשמעות של מיניות לחיינו. בדומה לשיחות של הורים על יחסי משפחה, יחסים בין־דוריים או על נושאים חברתיים, תפקיד ההורה הוא להבין את רגשי הילד וקשייו ולפרוס בפניו דרך הסתכלות על התופעה ולתת את הכלים הדרושים להתמודדות איתה. הכלים הם כלים מעשיים וערכיים כאחד.

הציבור הדתי חי בעולם שבו הגירויים המיניים הולכים וגדלים. החברה מסביבו מניחה שמיניות אינה מוגבלת בביטויה לתחום האינטימי והפרטי. יחסי מין אינם נחשבים כדרך ייחודית להבעת קשר רגשי עמוק השמור לזוגות שקשרו קשר נישואים ביניהם, אלא כצורך פיזי בסיסי שאפשר למלא במפגש מזדמן בין אנשים. הנוער שלנו נמצא באינטראקציה מתמדת עם העולם סביבו. גבולותיו אין־סופיים כתוצאה מהמהפכה הדיגיטלית. הם חשופים לעמדות ולתופעות המנוגדות למסורת אבותינו ולהשקפת עולמנו. בני הנוער לא תמיד ערניים לסתירות בין השקפת עולם תורנית לבין מה שנמצא סביבם. הם מתקשים לראות את התמונה הכוללת. הצורך בהכוונה והדרכה של הורים גדול מאי פעם.

ספרה של ד"ר יוכבד דיבו הוא תרומה משמעותית לפיתוח דו־שיח תורני רגיש בין הורים לילדים בנושא התמודדות עם מיניות, על כל מרכיביה, בעולם משתנה. הספר מהווה הדגמה להורים על האופן שבו אפשר לדבר על מיניות בצורה רגישה, כנה וישירה, מתוך ידע ומחויבות עמוקה להלכה. המחברת אינה נרתעת מלהתייחס למגוון נושאים, החל מהתפתחות הילד וכלה באוננות, הומוסקסואליות ואף הטרדה ופגיעה מינית. המחברת מציגה את הנושא, נותנת את המידע הדרוש להורה ולילד להבין את התופעה ואת ההשלכות ההשקפתיות וההלכתיות הטמונות בה. דוגמאות מהניסיון העשיר שלה בנושא ועצות פרקטיות מעשירות את הספר ועומדות לעזרה להורה.

ספר זה הוא נכס להורה הדתי. אפשר למצוא בו עצות, ידע, דברי השקפה והבנה של הסוגיות ההלכתיות הקשורות למיניות. אני ממליצה על הספר ככלי עזר חשוב להורה בהתמודדות שלו עם נושא חשוב ורגיש.

ד״ר טובה ליכטנשטיין היא מרצה לשעבר בבית הספר לעבודה סוציאלית באוניברסיטת בר־אילן. כיהנה כיו״ר הוועדה המייעצת לאימוץ בין־ארצי של משרד הרווחה ויו״ר ועדת הרישוי לקביעת מומחיות בילדים ונוער מטעם המועצה לעבודה סוציאלית.

איך לדבר עם ילדינו על מיניות ואינטימיות

ליאורה מינקה, יו"ר אמונה

נַשְׁכִּימָה לַכְּרָמִים נִרְאֶה אִם־פָּרְחָה הַגֶּפֶן פִּתַּח הַסְּמָדַר הֵנֵצוּ
הָרִמּוֹנִים שָׁם אֶתֵּן אֶת־דֹּדַי לָךְ:

(שיר השירים ז י"ג)

שיר השירים מהדהד לנו בין כתיבה של קודש לבין כתיבה של כמיהה ותשוקה. החיזור והמיניות שבמגילה עולים קומה לרוחניות שמימית. כך גם בכל העיסוק במיניות. הציבור הדתי־לאומי בישראל נמצא במהפכה של ממש בכל הקשור לנושא המיניות. אחרי ששנים היה הנושא טאבו של ממש, עולים יותר ויותר קולות, דווקא מתוך אנשי מקצוע מוסמכים ותורניים, הקוראים לעורר את השיח ולפתח אותו בצורה בריאה וראויה אל מול הדור הצעיר.

ההליכה בדרך זו של פתיחות ומקצועיות משיגה עבור הציבור הדתי שתי מטרות. ראשית, מתן מענה ישיר ונכון לבני הנוער בנושא שעד כה היה נתון לתיווך חיצוני ופעמים רבות מעוות וללא בקרה. שנית, הידוק הקשר הבין־דורי בין ההורה לילדיו, העמקת התקשורת בין הורים לילדיהם סביב סוגיה המעסיקה את הילדים ורלוונטית להם.

העובדה שהיום מותר ואף צריך לדבר על מיניות היא תעודת הכבוד לציבור שמבין שכדי לחיות בעולם המודרני עלינו להתמודד עם האתגרים החדשים ולא לטאטא אותם מתחת לשולחן או לבנות סביבם חומה. ספר זה של ד"ר יוכבד דיבו נותן כלים מעשיים לכל הורה ומהווה נדבך נוסף במהפכה שמתחוללת. אנו באמונה מברכות את ד"ר דיבו על מפעלה החינוכי וגאות לקחת חלק בהנגשת הנושא למשפחות הדתיות בישראל.

הרב יוסף צבי רימון

יוסף צבי רימון
רבה של אלון שבות דרום
ראש בתי המדרש ורב המרכז האקדמי לב
ראש מרכז הלכה והוראה

עברתי על חלקים מספרה של ד״ר יוכבד דיבו הי״ו, וראיתי דברים חשובים מאוד לחינוך הילדים והנוער בנושא כל כך רגיש ומשמעותי. אומנם ישנן גישות שונות בנושאים אלו, אבל אפשר למצוא בספר חומר רב, המאפשר נקודות חשיבה וכיוונים שונים, שבהם יוכל להשתמש כל אחד לפי דרכו.

ניתן למצוא בספר ניתוח מקצועי של המציאות הקיימת, ניתוח מקצועי של הקשיים, הבעיות והאתגרים השונים, הבנת עולמם של הילדים והנוער והבנת הקשיים והפחדים שאיתם הם מתמודדים. אוצר בלום של חומר מקצועי בשפה ידידותית המובנת לציבור הרחב.

בספר מובאות גישות תורניות שונות המציעות דרכי התמודדות ומבארות גם מבחינה מחשבתית־פילוסופית את גישת היהדות לנושאים מורכבים אלו. מובן שעל גישת היהדות יש לדון עוד הרבה, אולם יש בספר כיוונים חשובים המעוררים למחשבה רצינית בנושא. אנשים טוענים שצניעות מפריעה להם כי היא פוגעת בטבעיות שלהם. ואכן, היהדות מלמדת אותנו שלא תמיד כל דבר טבעי הוא אכן נכון ויפה. הטבע לא נוצר מושלם, ואנו צריכים להשלימו.

אולם, ניתן להבין באופן נוסף. מדברי המהר״ל עולה ששימוש נכון ביצר מבטא טבעיות.

אנו שואפים אל הטבע, אולם, ההלכה מלמדת אותנו מהי טבעיות! אנחנו לא נאבקים בטבע, אנחנו מנסים לחיות בצורה טבעית! כיצד נדע מהו הדבר הטבעי? ההלכה עוזרת לנו לדעת מהו הדבר הטבעי עבורנו! ההלכה היא המפתח לחיים נכונים וטבעיים.

הדבר אומנם דורש מאמץ, אולם דווקא כיום ניתן לראות אנשים רבים המוכנים להתאמץ ולהשקיע במאכלים בריאים, כדי להיות טבעיים ובריאים, למרות שהדבר דורש מהם מאמץ מרובה. כך גם בענייני צניעות. ההשקעה אומנם מרובה, אבל הליכה בדרך זו, פרט לכך שהיא מחויבת לפי ההלכה, הרי שהיא מביאה אותנו לטבעיות שלנו, ובסופו של דבר מאפשרת לנו חיים טובים יותר ושמחים יותר.

ספרה של ד״ר דיבו יכול להוות נדבך נוסף המאפשר להורים ולמחנכים לקבל כלים ללימוד ולהתמודדות נכונה עם נושא זה, ולהביא את הילדים וההורים למקום שבו הוא הופך מנושא כאוב ולעיתים אף מצער, לדבר מרומם, מקדש ובונה.

ברכת ה׳ עליכם.

תודות

ברצוני להביע את תודתי הכנה לברנרד שרפשטיין ז״ל מהוצאת ׳כתב׳, שיזם את כתיבת הספר המקורי באנגלית. תחילה פרסם מר שרפשטיין את תוכנית הלימודים שכתבתי עם ד״ר אנה וולסקי־רובל, Life Values and Intimacy Education: Health Education for the Jewish School (חינוך לערכי חיים ולאינטימיות: חינוך לבריאות עבור בית הספר היהודי) בשיתוף עם המרכז לעתיד יהודי של ישיבה יוניברסיטי, ולאחר מכן הזמין אותי לכתוב ספר שמיועד להורים. מלבד היוזמה לכתיבת הספר, לאורך כל התהליך הוא הביע תמיכה, עידוד ומחויבות כלפי הספר, והדגיש עד כמה חשוב והכרחי שיהיה ספר כזה בחברה שלנו. אני אסירת תודה גם לרב מנחם גנק, וכן לרב סיימון פוזנר מהוצאת ה־OU, על מסירותם לליווי הספר המקורי עד פרסומו.

עבודתי בקרב החברה הדתית בתחום החינוך לאינטימיות ולמיניות החלה כשהייתי מנהלת אקדמית של חטיבת הביניים בבית הספר מזרחי על שם פוקס בקליבלנד, אוהיו. אני מוקירה תודה למיקי וידר, שהביאה לידיעתי את הצורך בחינוך בתחומים אלו בחברה הדתית ואת המחסור בתוכניות לימודים ובחומרי לימוד בנושא. היא הניעה אותי לעסוק בזה כשביקשה ממני לכתוב תוכניות לימודים ומערכי שיעור לבתי ספר יהודיים, עיסוק שהתפתח בהמשך לכדי מפעל מקיף הרבה יותר. תודה מיוחדת לד״ר ג׳ני רוזנפלד ולד״ר קובי פרנסס, ראשי ׳צלם׳, פרויקט חממה / יזמות במרכז לעתיד יהודי של ישיבה יוניברסיטי, שהצטרפו אליי ואל אנה ונתנו עדיפות לחינוך בתחום זה. ג׳ני גם הכירה לי את

ברנרד שרפשטיין, ועל כך אני מודה לה. כמו כן, תודה לאנשים הרבים שאיתם עבדתי ושאותם פגשתי בדרך, אשר עודדו אותי ותמכו בעבודתי בתחום. אני אסירת תודה להורים הרבים שהגיעו להרצאות שלי וכן למשוב שלהם עליהן: הם עזרו לי להמשיך ולפתח את רעיונותיי כשהכנתי את הספר הזה. מלבד זאת, במהלך השנים הייתה לי הזכות לחנך תלמידים רבים בבתי ספר ובמדרשות, והם העשירו את הלמידה וההוראה בתחומים אלו. השאלות והרעיונות שלהם אילצו אותי להעמיק חשוב, ואני מודה להם על שהוסיפו לשאול ולתת לי השראה. בפרט אני מודה לתלמידות מדרשת 'אמונה ואמנות', שגרמו לי להתמודד עם הנושאים האלה ברמה המוסדית. אני מודה להן על השיחות האינטנסיביות הרבות שהיו לנו, ואשר התנהלו תמיד על בסיס של כבוד הדדי.

אני מודה גם לד"ר מיכל פרינס על האמון שנתנה בי, ועל ההזדמנות להכשיר מחנכות למיניות בריאה במרכז יה"ל שבהנהלתה במשך שנים רבות. למדתי המון מהשותפות שלנו. כמו כן, תודה למכללת הרצוג ולמכללת אמונה על שנתנו לי גם הן במה ללמד בתחום.

אני מודה לאנשים שנתנו לי את רשותם הנדיבה לכלול ציטוטים מעבודתם בפרסום זה, בהם הרב שמואל יבלון, קתי קייטר, הרב אברהם פרץ (קארי א') פרידמן. אני מודה לרב ד"ר יצחק שכטר על עצותיו עוד כשכתבתי תוכנית לימודים לבתי ספר, עצות שמופיעות גם בספר זה.

אני חבה תודה עצומה לאוניברסיטת בר אילן, למלגת נשיא האוניברסיטה ולקרן שופף. תמיכתם הנדיבה אפשרה לי לשוב לספסל הלימודים, לעסוק במחקר ולהמשיך בפיתוח גישה אקדמית לחינוך בתחום החשוב, אך המוזנח, של אינטימיות ומיניות בחברה הדתית המודרנית. אני מודה לד"ר דוד רזניק הקשוב והסבלן תמיד, המנחה שלי לדוקטורט שלימד אותי לחדד את כישורי ההקשבה שלי, להשקיע מחשבה רבה יותר ולהעמיק בחקירה לפני ההגעה למסקנות.

התברכתי במספר רב של חברים וקרובים יקרים, ובחלקם נעזרתי כדי להביא את הספר לרמת הדיוק המרבית. הם נענו לבקשתי לקרוא את כתב היד כהורים. אני מודה לאחי, הרב יואל דומב, על הערותיו, וכן לעליזה ישראל שקראה חלק מכתב היד והציעה הצעות חשובות. אני מודה במיוחד למישל גרינברג־קוברין ולג'ף קוברין, שלמרות עיסוקיהם הרבים קראו את כתב היד מתחילתו ועד סופו. תובנותיהם וביקורותיהם החשובות עזרו לי לשפר באופן ניכר את התוכן ואת הנגישות של הספר. תודתי הרבה נתונה לחנה קופל על בדיקותיה הדקדקניות החוזרות של כתב היד, תשומת הלב הקפדנית לפרטים

והתובנות המעמיקות לכל אורך הדרך. תודה רבה לאבי שמידמן, שבהזדמנויות רבות הפליא בכישוריו הטכניים.

אנה וולוסקי־רובל עמדה לצדי וסייעה לי רבות כעמיתה וכחברה יקרה בחלק גדול מעבודתי בתחום זה של חינוך למיניות ולאינטימיות. אני מודה לה על שעות רבות מספור של חשיבה ושיחה על רבים מהנושאים הנדונים בספר זה. לעיתים כלל לא ברור היכן מסתיימות המחשבות שלי ומתחילות המחשבות שלה. אני מעריכה מאוד את עבודתנו המשותפת, ומתפללת שנתברך בעוד שנים רבות של עבודה משותפת.

אני מודה להוריי, לאבי פרופסור סיריל דומב עליו השלום ולאמי הגב׳ שירלי דומב שתיבדל לחיים ארוכים, שהמחישו עבורי כיצד אפשר לחיות חיים מודרניים ודתיים כאחד מתוך תשוקה ובלי פשרות. גם אם תחום זה אינו בדיוק התחום שהם ציפו שאעסוק בו, אני מקווה שהם רווים נחת מעבודתי.

תודה לילדיי היקרים משה, נועה, הלל, מרים, איילת ואריאלה, יועציי הנבונים ביותר! לא תמיד קל להיות ילדים לאימא שעוסקת בתחום של אינטימיות ומיניות, ולהיאלץ לשנות נושא בכל פעם שאנשים שואלים מה אימא מלמדת. כל אחד מהם תרם את חלקו להבאתו של ספר זה לקו הסיום, וכולם סיפקו עצות והצעות מצוינות. תודה מיוחדת לנועה ששמחה לעזור בכמה מהשיחות המופיעות בספר, ואשר מוסיפה להיות המומחית האישית שלי לנושאים רבים הקשורים לגיל הנעורים. ולמעוז שהביא לתוך המשפחה אהבה חדשה ומבורכת ולימד אותנו להתרחב כמשפחה – תודה!

בעלי האהוב דוד מעולם לא התלונן כשהרגעים הנדירים שלנו יחד הוקדשו לקריאה ולתיקון של כתב היד. תודתי העמוקה נתונה לו על החשיבה המשותפת ועל השאלות המחכימות, על הביקורת הבונה והכנה כמו גם על התיקונים הרבים, ועל הרבה מהשיחות בספר. אהבתו ועידודו האינסופיים הם שמעניקים לי את הכוח להמשיך.

הגרסה העברית של הספר לא הייתה יוצאת לפועל בלי תמיכתם של כמה אנשים חשובים. אני אסירת תודה לד״ר רחל קסל על תרגומה המדוקדק של ספר זה, ולאריאל הורביץ על עריכת הלשון. שלומית כנען אבירם תרגמה את פרק 11. תנועת ׳אמונה׳ ישראל, בהנהגתה של הגברת ליאורה מינקה, מימנה את התרגום לספר. מחויבותה למפעל זה, כמו גם העצות המעשיות והתמיכה של מר דוד הדרי, הן שאפשרו לי להנגיש את הספר גם לקהל דוברי העברית. אני מודה גם לד״ר גיטי ומר ג׳ק בנדהיים שהביעו עניין בהוצאת הספר לאור

בעברית, והציעו תמיכה נדיבה לביצוע הפרויקט. גיטי, פסיכולוגית שומרת מצוות, נתנה ברוחב לב מזמנה וחלקה מתבונתה בנושאים הקשים יותר שבהם עוסק הספר.

אני מודה לרב ראובן ציגלר, יו״ר המערכת בהוצאת קורן, שקרא את כתב היד והוביל את החלטת המערכת להוציא את הספר הזה לאור, וגם ליהושע מילר, על האמון שנתן בספר. ההוצאה השקיעה את המיטב בספר, ואני מודה להם גם על תשומת הלב המיוחדת שאני יודעת שהספר קיבל. אני אסירת תודה לאפרת גרוס, העורכת המדהימה בעלת הסבלנות העצומה ויכולת הדיוק המצוינת שהנגישה את הספר לציבור דובר עברית וגם הוסיפה רבות בתהליך.

אני מסיימת בתודה לקדוש ברוך הוא, שבירך אותי בשפע ומוסיף לספק לי הזדמנויות מרגשות למכביר לעבודה משמעותית בתחומים שבהם משיקים הפסיכולוגיה והחינוך היהודי. אני מתפללת שהמאמץ הזה יהיה לרצון.

תקוותי שספר זה יסייע להורים להקנות לילדיהם הבנה והערכה של אינטימיות ומיניות על פי דרך התורה.

יוכבד דיבו

מהדורה ראשונה באנגלית: אייר תשע״ב

מהדורה מתוקנת ומעודכנת בעברית: תמוז תשפ״א

מבוא

תהליך הקניית ערכים משפחתיים מסורתיים בחברה הדתית עשוי להיות אתגר, במיוחד לאלו המבקשים לשלב בין מחויבות להלכה לבין חיים בחברה הכללית. לא פעם יתגלעו מתחים בקרב משפחות המבקשות להקנות נורמות התנהלות מסורתיות, שסותרות את נורמות ההתנהגות המקובלות בחברה המודרנית. המתחים הללו ניכרים במיוחד בתחומי האינטימיות והמיניות. כהורים, אנו מודעים לכך שגידול ילדים במאה ה־21 מושפע מן החברה רוויית המיניות והדימויים המיניים שבה אנו חיים. כולנו מקבלים אינספור מסרים מהתמונות הסובבות אותנו, ולרוב הם אינם תואמים את הערכים היהודיים המסורתיים. אבל מכיוון שלעיתים קרובות לא ברור לנו מה עלינו לומר וכיצד עלינו לפעול כנגד המסרים הללו, אנחנו נמנעים מלהעביר מסרים אלטרנטיביים בנוגע למיניות. אם אתם קוראים את המבוא הזה, סביר להניח שאתם הורים שמבקשים לדעת כיצד לשוחח עם ילדיכם על נושאים הקשורים לאינטימיות ומיניות מנקודת מבט יהודית־מסורתית. אני מקווה שהספר הזה יסייע לכם לעשות זאת.

בספר זה תוכלו למצוא:

- מידע שיעזור לכם להקנות לילדיכם חינוך בנושאים של אינטימיות ומיניות מנקודת מבט תורנית. אני מקווה להאיר עבורכם את השאלות והדילמות הכרוכות בחינוך למיניות בחברה הדתית.
- מקורות מסורתיים על מיניות ואינטימיות שאולי יהיו חדשים לכם.

- דרך המבוססת על ערכים תורניים בכל מה שקשור לשיחה על אינטימיות ומיניות – בהצעה לשיחה על מיניות, או בהצעה כיצד לגשת לדיבור על מיניות עם ילדים.
- שיטות להתמודדות עם נושאים של מיניות ואינטימיות שמעסיקים את ילדיכם או את משפחתכם.
- מגוון זוויות ראייה, המבוססות על ידע אקדמי ומחקרים עדכניים בקרב האוכלוסייה הכללית, ועשויות לעזור לנו להבין חלק מההתנהגויות של ילדינו.
- ניסיון להכיר ולהבין את נקודת מבטם של ילדים הגדלים בעולם המודרני, על מנת לסייע לנו לחנך אותם בצורה טובה יותר.
- מסגור מחדש של נושאים הקשורים למיניות, לצניעות ולמערכות יחסים בהקשר של ילדים ומתבגרים דתיים, כדי לעזור לכם להחליט באיזו גישה לנקוט עם ילדיכם.

אם לא ניזום שיחות על אינטימיות ומיניות עם ילדינו, הם לא יכירו את הגישה החיובית, הרבגונית של היהדות ביחס למיניות, ויתקבעו אצלם הדימויים והתפיסות הרווחים באמצעי התקשורת למיניהם. כשאנחנו נמנעים מלשוחח על הנושאים האלה, אנחנו תורמים לקידומם של ערכים תרבותיים בני חלוף, ולקידום יחסם הלא־צנוע של הערכים הללו כמקור היחיד שממנו יכולים ילדינו ללמוד על מיניות. אם נבחר שלא לדבר על אינטימיות ומיניות, הילדים שלנו יסיקו בהכרח שמדובר בנושאים פסולים ומבישים, וילמדו לא לפנות אלינו בשאלות בתחומים הללו. הם יצטרכו לעבד לבד את המסרים התרבותיים שאליהם הם נחשפים, מסרים שיהיו – כברירת מחדל – ה'חינוך' היחיד שלהם בתחום המיניות.

מחקרים מראים כי הורים אינם מודעים לחששות של ילדיהם בנושאי מיניות, כמו גם לרצונם של הילדים לדבר עם הוריהם על החששות הללו.[1] גם מתבגרים, שמקובל לחשוב שדעתם של ההורים "לא מעניינת אותם", היו רוצים שהוריהם יספקו להם את המידע העיקרי בתחום הזה.[2] לרוב איננו מצליחים להקנות חינוך בתחומים אלו בשל התחושה שאין לנו הכלים הדרושים, אך בינתיים ילדינו, ובמיוחד בני הנוער, צמאים למידע על אינטימיות ומיניות. כהורים, ההתמודדות עם הנושאים הללו נראית לנו מורכבת ולא נעימה. אולם אם לא נספק לילדינו מסגרת כנה, פתוחה ומתחשבת לשיחה, הם יחפשו את המידע הדרוש להם ואת מערכת הערכים שלהם במקום אחר. חשוב להתחיל

לדבר עם ילדים על גופם ועל השאלות שלהם כבר מגיל צעיר. התנהלות כזו תאפשר לנו להקנות תפיסה המבוססת על ערכים יהודיים, עוד לפני שהמדיה תתחיל לשגר את מסריה לעבר ילדינו.

הגישה שלי לחינוך ילדים לאינטימיות ומיניות מעודדת היכרות עם ערכים מסורתיים אל מול הנורמות התרבותיות הרווחות. לדעתי, עלינו ללמד את ילדינו לראות את המיניות מנקודת מבט של קדושה ושל כבוד הדדי עמוק. חובתנו כהורים להקנות באופן פעיל ערכים מסורתיים העוסקים במיניות, באינטימיות ובמערכות יחסים, שהם הבסיס להמשכיות ולחיי משפחה יהודיים. בנוסף, נוכל לחנך את ילדינו להתייחס באופן ביקורתי למסרים שמשדרים אמצעי התקשורת בפרט והחברה הסובבת אותם בכלל. תקוותי היא שאם נאפשר לילדים לדבר על מיניות בהקשר של ערכים יהודיים דתיים, נעזור להם להפנים את הערכים, את המסורות ואת החכמה הטמונים ביהדות כך שהם יוכלו לשלב את נקודת המבט הזו באופן מועיל בחייהם הדתיים. מטרתי היא לעזור לילדים שלנו לפתח קול פנימי תורני עצמאי וחזק בהקשר של אינטימיות ומיניות.[3]

תחום החינוך למיניות להורים בקהילה הדתית נמצא בחיתוליו. כהורים לילדים קטנים אנו נעזרים לפעמים בספרי חינוך למיניות המיועדים לציבור הכללי, אך הספרים הללו פחות מועילים בבואנו לדבר עם בני נוער על מיניות ומערכות יחסים. בעולם הכללי, צעירים עוסקים בפעילות מינית כבר בתחילת גיל הנעורים, ולפיכך סוג המידע המוצע להם – העוסק במחלות מין ובאמצעי מניעה – כמו גם ערכי היסוד שבבסיס הגישה הזו, רחוקים מאוד מן הדרוש לנו. חיוני אם כן לפתח סדרת מסרים ואסטרטגיות משלנו, כדי להקנות ערכים לילדינו. לשמחתנו, אמות המידה של העולם הדתי שונות, אך אל לנו לשקוט על השמרים. ילדים הגדלים במסגרת דתית מודרנית נחשפים לערכים מתירניים בכל הנוגע למיניות, ועלינו להשמיע את קולה של המסורת.

ספר זה נכתב כדי למלא את הצורך של הקהילה הדתית במדריך להורים בנושאים של מיניות ואינטימיות, מדריך המבוסס על נורמות ההתנהגות המסורתיות שאותן אנו מבקשים לטפח בקרב ילדינו. השתדלתי לקבץ בו כמה מחשבות והצעות על חינוך ילדים למיניות ואינטימיות. מקורן של המחשבות וההצעות הללו במחקרים שערכתי על אינטימיות ומיניות בקהילה הדתית המודרנית בקרב ילדים ונוער, בניסיוני המקצועי כמחנכת בני נוער מגיל החטיבה ועד סוף התיכון, ובמחקרים של אחרים בתחום. אני מקווה לספק מידע וכלים להורים כדי שיוכלו לנהל שיח מתמשך עם ילדיהם בנושאים הללו, ולהקנות את הערכים שחשובים להם.

מטרתי העיקרית היא לדרבן אתכם לחשוב על הנושאים הללו ולשאול את עצמכם ואת משפחותיכם את השאלות החשובות. אני מקווה לעודד אתכם לנקוט יוזמה בחינוך ילדיכם, במקום לחנך חינוך של ברירת מחדל. חשוב לציין שמשפחות שונות יגיעו למסקנות שונות באשר להתנהלות המתאימה להן; לרוב, ילדים שונים באותה משפחה יזדקקו לגישות שונות בנושאים מסוימים, לפי מידת הפתיחות וההבגרות שלהם כמו גם גורמים רבים אחרים.

הורות היא עניין מורכב. אנו ממלאים מגוון תפקידים בחינוך ילדינו בשלבים שונים של חייהם ושל ההתפתחות שלהם. במהלך כתיבת הספר, מצאתי את עצמי מתייחסת לנושאים הנדונים בו מנקודות מבט רבות: כחוקרת, כמורה להלכה, כפסיכולוגית, כבת זוג, כאישה בוגרת ובעלת ניסיון, כמחנכת, וכמובן כהורה. הגישה המורכבת הזו עלולה לבלבל, אך לדעתי היא משקפת נאמנה את הקולות השונים שבהם אנו משתמשים בתפקידנו כהורים. הרשיתי לעצמי לדלג בין הקולות הללו, שכן הגיוון מבטא היטב את שלל התפקידים שלנו.

כהורים, אנחנו מבקשים להקנות את ערכינו לילדינו כדי שגם הם, בתורם, יוקירו את הערכים הללו ויעבירו אותם לדורות הבאים. תפילתי הכנה שספר זה יהיה כלי מועיל להורים ליצירת מסגרת תורנית בריאה שתתמוך ביכולתם לקיים שיח על מיניות ואינטימיות, מתוך כבוד לחכמת היהדות בתחומים הללו.

לתשומת ליבכם:

- במקום להשתמש בצורות מגדר ניטרליות, בחרתי להשתמש לחלופין בלשון 'זכר' ו'נקבה'. כך, הדוגמאות שהבאתי הן לפעמים בלשון זכר, לפעמים בלשון נקבה ולפעמים בשתיהן. אם לא מצוין אחרת, כל הדוגמאות מתייחסות לשני המגדרים.
- רבים מהציטוטים המובאים כאן מפיהם של נערים, נערות או הורים לקוחים ממחקרים שערכתי עם תלמידים, אך את חלקם כתבתי אני, על סמך אמירות ששמעתי. כל השמות בדויים.
- הקוראים בספר זה מתחילתו ועד סופו עשויים למצוא שחלק מהרעיונות ומהנושאים חוזרים על עצמם. מכיוון שאיני מצפה מהורים שיקראו את הספר כולו בפעם אחת, אלא יעיינו בנושא מסוים שאיתו הם מתמודדים עם ילדיהם, השתדלתי להתייחס לכל ההיבטים הקשורים לנושא מסוים בפרק הדן באותו נושא. לפעמים ישנה תמה (למשל, משמעת עצמית או שליטה עצמית) שמתאימה לכמה נושאים, ולכן היא מופיעה כמה פעמים בפרקים הרלוונטיים.

- במהלך הספר השתמשתי במוטיב של עלה התאנה, שלקוח מבראשית ג, ז. לאחר שאדם וחווה אוכלים מעץ הדעת, הם תופרים לעצמם חגורות מעלי תאנה. הם נעשים מודעים לעצמם כיצורים מיניים. עבורי, זהו רגע הופעתה של המיניות, ושל הצורך הנלווה להשאיר את המיניות במרחב הפרטי. מעשה ראשוני זה של הלבשה עצמית אינו מבטא בושה או אשמה, אלא מודעות חדשה לעצמי.

1

למה לדבר עם ילדינו על מיניות?

"האם יש לבנים משהו הדומה למחזור?" • "כמה ביציות מייצר רחם בכל חודש?" • "איך נפלטים תאי זרע?" • "מה היתרונות והחסרונות של קשרים רומנטיים, לפי ההלכה ושלא על פי ההלכה?" • "עד כמה אמיתיים הרגשות של אנשים בני אותו מין שאוהבים זה את זה?" • "כשאישה בהיריון מקיימת יחסים עם גבר, מה קורה לזרע? הוא נעלם?"

שאלות אותנטיות ששאלו תלמידים, ונאספו בתיבת שאלות אנונימיות כחלק מתוכנית של חינוך לאינטימיות ולערכי חיים בבתי ספר.

למה לדבר?

החברה הדתית שואפת להעביר את ערכיה לדור הבא. אנחנו משקיעים בחינוך ילדינו ומגדלים אותם בסביבה המטפחת את אהבת המסורת. אנחנו מבינים שהעברת הערכים הללו לילדינו דורשת זמן, חינוך ומחשבה. לכן אנחנו שולחים את ילדינו לבתי ספר שמציעים השכלה מקיפה בהלכה ובמחשבה היהודית במצוות שבין אדם למקום, כגון שבת, חגים וכשרות, ובמצוות שבין אדם לחברו, כגון ביקור חולים ושמירת הלשון. אולם בתחום של מיניות ומערכות יחסים – שרוב הילדים, ובמיוחד המתבגרים, מפגינים כלפיו סקרנות ועניין, ושלהלכה יש עמדה ברורה לגביו – אנחנו לרוב בוחרים לשתוק. השתיקה

הזו מעבירה מסר. הימנעות משיחה על מיניות, במיוחד כשזו ממלאת תפקיד כה מרכזי בסרטים ובמדיה, מעבירה מסר שלפיו היהדות מרגישה שלא בנוח עם מיניות או, גרוע יותר, שאין לה שום דבר חיובי לומר בנושא. לכן ילדינו בוודאי אינם מודעים לכבוד ולתחושת הקדושה המאפיינים את גישתם של חז״ל למיניות בהקשר הראוי שלה.[1] הם נאלצים להתמודד לבד עם המסרים התרבותיים שאליהם הם נחשפים, ואלה נעשים ברירת מחדל, לחינוך היחיד שלהם בנושא. כדי שילדינו ירגישו שייכים וקשורים לעולם הדתי, עליהם לחוות את התורה גם בנושאים הנוגעים להם. דיבור על מיניות ועל מערכות יחסים מנקודת מבט יהודית יסייע לילדינו להבין את התבונה ואת הרלוונטיות של היהדות בעניינים הללו, המשמעותיים כל כך בחייהם.

ילדים צריכים ללמוד מושגים יהודיים מסורתיים הנוגעים להתפתחות חברתית, אישית ומינית, ותואמים את שלב ההתפתחות שלהם, משלב מוקדם ובמהלך הילדות וגיל ההתבגרות.[2] דרושה להם סביבה בטוחה המאפשרת שיחה ושאלות, כדי שיוכלו לרכוש ערכים תורניים בתחומים של מיניות ומערכות יחסים, וכדי שיוכלו לעבד את המסרים של התרבות הכללית, ולהחליט אילו מסרים יש לקבל ואילו לדחות.

חינוך מגיל צעיר

מקורות יהודיים רבים תומכים ברעיון שלפיו חינוך יעיל מתחיל מגיל צעיר. לפי התלמוד:

> יודע לדבר, אביו לומדו תורה וק״ש. תורה מאי היא? א״ר המנונא: ״תורה צִוָּה לנו מֹשה מורשה קהִלת יעקב״.

(סוכה מב ע״א)

מדוע נבחר הפסוק הזה להיות המסר החינוכי הראשוני? ברגע שילדים מסוגלים להשתמש בשפה, אנחנו מטמיעים בהם מושגים בסיסיים ביהדות. כהורים וכמחנכים אנו נקראים ללמד את ילדינו שקול מצווה, חיצוני לנו, מכתיב את התנהגותנו.

הרעיון של חינוך לקיום מצוות מגיל צעיר הוא יסוד בסיסי בחינוך הדתי, והוא משקף את הדרך הראויה לפיתוח התודעה על פי התורה. אומנם ילדים מחויבים במצוות רק מגיל בר־מצווה או בת־מצווה, אך הגמרא טוענת שילדים צריכים להתרגל לצום ביום כיפור קודם לגיל מצווה.[3] ילדים מתבקשים

להתחיל לתרגל איפוק, ללמוד כבר מגיל צעיר להגביל את הרצון הטבעי שלהם לאכול – ואולי כהרחבה לכך, את המיניות.

מהו חינוך למיניות?

חינוך למיניות הוא תהליך שנמשך כל החיים, והוא כולל רכישת ידע ויצירת עמדות, אמונות וערכים ביחס לזהות, למערכות יחסים ולאינטימיות. הוא כולל התפתחות מינית, בריאות מערכת הרבייה, מערכות יחסים בין־אישיות, חיבה, אינטימיות, דימוי גוף ותפקידים מגדריים. חינוך למיניות מתייחס לממדים הביולוגיים, הסוציולוגיים, התרבותיים, הפסיכולוגיים והרוחניים של המיניות, ובכלל לכישורים הדרושים כדי לתקשר היטב ולקבל החלטות נבונות. הגישה שלי לחינוך למיניות שומרת על ההלכה בשלמותה, ומציגה ערכים יהודיים בנושא מיניות בריאה. עם זאת, יש התאמה ושילוב של בסיס הידע, ההבנות והאסטרטגיות החינוכיות המומלצים על ידי העוסקים בחינוך למיניות בריאה. גישה זו שואפת לעזור לילדינו להפנים את הערכים, את המסורות ואת התבונה של היהדות בתחומים החשובים של אינטימיות ומיניות.

תמיכה נוספת ביתרונותיו של חינוך מוקדם נתן אלישע בן אבויה בפרקי אבות:

> המלמד ילד, למה הוא דומה; לדיו כתובה על נְיָר חדש. והלומד זקן, למה הוא דומה; לדיו כתובה על נְיָר מחוק.

(פרקי אבות ד, כה)

המסורת שלנו מלמדת שערכים ואמונות יש להקנות בשלב מוקדם, כדי שהם ייקלטו היטב (כמו דיו על נייר חדש), עוד לפני שהילד פוגש ערכים סותרים. המאירי, פרשן התלמוד בן המאה ה־13, מביע רעיון דומה, ולפיו יש לכוון את הילד להתנהגות מוסרית נכונה מגיל צעיר, על מנת שההתנהלות הראויה תהפוך לתכונה קבועה וטבעית, עד שהתנהגויות חלופיות לא יהיו כלל בגדר אפשרות, גם לא תחת לחץ.[4] הרעיון הזה נתמך על ידי מעצבי מדיניות, הורים ומחנכים, אשר מבינים שחינוך למיניות צריך להתחיל כבר בשנים הראשונות, עוד לפני גיל ההתבגרות.[5]

מטרתנו העיקרית היא לעזור לילדינו לבנות בסיס של אמונות וערכים העוסקים באינטימיות ומיניות במהלך התפתחותם לכדי מבוגרים בריאים. גידול ילדים בסביבה שבה יש אמצעי תקשורת הרוויים מסרים בעייתיים בנוגע למיניות ולגוף האישה מחייב אותנו להיות שותפים פעילים בחינוכם למיניות.[6] הורים צריכים לעזור לילדיהם למצוא את דרכם בין נורמות ההתנהגות המינית שהם נחשפים אליהן בעולם המדיה. עליהם לחנך את ילדיהם ולאפשר להם לפתח הבנה עמוקה ומחויבות לערכים היהודיים המסורתיים בתחומים אלו.[7]

צמיחה ובנייה

החיפוש אחר תובנות על חינוך ילדים במקורות היהודיים מעלה מגוון רחב של גישות, ואת חלקן נבחן. הרב שלמה וולבה, מחנך דגול שהביא את לקחי תנועת המוסר לישיבות המאה העשרים, מעודד שילוב בין שתי גישות. בספרו **זריעה ובניין בחינוך** הוא מתאר את החינוך כתהליך של צמיחה וכתהליך של בנייה.[8] הצמיחה מתייחסת להנחה שלפיה התהליך האורגני יכול, באופן טבעי, לממש את הפוטנציאל שלו בתנאים של סביבה בריאה. לפי גישה זו, תפקידו של ההורה דומה לזה של חקלאי שנוטע עץ. החקלאי אינו יכול לגרום לעץ לגדול באופן ישיר, אבל הוא חייב להשקות, לנטוע, לגזום ולדשן. בדומה לכך, ההורה אינו מציג תשובות, אלא מעלה נושאים לדיון, מסיר מכשולים שלא יפריעו ללמידה, ובאופן כללי מגן על הסביבה מפני חדירה של השפעות מזיקות, כדי שהילד יוכל לגדול ולהיות חזק ובריא.

מודל הבנייה מבוסס על הנחה הפוכה. הבית אינו נבנה מעצמו, אלא ככל שהבנאים עובדים קשה יותר וככל שהם משקיעים בחומרים איכותיים יותר, כן הבית יהיה גדול וחזק יותר. כך, ילדים לומדים את מה שמלמדים אותם. ככל שמלמדים אותם יותר חומר, כך הם יתפתחו בצורה טובה יותר. חינוך ילדים כולל בנייה – כלומר, עידוד הילדים לרכוש תכונות טובות – וצמיחה, כלומר, זריעת זרעים בילדים, זרעים אשר בסופו של דבר ינצו ויפרחו כאשר יזכו לעיבוד. כך מיטיבים ההורים לעזור לילדיהם לממש את הפוטנציאל העצום הטמון בהם, פוטנציאל שהוא ייחודי לבני אנוש ושמתבטא ברעיון שכל בני האדם נבראו בצלם אלוקים.

בני אדם נבראו בצלם אלוקים

הבריאה בצלם היא עקרון יסוד ביהדות, והיא מציעה קו מנחה שלפיו נוכל ללמד את ילדינו על מיניות ועל מערכות יחסים. עקרון הבריאה בצלם ממצה

את הרעיון שלפיו בני אדם ניחנו במהות ייחודית, ובשונה מכל שאר היצורים החיים, הם שילוב מורכב בין הגופני לרוחני. אלוקים העניק לבני האדם את המעמד הייחודי הזה בעולם, ונלוות לו חובות. כדי למלא את החובות האלה, אנו מנסים להחדיר לכל ההיבטים הפיזיים של חיינו מרכיב רוחני, ולרומם את כל מעשינו למעלה של קדושה ורוחניות. זהו רעיון מרכזי ביהדות: איננו דוחים את הגופני, להפך. הציווי הראשון שניתן לאדם כשהושם בגן עדן הוא "מכל עץ־הגן אָכֹל תאכֵל" (בראשית ב, טז). בראתי את העולם היפה הזה, אומר הקדוש ברוך הוא, ואני מצווה עליך ליהנות ממנו. אלא שמטרתנו היא לרומם את הגופני על ידי הוספת הממד הרוחני, וכמובן, על ידי התנהלות בהתאם לכללים ולהוראות שנותן לנו אלוקים. כך ניטיב לשלב בין הגופניות והרוחניות שלנו. בנוסף, משום שנבראנו בצלם אלוקים, אנחנו מבינים שאם כל האנושות נבראה עם ניצוץ אלוקי, אזי חובה עלינו לזהות את הניצוץ הזה אצל אחרים ולהתייחס אליהם בכבוד, בסובלנות ובהכלה.

> "ואהבת לרעך כמוך", רבי עקיבא אומר: זהו כלל גדול בתורה. בן עזאי אמר: "זה ספר תולדות אדם" זה כלל גדול מזה.
> (תלמוד ירושלמי, נדרים פ"ט ה"ד)

רבי עקיבא ביקש לעזור לאנשים להבין שעליהם לדאוג לכל יהודי, ואילו לדעת בן עזאי, שיעור חשוב עוד יותר הוא שכל בני האדם, יהודים ושאינם יהודים, נבראו בצלם אלוקים, ולפיכך זכאים לכבוד.

הגדרת המין והמיניות

המילים 'מין' ו'מיניות' מופיעות בתרבות שלנו בהקשרים רבים, אבל כשאנחנו מבקשים מילדינו להגדיר אותן, הם אובדי עצות. למרות זאת, המונחים חסרי ההגדרה הללו מופיעים שוב ושוב באמצעי התקשורת השונים. עמדות והנחות בסיסיות בדבר מיניות מחלחלות לתרבות שיוצרים אמצעי התקשורת. לעיתים קרובות איננו מבינים או קולטים עד כמה חזקה השפעתן על ילדינו. קשה להבין את רמת ההשפעה של המסרים הללו עלינו, כי החשיפה אליהם כה שכיחה עד שאיננו זוכרים מודל חלופי. ברגע שנכיר בכך, נוכל לעזור לילדינו להבין שהם מושפעים ממסרים על מיניות וחשופים להם חשיפה רבה בסרטים ובתוכניות טלוויזיה, במשחקי וידאו ובאמצעי תקשורת. מסרים אלו נוטים להציג את המיניות כמרכיב מרכזי של מראה, הצלחה, שליטה וכוח, כמו גם של מערכות

יחסים. גם אלו שאינם צופים בסרטים או בטלוויזיה נתקלים ברוב המקומות הציבוריים בשלטי חוצות ובמודעות של נשים בלבוש מינימלי ובתנוחות מפתות, במקרה הטוב, או של אינטראקציות מפורשות הרבה יותר בין גברים ונשים, במקרה הגרוע.

הגדרות

מין:
פעילות מינית, ובכלל זה יחסי מין

מיניות:
- היכולת לחוות תחושות מיניות
- אוריינטציה או העדפה מינית
- פעילות מינית[9]

אם כן, הילדים שלנו מפתחים הבנה על אודות מין ומיניות על סמך מקורות מסחריים במהותם, שמטרתם בדרך כלל לתמרן צרכנים בגיל הנעורים להאמין שחשוב להיות סקסיים כדי להיות פופולריים, ולנצל את הפגיעות הרגשית של ילדים כדי למכור את מוצריהם. הילדים שלנו מקבלים את חינוכם ממקורות שכלל לא מעוגנים בבריאות מינית או בערכי התורה. כפי שנאמר לעיל, אם לא נדבר עם הילדים על מיניות, הם ייאלצו להתמודד בעצמם עם המסרים השליליים הללו. מחקרים מראים שילדים, כמו גם בני נוער, היו רוצים שהוריהם ידברו איתם יותר על מין ומיניות.[10] הם רוצים שנכוון אותם להתנהגות הראויה בינם לבין בני גילם, כמו גם בין גברים ונשים באופן כללי. הם רוצים לדעת מהי מערכת הערכים שלנו ביחס למין ולמיניות, כדי שהם יוכלו להשתמש בה בהתמודדות עם כל שאר המידע שמגיע אליהם.

המורכבות שבניהול חיים דתיים מודרניים

במאמר על עתידה של החברה הדתית המודרנית כותב הרב יצחק בלאו על החשיבות של קבלת החלטות:

האורתודוקסיה המודרנית... מנסה לערוך הבחנות ביחס לעולם התרבותי

> הרחב יותר, בקבלת החכמה הרבה שהוא טומן בקרבו ובדחיית עניינים הסותרים את השקפתנו הדתית. [חשוב להבין] אילו היבטים של התרבות של ימינו יוצרים הזרה אצל יהודים דתיים...[11]

כדתיים מודרנים, אנו מחויבים לחיפוש החכמה במקום שבו היא נמצאת. כמו כן, אנו מאמינים שבתרבות הכללית טמונה חכמה רבה.[12] אפשר ללמוד חכמה גם מהתרבות הכללית וגם מתרבויות שאינן יהודיות. ספרי מופת, אמנות ומדעי הרוח מעשירים את חיינו, מחזקים את המאגר הרגשי שלנו ומלמדים אותנו מי אנחנו. המדע והטכנולוגיה מסבירים כיצד פועל העולם סביבנו, ומאפשרים את התגליות שהפכו את הקיום האנושי מעולם של מאבק הישרדותי לעולם של תקשורת גלובלית, מיידית. ההתפתחויות הללו תורמות לאנושות מדי יום ביומו. אולם כדי לקצור את פירותיה של החכמה הזאת, בהתגוננות מפני ההשפעות המזיקות של היבטיה השליליים, נדרש כושר הבחנה חד. עלינו לשמור על שיווי משקל, מאמץ תמידי הדורש מאיתנו מחשבה רגישה ורפלקטיבית.

תרבות גבוהה ותרבות נמוכה

חשוב להבחין בין תרבות גבוהה לתרבות נמוכה. תרבות גבוהה לא תמיד תואמת את הערכים שלנו, אבל ראוי לעסוק בה, להבין אותה ולהתמודד איתה, משום שהיא מציעה ערכים שחשוב להתייחס אליהם. הערכים הליברליים של התרבות הגבוהה המודרנית, שמבקשים לכבד את צורכיהם של כל בני האדם בתחום המיניות, מקיימים בלי ספק קשרי גומלין עם הערך היהודי של אהבת כל אדם והציווי שלא לדון אדם עד שתגיע למקומו. את הערכים הללו נוכל בהחלט להוקיר ולכבד.

תרבות נמוכה, שמרבה להשתמש במיניות כדי למשוך תשומת לב, למכור מוצרים, לבדר ולרגש, אין בה תועלת, ואין כל צורך לעסוק בה.

אף שאספתי רעיונות חינוכיים מן הספרות המחקרית בתחום החינוך למיניות, אני מרגישה צורך לדחות חלק ניכר מן הערכים המיניים הנובעים ממה שאפשר לכנות הצדדים הנבערים של התרבות הפופולרית. יש הרבה מה ללמוד מהחברה המודרנית, אבל בתחום המיניות, נתח גדול מהמוסר המיני המשתקף בתרבות בת זמננו עומד בסתירה עמוקה לערכים היהודיים המסורתיים. הערכים והנורמות שבהם דוגלים רוב אמצעי התקשורת ושאותם סופגים ילדינו מציעים גישה למיניות המשוחררת מכל מחויבות, ואת הגישה הזו דוחים הורים ומחנכים רבים, חילונים כמו גם דתיים. כשאני מדברת על השפעתה של התרבות על

ילדינו, זו התרבות שאליה אני מתכוונת, ולא התרבות החילונית ככלל. עלינו לתת תוקף לגישה היהודית המסורתית למיניות וליחסים, ולדחות את רוב מה שסופגים ילדינו בחשיפה לאמצעי התקשורת ולנורמות המיניות המתירניות שאותן הם נוטים להציג.

השפעתה של המדיה

> את יודעת, כאילו, כולם רואים את כל הסרטים, וכולם עושים הכול עם החברים שלהם ואת לא יכולה. למה לא? ככה! קדושה, טהרה, אסור לך לעשות את זה, אבל כל העולם עושה... מה הבעיה, למה לי אסור לעשות את זה? קשה להתמודד עם זה. (ג'ודי, 15)

במחקר על מתבגרות ישראליות מהמגזר הדתי־לאומי (דתי מודרני)[13] אישרו רוב המשתתפות כי החשיפה לתרבות השלטת משפיעה עליהן. לדעתן, החשיפה מכשירה התנהגויות שנחשבות פסולות על פי ההלכה, וכן מציגה אפשרויות שאותן הן לא היו שוקלות אלמלא כן. רוב המשתתפות חוו קונפליקט במפגש שבין הערכים המסורתיים שלהן לאלו של תרבות הרוב. ציגלר[14] חקרה את ההתנגשות בין ערכי התרבות הפופולרית לבין ערכים יהודיים בחייהן של מתבגרות אמריקניות דתיות מודרניות אחרי גיל תיכון. היא קבעה כי למרות המחויבות המוצהרת שלהן ליהדות, התלמידות שהיא ראיינה השתלבו היטב בתרבות האמריקנית הפופולרית והפגינו בקיאות בסדרות, בסרטים ובלהקות שעליהם הן נשאלו. מנהל בית הספר של התלמידות אמר כי נוער דתי מודרני משקיע זמן ניכר בצפייה בסדרות, באינסטאגרם ובפייסבוק, בסרטים וב־MTV. הפעילויות הללו מספקות הזדמנויות נוספות למגע עם גישה מתירנית מאוד וחסרת גבולות כלפי מיניות. על סמך ממצאיה טוענת ציגלר כי בני נוער אמריקנים המשתייכים לאורתודוקסיה המודרנית מעורבים מאוד בתרבות הפופולרית, וכי למרות שהם משקיעים מחשבה בגבולות שהם יוצרים לעצמם, הרי שזהותם קשורה מאוד לתרבות הפופולרית. מתברר שהחשיפה לערכים לא־יהודיים באמצעי התקשורת מעוררת דאגה ברחבי העולם, ובמיוחד בקרב קהילות דתיות מודרניות.

רגנרוס, סוציולוג שחקר את השפעתה של הדת על מיניות ועל התנהגויות מיניות, מתאר במחקרו על ההתמודדות של נוער אמריקני עם מין ודת את חווייתם של נוצרים אוונגליסטים שבאים במגע עם התרבות החילונית המודרנית:

שתי תרבויות עוצמתיות נפגשות שם [בביתם של נוצרים אוונגליסטים רבים]: תרבות הדת האוונגליסטית המסורתית עם האידיאלים והנורמות שלה שבמרכזם המשפחה, ותרבות הקפיטליזם האינדיבידואליסטי הפוסט־מודרני, הצרכני, רווי אמצעי התקשורת, שהעצמי במרכזו. אין כאן שיפוט ערכי, אלא הבחנה פשוטה. כאשר אוונגליסטים באים במגע עם תרבות הצריכה הסובבת אותם, ברור שהם שואבים עמוקות מכמה מהפלגים המזינים את הנהר. וכפי שקורה בשעת מפגש בין חזית חמה וקרה, היוצר סופת רעמים, כך גם ההתמזגות של שני הכוחות התרבותיים החזקים הללו יוצרת דיסוננס וקונפליקט.[15]

ילדינו מתמודדים ברובם עם קונפליקט דומה. השאלה המורכבת של זהות אישית, השתייכות חברתית ונאמנות למסורת משותפת לנוער היהודי הדתי ולקהילות מסורתיות לא־יהודיות המבקשות להתאים את עצמן במידה מסוימת לחברה המודרנית.

'חיסון' ילדינו

לרשותם של יהודים שמחויבים להקניית ערכים מסורתיים בעולם מודרני עומדות גישות שונות. הרב שמשון רפאל הירש מפרש את אבן היסוד של החינוך היהודי, "חֲנֹךְ לנער על פי דרכו" (משלי כב, ו), כהוראה להכין את הילדים לדרכם העתידית בחיים. הרש"ר הירש שואל אם הורים אמורים לעודד מעורבות בעולם המודרני או פרישה ממנו. הוא קורא לשתי הגישות הללו 'התחסנות' ו'התבדלות'.[16]

הורים רבים בוחרים בגישה שאפשר לתאר אותה כהתבדלות. גישה זו מכירה בהשפעתה המסוכנת של התרבות הכללית על ילדים, תרבות הסותרת את הנורמות המסורתיות במיוחד בתחומים של צניעות, מיניות ומערכות יחסים. הדוגלים בהתבדלות מבקשים להגן על הילדים באמצעות הרחקתם מהשפעות מזיקות אפשריות. התבדלות דורשת מניעת חשיפה לסרטים, למדיה חברתית, לאינטרנט או לאמצעי תקשורת אחרים, ולמסרים שעלולים להסיט את הילדים מן המסלול הדתי. כדי שגישת ההתבדלות תצלח, יש צורך בהסתגרות מוחלטת מהחברה הסובבת. לא ניתן ליישם גישה כזו בחברה דתית מודרנית, המאמינה בחשיבותה של המעורבות בחברה הכללית. כהורים, כולנו שואפים לגונן על ילדינו מפני סכנות. אבל הדבר כמעט בלתי־אפשרי. לפי הרש"ר הירש, ילדים המבודדים מחשיפה לסביבה החיצונית יהיו פגיעים הרבה יותר כשיגיעו בסופו

של דבר לסביבה כזו, ואילו ילדים הנחשפים באופן מבוקר לסביבה החיצונית יהיו מסוגלים להתמודד עמה בשעת הצורך. לפיכך, הוא מציע שנחסן את ילדינו מפני רעיונות המנוגדים ליהדות באמצעות מתן תשובות משמעותיות באופן יזום והדרגתי, בעניינים שבהם הם עלולים להיתקל.

רש"ר הירש ודרך ההתחסנות

- להכיר בעובדה שילדינו ייחשפו בסופו של דבר להשפעות חיצוניות
- לחנך נגד רעיונות שסותרים את היהדות, באמצעות מתן תשובות משמעותיות לשאלותיהם של ילדים בענייני אמונה ומעשה
- להציב גבולות ברורים לחשיפה ולְהתנהגויות מקובלות בהכוונת ההורים.

על פי גישה זו, ההורים נדרשים להכיר בכך שילדיהם ייחשפו בסופו של דבר לרעיונות ולערכים בעלי טבע חילוני, ושעליהם מוטלת האחריות ליזום שיחה עם ילדיהם על תפיסתה של היהדות בנושאים הללו. גישת ההתחסנות מאפשרת חשיפה לתרבות המודרנית כל עוד היא מלווה בחינוך שעוזר לילדים לזהות את המסרים והמשמעויות שמציגה אותה תרבות, ולהיות מודעים אליהם. הרב יצחק בלאו, מחנך דתי בן־זמננו, ממחיש את החשיבה הביקורתית שיש להפעיל בשעת צפייה בסדרות ובסרטים. הוא מעלה כמה שאלות שהורים יכולים לשאול את ילדיהם:[17]

> למי יש סיכוי טוב יותר להצליח באמצעי התקשורת – לאישה בעלת כישרון משחק, או לאישה יפה? למה לשחקניות בגיל העמידה מוצעים פחות תפקידים ראשיים? חלק מהנושאים הללו נכונים גם עבור שחקנים ממין זכר, אך ההחפצה של נשים דווקא עדיין נפוצה יותר כיום. המסר הישיר שהסדרות והקולנוע מעבירים לנו חדשות לבקרים הוא שבסופו של דבר, המראה הוא שקובע.

עתה, לאחר שזיהינו מסרים שליליים חוזרים, נוכל להציע אלטרנטיבה לערכים שמציגים אמצעי התקשורת המודרניים. הורים ומחנכים צריכים להגדיר בבירור את האתגרים הכרוכים בניהול חיים מודרניים וחיים דתיים, ולהביע באופן חד־

משמעי את ערכה של הדרך היהודית המודרנית. יתרה מזאת: הורים צריכים להציב לילדיהם גבולות ברורים בענייני צניעות, מיניות ויחסים. הגבולות הללו מעבירים לילדים מסר של אהבה וכבוד, ומפגינים מחויבות עמוקה כלפי המסורת. אם אלו יוצגו כראוי לילדים מגיל צעיר, הם יסכימו, בעזרת השם, לגבולות שיקבעו להם הוריהם.

כשאברהם נצטווה לגרש את ישמעאל, התורה אומרת: "וַיֵּרַע הדבר מְאֹד בעיני אברהם, על אוֹדֹת בנו" (בראשית כא, יא). רוב המפרשים הקלאסיים מבינים שהמילה "בנו" מתייחסת לישמעאל, אבל הרש"ר הירש מציע הבנה אחרת כדי להדגיש עניין מסוים. לדבריו, המילה "בנו" מתייחסת ליצחק ולא לישמעאל. אברהם חשש שבלי החשיפה להשפעה השלילית של ישמעאל ובלי הצורך להתמודד עם ההתנהגות שלו, דמותו הטהורה של יצחק לא תחוסן, והוא יושפע יותר בקלות מהתנהגויות שליליות.

הבחנה בין חינוך ללמידה

הבה נהיה כנים לרגע ונודה שמה שאנחנו מנסים ללמד אינו תמיד זהה למה שהילדים לומדים בפועל. בחינוך יש מסרים חשובים שאנחנו מקווים להעביר, גישות, ולפעמים אפילו מילים שבהן מנסים הורים להשתמש כדי להקנות רעיונות וערכים שונים. למידה, לעומת זאת, מתייחסת לתוצאות הממשיות. אי־אפשר פשוט להניח שאם אנחנו, כהורים, אמרנו את מה שחשוב לדעתנו לומר, או אפילו אם קיימנו שיחות אינטראקטיביות עם ילדינו ושיתפנו אותם ברעיונות משמעותיים בעינינו, אזי הם ספגו בהכרח את המסרים שקיווינו להעביר להם. עלינו לחזור שוב ושוב לנושאים החשובים, לשאול את ילדינו שאלות כדי לאמוד מה הם הפנימו, ובשעת הצורך לחשוב כיצד להציג את הרעיונות שלנו באופן אחר. יהיה זה תמים מצדנו לחשוב שכל מה שאנחנו מלמדים אכן נקלט. יש למצוא הזדמנויות רבות ושונות לחנך את ילדינו ולהתייחס לנושאים במגוון של אופני למידה, וכך למקסם את קליטת החומר הנלמד.

עלינו למצוא שפה שבה נוכל לדבר עם ילדינו על מיניות מגיל צעיר, משום שתפקידנו כהורים הוא בין היתר להציע מבט על מיניות המבוסס על המסורת היהודית. לפעמים קשה לפתוח בשיחות כאלה. לעיתים קרובות לא ברור לנו לא רק איך ומתי לדבר עם ילדינו, אלא גם מה אנחנו רוצים לומר, במיוחד כשהילדים מתבגרים. ובכל זאת, גם שיחה לקויה עדיפה על העדר שיחה, צורת תקשורת שלילית כשלעצמה. בנוסף, עלינו להעניק לילדינו פרספקטיבה, הסבר מדוע המסורת יקרה לנו, ומדוע אנחנו מוסיפים להוקיר את

המחויבות ולהתמודד איתה, אף שהיא לפעמים מאתגרת. יתרה מזאת: עלינו לעזור לילדינו להבין שהקב"ה סלחן, ואף שאנחנו מחנכים אותם לבחור בדרך המסורתית, הדרך לחזור לה' תמיד פתוחה בפניהם, גם אם הם קיבלו החלטות שאינן נבונות כל כך בתחום הזה. אפשר תמיד להחליט מחדש, להתחיל שוב ולשנות כיוון – מגיע לילדים שלנו לשמוע מאתנו את כל זה.

יחסו של נוער דתי מודרני להלכה

> כי זה משהו שעושים שהוא קשה ומאתגר, ואם את כאילו לא מבינה למה, את תרגישי כאילו "כבר לא אכפת לי, כי אף אחד לא מסביר לי את זה". וגם לומר למישהו "אני לא מוכנה לחבק אותך", כאילו, "אתה ידיד טוב שלי אבל אני לא אחבק אותך" – את צריכה משהו שיתמוך בך. לא הייתי עושה את זה לידיד שלי וזה מביך בשבילו ולא הייתי עושה לו את זה אם לא הייתה לי תמיכה, סיבה... (תמרה, 16)

הנימוק החמקמק – נוער דתי מודרני חשוף חשיפה גדולה לאמצעי התקשורת שמקדמים מין מזדמן. לכן, בני נוער נוטים לחפש נימוקים מוצקים לדרישות ההלכתיות, כדי לחזק את המחויבות שלהם. כשאנחנו מסבירים שקיום ההלכות הנוגעות לקשר פיזי בין המינים (המוכרות כ'שמירת נגיעה') מחזק את קשר הנישואים העתידי, אנחנו טוענים שבטווח הארוך כדאי לציית להוראות אלו. הרעיון שלפיו יחסים פיזיים בשלב מוקדם עלולים לפגוע בבריאות המינית בעתיד בהחלט מרתיע את אלו שמודעים למלאכותיות המאפיינת את יחסיהם של אחרים, יחסים שמתמקדים יותר בפן הפיזי מאשר בפן הרגשי העמוק. ועדיין, רבים עשויים להיווכח כי גם אם הנימוק הזה משכנע באופן תיאורטי, הרי כשמדובר במערכת יחסים ממש, התועלת העתידית האפשרית של שמירת נגיעה אינה גורמת להם להקפיד על ההלכה בהווה. קשה להילחם בפיתוי המיידי של מערכת יחסים גופנית באמצעות תקווה רחוקה לנשיקה ראשונה בחדר הייחוד. צריך לתת לנוער שלנו סיבות להתאפק כבר עכשיו: למען הקדושה בחייהם הנוכחיים, למען התפתחותם האישית, המחויבות לשמירת ההלכה, ערכו של הריסון וכן הלאה. בסופו של דבר, המחויבות צריכה לבוא גם מתוך העיקרון של עבודת ה', קבלתו של אלוקים כמנהיג האולטימטיבי וקבלת רצונו כגורם מחייב. שילוב רעיון זה בחינוך שאנו מעניקים לילדינו מגיל צעיר, יכול לעזור

להם לקבל את הסטנדרטים שההלכה מציבה כנורמה הדורשת מחויבות, ושאי־אפשר לכופף אותה.

חינוך בתחום זה הוא הכרחי, משום שאם תידרש הצדקה לכל אחת מהמצוות, אזי המחויבות הדתית האישית של ילדינו תהיה תלויה בנימוקים. לפעמים, כאיזון להשפעה הנרחבת של החיים המודרניים, בני נוער דתיים מודרנים מבקשים טיעון החלטי שיוכיח להם שהחיים הדתיים אכן ראויים ומסוגלים להתחרות בשוק הרעיונות של המתבגרים. בני נוער דתיים, כמו בני גילם החילונים, מוצפים כל הזמן ובתת־מודע במחשבות על מיניות ועל מערכות יחסים. הם נמצאים בשיחה מתמדת עם עצמם על הדימוי שלהם, על בגדיהם וכיצד הם רוצים להצטייר בעיני האחר או מול העולם, ועל רקע זה הנימוקים לצניעות ולשמירת נגיעה לרוב אינם תומכים תמיכה מספקת כדי להצליח לעמוד בפיתויים הגופניים. הילדים שלנו זקוקים לחיזוק שמעניקה האמונה.

המגבלה של הנימוק

טעמי המצוות, כלומר, החיפוש אחר ההבנה של המצוות, הם חלק חשוב מן המסורת היהודית, אך הצורך בנימוקים ובהסתמכות הבלעדית על ההיגיון אינם מועילים לילדינו. את ההלכה היהודית אי־אפשר תמיד להסביר ולפרש כך שתתאים לפרספקטיבה המשתנה של החיים המודרניים. חלק חשוב מהחיים הדתיים הוא היכולת לקבל את חוסר ההיגיון שמצוי לפעמים בהלכה היהודית, ולצורך זה עלינו לחנך למחויבות פנימית להלכה. גישה כזו תעזור לצעירים לשמור על מחויבות גם כשהם נתקלים בהלכה שאי־אפשר 'לייפות' אותה באופן שתתאים להלך הרוח המודרני. אחת המטרות שלנו כהורים היא לפתח את המחויבות של ילדינו למערכת כולה, ולעודד מחויבות גם כשקשה להבין את ההלכה ויש לקיים אותה מתוך תחושת חובה.

לפעמים אפשר להציע את החכמה שבשיטה, במקום נימוקים למצוות ספציפיות. אבל מגבלות ההיגיון קיימות גם ביחס לשיטה כולה. הצורך להגביל את השימוש בהיגיון בחינוך לשמירת מצוות נובע מכך שנימוקים עלולים לעקור את עצם מהותה של המצווה השמימית. עלינו ללמד את ילדינו גם להיענות לקריאה מסיני, לחיות חיים של ציווי, לא רק אם וכאשר הציווי תואם את האינטרסים שלנו. החברים בקהילה דתית חייבים לפעמים לקבל את התשובה "כי זו חובתכם", ולהשלים עימה.

ערכה של התמודדות דתית

אלוקים מכיר בכך שאנחנו בני אדם, ושאנחנו מתמודדים עם עניינים שמשלבים בין גוף ונפש, במיוחד כשמדובר במיניות. למעשה, היהדות קוראת לנו להשתמש בקושי כהיבט משמעותי של ההתפתחות הדתית שלנו. הגאון מווילנה כותב:[18]

> כי מה שהאדם חי הוא כדי להיות ממושמע ולהחזיק את עצמו חזק ותמיד להתחזק. ואם לא יתחזק, למה לו חיים?

לפי הגאון מווילנה, תהליך של צמיחה אישית מתמדת הוא חיוני לקיומו של אדם. צמיחה בצורתה הטובה ביותר מגיעה מתוך מאמץ מתמיד להביט פנימה, להבין מה יש לשנות כדי לשפר, ואז לעבוד על השינוי. ספר משלי מלמד אותנו גם הוא שכשאדם נמצא במחזוריות של נפילה וצמיחה, הוא נחשב צדיק, כפי שנאמר: "כי שבע יפול צדיק וקם" (כד, טז). הצדיק בפסוק איננו אדם מושלם שאינו חווה קונפליקט בחייו הדתיים, אלא אדם שנמצא בתהליך של היווצרות; נאבק לקום ולהתחיל מחדש שוב ושוב, אם יש צורך, אבל נחוש להוסיף לנסות ולטפס לגבהים רוחניים נעלים יותר. מכאן נוכל להבין שגם כשאיננו מצליחים לקיים את המצוות כפי הנדרש, אל לנו לוותר. לפעמים המאמץ הדרוש להתגבר על היצרים האנושיים הוא עצום, אבל חז"ל מדגישים את חשיבותה של ההתמודדות, ושלפעמים דרך הנפילה נצליח, בסופו של דבר, להרים את עצמנו למעלה גבוהה יותר מזו שהיינו מגיעים אליה אלמלא הנפילה.[19] התורה ניתנה לבני אדם, וחלק חיוני ממהותנו כבני אדם הוא השאיפה המתמדת להיות אנשים טובים יותר ולהגיע לרמות גבוהות יותר של קדושה. החיים נועדו להיות תהליך, ולפיכך עלינו להמשיך לנסות לצמוח מבחינה דתית ורוחנית בכל מעשינו.

לשמור על פרספקטיבה

הבחירה להיות חלק מהעולם המודרני ועדיין להישאר מחויבים לסגנון חיים של שמירת מצוות יוצרת אתגרים רבים. הדבר בא לידי ביטוי במיוחד בתחום המיני, שבו הנורמות שלנו שונות מאוד מאלו של התרבות המודרנית, ואנחנו עשויים למצוא את עצמנו בקונפליקט עם הלך הרוח המודרני. כשאנשים אינם מצליחים לקיים את ההלכה כראוי, הם עלולים להרגיש אשמים. אפשר להבין את תחושות האשמה הללו, אך חשוב שלא לאפשר להן למנוע את המשך החיפוש אחר אלוקים. אלוקים אוהב את כל בני האדם, מבין את הקשיים שלהם ונוהג ברחמנות כלפי יהודים שמנסים לקיים את מצוותיו, גם אם הם עדיין אינם

מצליחים לקיים אותן באופן מלא. תנועה לכיוון של קדושה היא מאמץ שנמשך כל החיים, ולפעמים המשימה של קיום מצוות כהלכה קשה מנשוא. לאלו שעדיין נמצאים בתהליך של קבלת עול מצוות, החשוב הוא להמשיך לנוע בכיוון הנכון.

חשוב גם להבין שהשטח שבו אנו מנסים לנווט הוא שטח מורכב. אנחנו חיים בעולם מודרני ודתי כאחד. איננו תומכים בהפרדה מוחלטת בין בנים לבנות, ולדעתנו, מינון בריא של שילוב ניטרלי בין המינים ועבודה משותפת בסביבה נוחה אף עשוי לתרום מאוד להסדרת היחסים בין גברים לבין נשים. אבל תחום היחסים בין המינים טומן בחובו מורכבויות רבות. גברים ונשים נבראו עם משיכה פיזית חזקה זה לזו, משיכה שהיא טבעית ובריאה, אבל כזו שיש לשמור אותה, לפי ההלכה, לחיי הנישואים. על כל פנים, קשה מאוד לשלוט ביצר הטבעי הזה.

חז״ל הבינו וכיבדו את היצר, ולכן יצרו גדרות בניסיון להגן על אנשים מפני עצמם. חובתנו כיהודים שומרי מצוות להתייחס לגדרות הללו ברצינות, ולהפגין אחריות בקשרים שאנחנו מתירים לעצמנו עם בני המין השני. הגדרות הללו עלולות לפעמים ליצור תחושה של שרירותיות (״מה רע בחיבוק?״), אך יש בהן תועלת. ההחלטה שמותר לנשק אדם אחד ואסור לנשק אדם אחר יוצרת מציאות מסובכת. חז״ל העדיפו ליצור עבורנו מערכת של חוקים, ולדרוש מאיתנו לציית לה, בכל הרמות. לעיתים קרובות, החלטה מינורית בשלב מוקדם (״לא אלך למסיבות שיש בהן אלכוהול״) מונעת את הצורך לקבל החלטות קשות הרבה יותר בהמשך (״כדאי לי לעזוב את המסיבה הזו, אבל כולם נהנים כל כך ונראה לי טיפשי לסרב״). אם נוצרים קשיים, וקיום צִווי התורה ברמה המחמירה ביותר הופך לאתגר, עלינו לחשוב מה יכול לעזור לנו לקיים אותם תוך כדי החיים בעולם המודרני.

כדאי להביא בחשבון שאם איננו מתייחסים ברצינות הראויה לסייגים ההלכתיים של חז״ל, ומחליטים שאנו יכולים ליצור גבולות בעצמנו, אנו עומדים בפני תהליך מתיש הדורש בחינה עצמית מתמדת. ייתכן שיהיה פשוט יותר להקפיד על דברי חז״ל.

מושג התשובה

המילה ׳חטא׳, המשמשת בדרך כלל לתיאור כישלון בקיום מצוות, פירושה גם ׳החטאה׳. הדימוי הוא של אדם היורה חץ למטרה ומפספס. מה עושה היורה? הוא מבחין בטעות שלו, מכוון מחדש, שולף עוד חץ ויורה שוב. התשובה היא למעשה חזרה למסלול הנכון, לעצמי האמיתי ולא לאותו חלק שלנו שמשתלט

עלינו ומאיץ בנו להקשיב ליצרים שלנו ולא לתחושה של עשיית הטוב. לפי הרב סולובייצ'יק, את מושג התשובה אי־אפשר לתפוס באופן רציונלי משום שהוא בעצם אינו מבוסס על ההיגיון.[20] התשובה היא מתנה שאלוקים נתן לבני האדם כדי לעזור להם להתפתח בתחום הרוחני. אלוקים, שברא אותנו עם יצר פיזי כמו גם עם נשמה רוחנית, יודע שלפעמים שני ההיבטים הללו של בני האדם מתנגשים, ושלא תמיד אנו מצליחים להתגבר על היצר שלנו ולקיים את מצוותיו. התשובה מאפשרת לנו להתאמץ באמת לשפר את דרכינו, כמו גם להודות כשאנחנו 'מחטיאים את המטרה' ולנסות להתכוונן מחדש ולחזור לדרך הנכונה.

לכן התשובה היא חלק כה חשוב במסורת היהודית. התהליך שבו אנו הופכים לאנשים בעלי משמעת עצמית הנאמנים לאמונתנו, המסוגלים לעשות את מה שמותר לנו ולהימנע ממה שאסור לנו על פי ההלכה היהודית, הוא מסע שנמשך כל החיים, ויש בו עליות ומורדות. התשובה מזכירה לנו שאנחנו תמיד יכולים לנסות להשתפר ושאלוקים תמיד נכון לקבל את מאמצינו המחודשים. זוהי משימתו של יהודי שומר מצוות.

קביעת מטרות והצבת גבולות

הטלת משמעת היא לעיתים אחד התפקידים המאתגרים ביותר בהורות, אך היא גם חלק חיוני ממערכת היחסים בין הורים לילדים. משמעת איננה רק הצבת גבולות וקביעת מגבלות. יש בה גם מסרים חיוביים, כגון: הצבת יעדים ויצירת אתגרים מתוך תחושת ביטחון שמשדרת לילדים את המסר: "אתם מסוגלים לעשות את זה!". הצבת מטרות ברורות וישימות לילדינו יכולה להשפיע מאוד על עידוד הצמיחה. הצעד הראשון שלנו במאמץ הזה הוא להבהיר היטב את הציפיות שלנו מילדינו וללמד אותם אסטרטגיות להצלחה. משום שהורים נוטים להימנע מכך כשמדובר בצניעות, במיניות ובמערכות יחסים, הילדים שלנו לא תמיד מבינים כיצד היינו רוצים שהם יתנהגו. לפיכך, עלינו ליצור ולהגדיר ציפיות ברורות בכל תחום – כיצד באה לידי ביטוי הצניעות במשפחה שלנו, הן אצל בנים והן אצל בנות, כמו גם הציפיות שלנו מן הילדים שלנו כאשר הם נמצאים בחברה מעורבת.

כדי שנצליח לחנך את ילדינו בהתאם לכל העקרונות הללו, עלינו להבהיר תחילה לעצמנו כמה עניינים מעורפלים מעט. בפרק הבא נתחיל לעיין בתפיסה היהודית ביחס למיניות.

בפרק זה דיברנו על:

- חשוב לדבר עם ילדינו על אינטימיות ומיניות כחלק מהקניית ידע על התפתחות, וכדי להקנות ערכים דתיים.
- חינוך יעיל מתחיל בגיל צעיר, במיוחד בתחומים שבהם עלולים להיווצר קונפליקטים.
- העובדה שבני אדם נבראו בצלם אלוקים פירושה שיש לנו טבע ייחודי, שהוא שילוב של הצד הפיזי עם הצד הרוחני.
- התרבות המודרנית, ובמיוחד תרבות המדיה, משפיעה על ילדים דתיים מודרנים ומכשירה התנהגויות שנחשבות לפסולות על פי ההלכה היהודית, ובכלל זה התייחסות אגבית ומתירנית ליחסי מין.
- רש"ר הירש מציע את הגישה החינוכית של ה'התחסנות' כדרך לחיות חיים דתיים מחויבים בעולם מורכב.
- הורים צריכים להיות מודעים לכך שילדיהם אינם קולטים תמיד את המסרים שהם מנסים להעביר להם. בדרך כלל יש צורך בהרבה שיחות.
- היהדות מכירה בערכו של הריסון כמו גם בערכה של ההתמודדות הדתית, משום שהם מובילים בדרך כלל לצמיחה דתית.
- היהדות משלבת את מושג התשובה כעיקרון מרכזי, המכיר בכך שהטבע האנושי נכנע לפעמים לפיתויים, ומציע את האפשרות להשתפר בהתמדה ולגדול מבחינה רוחנית.
- משמעת עצמית היא דרך לחיות חיים בעלי מחויבות למערכת ערכים ולסטנדרטים שמעבר ל'אני'. משמעת עצמית היא חלק אינטגרלי מחייו של יהודי שומר מצוות.

2

תפיסה יהודית של מיניות

כפי שיש להכיר היטב את הלכות נידה, כך יש להתמצא גם בחוקי עונה. אין שום פגם, בושה או כיעור, ה' ישמור – יש רק קדושה וטהרה כשהקרבה נעשית כראוי.
(ר' זרח איידליץ, אור לישרים)

מהי מיניות?

מיניות כוללת הרבה יותר מאשר יחסי מין פיזיים. יש למיניות היבטים רבים ושונים, ולכן קשה להגדיר אותה. לפיכך, אציג אותה באמצעות פיצול לכמה רכיבים.

- מיניות מאופיינת ומוגדרת כהשתייכות למין זכר או למין נקבה, השתייכות הקשורה לאנטומיה שלנו.
- מיניות פירושה התחושות שיש לנו ביחס להיותנו זכר או נקבה, ועם הזמן, גם התחושות שלנו כלפי בני המין השני.
- מיניות פירושה התפקוד של איברי הגוף שלנו בכלל (הפיזיולוגיה שלנו) והתגובות המיניות שלנו בפרט.
- מיניות קשורה לכל המצבים המשפיעים על הפיזיולוגיה שלנו, לרבות המצב הגופני, הנפשי והרגשי שלנו, כמו גם חוויות העונג שלנו.

המיניות שלנו היא מרכיב בסיסי באישיות שלנו.[1] בני אדם משתנים ומתפתחים כיצורים מיניים במהלך חייהם, ומסרים ולקחים שנלמדו מוטמעים בתחושת

העצמי המינית שלהם. לרוב, אנו מודעים להתפתחויות הגופניות שמשפיעות על תפקודנו המיני, אך איננו מבינים תמיד שהתפתחותנו החברתית והרגשית המתמדת תורמת לעצמי המיני המתפתח. בשלבים שונים של חיינו אנו מבטאים את המיניות שלנו באופן שונה. הבנת הגורמים שמשפיעים על המיניות שלנו יכולה לעזור להפחית את המבוכה ולחזק את בריאותנו המינית.

מהי בריאות מינית?

לפי ארגון הבריאות העולמי, בריאות מינית היא מצב של רווחה גופנית, נפשית וחברתית ביחס למיניות. היא דורשת גישה חיובית ומכבדת למיניות וליחסי מין, כמו גם לאפשרות לחוות חוויות מיניות מענגות ובטוחות (אצל יהודים דתיים – בהקשר הנכון), ללא כפייה, אפליה או אלימות. עבור יהודים דתיים, בריאות מינית כוללת ידע על גישת היהדות למיניות, והבנה או הכלה בריאה של גישה זו.

כדי להבין את ההשקפה היהודית ביחס למיניות, נפתח בבחינת הגישה היהודית לעונג. משום שמיניות היא הצורה האינטנסיבית ביותר של התשוקה והתענוג שאותם חשים בני אדם, הבנה כללית של הגישה היהודית לעונג יכולה להיות הקדמה טובה לנושא המיניות ביהדות.

עונג בהשקפה יהודית

בבואנו ללמד ילדים על מיניות ועונג בראייה יהודית, עלינו בראש ובראשונה לעודד אותם להיפתח לדרכי הבנה חדשות. השפעתה של התרבות המודרנית מחלחלת לכל תחום, ועל ילדינו למחוק חלק ממה שלמדו עד כה בעניינים אלו, כדי שיוכלו להיפתח לרעיונות שיוצגו להלן.

התרבות המודרנית, ששורשיה בתפיסה הצרכנית, נוטה למדוד אושר במונחים של חומר. היחס הזה ניכר במאמציהם האדירים של אמצעי התקשורת לעודד אותנו להשקיע את מֵרב משאבינו ולרכוש מוצרים (מכוניות, בתים, חופשות, בגדים), שלפי הפרסומות יגרמו לנו תענוג ואושר. המוטו הוא: "ככל שיהיה לכם יותר, תהיו שווים יותר". אנחנו נמדדים לפי סוג המכונית שלנו וגודל הבית שלנו, והמסר הדומיננטי הוא שאפשר לקנות אושר ומעמד ברכישת מוצרים לרוב. כלי התקשורת מעודדים אותנו למקד את האנרגיות שלנו בהנאה, וההנאה מהחיים הופכת למטרה העיקרית.

ליהדות יש דרך שונה למדוד את ערכם של בני אדם. הקטע הבא מספרו של הרב אברהם פרץ פרידמן, **אינטימיות בנישואין**,[2] מיטיב לתאר את הניגוד שבין הגישה הצרכנית המודרנית לעונג לבין הגישה היהודית המסורתית לעונג:

> החברה המערבית מעלה על נס את התענוג. הזמן, האנרגיות, תשומת הלב, הדמיון, המשאבים והכסף שלנו, רובם ככולם, מכוונים להשגת תחושה של עונג על אינספור צורותיו וגווניו. פעמים רבות העונג וההנאה האלה גובים מאיתנו מחיר כבד ומלווים בחובות ובמחויבויות, למשל, שעות עבודה רבות. לעיתים קרובות (לא תמיד) אנו מצליחים למלא אחר חובות ומחויבויות אלו, וכי יש לנו ברירה? זהו המחיר תמורת העונג לגווניו.
>
> השווה את התפיסה הזאת לתפיסתה של התורה. גם התורה מעריכה עונג – כפי שראינו – אבל בהבדל משמעותי. חובות ומחויבויות אינן ה'מחיר' ההכרחי והבלתי־נמנע של העונג, אלא העונג הוא תוצר לוואי רצוי ונעים של קיומן הראוי של חלק גדול מהחובות האלוקיות שלנו ונובע מהן...
>
> העונג אינו בראש מעייננו, והמחויבות אינה מחיר הכרחי ובלתי־נמנע שיש לשלם או לשאת כדי ליהנות. אצל יהודים נאמנים, שומרי מצוות, החובה והמחויבות לאלוקים הן החשובות מכול.

חשוב לציין כי היהדות אכן מעריכה את העונג. רבי מאיר שמחה הכהן מדווינסק, בעל **משך חכמה**,[3] מציין שמקובל לחשוב כי כשאלוקים הניח את אדם בגן עדן, הוא בראש ובראשונה אסר עליו לאכול מעץ הדעת, אך לא כך הוא. בתחילה ניתן הציווי החיובי, "מכל עץ־הגן אכֹל תאכֵל" (בראשית ב, טז). החשיבות של הנאה מכל הטוב והמענג בעולם הודגשה לפני האיסור, שכן היא חלק חיוני ממשימתם של בני האדם על פני האדמה. באמצעות הרעיון הזה נוכל להבין שכל אותם דברים טובים בעולם הזה שמענגים אותנו, מקורם באלוקים. יש בכך כדי לעזור לנו להוקיר את ה' ולשאוף להתקרב אליו. היהדות מלמדת שרק מי שלמד לחוות עונג וליהנות ממנו, מי שמבין שכל התענוגות הנפלאים בעולם הזה הם מאת ה', יהיה מסוגל באמת להוקיר ולשבח את גדולתו של הקדוש ברוך הוא.[4]

העונג הוא דבר טוב, אבל הוא אינו בראש מעיינינו והוא אינו מטרה בפני עצמו. שלא כמו היהדות, החברה המודרנית מעודדת אותנו לראות בעונג מוקד

מרכזי של החיים. בבראשית ב, טז-יז מצווה אדם לאכול מכל פירות גן עדן, כלומר, להתענג על כל מה שאלוקים ברא. אבל העונג הזה מוגבל – הציווי שלא לאכול מעץ אחד מייצג את הצורך להתאפק, לחשוב לא רק על הפן הגופני ועל העונג, אלא גם להיות מסוגלים להגביל את היצרים שלנו.

בבראשית ב, ז-כד מתארת התורה כיצד ברא אלוקים את החיות, ולעומתן היא מתארת כיצד הוא ברא את האדם עם נשמה. הנשמה היא היא שמבחינה בין בני האדם לבין כל שאר היצורים על פני האדמה. האתגר הוא דווקא במאמץ לחבר בין הצד הגופני לבין צד הרוחני שלנו. המהר"ל מסביר[5] שהרצון החופשי שלנו נוצר מתוך השילוב הייחודי הזה. המטרה העיקרית בחייו של יהודי דתי היא להתאמץ להתקרב לאלוקים, לקיים את מצוותיו, לעבוד ולכבד אותו באמצעות היכולת שלנו לעשות טוב בעולם הזה, ובכלל זה להוקיר וליהנות מהנאות העולם שהוא ברא עבורנו. העונג הזה נחווה דרך השילוב בין גוף לנפש, ובכוחנו לרומם את כל המעשים הגופניים שלנו ולכלול בהם מרכיב רוחני. לפיכך, עונג הוא אמצעי להתחבר לאלוקים, אמצעי לגיטימי וראוי, אך הוא אינו מטרה כשלעצמו.

חשיבותם של נישואים

כפי שנאמר לעיל, מיניות היא הביטוי האינטנסיבי ביותר לעונג אנושי, ומכאן נובע שיש ליישם את ההבנות הללו גם ביחס למיניות. ילדינו תופסים את יחסה של היהדות למיניות באופן שלילי. תחושה שלילית זו מוצאת לה סימוכין בחוויותיהם. מבחינתם, כל פעילות מינית היא אסורה, ולפיכך הם מסיקים כי היהדות רואה בפעילות מינית חטא, דבר רע ופסול בכל ההקשרים. הדבר מצער מאוד, משום שביהדות ניתן למצוא ראייה רחבה וחיובית ביחס למיניות של בני אדם. המיניות נחגגת ונערצת, והיא נתפסת כקשר הקרוב והמקודש ביותר שיכול להתקיים בין שני בני אדם.[6] דווקא ההבנה הזו היא שהולידה את החוקים המוגדרים העוסקים באינטימיות מינית. המיניות נתפסת באור חיובי רק כשהיא משרתת את המטרה האלוקית באיחוד של שתי נשמות ובמחויבותן זו לזו. ברור לנו שמערכת יחסים מינית היא טובה, עוצמתית וחשובה, ולפיכך גם קדושה. אינטימיות יכולה להתקיים רק בקשר של אהבה, אכפתיות וכבוד הדדי. מכיוון שהיהדות מעריכה כל כך את המיניות ומבינה עד כמה היא יקרה, היא מעוניינת לשמור עליה ולייחד אותה אך ורק לקשר של נישואים. היא עמוקה ויקרה מכדי לשמש במערכות יחסים מזדמנות, או אפילו במערכת יחסים רצינית מחוץ לנישואים. יחסה של היהדות למיניות הוא חיובי ביותר, והרעיון שלפיו

יש למיניות זמן ומקום, ועליה להתקיים אך ורק בתוך חיי נישואים, הוא רעיון מרכזי במסורת היהודית. היהדות מעולם לא ראתה ביחסי מין רק דרך לחוות עונג גופני. יחסי מין הם מעשה בעל חשיבות עמוקה הדורש מחויבות ואחריות, משהו ששני אנשים מציעים זה לזו עם נישואיהם.

הציפייה מבני זוג שיינשאו לפני שימַמשו את הקרבה המינית מבוססת על מחויבות ואחריות. ביהדות, הנישואים דורשים משני הצדדים ליצור קשר של אחריות הדדית. חוזה זה – הכתובה – נמצא בלב ליבם של הנישואים, והוא שמביא מערכת יחסים רצינית ואוהבת לכדי מחויבות רבת שנים. היהדות מתירה מיניות רק במערכת יחסים קבועה במהותה, המוגדרת על ידי מחויבות חוזית אשר הופכת את הקשר למקודש.

יהדות ומיניות

- לעיתים ילדינו תופסים את יחסה של היהדות למיניות באופן שלילי.
- למעשה, ביהדות ישנה ראייה רחבה וחיובית ביחס למיניותם של בני אדם.
- היהדות מעריכה את המיניות כחוויה אינטימית מאוד גם גופנית וגם רוחנית ומכירה בערכה, ולפיכך דורשת לשמור את יחסי המין למערכות יחסים שמתקיימות במסגרת הנישואים.

היכרות הדדית

תפיסת המיניות כחלק ממערכת יחסים מחויבת ואינטימית היא חיונית ליהדות, ומשתקפת במונח המשמש פעמים רבות בתנ"ך לתיאור יחסי מין: "לדעת". מונח זה מבטא את הרעיון שלפיו יחסי מין צריכים להתפתח מתוך מערכת יחסים שבה בני זוג באמת יודעים זה את זה במובן העמוק ביותר של המילה; הנשמות שלהם מחוברות זו לזו. ידיעה כזו נובעת לרוב מן המוכנות של בני הזוג לחשוף זה בפני זו את חסרונותיהם וחולשותיהם, כמו גם את שאיפותיהם וכוחותיהם. ידיעה כזו של האחר יכולה להתקיים רק במערכת יחסים המבוססת על אהבה ואמון. היהדות דורשת שהמיניות תנבע ממערכת יחסים שבה יש בין בני הזוג מחויבות וקשר עמוק של הלב, הנפש והגוף.

חשוב שנציג לילדינו את הרעיון הזה, שהוא שונה כל כך מן הגישה המודרנית הרווחת בתרבות שאליה הם נחשפים, ולפיכך קשה להם להבין אותו.

המסרים באמצעי התקשורת המודרניים מדגישים את החוויה המענגת, הגופנית ביסודה, שבמיניות וביחסי המין. ככזו, ראוי ליהנות ממנה בכל מקום, ועם כל מי שנרצה. לפי היהדות, האיחוד המיני בין שני אנשים הוא החיבור העמוק והעוצמתי ביותר ששני בני אדם יכולים להגיע אליו. אין מדובר רק במעשה גופני, אלא במעשה רוחני מאוד. יש בו חיבור של שני בני אדם, בגוף ובנשמה, שמתאחדים מחדש, כפי שמתואר בבראשית: "והיו לבשר אחד" (ב, כד). היבט רוחני זה של המיניות בולט בהיעדרו ברוב הסדרות והסרטים שאליהם אנו נחשפים. היבט רוחני זה מעצם הגדרתו אינו אפשרי ב'סטוץ' חד־פעמי.

מערכת יחסים המשלבת גוף ונפש

התורה משתפת אותנו בחכמתה הרבה בעניין ריבוי הפנים של מערכות יחסים מיניות. בעלי חיים המונעים מדחף ביולוגי להזדווג לצורכי רבייה פועלים אך ורק מכוח היצר, אך אלוקים מלמד אותנו שאצל בני האדם, אין הדבר כן. בעלי חיים לרוב אינם מקיימים ביניהם קשר אישי עמוק (חז"ל מוציאים מכלל זה את היונה, שהיא יצור מונוגמי). לעומת זאת, כל ההבנה של מערכת יחסים אנושית מבוססת על קשר מלא רגש בין איש מסוים אחד לאישה מסוימת אחת. אם כן, מערכת יחסים מינית היא מחויבות כוללת של שתי נשמות שמתחברות זו לזו באופן האינטימי ביותר ששני בני אדם יכולים להתחבר בו, כדי ליצור איחוד שהוא גופני, רגשי ורוחני.

> אמר רבי יוחנן: אילמלא לא ניתנה תורה, היינו למידין צניעות מחתול, וגזל מנמלה, ועריות מיונה.
>
> רש"י: שאינו נזקק אלא לבת זוגו.

(עירובין ק ע"ב)

כדי להעמיק את הלימוד בתחום המיניות, נבחן את הפסוק מבראשית ב, כד, שם מתוארת בריאת האיש והאישה: "על כן יעזֹב איש את אביו ואת אִמו ודבק באשתו והיו לבשר אחד".

מה טבעה של דבקות זו? השורש דב"ק פירושו איחוד או קשר. הוא מציין קשר שקיים לא רק ברמה הגופנית, אלא גם ברמה הרגשית והרוחנית. הוא מתקשר לשותפות עמוקה ולהתאחדות, כלומר, לבחירה להיות קרובים מבחינה

גופנית ורוחנית כאחד. אותה מילה בדיוק משמשת לתיאור סוג הקשר שאליו אנו שואפים עם אלוקים: קשר רוחני. כך, ספר בראשית מלמד אותנו שהמטרה העיקרית של אינטימיות מינית היא לקרב בין בני זוג, לחזק את הקשר ביניהם ולמקסם את הקרבה – הרגשית, הרוחנית והפסיכולוגית.

רש"י במסכת סנהדרין[7] מסביר: "דמתוך שאין הנשכב נהנה אינו נדבק עמו". כאן מציע רש"י תובנה פסיכולוגית, ורומז לכך שמטרת העונג ביחסי מין עבור נשים וגברים כאחד היא להגיע לקשר עמוק וקרוב יותר. מבחינה זו, אנו רואים שהתורה תומכת בהחלט באינטימיות מינית כמקור לעונג גופני, כאמצעי לחיזוק קשר הנישואים. ההנאה הגופנית העזה שיוצרים יחסי המין נתפסת כמרכיב חשוב במערכת יחסים בריאה בין בני זוג, והיא משמשת להעצמת האהבה שלהם זה לזו. לשם כך, יש לשאוף להגיע לעונג מיני. מאידך גיסא, השאיפה לעונג מיני בלבד, בתוך ושלא בתוך קשר של נישואים, נתפסת כשאיפה הדוניסטית ולפיכך היא אינה חיובית.

בפרק ב של ספר בראשית מבקש האדם שותפה שתפיג את בדידותו. הפסוקים מתארים בפירוט רב את החברות שביקש אדם, ושאותה מצא בדמות עזר כנגדו. היהדות רואה באינטימיות מינית דבר טבעי וקדוש, ומעודדת יחסי מין בין בני זוג נשואים, אף על פי שגם היחסים הללו, כמו כל דבר ביהדות, צריכים להתקיים בתוך גבולות.

> דע כי חִבור זה הוא ענין קדוש ונקי כשיהיה הדבר כפי מה שראוי ובזמן הראוי ובכוונה הנכונה.
>
> (איגרת הקודש לרמב"ן)

המסורת הסגפנית ביהדות

מן הראוי להוסיף כאן הערה על תופעת הסגפנות ביהדות. ישנם סיפורים על יהודים גדולים וצדיקים שהתנזרו מהנאות העולם הזה, ובכלל זה מיחסי מין. יש שראו באיפוק המוחלט הזה חלק אינטגרלי מהיהדות. גם כיום נהוגה גישה זו בקבוצות חסידיות מסוימות. הוגי דעות יהודים אחרים רואים בהתנהגות זו אמצעי בלבד: אלו שהתנזרו מהעולם הזה עשו זאת כדי להתגבר על תשוקתם לדברים גופניים, וכך היה ביכולתם להתמסר לחלוטין לאלוקים. בסופו של דבר, כשהם יבואו ליהנות מהנאות העולם הזה, לא יהיה זה בגדר כניעה לתשוקותיהם – כניעה שעלולה להרחיק אותם מאלוקים – אלא העולם הגשמי

יהיה אמצעי שדרכו הם יעבדו את אלוקים, תוך חיזוק אהבתם והערכתם כלפי האל שהעניק להם כל כך הרבה. גישות אלו קיימות במחשבה היהודית, אבל הן אינן הגישות המרכזיות.

המטרה של אינטימיות מינית

ישנן שתי מצוות הקשורות לאינטימיות מינית. הראשונה היא מצוות "פרו ורבו" (בראשית א, כח): לפרות ולרבות. המצווה השנייה מוטלת על הגברים, שמחויבים לפרנס ולספק את נשותיהם, "שְׁאֵרָהּ, כְּסוּתָהּ וְעֹנָתָהּ" (שמות כא, י). פירוש הביטוי "עונתה" הוא שעל הבעל לספק את אשתו מבחינה מינית.[8] שתי המצוות הללו מייצגות שתי סיבות חשובות לקיום יחסי מין.

אלו שטוענים כי לפי היהדות, המטרה היחידה של אינטימיות מינית היא קיום מצוות פרו ורבו, עושים עוול ליהדות. רבייה היא אכן סיבה עיקרית לקיום יחסי מין, אבל היא איננה הסיבה היחידה. ראיה לכך היא העובדה שמצווה על הגבר לספק את אשתו מבחינה מינית, ולא זו בלבד אלא שאינטימיות מינית נחשבת דבר רצוי גם כשאין שום סיכוי שהדבר יוביל להיריון. למשל, יחסי מין בין בעל לאישה מותרים ומומלצים גם כשאי־אפשר להיכנס להיריון, כגון כשהאישה כבר בהיריון או שאינה יכולה להרות, או כשהיא נמצאת בתקופה שלאחר תום הווסת. ההלכות המתוות את אחריותו של הגבר לקיים יחסי מין עם אשתו אינן מבחינות בין מצב שבו האישה יכולה להרות לבין מצב שבו היא אינה יכולה להרות. הוא תמיד אחראי לספק אותה מבחינה מינית.

אם זה טבעי, למה זה לא בסדר?

היהדות מכירה בכך שבאופן טבעי, בני אדם מגיבים לגירויי מיני בצורה פיזית. חז"ל כיבדו מאוד את הדחפים ואת היצרים שלנו, במיוחד בתחום המיני. אבל בעוד שעולם הפרסום מנסה לנצל את הדחפים הללו כדי להגדיל רווחים, חז"ל בחרו לכבד את הדחפים המיניים וראו בהם כוחות חשובים שיש לרסנם ולשמור אותם לזמן המתאים. מכיוון שהגוף האנושי מתוכנת להגיב לגירויים מיניים, ניסו חז"ל להגן על אנשים מעצמם במהלך התקופה שלפני הנישואים, תקופה שנחשבת לא הולמת לאינטימיות מינית.

בני נוער תמהים לא פעם על הרעיון הזה: אם תגובה מינית היא תגובה גופנית טבעית, מדוע יש זמנים שאינם הולמים לתגובה כזו? אם זה טבעי, האם לא מדובר בהתנהגות תקינה וטובה? מדוע איננו יכולים פשוט לעשות את מה

שטבעי לנו? בנקודה הזו שונה היהדות מן העולם המודרני ומן ההתמקדות שלו בסיפוקים מיידיים. היהדות מבדילה הבדל גדול בין בני האדם לבעלי החיים. שלא כמו החיות, לנו יש היכולת לשלוט בדחפים הטבעיים שלנו, מאיתנו מצופה להשתמש ביכולת הזאת, משום שהיא זו שמבדילה בין אדם לחיה. מיניות היא דחף רב־עוצמה, ויש לשלבה עם הקדושה שבנו הנובעת מעצם בריאתנו בצלם אלוקים. לשם כך נדרשים בני האדם להתאמץ, וההלכה היהודית מאמינה שאנחנו מסוגלים לעמוד באתגר.

שמירה על הייחוד שבמיניות

במאמר פורץ דרך העוסק בפורנוגרפיה[9] מנתחת נעמי וולף, הוגה פמיניסטית ידועה, את ההשפעה השלילית העזה של חשיפה לפורנוגרפיה על דור שלם של בני נוער. הזמינות של חומרים פורנוגרפיים רבים, במיוחד בשל התפשטות האינטרנט, שינו את תפיסותיהם של גברים באשר לנשים, למיניות ולעונג.[10] השתנו גם הציפיות המיניות של גברים מנשים, בגלל חשיפתם להתנהגות של נשים בסרטים פורנוגרפיים. יש מחיר לגוף הנשי המושלם והמלוטש ולסרטים שבהם כל עניינן של נשים הוא להגשים את הפנטזיות של הגבר – לרוב בשילוב סצנות אלימות. וולף מציעה שאולי כדאי שנחזור לערכים מסורתיים יותר בתחום המיניות, במקום לצלול אל תוך הסרטים והתמונות הללו, משום שהשפעתם על קשרים אמתיים בין אנשים בשר ודם שלילית בהכרח. חשיפה לפורנוגרפיה ולתמונות פורנוגרפיות, לטענתה, משתקת את יכולתם של אנשים ליהנות מאינטימיות בין בני אדם אמתיים שאינם מושלמים. וולף טוענת שמבחינה מוסרית ומבחינת הבריאות הנפשית, לצפייה בפורנוגרפיה יש השפעה שלילית על יכולתם של אנשים ליהנות ממיניות בריאה. המחקר של וולף מחזק את החכמה הטמונה במסורת היהודית, ותומך בגישתה של היהדות למיניות. מהמאמר של וולף ניתן להסיק כי האחריות לבעיות הללו מוטלת לא רק על תעשיית הפורנוגרפיה, אלא גם על היחס הסתמי כלפי יחסי מין בחברה המודרנית, שמתבטא בקלות שבה מוכנים אנשים לקיים יחסי מין בלי מוכוונות לאינטימיות. בפועל, וולף עצמה מעמתת את הגישה היהודית הדתית עם זו הרווחת בקרב סטודנטים באוניברסיטאות.

במאמרה מתארת וולף ביקור אצל חברה ותיקה בשם אילנה שאימצה אורח חיים דתי וגרה בירושלים. אילנה ויתרה על מכנסי הג'ינס ועל חולצות הטריקו והחלה ללבוש חצאיות ארוכות ומטפחת. וולף מתארת את ההלם שחשה, במיוחד משום שסימן ההיכר של חברתה היה תמיד שערה הבלונדיני־

זהוב המתולתל והפראי שהגיע עד מותניה. אבל כעת הוא היה מוסתר. אילנה הסבירה שרק בעלה רואה עתה את שערה. וולף מתארת כיצד חדר השינה בביתה הקטן של אילנה הקרין עוצמה מינית. החדר קושט בקפידה והיה מרחב פרטי לחלוטין של בני הזוג; לילדים אסור היה להיכנס לחדר. היא מתארת את תחושת העוצמה הארוטית, עמוקה מזו שהכירה בחברה הליברלית החילונית שלה. הדהימה אותה העובדה שגברים מודרנים חשופים לנשים עירומות בסרטים, במודעות בטיימס סקוור ובאינטרנט, בעוד שבעלה של חברתה אינו מסתכל בשערה של אישה אחרת. החוויה הייתה עוצמתית, וולף עימתה אותה עם חוויה שחוותה באוניברסיטה, כשדיברה עם סטודנטים על פורנוגרפיה וכיצד היא משפיעה לרעה על מערכות היחסים שלהם.

"לקיים יחסים מידי!", אמר בחור בעל שיער סתור ועיני במבי, והסביר ש"הכול תמיד מתוח ולחוץ כשמתחילים להיפגש עם מישהי". "אני מעדיף לקיים יחסים מיד, פשוט כדי לגמור עם זה. ממילא יודעים שזה הולך לקרות, וזה מפיג את המתח".

"אבל אין במתח גם משהו מהנה?" אני שואלת, "האם זה לא מחסל גם את המסתורין?"

"מסתורין?" הוא הביט בי בחוסר הבנה. ואז, בלי להסס, השיב: "אני לא יודע על מה את מדברת. אין במין שום מסתורין".[11]

נשים ומיניות

הרעיון שלנשים יש יצר מיני שצריך וראוי לספקו הופיע בחשיבה המודרנית רק מאז המהפכה המינית, ורק בחמישים השנים האחרונות אישרו חוקרי המיניות האנושית שגברים ונשים מגיעים לסיפוק מיני בדרכים שונות.[12] מודעות 'חדשה' זו מראה בדיוק עד כמה היהדות הייתה תמיד מתקדמת בתפיסתה את המיניות האנושית. ההלכה משקפת את ההבדלים האמיתיים בין גברים לנשים בתחום האינטימיות והמיניות, מתחשבת בהבדלים אלו ויוצרת סטנדרטים לצורך העצמת הסיפוק של נשים כמו גם של גברים. במצוות עונה, אחת משלוש החובות של גבר כלפי אשתו בחיי הנישואים, בולטת הרגישות לצורכיהן של נשים – "שְׁאֵרָהּ כסותה ועֹנָתָהּ לא יִגְרָע" (שמות כא, י).

אינטימיות מינית נתפסת כזכותה של האישה, זכות שהגבר אחראי לספקה. אדם מחויב לקיים יחסי מין עם אשתו באופן סדיר. הוא גם מצווה לדאוג לכך שהאינטימיות המינית תענג את אשתו. בעלי הלכה מוסיפים:

ולאחר טבילתה ישמחנה ויחבקנה וינשקנה... למלאות תאוותו ותאוותה... ויראה לה חיבות ואהבות.[13]

האיש חייב מעיקר הדין לסייע לאשתו להגיע ל"שיא ההנאה" (אורגזמה) ואף שאין מלשון המקורות הכרח לומר שזהו עיקר החיוב, ודאי שזהו קיום מהודר של המצוה.[14]

בנוסף, האיש חייב לשים לב כשאשתו מעוניינת לקיים יחסי מין, ולספק את צרכיה מבלי שתצטרך לבקש, ואסור לו לצפות לקיום יחסים כשהיא אינה מעוניינת בכך. התלמוד[15] דן בנושאים רגישים כמו תדירות החובה המינית, והמלצותיו משתנות על פי עיסוקו של הבעל. לגבר אסור להישבע להתנזר ממין לפרק זמן ארוך, ואסור לו לצאת למסע לזמן ממושך, משום שהדבר מונע מאשתו יחסי מין. בנוסף, אם הבעל מסרב לקיים יחסי מין לזמן ממושך אפשר לכפות עליו לגרש את אשתו משום שהוא אינו מקיים את חובת העונה כלפיה.

יחסי מין הם אומנם זכותה של האישה, אבל גם היא אינה חופשייה למנוע מבעלה יחסי מין בלי כל סיבה, ובמיוחד לא למנוע אותם בתור עונש. התנהגות כזו היא עילה לגירושין בלי תשלום הכתובה.

אינטימיות מינית כביטוי לאינטימיות רגשית

כמתואר לעיל, הלכות עונה משקפות את הרעיון שלפיו יחסים אינטימיים אמורים לענג את שני בני הזוג. עובדה זו אינה זוכה תמיד להכרה, או אף לעידוד, בחברה הכללית, ובמיוחד בחברות מסורתיות. ההלכה מדגישה את העניין הזה משום שהיא מבינה שמערכת יחסים אינטימית בריאה היא מרכיב מרכזי בנישואים טובים. מטרתה של האינטימיות בעיני חז"ל איננה רק רבייה, אלא גם יצירת רגשות של אהבה עמוקה וקשר בין הבעל והאישה. האינטימיות היא ביטוי גופני של קרבה רגשית ורוחנית בתוך מערכת יחסים של אהבה. יחסי מין או אינטימיות שלא במסגרת מערכת יחסים אוהבת ומחויבת עשויים לספק הנאה גופנית אבל

נתפסים כמלאכותיים. היהדות רואה במיניות כוח המסייע לבני זוג לצמוח יחד, מחזק את תחושת העצמיות שלהם ומשרה קדושה בבית. בנוסף, מצוות עונה קובעת כי יחסי המין צריכים להתמקד בנתינה לאחר ולא רק בהנאה ובסיפוק עצמי. דגם כזה בוודאי יחזק כל מערכת יחסים.

אשר על כן, בנסיבות מסוימות יחסי מין אסורים אף בין בני זוג נשואים, וילדים שנולדים מיחסים בנסיבות כאלו נחשבים פגועים מבחינה רוחנית. התלמוד מביא את הרשימה הבאה:

> בני אנוסה, בני שנואה, בני נידוי (האיש מנודה או אבל וממוקד באסון שלו), בני תמורה (האיש חושב שהוא עם אישה אחרת), בני מריבה, בני שכרות, בני גרושת הלב (שבעלה החליט לגרשה), בני ערבוביא (הוא או היא חושבים על מישהו אחר בזמן מעשה), בני חצופה.

(נדרים כ ע"ב)

אם נבחן היטב את הרשימה נמצא כי המכנה המשותף לכל המקרים הוא שבכולם אין אפשרות ליצור 'דבק' – חיבור חזק, קרבה רגשית – בגלל הניתוק הרגשי בין האיש לבין האישה. בנסיבות כאלו, יחסי המין אינם יכולים לשרת את מטרתם העיקרית. בהעדר אותה קרבה רגשית, יחסי המין הופכים לסוג של החפצה ואי־אפשר להצדיקם, ולכן היבט הרבייה ניזוק גם הוא. הצאצאים שנולדים מיחסים כאלו לוקים בפגם מסוים, כפי שמסביר הגאון מווילנה:

> הדרישה ההכרחית לשם קידוש הקרבה היא להגביר את האהבה והאחדות בין איש לאישה.[16]

אי־אפשר להשתמש ביחסי מין כדי לפתור בעיה במערכת היחסים. יש לעבוד תחילה על הבעיה, ולפתור אותה מחוץ לחדר השינה. את הנקודה הזו מבהיר היטב רבי ישראל מסלנט:[17]

> הגשמיות של האדם האחר היא הרוחניות שלי.

תפיסה יהודית זו של מיניות משקפת כבוד של ממש כלפי כל אדם במערכת יחסים וכלפי מעשה האיחוד המיני עצמו. רוב בני הנוער הדתיים מסכימים

שמיניות אינה אמורה להיות רק ביטוי לתאווה בין שני אנשים המחפשים סיפוק הדדי, אבל הם עדיין עשויים לטעון שגם הם מסוגלים לחוש אהבה ומחויבות. מדוע לאהבה שהם מרגישים אסור לבוא לידי ביטוי פיזי? ככלות הכול, הם מכירים זה את זו ומכבדים זה את זו כבני אדם, ורוצים להביע את אהבתם באופן אינטימי – בצורה מינית. כאן יש לומר כי ערך ראשון במעלה עבור יהודים שומרי מצוות הוא מחויבות מלאה וארוכת טווח לבן הזוג או לבת הזוג. אומנם חשוב לא להכחיש את יכולתם של בני נוער לאהוב, אבל, לפי היהדות, יחסי מין אמורים להיות כה מקיפים, עזים וקדושים עד שהם דורשים מחויבות פומבית וחוקית, כלומר נישואים, כדי לבוא לידי מימוש ראוי. קשר מיני הוא מרכיב חשוב במערכת יחסים המבוססת על המחויבות של חיי נישואים. אין זה מספיק 'להתאהב'. המחויבות המגולמת בנישואים היא שמקנה למיניות את מקומה המרכזי בקשר העמוק והמשמעותי בין שני אנשים.

אבל גם אנחנו מסוגלים לנהל מערכת יחסים אוהבת

> אני פשוט לא מבין את זה. אני יודע, כמובן, שמערכת יחסים מינית לא אמורה להיות רק יחסים פיזיים בין שני אנשים שאין ביניהם שום קשר ושמשתמשים זה בזו בשביל הגוף שלהם. אבל יש לי חברה ואני אוהב אותה. אנחנו ביחד כבר תשעה חודשים. למה אסור שתהיה לנו מערכת יחסים גופנית, מינית? (ארי, 17)

אין לבלבל בין תאווה והשפעתה על הדמיון לבין יופי וכבוד המאפיינים מערכת יחסים מינית במסגרת של חיי נישואים. הבחנה זו משתמעת ממדרש תלמודי על סדינים שפרסו בני זוג לצורך קיום מערכת יחסים אסורה, שבסופו של דבר לא התממשה. בני הזוג שמרו את הסדינים, והשתמשו בהם בהיתר אחרי שנישאו. השימוש באותם סדינים מייצג את התפיסה שלפיה אפשר לחוות לפחות אותה מידה של עונג[18] במערכת יחסים מינית בנישואים כמו בקשר אסור.[19] כלומר, מיניות במסגרת הנישואים יכולה להיות מלאת תשוקה ומספקת ממש כמו הפנטזיה הנלווית למערכת יחסים מינית אסורה, וזאת בזכות הלכות טהרת המשפחה שהן חלק מחיי הנישואים. אישה אסורה על בעלה כמעט מחצית מכל חודש, ובעקבות האיסור נוצרת תחושת משיכה שמשפיעה השפעה חזקה על מידת העונג והתשוקה בקשר המיני. רעיון עמוק זה זוכה לפיתוח בספרו של אברהם פרץ פרידמן, **אינטימיות בנישואין**.[20]

אתיקה מינית יהודית

במסכת מנחות[21] ישנה סוגיה מרתקת שאני ממליצה לשוחח עליה עם ילדיכם המתבגרים כהמחשה לאתיקה המינית היהודית. סוגיה זו מביעה היטב את הגישה היהודית למיניות:

> מעשה באדם אחד שהיה זהיר במצוות ציצית. שמע שיש זונה בכרכי הים שנוטלת ארבע מאות זהובים בשכרה. שיגר לה ארבע מאות זהובים וקבע לה זמן. כיוון שהגיע בא וישב לו על פתח ביתה. נכנסה שפחתה ואמרה לה: אותו האיש שקבעת לו זמן הרי הוא יושב על פתח הבית. אמרה לה: ייכנס. כיוון שנכנס הציעה לו שבע מיטות של כסף ועליונה של זהב, ובין כל אחת ואחת מיטה של כסף ועליון של זהב, ובין כל אחת ואחת סולם של כסף ועליון של זהב. כיוון שהגיעו לאותו מעשה באו ארבע ציציותיו ונדמו לו כד' עדים וטפחו לו על פניו. מיד נשמט וישב על גבי קרקע. אף היא נשמטה וישבה על גבי קרקע. אמרה לו: גפה של רומי, איני מניחתך עד שתאמר לי מה מום שראית בי! אמר לה: העבודה שלא ראיתי בך מום, אלא שאין כיופייך בכל העולם כולו, אלא מצווה קלה, שציוונו ה', וכתוב בה 'אני ה' אלקיכם' 'אני ה' אלקיכם' ב' פעמים. 'אני ה' אלקיכם' – אני עתיד לשלם שכר, אני ה' – אני דיין ליפרע. אמרה לו: העבודה, איני מניחתך עד שתכתוב לי שמך ושם עירך ושם מדרשך שאת למד בו תורה. וכתב לה שמו ושם עירו ושם מדרשו שהוא לומד בו תורה. עמדה ובזבזה כל ממונה. שליש למלכות ושליש לעניים ושליש נטלה בידה ועמדה ובאת לבית מדרשו של ר' חייה. אמרה לו: רבי, גיירני. אמר לה: שמא עיניך נתתה באחד מן התלמידים? הוציאה לו כתב שבידה. אמר לה: לכי! זכי במקחך! אותן מצעות שהציעה לו באיסור הציעה לו בהיתר. זה הוא מתן שכרה בעולם הזה – ולעולם הבא איני יודע כמה!

הבה נבחן חלק מן הדימויים המרכזיים בסוגיה זו. הפירוש שמובא להלן מבוסס על עבודתו של הרב אליעזר ברקוביץ.[22]

- כשהאיש בא לזונה, היא מתכוננת לפגוש אותו כשהיא ישובה על שש מיטות של כסף ומיטה אחת של זהב. המיטות ערוכות זו על גבי זו. כך נוצר דימוי של מגדל מכסף ומזהב ששואף להגיע למשהו גבוה, מרומם. הדימוי רומז לכאורה להבטחה שבמיניות, במיוחד בחברה שלנו, כאידיאל נעלה, נשגב.

הזהב והכסף מציינים גם הם דבר שיש לו ערך חיצוני וחומרי רב; הם יקרי ערך. אבל המגדל אינו יציב (שבע מיטות זו על גבי זו הן בוודאי מבנה די מעורער), ולכן המסר הוא, אולי, שמי שמטפס על מגדלים רעועים כאלו סופו ליפול.

- כשהאיש מגיע אל המיטה הגבוהה ביותר שעליה יושבת הזונה, ציציותיו טופחות על פניו. הגמרא עצמה מסבירה את הסמל הזה בעדותו של האיש, כי "נדמו לו כד' עדים". אפשר להבין זאת בקשר לחשיבותה ולתפקידה של הציצית. מטרתה של הציצית למנוע תעייה חסרת עכבות של הלב ושל הראש, והיא מזכירה לנו לראות את המציאות מנקודת מבט של עם המקיים קשר ייחודי ומחויב מאוד עם הקב"ה. אם כן, הציצית הזכירה לאיש את עצמיותו הרוחנית שאבדה בחיפוש אחר סיפוק גשמי.
- האיש "נשמט" ומחליק אל הקרקע מהמיטה הגבוהה ביותר. המילה "נשמט" רוויית משמעות. היא רומזת שהוא היה תחת השפעה זרה, ועכשיו, סוף סוף, נשמט מזרועותיה ויכול לשוב לאופיו האמיתי. גם המעשה של ירידה מגובהי הפנטזיה המינית כדי לשבת על קרקע המציאות הוא משמעותי. החברה שלנו מפזרת כל כך הרבה הבטחות שקריות ומיתוסים שאינם בריאים הקשורים לסיפוק מיני, כיצד לממשו ואיזה אושר הוא מביא איתו. ה'קרקוע', פיתוח תפיסה מציאותית באשר למהותה של המיניות וכיצד היא מוסיפה לחיים, הוא מטרה חשובה, במיוחד עבור בני נוער.
- רק אחרי שהאיש מתרחק מהזונה, הם משוחחים, והוא מסביר כיצד אמונתו מנעה ממנו להיות איתה. היא מתעקשת לקבל ממנו את שמו, את שם עירו, את המורה שלו והיכן הוא לומד תורה. הפתק שהוא כותב ושם בידה הוא הסימן הראשון לקשר ביניהם. מרגע זה, ההתקשרות ביניהם מבוססת על מהותם כאנשים ולא כחפצים. היא רוצה לדעת מה הרקע שלו, מהיכן הוא בא ומי לימד אותו. בסופו של דבר, היא משנה את סגנון חייה בעקבות המפגש עימו, מחפשת אותו, מתגיירת ונישאת לו.
- אותם סדינים שנפרסו מלכתחילה לשימוש באיסור, שימשו אותם במיטתם בהיתר, לאחר שנישאו. וזהו לב העניין בגמרא: בסוף, האיש והאישה אינם מוותרים על דבר מבחינת הסיפוק המיני. היהדות מאמצת את המיניות כחלק נפלא מקיומנו כל עוד היא מתקיימת במסגרת הראויה. הסדינים שהיו חלק מפנטזיה מינית מוזהבת שסבבה סביב זונה אקזוטית מצאו את דרכם אל נישואים של אהבה.

התלמוד מבהיר כי תשוקות מיניות עתידות להגיע לידי ביטוי ומימוש. העניין הוא ליצור את המסגרת הראויה לתשוקות אלו, כך שהמיניות תהיה חלק ממחויבות אוהבת, נותנת ונצחית, ולא חוויה מלאת תאווה של שני אנשים המתייחסים זה לזו כאל אובייקטים לצורך סיפוקם המיני, או שעושים זאת תמורת רווח כספי. בני אדם הם יצורים מורכבים – שילוב ייחודי של גופניות ורוחניות השזורות זו בזו. הגוף, הדחפים והתשוקות שלנו דומים מאוד לאלו של כל יצור אחר בעולם החי. ההבדל בינינו לבין החיות הוא שלנו יש נשמה שמימית היונקת מהקב"ה. איזה חלק מאיתנו מנווט את דרכנו בכל רגע נתון? האם אנחנו מתייחסים למיניות כהנאת בשרים, או רואים בה הגשמה של האנושיות שלנו, ביטוי לרצונו של האל המצווה אותנו להיות "לבשר אחד"? אותו אקט מיני יכול להתפרש בצורות שונות לחלוטין. הבדל זה במטרות בינינו לבין בעלי החיים מתבטא בסדר של הדברים: אצל בני האדם, הסיפוק המיני בא לאחר מיסוד המחויבות הנצחית בין איש לאישה, והוא משני למחויבות הזו, וזאת כדי להגן על האינטרסים של שני הצדדים ולבנות בית ביחד.

בפרק זה דיברנו על:

- למיניות האנושית היבטים רבים ושונים, ובהם:
  - הזהות המגדרית שלנו (השתייכותנו למין זכר או נקבה)
  - האנטומיה שלנו
  - הפיזיולוגיה שלנו והגורמים השונים המשפיעים עליה, כגון: המצב הפיזי, הנפשי והרגשי
  - התחושות שלנו באשר למהותנו כשייכים למין זכר או נקבה
- היהדות מכירה בערכו של העונג וטוענת שכשאנו לומדים לחוות עונג וליהנות ממנו אנחנו מסוגלים לפתח הערכה כלפי גדלותו של אלוקים. רעיון זה שונה לחלוטין מן המסרים של הגישה השיווקית המודרנית.
- ליהדות יחס חיובי מאוד כלפי מיניות, אולם הילדים שלנו בדרך כלל אינם מודעים לו.
- היהדות רואה באינטימיות מינית דרך עיקרית לבטא אינטימיות רגשית.
- אחת המצוות שבהן מחויב אדם היא להבטיח שאשתו תחווה את האינטימיות המינית כחוויה מענגת.
- חשיפה מוגזמת לתמונות מיניות בוטות עלולה לשתק את היכולת לחוות מיניות בריאה.

3

איך לפתוח בשיחה?

כשהיינו בבית של שי, ארז אמר ש"בנות לא יכולות להיכנס להיריון בפעם הראשונה". "אין סיכוי", אמר שי.
"כן, זה נכון", אמר ארז.
בדרך הביתה אמרתי לקובי שהייתי רוצה לדעת הכול, כמו ארז. הוא אמר שלדעתו זה לא נכון. החלטתי לברר את העניין. באותו ערב הלכתי לשאול את אבא שלי. עמדתי שם איזה רבע שעה והתאמנתי על המילים שרציתי לומר. זה היה קשה מדי. החלטתי שזה לא שווה את המאמץ – פשוט אסמוך על ארז. (נתנאל, 15)

הצורך לדבר עם ילדינו על מיניות

נקודת מבט יהודית

הורים מהססים לפתוח בשיחה עם ילדיהם בנושאים של מיניות ומערכות יחסים, מסיבות רבות.[1] רובנו לא קיבלנו שום הכשרה, רשמית או בלתי־רשמית, בתחומים אלו, ולרוב אנו מוצאים את עצמנו מאמצים אחת משתי גישות. חלקנו מחליטים שכפי שאנחנו הסתדרנו בלי הדרכה, כך גם הילדים והתלמידים שלנו יסתדרו בלעדיה. אחרים היו רוצים לדבר עם ילדיהם על הנושאים הללו אבל חשים אי־נוחות, מבוכה או חוסר ידע ביחס אליהם, ולכן בוחרים שלא לדבר עליהם. לפעמים אנחנו נעזרים במושג הצניעות ומשתמשים בו כתירוץ להימנע משיחה עם ילדינו בנושאים אישיים כמו מערכות יחסים ומיניות.

צניעות היא אומנם ערך מרכזי, והיא בהחלט נוגעת לאופן שבו נבחר לשוחח עם ילדינו על הנושאים הללו ולתוכן השיחה, אבל אל לנו להתעלם מכך שהילדים שלנו חיים בסביבה רוויית מיניות. שלטי רחוב, מודעות, סרטים ושירים ומילותיהם משדרים כולם מסר שרואה באור חיובי את תענוגות המין, ולפעמים גם את חוסר הנאמנות בין אדם לאשתו.

הנוער לומד על מיניות ממקורות רבים.[2] הבחירה לא לדבר עם הילדים שלנו על נושאים הקשורים למיניות לא תתרום לצניעות, אלא תקדם את ערכיה של המדיה ואת עמדתה שנוגדת את הצניעות, שכן אלו יהפכו למקור היחיד שממנו ילמד הנוער ערכים מיניים. לפעמים אנחנו חושבים שכשאיננו יודעים מה לומר עדיף לשתוק, אבל זו טעות. לעיתים זו גישה נכונה, אבל חשוב להבין שגם שתיקה מעבירה מסר עוצמתי. במקרה זה, השתיקה שלנו מלאה משמעות ממש כמו המילים שלנו, ומתפרשת כאילו העניינים הללו אינם נושא לשיחה איתנו, ולנו וליהדות אין שום דבר חשוב לומר על מיניות ועל מערכות יחסים.

אל לנו להשלות את עצמנו: גם אם אנחנו משתדלים להגן על ילדינו מפני תכנים שאינם ראויים, איננו רשאים להיות שאננים ולהניח שהם לא ישמעו, יראו או ידעו דבר על מיניות. כל מי שחי בקהילה שמאפשרת מידה כלשהי של חיים מודרניים יתקשה לגונן על ילדיו מפני ידע מסוים על מין ומיניות. הם יפתחו לעצמם בהדרגה מושגים על מיניות, וזאת באמצעות חברים או אינטרנט, סדרות למיניהן, סרטים או ספרים. לפיכך מוטלת עליכם האחריות להיות הראשונים שידברו על כך עם ילדיכם, באופן ובהקשר שתבחרו ובאמצעות מידע נכון ותואם את גילם.

לדעתי, כהורים עלינו להתייחס לנושא לא רק בעל כורחנו, בשל נסיבות חיצוניות, אלא לנקוט יוזמה, להעלות את הנושא ולעסוק באותם תחומים שמתאימים לילדינו מבחינה חינוכית והתפתחותית. מגיע לילדים שלנו לקבל תשובות ישירות לשאלותיהם על מיניות. וכשהילדים גדלים ומגיעים לגיל ההתבגרות, יש ללמדם את גישתה החיובית והמיוחדת של היהדות למיניות ולעונג בנסיבות המתאימות. עלינו להציג עמדה דתית אותנטית לילדינו, לנוכח חשיפתם לגישות אחרות למיניות באמצעי התקשורת. הימנעות מדיבור על עניינים אלו יוצרת מציאות לא בריאה. רוב הילדים סקרנים מטבעם, והדחקת סקרנות טבעית זו על מיניות מעבירה להם מסר שלפיו סקרנותם פסולה. עלינו ליצור גישה חיובית למיניות מנקודת מבט הלכתית, ולא להתמקד רק באיסורים.

מחקרים מוכיחים כי ילדים ואף בני נוער רוצים ללמוד על הנושאים האלה מהוריהם, ולאו דווקא מחברים או ממורים.[3] אותם מחקרים גם מראים

שהורים מגזימים בהערכת מידת העיסוק שלהם עם ילדיהם בנושאים הקשורים למיניות בהשוואה לתפיסותיהם של הילדים.[4] כל זאת למרות העובדה שנמצא כי הגורם המשמעותי ביותר במניעת פעילות מינית מוקדמת הוא תקשורת עם ההורים.[5] מחקרים מצאו שהסבירות שבני נוער שהוריהם משוחחים איתם על מיניות יהיו פעילים מינית היא נמוכה. ואם הם כבר פעילים מינית, יש סיכוי גדול יותר שהם ישתמשו באמצעי מניעה.

לדעתי, שיחה גלויה על מיניות נותנת לילדים את היכולת להבין טוב יותר את גופם. פירוש הדבר שהם אינם שקועים בעולם של מיתוסים ובלבול. זה מוביל לתקשורת אפקטיבית עם בעלי מקצוע בתחום הרפואה, וכן בחברה באופן כללי, כאשר יש צורך לדבר על איברי גוף. נוסף על כך, ילדים נוטים לפתח אסוציאציה אוטומטית בין סירובם של ההורים לדבר על הנושאים הללו לבין אפיונה של מיניות כדבר רע ומביש. קשה מאוד להשתחרר מן האסוציאציות המודחקות הללו בהמשך, והן עלולות להקשות על התפקוד המיני בחיי הנישואים במשך שנים רבות. המסר שלפיו מיניות בהקשרה המתאים טעונה מעצם טבעה בקדושה בדרך כלל אינו עובר לילדינו. אם נשתדל להתגבר על הקושי האישי שלנו לעסוק בנושאים הללו לטובת ילדינו, נוכל לספק קול חלופי וחיובי המבוסס על ערכים יהודיים מסורתיים.

תמיכתה של הגמרא

גם הגמרא מכירה בחשיבותו של החינוך למיניות. בדיון מפתיע במסכת ברכות סב ע"א מסופר על רב כהנא שהתחבא מתחת למיטתו של רבו כדי ללמוד על יחסי מין (ראו ציטוט להלן). במקום לבקר את מעשהו של רב כהנא, הגמרא נותנת לו את הזכות לומר את המילה האחרונה, ואת התנהגותו הוא מנמק במילים: "תורה היא וללמוד אני צריך". כך, למעשה, תומכת הגמרא במפורש בלימוד על מיניות ובצורך וברצון של התלמיד לקבל מענה מרבו בעניין זה. הילדים שלנו סקרנים מטבעם, וסקרנות זו רלוונטית גם למיניות. כך או אחרת, הם ימצאו את הדרך להגיע למידע שהם מבקשים. רב כהנא בחר דרך פסולה ללמוד על יחסי מין, כשהסתתר בחדר משכבו של רבו ופגע בצנעתו – שלא לומר בצנעת אשתו. לנוער שלנו יש דרכים משלו למצוא תשובות, אך הדרכים הללו, הזמינות לכול, הן לרוב בעייתיות מאוד ואינן מדויקות. ילדינו פונים אליהן כשסקרנותם מתעוררת, ואין להם למי לפנות. המידע שהם מקבלים מחברים ומאמצעי התקשורת בדרך כלל ניתן מנקודת מבט שאינה תואמת את הערכים המסורתיים. מקורות כמו סדרות, סרטים, אינטרנט וחברים אינם מהימנים

לחלוטין. לכן חשוב לדבר איתם על מין ועל מיניות בזמן המתאים לכל ילד, בשילוב העיקרון שלפי היהדות מיניות היא דבר חיובי. משום שאיננו מדברים על כך עם ילדינו, הם מקבלים מסר שמיניות היא דבר שלילי, ונוטים לפתח ראייה מעוותת על מיניות בכלל ועל תפיסתה של היהדות בכל הנוגע למיניות בפרט. הילדים שלנו מסתובבים לרוב בתחושה חזקה שלפיה מיניות ויחסי מין הם דבר פסול או דבר רע.

הסיפור על רב כהנא

> רב כהנא על, גנא תותיה פורייה דרב. שמעיה דשח ושחק ועשה צרכיו, אמר ליה: דמי פומיה דאבא כדלא שריף בשילא! אמר לו: כהנא, הכא את? פוק, דלאו ארח ארעא. אמר לו: תורה היא וללמוד אני צריך [=רב כהנא נכנס (לחדר) ושכב תחת מיטתו של רב. שמע אותו שהוא משוחח עם אשתו משחק איתה ומשמש מיטתו. אמר רב כהנא: דומה פיו של רב כמי שלא אכל תבשיל שהוא מתנהג בחמדנות. אמר לו: כהנא כאן אתה? צא, שאין זה דרך ארץ. אמר לו: תורה היא וללמוד אני צריך].[6]
>
> (ברכות סב ע"א)

אפשר ללמוד הרבה מן הסיפור העשיר הזה. כאן חשוב לי להדגיש שמבחינת הגמרא, רצונו של רב כהנא לרכוש ידע בתחומים הללו הוא מקובל ונכון, גם אם הוא נקט בשיטה פסולה. בפועל, הוא מקבל את הזכות לומר את המילה האחרונה, ויש בכך אישור ללגיטימיות של התעניינותו ושל צרכיו.

באופן דומה, גם הצורך של ילדינו במידע על מיניות הוא לגיטימי. עלינו ליצור עבורם הזדמנויות ללמוד על המיניות שלהם בדרך נאותה, כיהודים.

מה עוצר בעדכם?

רבים מאיתנו מתקשים מאוד ליזום שיחה העוסקת במיניות, במיוחד עם ילדינו. ובכל זאת, זוהי האחריות שלנו. ייתכן שאם נזהה כמה מן הגורמים המעכבים, תהפוך המשימה למאתגרת פחות. לפי המחקרים העוסקים באוכלוסייה הכללית, ילדים לרוב מציינים את הוריהם כאחד ממקורות המידע העיקריים שלהם בנושאי מיניות,[7] אך הורים מהססים לדבר עם ילדיהם על הנושאים הללו.[8]

לעיתים קרובות הורים מרגישים שהם אינם מיומנים דיים לעזור לילדיהם בתחום הזה, מכיוון שהם, ההורים, גדלו בעולם שונה כל כך.[9] בהעדר הכשרה פורמלית בתחום, חסרות להם דמויות מופת שמהן הם יכלו ללמוד כיצד לחנך את ילדיהם. אפשר להניח כי הממצאים הללו משקפים גם את מצבם של הורים בקהילות יהודיות דתיות ומסורתיות.

נסקור כעת כמה מן החששות הנפוצים של הורים, שמונעים מהם לדבר עם ילדיהם על מיניות. אלו קשיים שכיחים מאוד, ואולי ירווח לכם כשתשמעו שהורים רבים אחרים שותפים להם. כמו כן, אביא כמה עצות מעשיות, בתקווה שאלו יסייעו לפתוח ערוצי תקשורת ביניכם לבין ילדיכם בנושאים חשובים אלו.

נכון או לא נכון? נקודות למחשבה:

- שיחה על מיניות עם בני נוער תעורר אצלם רעיונות שאינם ראויים.
- יש לחנך בנים ובנות בנפרד מגיל צעיר.
- רק בגיל 12 או 13 צריכים ילדים לדעת איך באים תינוקות לעולם.
- הורים – ולא מורים – אחראים ללמד את ילדיהם על מיניות ועל ערכים מיניים.
- כל עוד לא נדבר עם ילדים על מיניות, הם לא יפתחו מודעות מינית.

בחנו את העמדות שלכם

לפני שאתם יוזמים שיחה על נושאים הקשורים למיניות, אני ממליצה שתבחנו את העמדות שלכם כלפי מיניות, וכן איזה מידע דרוש לדעתכם לילדיכם ומתי הם צריכים לרכוש אותו. בניסיון להגביר את הרגישות שלי לידע, לתחושות ולפחדים שעשויים להעסיק את ילדיי, אני מנסה לדמיין את עצמי בגילם, במיוחד בגיל ההתבגרות. בחינה של עמדותיכם ועקרונותיכם תוכל לשמש קרש קפיצה לשיחות בין בני זוג בנושאים האלו, וכיצד הייתם רוצים להציג אותם לילדיכם. ייתכן אומנם שכל אחד מן ההורים ינקוט בגישה שונה לשיחה עם הילדים בתחומים אלו, אך חשוב שכל הורה יהיה מודע לגישתו של האחר ויציג את גישתו באופן שלא ייצור בלבול אצל הילדים.

אנשים רבים חשים אי־נוחות

כפי שנאמר לעיל, הורים רבים חשים שלא בנוח לדבר עם ילדיהם על מיניות. עבור רוב האנשים, אי־הנוחות נובע מהעדר דמויות לחיקוי. באופן כללי, הורים רבים כיום גדלו בבתים שבהם ההורים לא דיברו איתם על הנושאים הללו. אחרים מרגישים אולי שהוריהם היו פתוחים מדי בנושאים מיניים. הם נזכרים באי־הנוחות שלהם עצמם ואינם רוצים להעביר את מה שחוו לדור הבא.

להורים שמגדלים ילדים לפי סטנדרטים דתיים שונים מאלו שאיתם הם עצמם גדלו קשה במיוחד למצוא גישה נכונה לשיחה על מיניות. ייתכן שהם לא יהיו בטוחים מהן הדרכים המתאימות לדבר על נושאים מיניים מנקודת מבט דתית. אלו בהחלט תחושות לגיטימיות, אך הן אינן מצדיקות הימנעות משיחה. הורים יכולים להציג את הנושא ולהתייחס לאי־הנוחות שלהם עצמם. למשל, אפשר לומר (דוגמה לשיחה עם ילד או ילדה בגיל 10–12):

אימא: חמודה, אני רוצה לדבר אתך על משהו שאולי יגרום אי־נוחות, כנראה לשתינו.

ילדה: על מה?

אימא: אני לא רגילה לדבר על מין או על מיניות, כי סבתא וסבא אף פעם לא דיברו איתי על זה. אבל אני חושבת שחשוב שנדבר על זה.

ילדה: (נבוכה)

אימא: אני יודעת שזה מביך, ובכל זאת חשוב לי שנדבר, כי אני זוכרת שכשאני הייתי בגילך הייתי מבולבלת ממש ולא היה לי עם מי לדבר, ואני לא רוצה שגם לך יהיו אותם תסכולים. אבל אני לא יודעת בדיוק מה לומר. בואי נתחיל, ונקווה שנסתדר.

אפשרות אחרת:

אבא: (פונה אל בנו) אני חושב שכדאי שנדבר על משהו שאולי יהיה לשנינו קצת לא נוח לדבר עליו.

בן: (עם אוזניות) אז עזוב.

אבא: לא, לדעתי זה באמת חשוב. אני רוצה שנדבר קצת על מיניות. אני גדלתי בבית שלא היו בו שום סודות, ומגיל צעיר מאוד הייתי מוכך מכל מה שידעתי על יחסים בין המינים. הייתי רוצה לשמור עליך מהתחושות האלו שהיו לי, אבל אני גם רוצה לוודא שיש לך המידע

שאתה צריך. אתחיל עם מה שלדעתי הכי חשוב שתדע, ואז תגיד לי אם זה יותר מדי בשבילך.

תוכלו גם לבחור שלא להטיל את האחריות על אי־הנוחות שלכם או על הוריכם, אלא פשוט להביע אותה. למשל:

אימא: אני רוצה לדבר איתך על איך שהגוף מתפתח ומשתנה, ועל מיניות. הרבה אנשים מרגישים שהנושאים האלו מביכים ופרטיים, וזה נכון גם לגביי. אבל לדעתי זה משמעותי, ולכן חשוב שנדבר על זה.

שמירה על פרטיותכם

לפעמים הורים חוששים שאם הם ייזמו שיחה עם ילדיהם, הילדים ישאלו שאלות אישיות על חיי המין של ההורים, שאלות שההורים אינם מעוניינים לענות עליהן. למען האמת, זה קורה רק לעיתים רחוקות, אבל החשש מובן. אם ילדך שואל אותך: "אתה ואימא מקיימים יחסי מין?", יש שתי דרכים אפשריות לענות על השאלה, בהתאם למידת הפתיחות שבה תבחר לנקוט ולגילו של הילד. מי שמרגיש שכל שיחה עם ילדיו בעניין זה פוגעת בצנעתו, יכול לענות כך:

אבא: זו שאלה טובה, אבל היא אישית מאוד. במשפחה שלנו כל שיחה על מיניות בין ההורים היא פרטית, והיא חלק מסוים מן החיים שאותו אנחנו לא חולקים עם אחרים. אתה יכול לשאול את השאלה הזאת, אבל זו אחת מן השאלות הבודדות שאני בוחר לא לענות עליהן.

למרות זאת, עצם השאלה מראה שהילד מעבד את המידע שלימדתם אותו. לכן, הבחירה שלא לענות על השאלה עלולה לבלבל אותו – מצד אחד פתחת את הנושא לשיחה, ומצד אחר – אינך מוכן לאשר את המסקנות ההגיוניות שאליהן הגיע הילד. מבחינתו, שאלה כזו עשויה להיות דרך לקבל אישור שהוא אכן הבין את התהליך של לידת ילדים. אם נוח לכם, הייתי ממליצה לענות תשובה שונה במקצת.

אבא: התשובה היא כן, אבל זו שאלה מאוד אישית. אני עונה עליה עכשיו מפני שאני מכבד אותך, ואני אוהב להיות כן וגלוי איתך. אבל כדאי

> שתדע שבמשפחה שלנו, ובעצם ברוב המשפחות, כל שיחה על מיניות בין ההורים היא פרטית, והיא חלק מהחיים שלנו שאותו איננו חולקים עם אחרים. זה המרחב הפרטי של אימא ואבא. בעצם, אף על פי שאני מבין את הסקרנות שלך, חשוב שתדע שבאופן כללי התחום הזה בחייהם של אנשים נחשב פרטי, אז אל תשאל אנשים שאלות אישיות בתחום הזה. אם יהיו לך עוד שאלות, תרגיש חופשי לשאול אותי. אם אוכל אענה עליהן, ואם אחשוב שהן לא הולמות – אעזור לך להבין למה.

התשובה הזאת עונה לשאלה של הילד ומאשרת שהוא הבין את מה שלימדת אותו עד כה והסיק את המסקנות ההגיוניות. בו בזמן, היא גם מלמדת את הילד שאף על פי שאתה פתוח לשיחה בתחום זה, עדיין יש גבולות שצריכים להישמר. הוספת המסר בנוגע לפרטיות עוזרת לילד לדעת שאלו הם תחומים שבהם ילדים אינם אמורים להפנות שאלות למבוגרים.

כאן יש להתייחס גם לשאלת הצניעות. מקובל לשמור על צנעה כשמדובר בפרטים הנוגעים לחיי המין שלנו, וכך אכן ראוי. אבל מעניין לציין שרוב הילדים שגדלים במשפחות דתיות כלל לא מודעים לכך שהוריהם מקיימים את הלכות טהרת המשפחה. כשהם לומדים עליהן בתיכון, הם משוכנעים בדרך כלל שבמשפחה שלהם זה לא קיים. למרות ערכה החשוב של הצניעות, עלינו להודות שבמציאות הזאת מתפספס דבר עוצמתי מאוד. הלימוד היעיל ביותר הוא באמצעות דוגמה אישית. כשילדים מבינים שגם הוריהם מפעילים שליטה עצמית ומכבדים את המגבלות הנוגעות למגע ולאינטימיות, ההלכות נעשות רלוונטיות יותר ויותר.

חשוב ליזום עם הילדים שלנו שיחה שתדגיש את ההיבטים הללו של החיים הדתיים. לדעתי, אין זה עניינם של ילדינו מתי אנחנו מבקרות במקווה, אבל העיקרון שלפיו גם אנחנו, ההורים, נתונים למגבלות בתחום המיני – בזמנים מסוימים אנחנו יכולים להיות במצב של אינטימיות גופנית, ובזמנים אחרים לא – ממחיש את השליטה העצמית בחייהם של מבוגרים שומרי מצוות, וזהו מסר שנכון וראוי להעביר אותו לבני הנוער. הבחירה של הורים במה לשתף את ילדיהם תיעשה על פי תחושת הנוחות של ההורים, ובהתאם למה שהם רוצים שילדיהם ידעו.

ואם לא אדע לענות על השאלות שלהם?

יש הורים החוששים שילדיהם ישאלו שאלות שהם לא יֵדעו לענות עליהן. אחרים פוחדים שהם ידעו את התשובה, אך לא ידעו איך להציג אותה לילדים. אלה חששות נפוצים. אם אינכם יודעים את התשובה לשאלה, היו כנים עם השואל או עם השואלת. החמיאו להם על השאלה הטובה, והבטיחו לחפש תשובה ולחזור אליהם. אם אינכם בטוחים כיצד לענות על השאלה, אפשר לומר גם את הדברים הבאים:

אבא: שאלת שאלה מצוינת, אבל אני צריך לחשוב על הדרך הטובה ביותר להסביר לך את זה. ספר לי מה אתה כבר יודע... (הקשב לתשובתו של הילד ואז המשך את דבריך) תן לי קצת זמן לחפש תשובה טובה בשבילך.

ואז מהרו לשלוף את הספר הזה, כדי למצוא תשובה! לפעמים אנחנו עונים לילד, ואז, כשאנחנו חושבים שוב על שאלה, אנחנו מוצאים דרך אחרת להסביר את הדבר, או אולי אפילו דרך אחרת לחשוב עליו. לעולם אל תהססו לחזור אל הילד ולהמשיך בשיחה:

אימא: את זוכרת את השאלה ששאלת אותי בשבוע שעבר בקשר להתבגרות מינית? חשבתי על זה עוד, ואני לא בטוחה שעניתי לך נכון. הייתי רוצה לשתף אותך בעוד כמה רעיונות בנושא...

או:

אימא: את זוכרת שדיברנו בשבוע שעבר על התבגרות מינית? אז חשבתי שלבנים יש תאי זרע כבר מהיום שהם נולדים, וזה מה שאמרתי לך, אבל אחר כך הבנתי שטעיתי. האמת היא שבנים מתחילים לייצר תאי זרע בגיל ההתבגרות המינית. אם תרצי להמשיך לדבר על זה, אנחנו יכולות לדבר עכשיו, או לקבוע זמן אחר.

ההבנה שתמיד אפשר לחזור לשיחה עשויה לשכך חלק מן הפחדים שלכם. לעולם לא מאוחר לחזור לילד ולהציע גישה שונה, או להרחיב משהו שאמרתם. לפעמים כדאי לחזור בכל אופן ולראות איך הילד מרגיש עם התשובה שהצעתם.

נושאים הקשורים למיניות עלולים להיות מבלבלים, וייתכן שילדים יתביישו לחזור ולשאול. אולי הם שמעו משהו בצורה שונה ממה שהתכוונתם. לעיתים קרובות, ההזדמנות לחזור ולעסוק יחד איתם בשאלות שלהם עשויה להתפתח לכדי שיחה חשובה. נוסף על כך, אתם מדגימים שאפשר לטעות ואחר כך לחזור ולתקן, וכך מוכיחים שאתם מתייחסים לילדים שלכם ברצינות, ובו בזמן גם ממחישים כיצד יש לתקן טעויות.

מסירת מידע בשלב מוקדם מדי

הורים רבים נוטים לחשוש כי עיסוק במיניות בשלב מוקדם מדי עלול להזיק לילדיהם. אך אין כמעט מקום לטעות כשמדובר בהורים אוהבים שמוסרים לילדיהם מידע מדויק. מקובל לחשוב שאם נשוחח עם ילדים על מיניות בדרך הלא־נכונה הדבר יזיק להם, אך נראה שאין הדבר כן. מסתבר שכשילדים שומעים מידע שהם עדיין אינם מוכנים לקלוט, הם נוטים להתעלם ממנו. אם תשאלו אותם על כך כעבור כמה שבועות הם לא יזכרו מה אמרתם, כי המידע פשוט לא נקלט אצלם. למשל, ילדים קטנים נוטים לפתח תיאוריות משלהם על השאלה איך באים תינוקות לעולם. אחת התיאוריות הנפוצות היא שאימא בולעת משהו כדי להיכנס להיריון. הרבה ילדים קטנים אינם מוכנים לוותר על התיאוריה הזאת גם כשהוריהם מסבירים להם אחרת. הם בוחרים להאמין להורים שלהם רק כשהם מוכנים.

ומה יקרה אם תדברו איתם 'מאוחר מדי'? ייתכן שהם יפסידו, משום שהמידע לא היה ברשותם קודם לכן, אבל אף פעם לא מאוחר מדי למצוא הזדמנות לדבר. אולי נרגיש שזה מטופש במידת מה לפתוח בשיחה עם בן בוגר שמסיים תיכון או עם בת שסיימה תואר, אבל ההקדמה הבאה יכולה לעזור להתגבר על חוסר הנוחות:

אבא: אני יודע שאולי הייתי צריך ליזום את השיחה הזו מוקדם יותר, אבל אני גם יודע שלעולם לא מאוחר מדי לדבר על מיניות. יכול להיות שאתה כבר יודע הרבה ממה שאני רוצה לומר לך, אבל אולי יש כמה עובדות או היבטים שחסרים לך. מיניות היא נושא מורכב, ואנשים מדברים עליו בכל מיני רמות. אולי אתחיל פשוט עם כמה שאלות, כדי שיהיה לי מושג מה אתה כבר יודע. יכול להיות שלמדת כמה דברים שאני לא יודע. הייתי שמח אם נוכל לדבר גם על ערכים שקשורים למין ולמיניות.

שימור התמימות

לפעמים ההסתייגות שלנו מלפתוח בשיחה על מיניות עם ילדינו נובעת מקונפליקט פנימי בנוגע לתמימות שלהם. אנחנו תוהים שמא עצם העיסוק בנושא, עוד לפני שילדים מתחילים לחשוב עליו, עלול לעודד אותם לעשות משהו שהם עצמם, בתמימותם, לא היו חושבים עליו. אנחנו חוששים שאולי נפגע בתמימותם.

מחקרים רבים מוכיחים כי אין בחינוך למיניות כדי לגרום להגברת הפעילות המינית.[10] חינוך למיניות מספק מידע שמשמש בדרך כלל כגורם מרתיע, ואצל מי שכבר פעיל מינית גוברת הנטייה להשתמש באמצעי מניעה.

כדאי לפתוח את השיחה במשהו קל וניטרלי, שלא יעורר אצל הילדים מחשבות שעלולות להקשות עליהם להתמודד. ייתכן שהם מתמודדים כבר די הרבה זמן מבלי שתדעו, ואם לא תדברו איתם, הם לא ידעו כיצד להיחלץ מן הדילמות. ובכל זאת, אנחנו מרגישים לפעמים שעבור ילדים מסוימים, ריבוי מידע עלול דווקא להזיק. חשוב שנהיה כנים עם עצמנו באשר למציאות של ילדינו. ילדים צעירים אומנם שומרים על תמימות מסוימת, אך כשהם מגיעים לגיל ההתבגרות, במיוחד בעידן של עודף מידע, הם לרוב מסוגלים למצוא מידע כמעט בכל נושא. העולם שבו אנו חיים הוא עולם עתיר מידע, לטוב ולרע. משום שאין לנו שליטה מלאה על המידע שאליו חשופים ילדינו, עלינו לעצב אותו על ידי כך שנספק מידע מדויק בשלב מוקדם.

אפשר להמחיש את הדינמיקה הזו באמצעות דוגמה שמעניקה מקום מרכזי לשימור התמימות. אוננות היא נושא שאנחנו נוטים לא לשוחח עליו עם ילדינו, משום שהוא מעורר לא מעט אי־נוחות. נכון יהיה לומר שבגיל 13–14, רוב הבנים המתבגרים כבר יודעים משהו על אוננות, ואולי אף מתמודדים איתה בעצמם. הימנעות מדיבור על הנושא לא שומרת על התמימות שלהם, ולכן אין כל הצדקה להשתמש בסיבה הזו כתירוץ לרתיעה שלנו מפני שיחה. אומנם חלק קטן מהבנים אולי אינו יודע על הנושא, וייתכן שהשיחה תקרב אותו להתמודדות הזו. אני מרגישה בלבי שמסירת מידע באופן זהיר וניטרלי לא היא זו שתביא להתמודדות, אולם אינני יכולה לומר זאת בוודאות. על ההורים להכיר את ילדיהם, להיות מודעים לחוזקות ולחולשות של כל אחד ואחת – במיוחד בתחומים המחייבים שליטה עצמית – ולתת למודעות הזו לכוון את גישתם לשיח פתוח. למשל, אם יש לילדיכם קושי בשליטה עצמית בתחום אחר, ייתכן שהם יזדקקו להדרכה מקיפה יותר על שליטה עצמית בתחומים הקשורים למיניות.

מה פירוש הדבר 'להיות נורמלי'?

לפעמים ההיסוסים שלנו נובעים מתחושה של חוסר ביטחון באשר לזמן ולאופן שבו עלינו לחנך למיניות. ציינתי במבוא שאחת המטרות של הספר הזה היא ליצור נורמליזציה של התנהגויות מסוימות. המילה 'נורמלי' איננה מילה פשוטה. כיהודים שומרי מצוות, נורמות ההתנהגות שלנו בתחומים של מיניות ומערכות יחסים אינן סטנדרטיות בקנה מידה חילוני. יש לנו ציפיות ונורמות התנהגות משלנו. אבל אף על פי שאנחנו, כאנשים שומרי מצוות, יכולים כמובן ליצור ציפיות ונורמות משלנו לילדינו, חשוב להבין שילדינו הם עדיין ילדים רגילים, דומים מבחינות רבות לבני גילם החילונים וחיים בתרבות שמעניקה מקום רב למיניות. יש גם מציאות פיזיולוגית מסוימת שאי־אפשר להתעלם ממנה, גם כשאנחנו מחנכים את ילדינו על פי סטנדרטים מסוימים. הנה כמה דוגמאות לקונפליקטים מיניים שילדים מתמודדים איתם.

מה נחשב 'נורמלי'?

- נורמלי שילדים קטנים סקרנים לגבי הגוף של חבריהם, ומשחקים במשחקים שונים כדי לענות על הסקרנות הזו.
- נורמלי שלבנים – דתיים ושאינם דתיים – יש זקפה כשהם מבלים עם בנות שנראות להם אטרקטיביות.
- נורמלי שבנים מפנטזים על בנות.
- נורמלי להתמודד עם רצון לאונן.
- נורמלי לא להתמודד עם רצון לאונן.
- נורמלי שלבני נוער, בנים ובנות, יש מודעות עצמית מפותחת באשר לגופם המשתנה, ושהם עסוקים מאוד במראה החיצוני שלהם.

לילדים הגדלים בסביבה פתוחה יש מידות שונות של מודעות לנורמות של החברה הכללית. מודעות זו להתנהגותם של אחרים בתחומים של מיניות עלולה ליצור עבורם קשיים של ממש. חשוב לנרמל עם ילדינו את ההתמודדות עם חלק מהתחומים הללו. גם אם איננו מוכנים לקבל את ההתנהגויות שלהם או לשנות את הציפיות שלנו בנוגע להתנהגויות שלהם, עדיין חשוב לנרמל את הקושי. במילים אחרות, משום שאנו כהורים נוטים לבחור להציב לילדינו סטנדרט שונה לחלוטין מזה של בני גילם החילונים, עלינו להשתדל כמיטב יכולתנו לעזור להם לעמוד

בסטנדרט הזה. עלינו להכיר בכך שזו עלולה להיות משימה קשה. שיחה על הקשיים שעלולים לצוץ בעקבות הציפיות ההתנהגותיות האלה, ועל אסטרטגיות שעוזרות להם להתמודד, היא דרך טובה לתמוך בילדינו. הסבירות שהם יצליחו להתמודד עם נורמה שהם מבינים גבוהה מן הסבירות שהם יצליחו להתמודד עם נורמה שנכפית עליהם בלי הסבר, במיוחד כשההתמודדות דורשת מאמץ.

נוסף על כך, עלינו להכיר בכך שיש ילדים הגדלים כדתיים מודרנים ואכן מתקשים לגשר על פני שני העולמות שבהם אנו חיים. עיקר הקושי נובע מן המסרים שהם מקבלים מהעולם החילוני, שערכיו שונים מאוד מאלו של המסורת היהודית. הם יודעים שהסטנדרטים שלהם ביחס לקשר בין המינים אינם זהים לאלו של בני גילם החילונים, וזה עלול לגרום לחלקם קשיים עצומים, ולחלקם תסכול גדול. ייתכן שהנורמות של החברה המודרנית תצטיירנה בעיניהם כאטרקטיביות, ואילו המגבלות שמציבה היהדות תצטיירנה ככובלות מאוד. תפקידנו לעזור להם להתגאות בסטנדרטים שבהם אנו מאמינים ובהחלטות שאנו מעודדים אותם לקבל. היהדות אכן מציבה ציפיות גבוהות להתנהגות ולחיי מעשה, ציפיות הדורשות שליטה עצמית וריסון בתחומים רבים, אבל הציפייה המשמעותית ביותר מהנוער היא אולי הגישה כלפי יחסים בין בנים ובנות. אנחנו יכולים לעזור להם להבין את הערך ואת החשיבות של הריסון, למרות הקושי הכרוך בו. עלינו לספק להם הזדמנויות לחוות את הטוב שבסגנון החיים הדתי, ולהבין כיצד דווקא סגנון החיים הזה בריא וטוב.

בו־בזמן, ילדינו יהיו מסוגלים לכבד אותנו אם נפגין הבנה עמוקה לקשיים שההלכות הללו עלולות להציב בפניהם. עלינו גם לנהל שיח פתוח ואמיתי כדי לנסות ולמזער את הקונפליקט הפוטנציאלי הטמון ברבים מן האיסורים.

גאוות יחידה

לפעמים נדמה לי שאנחנו מקדישים זמן רב בדיבור עם ילדינו על הדברים שאסור להם לעשות, עד שאנו שוכחים להעביר להם מסר חיובי. אני אוהבת להשתמש באסטרטגיה שבה נוקטים בצה"ל כדוגמה נהדרת ליצירת גאוות יחידה במי שאנחנו ובערכים שאנו דוגלים בהם. חשוב שכהורים נעביר לילדינו תחושת שמחה והערכה לאורח החיים שבו בחרנו – להיות מודרנים ודתיים גם יחד. משפחות רבות החליטו לחיות את חייהן כך משום שהן ראו את היופי בחיים המעורבים במודרנה, אך המשמעות החשובה מכול ניתנת לדת ולמחויבות לערכי הנצח. מחויבות לאורח חיים דתי דורשת מאמץ ויכולת לסרב לדברים רבים שהילדים שלנו היו רוצים לאמץ. לכן, לאורך זמן חשוב להדגיש את הטוב

שבחיים המתנהלים מתוך קשר עם היהדות ועם הקדוש ברוך הוא, שאינם חיים מכבידים, מרגיזים ומלאי חוקים, אלא חיים עמוקים ומשמעותיים המתחברים לשושלת עתיקה, ומספקים לנו בהווה דרך נהדרת לחיות בצלם אלוקים: שילוב האני הגשמי והרוחני בכל עת. יש סיבה לגאוות יחידה בעניין הזה.

להבין את השאלות של ילדינו

השאלות העיקריות שילדינו שואלים

בספרה *Sex and Sensibility* מסווגת דבורה רופמן, מחנכת מנוסה בתחום המיניות, את השאלות שילדים שואלים על מיניות, ומונה כמה סוגים בסיסיים של שאלות. על סמך שנות הניסיון הרבות שלה, היא מונה שמונה שאלות עקרוניות שילדים, צעירים ובוגרים שואלים על מיניות.[11] השאלות מובאות להלן כמבוא לנושא של פיתוח שיח. מודעות לנושאים המרכזיים המעסיקים את ילדינו תוכל לעזור לנו להיפתח לדיאלוג איתם. כמו כן, אם נלמד לסווג את השאלות, נרגיש בטוחים יותר לענות עליהן.

מה נכון?

הובא לידיעתם של ילדינו מידע, והם רוצים לדעת אם הוא נכון, ואם לא – מהו המידע הנכון. הם מחפשים תשובות עובדתיות לשאלות שלהם. למשל, ילד יכול לשאול: "מה זאת אומרת לצאת עם מישהו?", או: "איך זה שמישהו הוא הומו?"

האם תוכלו לעזור לי להבין את זה?

שאלה כזו נובעת בדרך כלל מן הבלבול שחשים ילדים כשיש ברשותם מידע חלקי שלא נראה להם הגיוני – מידע שאולי לא לגמרי מבוסס עובדתית. למשל: "אם צריך לישון ביחד כדי ללדת תינוק, זאת אומרת שגם רבנים עושים את זה?"; "הם עושים את זה רק כדי ללדת תינוקות? אבל הם דתיים וקדושים – איך הם יכולים לעשות את זה?"

איך בדיוק אנשים עושים את זה?

אלו הן לרוב שאלות על התנהגויות מפורשות, והורים יצטרכו לשקול היטב איזה מידע למסור. למשל, ילד יכול לשאול: "מה זה להתמזמז ואיך עושים את זה?"

האם אני נורמלי?

ילדים – ובעיקר בני נוער – עסוקים מאוד בצורך להיות כמו כולם ולהיות נורמליים. חשוב שננסה להרגיע את חששותיהם ככל האפשר. למשל, מתבגר יכול לשאול: "יחסי מין נשמעים לי דוחים, אבל בסרטים, בתוכניות טלוויזיה ובספרים זה תמיד נראה מדהים. מה לא בסדר איתי?"

האם אני יכול לסמוך עליך? האם תציב לי גבולות ברורים ותשמור עליהם?

לפעמים הילדים שלנו שואלים שאלות פשוט כדי לבדוק את האמינות שלנו. לעיתים נוכל לזהות שאלות כאלו באמצעות טון הדיבור או עצם השאלה. למשל, שאלות אישיות נשאלות לפעמים כדי לבדוק את הגבולות שלכם, ומטרתן איננה להשיג מידע.

האם אני עלולה להיפגע מזה?

בהתחשב ברוב המידע הזמין לילדים ולנוער, היבטים מסוימים של מיניות ופעילות מינית עלולים להישמע מפחידים. לעיתים קרובות הילדים שלנו מבקשים שנרגיע אותם. למשל, הם יכולים לשאול: "האם הירין כואב?", או: "האם הפעם הראשונה באמת כואבת מאוד?".

מה בדיוק עליי לעשות?

צעירים נמצאים לרוב במצבים חדשים שאינם מוכרים להם: התאהבות, פגישות רומנטיות, הזמנה למסיבה וכדומה, והם מבקשים עצות בתחומים הללו שבהם טרם התנסו. למשל, הם יכולים לשאול: "איך אציע לבחורה לצאת איתי?", או: "איך אגיד לבחור שהוא מוצא חן בעיניי?".

כיצד נכון לנהוג?

הילדים שלנו רוצים לברר לעצמם את הערכים המיניים שלהם, והדרך הטובה ביותר לעשות זאת היא באמצעות התייעצות עם אנשים שהם מכבדים. חשוב שנשתף את ילדינו בנקודת המבט שלנו ונדון איתם בערכים המיניים שלנו. למשל: "האם מותר שיהיה לי חבר בתיכון?", או: "האם כל הפלה מלאכותית אסורה על פי ההלכה?".

המיון הזה יכול לעזור, אך אין לראות בו חלוקה מחייבת. יתרה מזאת, שלושה ילדים שונים יכולים לשאול את אותה שאלה, וכל אחד יתכוון למשהו אחר לגמרי. למשל, כשילדים אומרים: "אתה באמת מאמין בשמירת נגיעה? כל הכיתה שלי מסכימה שאין שום סיבה לשמור נגיעה", מה הם בעצם שואלים? לחלקם זוהי שאלה של ערכים, לחלקם – שאלה של מידע, ואחרים אולי בודקים אם אתה מקור מידע מהימן. לכן חשוב שנבין מה הילדים שלנו שואלים אותנו לפני שאנחנו עונים לשאלותיהם. השאלות שלמעלה יכולות לעזור בכך.

העמידו את עצמכם במקומם של הילדים

באופן אישי, לי עוזר מאוד לדמיין את עצמי בגילו של הילד שאיתו אני מדברת. זהו המנגנון שמסייע לי להחליט איך לשוחח איתם על הנושאים האלה. השיטה הזו בדרך כלל מפתחת את הרגישות שלי כלפי התחושות שלהם. למשל:

- האם אתם יכולים להיזכר בעצמכם כבני נוער עוד לפני גיל ההתבגרות?
- האם אתם זוכרים את תחושת אי־הנוחות כלפי הגוף שלכם?
- האם חוויתם התפתחות פיזית מוקדמת או מאוחרת? איך העובדה הזאת השפיעה על תחושותיכם כלפי עצמכם?
- האם התאהבתם פעם בבת / בן, או האם בילדות שלכם לא חוויתם חוויה כזו?
- האם ייתכן שילדיכם חוו התאהבות, או האם הם לומדים בבית ספר נפרד, וכיצד זה עשוי לגרום לכך שיהיו להם חוויות שונות משלכם?
- אם גדלתם בסביבה של בית ספר מעורב וילדיכם לומדים בבית ספר נפרד, מהם ההבדלים בחוויות שלכם? אם גדלתם בסביבה נפרדת וילדיכם לומדים בבית ספר מעורב, מהם ההבדלים בחוויות שלכם?

אני ממליצה שתנסו להיזכר בעצמכם כשהייתם בגיל של ילדיכם, אבל חשוב להתייחס גם לעולם השונה שבו גדלתם. קיימים הבדלים עקרוניים בין העולמות מבחינת הידע הזמין ונורמות ההתנהגות. עולם התקשורת והמידע השתנה באופן דרמטי כל כך מן הזמן שבו היינו ילדים, ולילדינו יש גישה לסוגי מידע שאנחנו כלל לא היינו מסוגלים לדמיין. לחופש מידע זה השלכות עצומות על החשיפה הפוטנציאלית שלהם. נוסף על כך, אם גדלתם עם סטנדרטים דתיים שונים מאלו של ילדיכם, ייתכן שהנורמות וציפיות ההתנהגות שלכם שונות, ויש להביא אותן בחשבון. כל הגורמים הללו משפיעים על היחס ועל הגישה שבהם תבחרו לנקוט בשעת שיחה עם ילדיכם על מיניותם.

עם מה הילדים שלנו מתמודדים?

איך אני זוכרת שפעם זה היה, "וואו, הם מתנשקים", ועכשיו זה פשוט חלק מכל סרט – זה ממש מבאס... (איילת, 15)

מסרים תרבותיים ואמצעי התקשורת

במשפחות רבות, ילדים נחשפים לתוכניות טלוויזיה, לסדרות ולסרטים. מבט קצר בחתך רוחב של סוגי התוכניות שבהם צופים בני נוער מראה שהמסר הנפוץ ביותר לנשים הוא שכדי להצליח, עליהן להשתמש בגוף שלהן. כך הן זוכות לתשומת לב, צוברות פופולריות בקרב חברים, מוערכות על ידי הסובבים אותן ומצליחות בעולם העבודה. המסר הנפוץ ביותר לגברים הוא שכדי להצליח, עליהם להפגין עוצמה באמצעות כוח או עושר. המסרים הללו מקבלים חיזוק בפרסומות וכן במילים של שירים רבים שבני הנוער מאזינים להם שעות בכל יום. מסרים כאלו הם דוגמה נהדרת לשקר שטבוע כה עמוק בתוכניות, בסרטים, במוזיקה ובכתבי עת לנוער, וכך, לצערנו, התפיסה המעוותת הזו של התפקידים ושל היחסים בין המינים הולכת ונטמעת בתת־המודע של ילדינו.

אגדות ילדים שזכו להעצמה ולהנגשה באמצעות עיבודן לסרטי דיסני (כגון: סינדרלה, היפהפייה הנרדמת ושלגייה) מנציחות את האידיאל של נסיכות יפהפיות שנסיכים אמידים ויפי תואר מצילים אותן. תסריט זה ושכמותו מעצב באופן לא מודע את ציפיותיהם של ילדינו. בעשר השנים האחרונות חל שינוי לטובה, ובסרטים רבים מופיעות נשים חזקות, בעלות יוזמה ואחריות, שאינן מחכות לגבר שיציל אותן. אומנם השינוי חיובי, אבל הדרך עוד ארוכה.

קשה למנוע מהילדים להיחשף למסרים האלה. הם אומנם דוחים כלאחר יד את האפשרות שהם מושפעים ממה שהם רואים על המסך, אבל ברור שיש לכך השפעה משמעותית על ציפיותיהם ממערכות יחסים. כדאי שהורים שיודעים שילדיהם צופים בסדרות, יצפו בכמה פרקים יחד עם הילדים וינצלו את ההזדמנות לשוחח איתם על חלק מהנחות היסוד של התוכנית. עליהם להעמיד בסימן שאלה תפיסות הנוגעות לתפקידי גברים ונשים, כמו גם לשימוש ביופי ובגוף כאמצעי להצלחה. אם אתם מתקשים בכך, תוכלו לכל הפחות ליזום שיחות על הרעיונות האלה. אפשר למשל לומר:

אימא: קראתי כתבה על תוכנית שאני יודעת שאתה אוהב, והיו שם כמה טענות מעניינות בנוגע לחלק מהמסרים בתוכנית. מעניין אותי מה אתה חושב על הטענות שבכתבה.

איך לדבר עם ילדינו על מיניות ואינטימיות

בשיחות כאלו חשוב להעביר את המסר הבא בנוגע לגברים ולנשים:

אימא: שמתי לב שהרבה סרטים מעבירים את המסר שנשים מצליחות וזוכות ליחס טוב על ידי שימוש בגופן ובהתנהגות מינית. אני ממש לא מסכימה עם העיקרון הזה, ולדעתי זה לא באמת ככה במציאות. גם גברים וגם נשים מצליחים לא בגלל מראה חיצוני או כוח פיזי, אלא בגלל כוחו של האופי ושל המוסר שלהם. מניסיוני, לגברים ולנשים יש סיכוי גדול יותר להצליח, אם הם משתמשים בראש שלהם ולא בגוף שלהם. מה דעתך?

אלו מסרים שהורים צריכים לנסות להעביר לילדיהם לעיתים קרובות, ולהמחיש אותם באמצעות דוגמאות של אנשים הזוכים להצלחה ולכבוד, וזאת כדי לסתור את הרעיונות שקיימים באמצעי התקשורת ושמשפיעים על ילדינו.

הורים רבים מנסים לעזור לילדיהם להבין מה כדאי לדחות ומה לקבל, אך לעיתים קרובות אנחנו בוחרים שלא להציע מיוזמתנו חלופות למסרים שליליים. אני חושבת שמחובתנו ליזום חינוך ליהדות וליחסים, לאהבה ואפילו למיניות כבר מגיל צעיר, עוד לפני שילדינו מתחילים ללמוד על כך מהמדיה ומספרים. אם נציג להם גישה שבאה ממקום של קדושה, הם יספגו את תחושת הקדושה שחז"ל מציגים ביחס למיניות לפני שהם נחשפים למסרים החילוניים. חינוך למצוות מגיל צעיר הוא אבן יסוד של חינוך בעולם של שמירת מצוות, ואולי הוא גם מבהיר מהי הדרך הדתית לפתח מצפון.

כיצד ליזום שיחה?

להיות הורה יוזם פירושו לחשוב על הנושאים הללו לפני שהם הופכים מקור למתח ולמאבק בינינו לבין ילדינו. אם החינוך הזה מתבצע בשלב מוקדם, נוכל להעניק לילדינו את הכוח ואת הכלים הדרושים כדי לנווט את דרכם במסע המורכב הזה מילדות לבגרות.

שוחחנו על כמה התלבטויות שעוצרות בעדנו מלשוחח על העניינים הללו ועל כמה דרכים שבהן אפשר להתגבר עליהן. עמדנו על טיב השאלות של ילדינו, וכיצד נוכל להבין מה הם בעצם שואלים. לפני שניגשים לשוחח על מיניות עם הילדים, אני מציעה להשתמש בעקרונות המנחים הבאים.

דברו על מיניות והלכה. חשוב שנעזור לילדינו לראות כיצד היהדות היא

מרכיב מרכזי בחיינו ובקבלת ההחלטות בתוך המשפחה, גם כשהתנהלות כזו מקשה עלינו. אם הילדים רואים שהחיים שלנו מכוונים על ידי ההלכה בכל התחומים, ואם אנחנו מחנכים מגיל צעיר לחיים על פי ההלכה, יגדל הסיכוי שהם יראו בהלכה מורת דרך. ואם נוסף על כך גם נשמור מגיל צעיר על דיבור ועל התנהגות התואמים את נורמת ההתנהגות הדתית בין המינים, לפני שהנושאים הללו הופכים טעונים וקשים, סביר יותר שכך גם ילדינו יתנהגו. ברור כי אין פירוש הדבר שצריך ליזום שיחות על מיניות כבר בגיל 8, אבל אפשר, למשל, לעורר את המודעות של ילדים לכך שעם הגיל משתנים הכללים הנוגעים לקשר בין בנים לבנות. את זה אפשר בהחלט לעשות מגיל 10, אף על פי שהכול תלוי בבגרות של הילד, ולעיתים בנות יכולות לשוחח על נושאים כאלה בגילים צעירים יותר מאשר בנים.

צרפו את המיניות לקטגוריה של הלכות אחרות וכאשר הילדים כבר בגיל ההתבגרות. התייחסו להלכות בתחום הזה. הדרכים שבהן אנשים בוחרים לקיים קשר עם בני המין השני צריכות להיתפס כשייכות לתחומי ההלכה. הנושאים הללו אומנם מקבלים דגש מיוחד בגיל ההתבגרות, אך כבר מגיל צעיר אנחנו יכולים לדבר עם ילדינו על נורמות התנהגות וציפיות בנוגע להתנהגות בין בנים לבנות, כשנושאים אלו עדיין פחות קונפליקטואליים עבורם. יש לראות בנורמות הללו חלק מההתנהלות הדתית ההלכתית, ולא רק מנהג שאפשר לבחור אם לאמץ אותו או לא. בקהילות דתיות מודרניות יש אומנם טווח רחב של נורמות בנוגע ליחסים בין המינים, אבל המקורות ההלכתיים מתייחסים לשאלות של קשר פיזי בין בנים לבנות שאינם בני משפחה, כמו גם בתוך המשפחה. הציגו לילדיכם את המקורות האלו ממש כפי שהם לומדים הלכות שבת וכשרות. לִמדו אותם עם ילדיכם ודברו על יישומם בחייכם. ידע הוא כוח, וגם אם הוא אינו תמיד מוביל למעשה, שימוש במקורות הלכתיים אותנטיים הוא דרך טובה לבסס את ציפיותיכם.

הכירו בכך שההלכות הללו עלולות להיות קשות לביצוע. אל תזלזלו בקשיים. חז״ל בהחלט לא עשו זאת, וילדים שחיים בסביבה מעורבת צריכים לדעת שאתם מעריכים את העובדה שלא תמיד קל לחיות במסגרת מעורבת ולציית לקווים מנחים הלכתיים. שיחות על אסטרטגיות התמודדות או על זיהוי נושאים שמקשים על ילדיכם יכולות להיות מקור לחיזוק ולהעצמה.

למדו את ילדיכם שלהתמודדות יש גם צדדים חיוביים. היהדות אינה רואה בהתמודדות דבר שלילי מעיקרו, אלא הזדמנות לצמיחה. כולנו מציבים לעצמנו מטרות וגאים בעצמנו כשאנחנו מצליחים לעמוד בהן. כולנו מכירים

אנשים שמסורים מאוד להגשמת מטרותיהם, ומשקיעים אינסוף שעות וויתורים כדי להצליח. איזה מאמץ ממושך ואינטנסיבי משקיע ספורטאי אולימפי כדי להתכונן לאולימפיאדה? כמה שעות ביום מתאמן פסנתרן קונצרטים כדי להפיק מוזיקה נהדרת? ספורטאים ומוזיקאים צוברים הצלחות באמצעות מסירות והשקעה. אם נתייחס לסטנדרטים של ההלכה כיעד רוחני שהציב לנו ה׳, ההתמודדות עשויה להיתפס כמהלך של צמיחה רוחנית. זהו בהחלט אתגר: אם ה׳ מאמין שאנחנו יכולים להגשים את המטרות שלנו, אמונה זו צריכה לשמש לנו מנוף להצלחה.

היו רגישים למורכבות. בתיאוריה, היינו רוצים לגדל את ילדינו כיהודים המחויבים לחיי הלכה, אבל לעיתים הם מתקשים לקיים את כל ההלכות הכלולות במחויבות הזו. פעמים רבות קורה שילדינו אינם מבינים שגם אם אנחנו מחויבים בתיאוריה לקיום ההלכה כולה, הרי גם קיומה של כל מצווה ומצווה הוא בעל ערך. למשל, בכל פעם שילד בוחר לשמור שבת, או ללעוס מסטיק כשר, או לאכול במסעדה כשרה, למרות הלחץ החברתי ללכת למקום אחר – הוא רושם לעצמו מצווה. כהורים, אנחנו מעודדים ותומכים בילדים שמקבלים את החיוב של ההלכה בכללותה להמשיך במחויבות הזו.

גם הילדים שמתקשים ראויים לתמיכתנו. עקרונית, היינו רוצים שהם יאמצו ויקבלו את הסטנדרטים שאנחנו מחנכים להם במשפחה, אבל לא נדחה אותם או נפסיק לאהוב אותם אם הם לא יעמדו בסטנדרטים האלו. אנחנו חוגגים כל עמידה בסטנדרטים של ההלכה וקובעים את קיומה כסטנדרט, בתקווה שזו אכן תהיה השאיפה, אבל גם מבינים שלפעמים יש צורך לעבור תהליך כדי למצוא את הדרך למחויבות ולקרבה לה׳ ולהלכה. במצב כזה תפקידם של ההורים מורכב, ובכל זאת על ילדינו לדעת שאיננו דוחים אותם. נוכל להביע אכזבה כשהילדים אינם עומדים בסטנדרטים היקרים לנו ולחפש דרכים להמשיך לעודד אותם בכיוון הזה, אבל אל לנו לדחות אותם בשל כך. זה יגרום רק כאב לשני הצדדים, ובוודאי שלא יקרב אותם ליהדות או לה׳. ייעוץ משפחתי אצל מומחה שמטפל בנושאים של קונפליקטים דתיים יכול לעזור להתמודד עם נושאים קשים. אם אנחנו בוחרים לדבר עם ילדינו בעצמנו, אני ממליצה לומר להם משהו כזה:

אבא: עקרונית, כפי שאתה יודע, המשפחה שלנו מחויבת להלכה. אני יודע שזה ממש לא פשוט בשבילך ושאתה לא בטוח שכך אתה רוצה לחיות את חייך. אני רוצה להיות כן איתך ולומר שאף על פי שהבחירה

הזו מעציבה אותי מאוד, לא אפסיק לאהוב אותך. אני מבין שאתה צריך לקחת את מה שלימדתי אותך ואת מה שלימדו אותך בכל שאר המקומות שבהם למדת, ואת מה שאתה בעצמך מבין, ולקבל החלטות בעצמך. אמשיך לקוות ולהתפלל שתלמד להעריך את היהדות ואת ההלכות שבה, אבל גם אם לא תעשה זאת – לא אדחה אותך. אני גם רוצה שתדע שהיהדות איננה דת של הכול או לא כלום, ושגם אם הייתי רוצה שילדיי יהיו מחויבים להלכה כולה, כל מצווה שתבחר לקיים היא דבר טוב, ואני מעודד אותך לקיים כל מה שאתה מסוגל.

'ה־שיחה'?

> בכיתה שלי הייתה ילדה אחת שלא ידעה כלום, ויום אחד היא קיבלה מחזור. כנראה שההורים שלה לא סיפרו לה שום דבר. היא בכתה בשירותים. בסוף הסברתי לה דברים שלדעתי אני כתלמידת חטיבה לא הייתי צריכה להסביר. אני חושבת שהסברתי טוב. לא הסברתי הכול, אבל מה הייתי אמורה לעשות? היא ישבה בשירותים בוכה ומדממת.
> (אסתי, 17)

אחד המיתוסים הנפוצים על האופן שבו הורים צריכים לחנך את ילדיהם למיניות הוא 'השיחה'. לפי העיקרון הזה, כל ההורים צריכים לקיים עם ילדיהם שיחה אחת חשובה ורצינית על התבגרות מינית, על וסת ועל השינויים שיתחוללו בגופם. יש הורים שיבחרו לכלול בשיחה החשובה הזו מידע על פעילות מינית ועל הערכים הנוגעים לה. ברגע שניהלנו עם הילדים שלנו את השיחה הזאת והסברנו להם את מה שהם צריכים לדעת, על פי תפיסתנו, מילאנו בהצלחה את חובתנו כהורים. אולם הרעיון הזה יסודו בטעות. אי־אפשר לחנך בנאומים. אי־אפשר להעביר לילדינו ערכים בשיחה אחת, וזה נכון גם בנושאים של אמונה, נימוסים, כבוד וחשיבותם של לימודים. בנושאים רבים אנחנו מקיימים שיחה ממושכת עם ילדינו, ומתייחסים אליהם באופנים שונים בהתאם לגילם ולשלב ההתפתחותי שלהם. אנחנו מעודדים דיאלוג ומקשיבים למחשבות ולדעות של הילדים שלנו בעניינים אלו. התפקיד שלנו מתחיל, למעשה, כשהילדים עוד צעירים מאוד. כיצד אנו נוגעים בתינוקות שלנו, משחקים איתם, מדברים איתם – אפילו הבגדים שאנחנו בוחרים עבורם – מלמדים אותם מה הציפיות שלנו מהם כבנים או כבנות.

אם נזכור שחינוך למיניות הוא למעשה הרבה יותר מחינוך ליחסי מין, נבין את הצורך בשיחות עם ילדינו לאורך השנים. מיניות, ככלות הכול, קשורה להיותנו ממין זכר או נקבה, ותלויה בהשקפות התרבותיות והדתיות שלנו. למיניות מרכיבים רבים, ובכלל זה דימוי גוף, זהות מגדרית, תפקידים משפחתיים וחברתיים, וכן אהבה, חיבה, אינטימיות וזוגיות. כל הגורמים האלה מצטרפים ויוצרים את תחושת המיניות של האדם. לפיכך, יש טווח רחב של נושאים וערכים שהורים יכולים לשוחח עליהם במהלך ההתפתחות של ילדיהם, כגון על בגדיהם, כיצד הם נראים ואיזו תחושה מעורר בהם המראה שלהם. אפשר למצוא הזדמנויות להסביר איך אתם מבינים את הגישה היהודית לתפקידם של נשים וגברים בחברה ובמשפחה, ואולי את ההבדל ביניהם. גם זה היבט של חינוך למיניות. אם נדאג להכיר היטב את הילדים שלנו ומה ידוע להם, ניטיב להקנות את הערכים שלנו באופן התואם את חוויותיהם ואת התפתחותם הקוגניטיבית, ואז גם נוכל לחזור ולהתייחס לנושאים האלו בגיל מתקדם יותר, וביתר מורכבות ותחכום. המטרה העיקרית שלנו היא להימצא בשיח עם ילדינו, ולהראות נכונות לדבר גם על התפיסות שלהם בתחומים אלו.

חינוך למיניות הוא תפקידם של שני ההורים גם יחד

לעיתים קרובות מופקד החינוך למיניות בידיה של האם. אני רוצה להדגיש שעל שני ההורים להשתתף השתתפות פעילה בחינוך הבנים והבנות. אנחנו מחנכים את ילדינו בתחומים הללו כל הזמן, לרוב בלי לשים לב, באמצעות מה שאנחנו אומרים ומה שאיננו אומרים. האופן שבו אנחנו מחזיקים את ילדינו על הידיים, מביעים חיבה כלפיהם וכלפי בני הזוג שלנו בנוכחותם, מגיבים לאותות החיבה של ילדינו, וכן האופן שבו אנו מדברים על זוגיות בנוכחות ילדינו – כל אלו הם אמצעים שדרכם אנו מבהירים לילדים את עמדתנו ביחס לאינטימיות. גם הבעת חיבה זה לזו כבני זוג בנוכחות ילדיכם משפיעה על הידע ועל ההבנה שלהם ביחס לאינטימיות. כזוג, הורים חייבים לשקול את המסרים שהם בוחרים להעביר לילדיהם בתחומים הללו. הפרספקטיבה של האב עשויה לרוב להיות שונה מזו של האם, ושמיעת שני ההורים מעניקה לילדים הזדמנות להיחשף לנקודת מבט גברית ונשית גם יחד.

יש משפחות שבהן האם משוחחת עם הבנות והאב עם הבנים. זו בהחלט דרך אפשרית להעביר מידע, אף שלדעתי כדאי שילדים ישמעו את נקודת המבט הבוגרת של שני המגדרים, ויהיו מודעים לפרספקטיבה הרחבה יותר שמשותפת אולי לשני ההורים גם יחד. הורים משני המגדרים המשוחחים עם ילדים משני

המגדרים ממחישים את הרעיון שלפיו גברים ונשים יכולים לדבר על מיניות יחד, מיומנות חשובה שילדינו יצטרכו לרכוש יום אחד כמבוגרים. במשפחות חד־הוריות, במיוחד כשהילדים וההורה אינם בני אותו מגדר, ההורה עדיין יכול וצריך לשוחח איתם, אבל אני ממליצה להיעזר גם בחברים או בקרובים מן המגדר של הילדים.

למדו את הבנים ולא רק את הבנות

רוב האימהות משוחחות עם בנותיהן על התבגרות מינית ועל הווסת בשלב מסוים בהתפתחותן של הבנות, מיוזמתן האישית או מכוח ההכרח, משום שמדובר בהיבטים של התפתחות שבנות צריכות להיות מודעות אליהם. אולם הורים רבים נוטים שלא לשוחח עם בניהם על התבגרות מינית ועל מיניות. אולי חוסר הנוחות וההכחשה מונעים גם הפעם מן ההורים לדבר. בנות מקבלות וסת ולכן חייבים לדבר איתן, אבל בנים – לא, ולכן לא צריך. וכך, רוב הבנים לומדים על קרי לילה מכך שהם חווים אותו – בדרך כלל בלי התראה מראש. בהרבה מאוד מקרים משאירים את חינוך הבנים לחברים או למדיה. גם בנים צריכים שהוריהם ילמדו אותם על השינויים הפיזיולוגיים שהם יחוו ועל ההיבטים הרגשיים והמיניים של השינוי. כשאתם מחנכים את בניכם למיניות, אתם מציידים אותם במידע שהם זקוקים לו כדי להבין את השינויים שהם חווים וכדי להבין מה חוות בנות בגילם, גם אם רק באופן חלקי.

אין די בעובדות

עלינו ללמד את ילדינו על התבגרות מינית ועל רבייה, אך העובדות הללו אינן החלק המשמעותי ביותר של המחויבות שלנו. את העובדות אפשר ללמוד בקלות ממקורות שונים. היבט חשוב יותר של משימתנו כהורים הוא להעביר לילדינו את הערכים שלנו בנוגע למיניות. במיוחד במאה ה־21, כשהילדים שלנו חשופים למסרים כה רבים של מין ושל מיניות, עלינו לכלול בשיחותינו גם את הערכים שקשורים להתנהגויות הללו. למשל, כשאנחנו מדברים עם ילדינו על יחסים בין בנים לבנות, נוכל לומר כמה מהמשפטים הבאים:

אימא: בטח למדתם שבגיל מסוים גם מגע קל מחולל בגוף שלנו תגובות
ביולוגיות חזקות. את יודעת שהדופק שלך מאיץ גם כשאת רק חושבת
על מישהו שמרגש אותך? ככה ה׳ ברא את הגוף שלנו. זו אחת הסיבות
שחז״ל אומרים לנו לשמור את עצמנו מכל מגע פיזי עם בני המין

השני. האם שמת לב שבמשפחה שלנו אנחנו נמנעים ממגע פיזי עם חברים בני המגדר השני? זה משום שאנחנו רוצים לוודא שהלב שלנו יתרגש, בעזרת ה', כאשר אנחנו רק חושבים על האדם הנכון.

הילדים שלנו יכולים ללמוד את העובדות ממקורות רבים, אבל אנחנו המורים החשובים ביותר בתחומים הללו, והערכים שלכם הם לעיתים קרובות אלו שחשובים ביותר לילדיכם. לכן השקיעו מחשבה במסרים הערכיים שאתם מעוניינים להעביר, ומצאו את ההזדמנות לשלב אותם בשיחותיכם עם הילדים.

אל תחכו שהילדים יפתחו בשיחה

אחת הדרכים שבהן אנו משכנעים את עצמנו שעדיין לא הגיע הזמן ליזום שיחה עם ילדינו היא ההנחה שאנחנו נבין שהם מוכנים לדבר על מיניות כשהם יפנו אלינו בנושא. ממש כפי שאנחנו מהססים לפתוח בשיחה, כך גם ילדינו מהססים, והם מרגישים שאנחנו נמנעים מלדבר על נושאים מסוימים. הם קשובים למסרים הסמויים והגלויים שאנחנו משדרים, המאותתים להם שאיננו מעוניינים לדבר על הנושאים האלה איתם. נוסף על כך, לא כל הילדים נוטים מטבעם לשאול שאלות. אם נחכה שהם ישאלו, אנחנו עלולים לחכות זמן רב. הורים אינם ממתינים כדי ללמד את ילדיהם על נושאים שונים הקשורים לבטיחות, למשל. אנחנו יוזמים שיחות על חציית הכביש מבלי להמתין שהם יפנו אלינו. אנחנו מלמדים אותם את ההלכה ברוב התחומים כדי שהם ידעו כיצד לחיות כיהודים שומרי הלכה. המקורות מלמדים אותנו כי חובתנו ליזום ולחנך בתחומים רבים. יש ילדים שלעולם לא ישאלו מפני שהם מתקשים לשאול, אבל גם הם רוצים לדעת, ממש כמו אותם ילדים ששואלים בלי הפסקה, וחשוב להעביר גם להם את הידע.

למשל, מסר חינוכי בנוגע לתרבות החילונית איננו דבר שקל להעביר אותו, אבל הוא חשוב בגלל המקום המרכזי שתופסת הצרכנות בחברה שלנו. הנה דוגמה לאופן שבו אפשר להתייחס לנושא בשיחה עם ילדים בגיל בית ספר:

אימא: היי חמודה. את יודעת, אתמול ראיתי משהו במחשב שלי שממש מטריד אותי, והבנתי שבעצם לא דיברתי איתך על חלק מהמסרים שאת אולי מקבלת מאמצעי התקשורת. יש לך כמה דקות?

אריאלה: טוב...

אימא: הפריע לי לראות כמה הפרסומות מנסות לשכנע אותנו שהקיום שלנו מסתכם ברכוש שיש לנו. אמצעי התקשורת המודרניים מנסים הרבה

פעמים לשכנע אותנו שמה שחשוב בחיים זה להתקדם, ולהרוויח מספיק כסף כדי לקנות מוצרים יוקרתיים שיגרמו לנו להרגיש טוב עם עצמנו. בעצם, "אַתְּ מה שיש לך". כיהודים דתיים, הגישה שלנו לחיים שונה מעט. אנחנו מאמינים שהמטרה שלנו בחיים היא לא רק לצבור כסף ורכוש.

אריאלה: אימא, אני יודעת את זה, ואני לא משתכנעת מהפרסומות המטופשות האלו.

אימא: את יודעת, הלוואי שזה היה נכון, אבל לדעתי את לא שמה לב עד כמה את משתכנעת. רק אחרי ששלמה ראה פרסומת של דגני הבוקר החדשים ההם בתוכנית שהוא אוהב, הוא התחיל לבקש שנקנה אותם. גם לך יש כמה מוצרים שאת משתמשת בהם רק כי ראית אותם בפרסומות, ולכן הם נראו לך מוּכָּרים בחנות...

היהדות מציעה לנו מבט שונה על מה שחשוב באמת. המשימה שלנו בחיים היא לקיים מצוות ולתרום ככל יכולתנו לעולם. צבירת רכוש אינה אמורה להיות חשובה לנו כל כך.

אריאלה: אז מה? למה אי־אפשר לעשות את שניהם? זה לא סותר.

אימא: כן ולא. זה כנראה עניין של דגשים. חיי הלכה דורשים מאיתנו להבין שאפשר אומנם ליהנות מהעולם, אך יש גם צורך בשליטה עצמית. למשל, אנחנו אוכלים רק אחרי שאנחנו מברכים; אנחנו מתחילים את היום רק אחרי שאנחנו מתפללים; אנחנו לא אוכלים חלב מיד אחרי בשר. כך אנו לומדים להיות יצורים רוחניים יותר שמעריכים את המתנות שה׳ נותן לנו. אני מרגישה שהעולם השיווקי שואף לכך שהרצונות שלנו ישלטו בנו. אבל היהדות מלמדת אותנו שאנחנו שולטים ברצונות שלנו.

תנו דוגמה אישית שממחישה גישה מינית בריאה

לעיתים קרובות, מעשים חשובים ממילים. חשוב לתת לילדיכם דוגמה אישית של גישה בריאה באמצעות מערכות היחסים שלכם. ילדים לומדים שגברים ונשים צריכים להתייחס זה לזו בכבוד כשהם רואים את המבוגרים החשובים בחייהם מתייחסים זה אל זה בכבוד. ילדינו לומדים לראשונה שאנשים מסוגלים להתווכח האחד עם השני, להתנגד זה לזה או לחלוק זה על זה, ועדיין להמשיך לאהוב כשהם עדים למקרים כאלה בביתם. אלו הם לקחי חיים חשובים שאנחנו מלמדים את ילדינו, לרוב בלי לשים לב, פשוט באמצעות האינטראקציה איתם

ועם בני ובנות הזוג שלנו. האינטראקציות האלו, גם אם הילדים רק עדים להן, הן פעמים רבות אבני יסוד של מערכות היחסים העתידיות של ילדינו. חינוך למיניות נוגע לא רק למיניות, אלא גם לפיתוח מערכות יחסים בריאות.

בהקשר הזה, ברצוני להטיל ספק בעיקרון שלפיו אין זה צנוע להביע חיבה כלפי בני ובנות הזוג שלנו בנוכחות ילדינו. לעיתים אנחנו מרגישים שכל ביטוי פיזי בין בעל לאישה אינו צנוע. זהו המסר המקובל בקהילות דתיות רבות. אולם עם הזמן למדתי לפקפק בהנחה הזו. הבנתי שכשילדים אינם רואים שום ביטויי חיבה פיזיים בין ההורים, הם קולטים מסר בעייתי. האם טוב שהילדים יראו אותנו מתווכחים ומתרגזים ומאושרים ועצובים וחוגגים יחד, אך בלי שום ביטוי פיזי? איזו דוגמה אנחנו נותנים לילדינו כשהם עדים לטווח רחב של רגשות במשפחה, אך הם אינם עדים לרגשות החמים שבני זוג חשים זה כלפי זה? האם הסתרת כל ביטוי של חיבה גופנית אכן משרתת אותם? אין הכוונה כמובן לביטוי מיני, שצריך להישאר פרטי. אני מציעה שההורים יחליטו בעצמם עד כמה הם מרגישים בנוח להביע חיבה זה כלפי זו בנוכחות הילדים. ברור שמה שנתפס כביטוי חיבה גופני ראוי תלוי מאוד בהקשר התרבותי. יש חֲברות שבהן חיבוקים מקובלים מאוד, ואילו בחברות אחרות הם נחשבים להתנהגות לא ראויה. אולי מסאז׳ מפעם לפעם, נשיקה על הלחי או החזקת ידיים ליד הילדים ירגישו מתאימים. אולי נדמה לנו שאנחנו מגוננים על ילדינו, אבל ילדים שנחשפים לאמצעי התקשורת, אפילו באופן מוגבל, עלולים להיות מוטרדים מכך שהמרכיב הפיזי של קשר זוגי נראה כה מרכזי בתוכניות שבהן הם צופים, אך נעדר לחלוטין מן הקשר של הוריהם. במקרים קיצוניים, הם עלולים לחשוש שמערכת היחסים של הוריהם לוקה בחסר. גם אם נסביר להם שהסטנדרטים שלנו שונים מאלו של תוכניות הטלוויזיה, אני עדיין סבורה שלמען התפתחותם המינית הבריאה חשוב שהם יהיו עדים לביטויי אהבה טבעיים בין ההורים.

אסטרטגיות לצורך ניהול שיחה

שיחות על מיניות או על מערכות יחסים יכולות להתקיים במקומות שונים ובזמנים שונים. אפשרות אחת היא לקבוע אירוע כדי לפתוח בשיחה. קביעת פגישה לצורך שיחה על נושא מורכב יכולה ליצור אווירה טובה – אם זה טיול בפארק, ספורט אחד־על־אחד ולאחריו שיחה, או פגישה על גלידה. יצירת אופי מיוחד למפגש תתרום לאווירה שבה נוח וקל יותר לדבר. יש שיאמרו שההפך

הוא הנכון: פתיחה בשיחה במהלך נסיעה ברכב עשויה להפיג חלק מאי־הנוחות, מפני שההורה והילד אינם יושבים פנים אל מול פנים, ואולי השיחה תהיה קלה יותר בהיעדר קשר עין. מכל מקום, אם נראה שהשיחה אינה מתפתחת היטב, אפשר לשנות נושא ולהציע זמן אחר לשיחה. על ההורים להיות מוכנים להעביר הילוך, לוותר על השיחה המתוכננת, לתכנן מפגש במקום אחר או לשנות את הגישה. כדי שהשיחה תהיה יעילה, על שני הצדדים להגיע עם נכונות להשתתף בה. גם אם ההורה החליט שהגיע הזמן לשיחה, אין פירוש הדבר שהילד או הילדה מעוניינים בכך. גמישות, שבאה לידי ביטוי בהעלאת הצורך בשיחה ובמציאת זמן מוסכם על שני הצדדים, יכולה להיות הצעד הראשון לפתח שיחה טובה.

רגע שאפשר ללמד בו הוא **רגע אקראי**, שמספק להורים הערניים הזדמנות לדבר על נושא כלשהו. אי אפשר לתכנן רגע כזה מראש: מדובר בהזדמנות חולפת שכדאי לנצל אותה – סיפור מפרשת השבוע, קטע חדשותי, מאמר בעיתון או שידור בטלוויזיה יכולים להיות פתח לשיחה על מיניות.

אין נוסחה פשוטה אחת **לגישוש** המקדים.-הורה אומר משהו בנושא מסוים ורואה כיצד הילד או הילדה מגיבים. אם נוצר עניין או מתעוררת תגובה רגשית, סימן שכדאי להמשיך ולחקור את הנושא. אם התגובה היא ניטרלית יחסית, ההורים יכולים להחליט אם להמשיך או להמתין להזדמנות אחרת. אולם תגובה ניטרלית לרוב מעידה שהנושא אינו מעורר קונפליקט אצל הילד. אפשר לחזור על התהליך בזמנים שונים ולהתייחס ישירות לנושאים שקשה לעסוק בהם.

היו ערים לרגעים הפוטנציאליים

הזדמנות לשיחה נוצרת לא פעם באופן טבעי, בלי תכנון מראש, ופותחת פתח אידיאלי לדיון לא רשמי בהיבטים שונים של מיניות. זה יכול לקרות בעקבות סצנה בתוכנית טלוויזיה או בסרט, בעקבות מעשיה של דמות מסוימת בספר ששניכם קראתם, או בעקבות סיטואציה שבה נער מתבגר מתכונן לצאת עם חבריו. סיפור בעיתון או שיחה ששניכם שמעתם יכולים לשמש מניע לשיחה על מיניות או על ערכים מיניים. סיפורי התנ"ך מספקים הזדמנויות רבות לשיחות עם ילדים קטנים על השאלה איך באים ילדים לעולם, ועם ילדים בוגרים יותר – על מיניות ועל ערכים מיניים. כשאתם מנצלים את הרגעים האלה, שמופיעים באופן טבעי בחיי היום־יום, אתם מעניקים לילדיכם פיסות מידע קטנות וקלות לעיכול, מבלי להיכנס לסדרה מכבידה של שיחות רשמיות.

פוטנציאל לשיחה בסדרות ובתוכניות טלוויזיה[12]

- נסו למצוא משהו חיובי לומר על התוכנית, ולא רק הערות שליליות. אם תמיד תהיו ביקורתיים כלפי הטעם של ילדיכם, הם יתקשו להקשיב להערות שלכם.
- הביעו ביקורת רק כשאתם לבד עם ילדיכם או עם חבר טוב שמבלה הרבה אצלכם בבית. הימנעו מלהעיר באופן שיביך אותם – אין בכך שום תועלת.
- אל תגזימו. לפעמים מספיקה הערה קצרה בזמן הפרסומות.
- לפעמים יעיל יותר לבטא מחשבה בקול רם מאשר לנסות לנהל שיחה – כך הם שומעים את מה שיש לכם לומר, מבלי שירגישו צורך לענות: "וואו, אני לא מאמינה שהיא מוכנה לצאת עם הבחור הזה אפילו שהיא יודעת שהוא בגד בחברה הקודמת שלו".
- גם תוכנית בעלת מסרים שליליים יכולה להיות הזדמנות לשיחה, משום שהיא מאפשרת דיון על התנהגות שאינה ראויה. לעיתים קרובות, המסרים האלה ברורים כל כך שאין צורך להוסיף הרבה מלבד ציון הנושאים שעולים.
- לפעמים הורה יכול לומר: "התוכנית הזו לא מתאימה לנו. בואו נכבה את הטלוויזיה". גם זה מסר חינוכי.

היו הורים נגישים

ילדים מבינים מהר על אילו נושאים הם יכולים לדבר עם הוריהם ועל אילו לא. להיות הורה נגיש פירושו לתת לילדיכם את התחושה שהם יכולים לפנות אליכם בכל שאלה מבלי שתכעסו עליהם. הורים נגישים מגיבים לילדיהם בכנות, ומכבדים את שאלותיהם תמיד. אולי תבחרו לפעמים לענות רק באופן חלקי, או אפילו תסבירו מדוע אינכם מוכנים לענות כרגע על השאלה. אך השיבו על שאלותיהם בצורה שתעודד אותם להוסיף ולשאול בעתיד. חשוב במיוחד שתעזרו לילדיכם לראות אתכם ככתובת כנה ואמינה לשאלות בנושאים הקשורים למיניות. נוסף על כך, הורים נגישים יודעים להעניק לילדיהם בדרכים ישירות ועקיפות את התחושה שהם באמת רוצים לעזור להם בנושאים קשים, ושהם יפגינו התחשבות בשעת שיחה על אתגרים העומדים בפניהם. הורים נגישים גם יוזמים ומחפשים הזדמנויות לדבר עם ילדיהם על מיניות במקום לחכות

שישאלו אותם. ואולי החשוב ביותר – הורים נגישים תמיד אומרים רק אמת. שוב, אולי לא תבחרו לספר את כל הסיפור על איך ילדים באים לעולם בתשובה לשאלה של ילדכם בן ה־6. אבל מה שתבחרו לספר – יהיה רק אמת.

הקשיבו לילדיכם

> איתן, בן 6, רץ לאימו בהתרגשות ואומר לה: "אימא, אימא, ספרי לי מאיפה באתי!".[13]

> רחל, אימא של איתן, חשה כיצד היא מחווירה, ומבינה שהגיע הרגע שממנו חששה. איתן שואל את השאלה בה"א הידיעה, וכמובן שבן זוגה לא נמצא בסביבה כדי לעזור. היא נבהלת, מסמיקה ומגמגמת, ומתחילה לומר: "מותק, אני כל כך שמחה שבאת אליי עם השאלה הזאת. ילדים הם מתנה מה', אתה יודע, אבל יש גם משהו שאימא ואבא צריכים לעשות ביחד כדי שתינוק ייוולד..." היא נושמת עמוק, מוכנה להמשיך אבל עדיין קצת בהלם מכך שהיא ממש מדברת על זה. לפני שהיא מוציאה את המשפט הבא, איתן נועץ בה מבט תמה ואומר: "בסדר, אימא, אבל זה לא ממש עונה על השאלה שלי. שמואל אומר שהוא בא מרמת גן ואריה אומר שהוא בא מחיפה. לא אמרת לי שאנחנו גרים פה רק שנתיים? אז מאיפה אני באתי?".

זו דוגמה נהדרת לאימא השקועה כל כך במחשבותיה ואולי אפילו בפחדיה, עד שהיא אינה מוודאת מה הבן שלה שואל לפני שהיא מתחילה לענות. במיוחד בתחומים הרגישים האלו, לעיתים קרובות אנחנו חושבים שהילדים שלנו מבקשים הרבה יותר מידע, או מידע שונה, ממה שהם אכן רוצים. לכן נסו להקשיב היטב למה שהילדים שלכם שואלים. בדקו איתם מה הם כבר יודעים בעניין לפני שאתם עונים. ענו על השאלה הספציפית. הרחיבו רק אם אתם מרגישים שהם מבקשים עוד פרטים, או שההרחבה תתרום להם. אם תשובה פשוטה מספקת אותם, הסתפקו בכך. הם יחזרו לבקש מידע נוסף כשהם יהיו מוכנים. יש שאלות שנראות לכם חסרות חשיבות, אבל הן עשויות להיות אקוטיות עבור ילדיכם. אחרי שעניתם על השאלה, אפשר לשאול: "האם זה עונה על השאלה שלך?", או: "האם זה מה שחיפשת?", או: "עכשיו הבנת?", ואז אפשר גם לבחון את ההבנה הזאת. כשאתם מלמדים את ילדיכם מגיל צעיר שהם יכולים לפנות אליכם כדי לקבל מידע וייעוץ, אתם פותחים בפניהם את האפשרות להוסיף ולפנות אליכם גם במהלך שנות ההתבגרות.

תשובות לשאלות

דבורה הפנר, ממובילות תחום החינוך למיניות בריאה בארצות הברית,[14] מציעה להשתמש בתהליך משולש כדי לענות על שאלות, תהליך שמספק מסגרת מצוינת ומהווה מודל מוצלח לכל גיל:

1. בררו מה כבר ידוע לילדיכם. למשל: ״מהיכן, לדעתך, באים תינוקות לעולם?״.
2. תקנו כל מידע שגוי ומסרו את העובדות הנכונות: ״לא, תינוקות ממש לא צומחים בבטן של אימא שלהם ולא גדלים בה. הם גדלים במקום מיוחד בתוך אימא שמיועד לתינוקות, והוא נקרא הרחם״.
3. זכרו, העובדות אינן מספיקות! השתמשו בהזדמנות זו גם כדי להקנות ערכים. למשל: ״איזה יופי שאימא של שולי עומדת ללדת, ממש נחמד שיש הרבה אחים ואחיות״.

ילדים שאינם משתפים פעולה

יש ילדים שלא נוח להם לדבר עם אף אחד, גם לא עם הוריהם. לאחרים לא נוח דווקא עם ההורים. אתם יכולים אומנם לעודד שיחה גלויה, אך עליכם גם לכבד את הילדים. אם הם לא מעוניינים לדבר, אולי כדאי לחשוב מהם המסרים החשובים ביותר שחיוני לדעתכם להעביר להם, ולמצוא את ההזדמנויות המתאימות לשם כך. למשל:

אימא: אני יודעת שאתה לא אוהב שאני מדברת על זה, ואני באמת לא רוצה שתרגיש לא בנוח. אבל אני מרגישה שבתור הורה אחראי, יש דברים שאני צריכה לספר לך. חשבתי על זה וניסיתי להתמקד בכמה דברים שלדעתי הכי חשוב לדעת. אני רוצה לומר לך אותם ואני אבין אם לא תרצה להמשיך לדבר על זה.

זכרו שלפעמים ילדים משתנים. ילדים קטנים שאינם מעוניינים לדבר כלל ירצו אולי לשוחח כשיגיעו לגיל ההתבגרות המינית. לפעמים, כמובן, השינוי הוא הפוך. כהורים, עלינו להיות גמישים בנושאים אלו ולעודד גמישות אצל ילדינו ככל האפשר. אם ילדים אינם שואלים שאלות כלל, אל תניחו שאין להם מה לשאול – אולי הם פשוט פוחדים להתבטא. נסו להשתמש ברגע שיש בו פוטנציאל לשיחה, או, כפי שנאמר לעיל, נסו ליזום שיחות בעצמכם, ולהסביר תחילה למה אתם מרגישים צורך לדבר איתם ברגע זה.

באיזו שפה להשתמש?

השפה היא ערוץ משמעותי להעברת מסרים. יש לשקול באיזו שפה להשתמש כשמדברים על מיניות. לדעתם של העוסקים בחינוך למיניות, הכרחי שילדים יכירו את השמות 'האמיתיים' של איברי הרבייה ואיברי המין שלהם בשפתם, ולא יפחדו להשתמש בהם בעת הצורך. ידע זה מאפשר לילדים לדבר על כל חלקי גופם בחברה מבלי להרגיש נבוכים. הם ייחשפו למונחים האלו בחברה, ולכן יש ערך ללמוד אותם.

אולם חז"ל הקפידו מאוד על השפה שבה השתמשו, ואף על פי שהם לא נרתעו מלדבר מפורשות בנושאים של מיניות, הרי שהם הרבו להשתמש בלשון נקייה לאיברי גוף וליחסים אינטימיים. הדרך שאותה הם התוו מציעה מודל של פיתוח שפה פנימית נקייה למיניות. אך אל לנו להתעלם מכך שאנו חיים בסביבה שבה ילדים חשופים לטווח רחב של מילים וביטויים בסדרות, בטלוויזיה, בספרות, בבית הספר וברחוב, ובוודאי עדיף שישמעו את המילים האלו לראשונה מכם. גם אופן הצגת המילים האלה מעביר מסרים חשובים, ויכול להיות היבט משמעותי של החינוך שאתם מקנים (ראו דוגמאות לדרכי התבטאות בפרק 4).

מחשבות על שפה

- שפה היא ערוץ שדרכו מועבר הרבה יותר מאשר תוכן בעלמא. היא מעבירה מסרים חשובים על עמדות, על ערכים ועל נוחות.
- השתמשו בשפה מכבדת וברורה.
- דברו בשיחה כנה ולא שיפוטית על השימוש במילים שאינן ראויות ועל משמעותן.
- הומור יכול להיות חשוב מאוד בהקשר הזה. כולנו צריכים להיות מסוגלים להישאר רגועים ולהתבדח בעניינים האלו, שעלולים לעורר בנו אי־נוחות.
- יש להשתמש בהומור בזהירות. בדיחות שאינן ראויות מעבירות מסר של חוסר כבוד, והן אינן דרך טובה להעביר מידע.
- הומור שמציג את המיניות באופן שאינו מכבד פועל נגד המטרות החינוכיות שלנו.

בכל שפה שבה תבחרו – בין אם בשפה מדעית ובין אם בלשון נקייה – הבהירו לילדיכם שמשפחות שונות משתמשות בטרמינולוגיות שונות.

תמיכה להורים

הורות היא משימה מסובכת הדורשת מיומנויות רבות, המשתנות עם התבגרותם של הילדים. נוסף על כך, רמת החשיפה של ילדינו והדרכים שבהן הם מתקשרים עם חבריהם שונות כל כך משלנו, עד שלפעמים באמת חסר לנו הניסיון הדרוש כדי לתת להם עצות מעשיות התואמות את המציאות שלהם. עלינו להיות בקיאים ומיומנים בתקשורת עם ילדינו באופן משמעותי עבורם, כדי שנוכל להעביר להם ערכים מסורתיים בשפה קליטה. ישנן כמה אסטרטגיות מועילות לשם קבלת תמיכה.

משאבים

ישנם ספרים שיכולים לסייע להורים בחינוך למיניות. רבים מהם אינם מתאימים לבני נוער, אך הם שימושיים מאוד כדי ללמד ילדים קטנים. אולם יש כמה ספרים מועילים ומעוררי מחשבה שמתאימים לכל הגילים.

קבוצות הורים

קבוצות הורים שנפגשות כדי לקיים דיון פורה בנושאי הורות, בהנחיית בעל מקצוע או ביוזמת ההורים.

קבוצות הורים הן דרך טובה לקבל תמיכה כאשר אנו מתלבטים כיצד לחנך את ילדינו. הן עוזרות במיוחד להתמודד עם נושאים של מיניות, צניעות ומערכות יחסים. לקבוצות הורים יתרונות רבים. משום שאיננו מרבים לשוחח על נושאים הקשורים למיניות, לעיתים קרובות איננו יודעים איך לחנך את ילדינו. נוסף על כך, הילדים שלנו אינם גדלים בחלל ריק, אלא כחברים בקהילה מסוימת שיש לה מערכת משותפת של ערכים דתיים. ההחלטות שאנחנו מקבלים בתחומים אלו אינן זהות בהכרח להחלטות של חברינו, אך לעיתים קרובות אנחנו חולקים את אותם ערכים. לפעמים מועיל לשוחח עליהם, לספר לאחרים איך סיפקנו לילדינו מידע, ולחשוב יחד איך להציג נושאים שמקשים על ילדינו. קבלת החלטות משותפת ביחס לכמה מהתחומים הללו (פגישות רומנטיות, מסיבות, שעת חזרה הביתה) יכולה לעזור להורים להיות סמכותיים יותר כלפי ילדיהם הטוענים ש"לכולם מרשים". באמצעות שיתוף פעולה עם הורים אחרים נוכל לתמוך זה בזה במאמצינו לחנך את ילדינו. גם אם לא כל ההורים מחליטים לחנך באותה דרך, הידיעה מה אחרים עושים יכולה רק להועיל.

קבוצת הורים יכולה לעזור לנו להבין שהקשיים שלנו אינם נחלתנו בלבד, אלא הם חלק מהקשיים שאיתם מתמודדים הורים המבקשים להקנות ערכים מסורתיים לילדים הגדלים בעולם מודרני, וזה נורמלי. היכולת לנהל שיחה פתוחה עם הורים אחרים ולחלוק איתם רעיונות מאפשרת סיעור מוחות ואיתור פתרונות מציאותיים. לעיתים, זוהי בדיוק התמיכה שאנו זקוקים לה. תמיכה הדדית עוזרת לחזק את רוחנו ואת המחויבות שלנו לגדל בהצלחה ילדים דתיים בריאים מבחינה מינית.

קבוצת וואטסאפ של הורים

היום קל יותר לקיים שיח משותף ולקבל החלטות יחד בלי הצורך להיפגש. אני ממליצה בחום להשתתף בקבוצת וואטסאפ של הורים המאפשרת לבדוק, להתייעץ ולקבל המלצות, למשל, באשר לאיכותו של סרט חדש – אם יש בו קטעים מיניים, ואולי מסרים חיוביים או כל דיון אחר.

איך לדבר עם ילדינו על מיניות ואינטימיות

בפרק זה דיברנו על:

- התלבטותם של הורים אם לפתוח בשיחה עם ילדיהם על מיניות ועל מערכות יחסים שכיחה למדי, ונובעת מסיבות רבות ושונות.
- בכל זאת, מגיע לילדינו לקבל תשובות ישירות לשאלותיהם על מיניות, ומוטב שאנו ההורים ניתן להם אותן.
- החוויות שהיו לנו עם הורינו והחששות הרבים מפני שיחה על מיניות עם ילדינו, עלולים להיות מחסום.
- אם ניזכר איך הרגשנו במהלך שנות ההתבגרות, ייקל עלינו למצוא את המילים הנכונות. כדאי לחשוב אילו מסרים דתיים היינו רוצים להקנות לילדינו לפני שאנחנו מדברים איתם על מיניות.
- אולי כשילדינו יראו שאנו מבינים את הקונפליקט בין המסרים שלנו על מיניות לבין אלו של תרבות הרוב, הם יהיו פתוחים יותר לשוחח. 'השיחה' בה' הידיעה היא מיתוס. חינוך למיניות הוא שיחה המתנהלת לאורך כל שנות הילדות וההתבגרות.
- באחריותם של שני ההורים לחנך בנים ובנות כאחד בנושאים של מיניות.
- אל תמתינו שילדיכם ייזמו שיחה על מיניות.
- הילדים שלנו לומדים מהמעשים שלנו כמו גם מדיבורינו, ולפיכך עלינו לשמש דוגמה אישית ולהפגין עמדות בריאות כלפי מיניות ומערכות יחסים.
- היו ערים להזדמנויות לדבר על מיניות באופן לא־פורמלי.
- חשוב להקשיב היטב לשאלותיהם של ילדינו ורק אז להגיב. לפעמים אנחנו שומעים לא את השאלה שנשאלה, אלא דווקא את השאלה שאנחנו חוששים שהם ישאלו.
- קבלת תמיכה באמצעות ספרים, קבוצות הורים או שיחות משותפות עם הורים אחרים עשויה להיות לעזר רב.
- קבוצות וואטסאפ כיתתיות או שבטיות להורים של קבוצות גיל מסוימות יכולות לסייע לקבל החלטות הנוגעות לילדים.

4

התפתחות בקרב ילדים

טל וחנן משחקים יחד מגיל אפס. הוריהם חברים טובים, והמשפחות גרות זו מול זו.

היום הם בחרו לשחק ב'חתן וכלה'. חנן אוחז בידה של טל, והם רוקדים. אחר כך הוא מנשק את לחייה בעדינות. פעם, כשהיו משחקים ככה, זה היה חמוד, אבל בגיל הזה ההורים מתחילים להיות קצת מוטרדים.

מהו, לדעתכם, הגיל הזה?

גילים ושלבים

רוב העוסקים בחינוך למיניות סבורים כי המלאכה מתחילה כבר בחדר הלידה. הורים נוטים לחשוב שזו הגזמה, אבל אנחנו אכן מלמדים את ילדינו על מיניות לפחות מיום לידתם, גם אם הדבר נעשה שלא במודע. לדוגמה, האם אתה מלטף ומחבק את התינוק? האם את מחזיקה את התינוק קרוב לגופך כשאת מאכילה אותו? איך אתה מגיב כלפי התינוקת שלך בזמן שאתה מחליף לה חיתול? האם היחס שלך לתינוק שונה מהיחס שלך לתינוקת? אולי אתה מחזיק אותם בצורה שונה? החיבה או הסלידה שתביעו כלפי התינוק בזמן החלפת חיתול, ישפיעו על מה שהתינוק ילמד על גופו, ועל השאלה עד כמה, לתחושתו, הוא נאהב.

אנחנו, ההורים, מהווים דוגמה לילדינו בדיבור ובמעשה, והלמידה המשמעותית יותר עבורם היא דווקא במעשים שלנו. לפעמים, אופן ההתבטאות

שלנו חשוב יותר מתוכן הדברים שאנחנו אומרים, ועלינו לזכור זאת כשאנחנו דנים עם ילדינו בנושאים האלו.

אחד מן התפקידים של הורים דתיים הוא לגדל את ילדיהם להיות מבוגרים דתיים בריאים מינית – מבוגרים שמכירים את הגוף שלהם ושמחים בו, שמעריכים ומכבדים נורמות וערכים דתיים בתחום המיניות, מקבלים החלטות אחראיות בנוגע למיניותם, ובסופו של דבר מסוגלים לקיים זוגיות מסַפקת מבחינה רגשית, רוחנית וגופנית. ילדים הגדלים במשפחות שמבינות את האחריות הזו מקבלים חינוך למיניות במובן הרחב יותר של המילה. כחלק מן התקשורת הבריאה הנוצרת במשפחות אלו, הורים יכולים להראות שהם מעריכים, מכבדים ומקבלים את ילדיהם ואף בוטחים בהם, ושהם מצפים לקבל יחס דומה בתמורה.

מהי מיניות אצל ילדים?

כדי להבין מיניות אצל ילדים, חשוב להפריד בינה לבין מיניות של מבוגרים. לעיתים אנחנו מפרשים מעשה מסוים כמיני בגלל התפיסות שלנו כמבוגרים, וכך מעניקים לו משמעות מוגזמת.

התפתחות מינית ביולוגית מתחילה ברחם, עם ראשית התפתחותם של איברי המין. באמצעות טכנולוגיית האולטרסאונד מצאו החוקרים שאפשר להבחין בזקפה אצל עוברים ממין זכר.[1] יילודים ממין זכר חווים זקפה ספונטנית בזמן ערות ובמהלך השינה.[2] הפות של יילודים ממין נקבה משומנת, והדגדגן גדל.[3] כל הממצאים הללו מראים שמחזור התגובה המינית נוכח כבר בשעת הלידה.[4] אבל אין פירוש הדבר שיילודים חווים את עצמם כיצורים מיניים, כפי שקורה למבוגרים. תינוקות או ילדים בגיל הרך שמגרים את איברי מין שלהם בוחנים את הגוף שלהם בטבעיות. המהות המינית של המעשה הזה שונה מאוד מזו של מבוגרים, מכיוון שילדים קטנים אינם מייחסים למעשיהם מחשבה מינית.[5] הם בוחרים להתנהג כך משום שהדבר מעניק להם תחושה של רגיעה והנאה, ממש כשם שהם מפיקים רגיעה והנאה ממציצת אצבע.

המונח 'תמימות' רלוונטי בהקשר הזה. ילדים נוטים להסתקרן מכל דבר, ואחד מן התחומים המעניינים אותם הוא מיניות. ילדים רוצים לדעת איך נראה הגוף שלהם, איך נראה הגוף של בני המגדר השני ואיך באים תינוקות לעולם. רק כשהם מתקרבים בהדרגה להתבגרות המינית, הם מתחילים לפתח הבנה עמוקה יותר של מיניות ושל משיכה בין המינים כפי שהן קיימות בעולם המבוגרים. בעשורים האחרונים ניכרת ירידה בתמימותם של ילדים צעירים,

כנראה בשל החשיפה המוקדמת למיניות במובנה הבוגר דרך אמצעי התקשורת והחברים.

בפרק זה אדון בנושאים התפתחותיים שונים הקשורים למיניות, וכיצד יש להתייחס לנושאים האלו בגילים השונים. אם נהיה מודעים יותר למה שצפוי לנו בכל השלבים, נוכל לתת לילדינו מענה טוב יותר, ולעזור להם להתפתח באופן שתואם את גילם.

גיל 0–2: ינקות

עוד לפני שתינוקות נולדים, תוהים ההורים אם ייוולד להם בן או בת. לעיתים קרובות אנחנו יוצרים קשר שונה עם תינוקות ממין זכר מאשר עם תינוקות ממין נקבה, ויש לנו ציפיות שונות מבנים ומבנות. מחקרים מראים כי הורים מדברים באופן שונה לתינוקות ממין זכר ולתינוקות ממין נקבה; גם האופן שבו הורים נוגעים בילדיהם, מחזיקים אותם ומשחקים איתם מושפע לעיתים מן המגדר שלהם. הבדלים אלו משפיעים על התפתחותם של תינוקות בגיל הרך.

תפקידם של ההורים משתנה עם הזמן. הורים ממלאים תמיד תפקיד עיקרי בהתפתחות ילדיהם, אך בשנים הראשונות השפעתם של ההורים היא כמעט בלעדית. עם הזמן מצטרפים מבוגרים אחרים לעולמו של הילד, והם מביאים עמם מסרים משלהם על העולם. אבל בגילאי 0 עד 2, ההשפעה העיקרית היא של ההורים ומי שמטפל בילד. מכיוון שתינוקות אינם מסוגלים לספק לעצמם דבר, הם תלויים בנו לחלוטין לסיפוק כל צורכיהם.

- כשאנו מעניקים להם חום, אהבה ומגע נעים, אנחנו נותנים להם את תחושת הבטיחות והביטחון הראשונה שלהם.
- כשהם בוכים ואנו נענים ודואגים לצורכיהם, אנחנו יוצרים אצלם כושר אמון בסיסי. הידיעה שהם יכולים לבטוח באחרים שיעזרו להם לספק את צורכיהם יוצרת את הבסיס לפיתוח ניצנים של אינטימיות.[6]
- מלבד אמון, תינוקות יוצרים התקשרות רגשית מוקדמת עם הוריהם באמצעות מגע פיזי. המגע הוא אחד החושים הראשוניים שלנו, ואנחנו קשובים לו מאוד מגיל צעיר. כשמחזיקים, מדגדגים, מחבקים, מכרבלים ומנשקים אותם, תינוקות חווים רגיעה, תחושה פיזית חיובית המתקשרת להרגשה שאוהבים אותם.
- חוויות של אינטימיות גופנית בינקות, המבטאות התקשרות רגשית בין הורה לתינוק, הן היסוד לאינטימיות גופנית ולאהבה בבגרות.

- כשאנחנו מגיבים באופן חיובי למגע גופני עם ילדינו, כשאנחנו נהנים להחזיק אותם והם מרגישים את ההנאה הזאת, אנחנו עוזרים להם לחוש תחושות טובות באשר לגוף שלהם.

אם כן, להורים חמים ואוהבים שמחזיקים את ילדיהם קרוב אליהם ובנוחות, תהיה השפעה חיובית על האופן שבו יגיבו ילדיהם בעתיד לאינטימיות גופנית. לכן כדאי לשים לב למסרים הסמויים הראשוניים שאנחנו מעבירים לילדינו בנוגע לגופם.

גיל 2–5: הגיל הרך

כל דבר מעורר את סקרנותם של ילדים בגיל הגן: הם רוצים לדעת למה השמיים כחולים, למה האישה שמעבר לכביש שמנה כל כך, למה הם לא יכולים לאכול יותר ממתקים, למה יש אנשים שזקוקים לכיסא גלגלים ולמה לבנות אין פין. כשעוברים על הרשימה הזו, ברור שלילדים קטנים השאלה על הפין היא פשוט אחת מתוך שאלות רבות שהם שואלים במהלך חקירתם הסקרנית את העולם. באופן כללי, שאלות שילדים שואלים בגיל הזה נובעות מסקרנות ולא מהתעניינות במיניות כשלעצמה. רק כשמבוגרים משדרים תחושה ששאלותיהם הטבעיות של הילדים מעוררות בהם אי־נוחות או בהלה, הילדים מתחילים לפתח אסוציאציות שליליות בנושא.

כינוי כל איברי הגוף בשמם – רוב העוסקים בחינוך למיניות ממליצים ללמד ילדים את השמות הנכונים של כל איברי הגוף כבר מגיל צעיר. ילדים צריכים לדעת שרוב איבריהם של בנים ובנות אומנם דומים, אך הם שונים באיברי המין והרבייה. ממש כמו שלאצבעות יש כינויים שבהם משתמשים כל הדוברים שפה מסוימת, כך ילדים צריכים להכיר גם את השמות שבהם משתמשים שאר בני התרבות שלהם לתיאור איבריהם המוצנעים. לדעתי, כדאי שהם יכירו את השמות המדעיים של איברי הגוף כדי לאפשר להם לתקשר עם אחרים על גופם בלי להתבייש. מכיוון שאלו השמות שבהם יפגשו מחוץ לבית ובבית הספר, יש חשיבות לכֵּנות ולדיוק.

על כל פנים, נראה שגישתם של חז"ל שונה במקצת. הם אומנם לא נמנעו מלדבר על מיניות באופן גלוי, אך הרבו להשתמש בלשון נקייה לאיברי גוף כמו גם ליחסי מין. מגישתם משתמע שיש להשתמש תמיד בשפה קדושה, ושימוש במילים נמוכות פוגע במידת־מה בקדושתו של האדם. הדוגמה האישית שהם נותנים מעודדת פיתוח כינויים חלופיים המקובלים על המשפחה. הורים

יכולים לבחור לעשות כרצונם, אבל עליהם לשים לב שבסביבה שבה אנו חיים, הילדים עתידים להיחשף למגוון רחב של מילים וביטויים – בספרים, בבית הספר, במחשב או ברחוב, וכדאי שהם ישמעו את המילים האלו לראשונה דווקא מהוריהם. גם אופן הצגת המונחים מעביר מסר חשוב ויכול, כמובן, להיות גורם שמזמן שיחה.[7]

בכל גישה שתבחרו, כדאי להבהיר לילדיכם שבמשפחות שונות משתמשים במונחים שונים:

אבא: השמות המדעיים של איברי הגוף האלו הם נרתיק ופות. לבנים יש פין. יש הרבה מילות סלנג שהן כינויים לאיברי הגוף האלו, אולי כי לאנשים רבים לא נוח לכנות אותם בשם. יש משפחות שמשתמשות במילים אחרות, כי הן מרגישות שלא צנוע להשתמש במילים הרשמיות. במשפחה שלנו אני רוצה שנשתמש במילים המדעיות שבהן משתמשים בעלי מקצוע בתחום הרפואה, וחשוב לדעתי שנרגיש בנוח להשתמש בהן. אני רוצה שתכירי את המונחים האלה כדי שתוכלי להשתמש בהם בשעת הצורך. אבל אני גם רוצה שתביני שמדברים על האיברים המוצנעים רק עם האנשים המתאימים ובמצבים מסוימים בלבד, מכיוון שאלו אכן איברי גוף הנחשבים פרטיים.

אם אתם בוחרים שלא להשתמש במשפחתכם במילים מדעיות לאיברי מין ורבייה, אולי תשקלו לומר את הדברים הבאים:

אבא: השמות המדעיים של איברי הגוף האלו הם נרתיק ופות. לבנים יש פין. יש הרבה מילות סלנג שמשמשות לתיאור האיברים האלו, אולי כי לאנשים רבים לא נוח לכנות את האיברים המוצנעים בשם. יש משפחות שמשתמשות במילים אחרות. אני רוצה ללמד אותך את המילים המדעיות שבהן משתמשים רופאים ואנשי מקצוע רק כדי שתדעי אותן ותשמעי אותן בפעם הראשונה ממני. חשוב לי שתדעי שאני מכיר אותן, ותמיד אהיה מוכן לדבר על מילים אחרות שתשמעי ולהסביר לך מה משמעותן. כדי לכבד אחד את השני ומפני שהצניעות חשובה לנו, בינינו לבין עצמנו נדבר על האיברים המוצנעים שלנו בלי להשתמש במילים האלו.

אם בחרתם להשתמש בשפה מדעית ותרצו לעזור לילדיכם להבין מדוע אחרים בוחרים שלא לעשות זאת, אפשר לומר:

אבא: יש משפחות שבוחרות שלא להשתמש במילים שבהן אנחנו משתמשים לציון איברי גוף. אני יודע שהמשפחה של שלמה קוראת לאיבר שממנו יוצא השתן בשם 'פיפי'. במשפחה שלנו אנו משתמשים במילים שבהן משתמשים הרופאים. השתן יוצא מהפין שלך. מכיוון שאלו איברי גוף מוצנעים, אנחנו לא מדברים עליהם עם כל אחד. כשאתה בבית של שלמה, אני מצפה ממך להשתמש במילים שנהוגות במשפחה שלו ולכבד את הבחירה שלה.

התייחסות מוצנעת לגוף שלנו – ככלל, בגילים הצעירים הללו כדאי ששני ההורים ירגישו בנוח לקלח ילדים משני המגדרים. בהדרגה במהלך השנים מומלץ לעודד ילדים לקבל בעלות על גופם, ולהתייחס אליו בצורה מוצנעת. אנחנו עושים זאת כשאנו מלמדים אותם לרחוץ את עצמם. כשהם קטנים, אנחנו רוחצים אותם. לאחר שאנחנו מלמדים אותם לעשות זאת בעצמם, אפשר להטיל עליהם את האחריות לרחוץ לבד איברים שונים בגופם. חשוב לעודד בנים ובנות לרכוש תחושת פרטיות באשר לאיבריהם המוצנעים. הורה יכול לומר:

אימא: אני רוצה שאתה תרחץ את הפין שלך בעצמך, כי זה איבר פרטי בגוף שלך. ולכן אתה תשמור עליו ותנקה אותו כשאתה מתרחץ.

מחוץ לחדר האמבטיה, עלינו לחשוב אם אנחנו רוצים שילדינו ימשיכו להרגיש בנוח כשהם עירומים במקום שאיננו פרטי, למשל בבריכה, ועלינו לשקול באיזה גיל כדאי להתחיל לעודד אותם להתכסות.

במקום להציע קו מנחה חד־משמעי, אני רוצה להמליץ שהחלטותיהם של הורים בנושאים אלו יתבססו על העובדות הבאות:

- טבעי שילדים בגיל זה יהיו סקרנים באשר לגופם של ילדים אחרים ובאשר להבדלים שהם רואים. סקרנות זו איננה מינית במהותה.
- ילדים בגילים אלו לא יגיעו לכדי עוררות מינית אם יראו זה את זה עירומים או אם הם יתרחצו יחד.

- רחצה יחד עם בן המין השני בדרך כלל תעורר אי־נוחות אצל ילדים שמתקרבים לגיל 5.
- כשילדים קטנים נראים רגועים בשעת רחצה משותפת, נראה שאין סיבה לדאגה. ברגע שתחושת הנוחות הזו מתחילה להשתנות, כדאי להפריד בין המינים. למשל, כשהם מצחקקים ומרגישים שלא בנוח, זוהי כנראה הדרך שלהם לומר, בלי להיות מודעים לכך, שמקלחות משותפות כבר לא מתאימות להם.
- ילדים בני 3–4 כבר יכולים להתחיל ללמוד מושגים של פרטיות וצניעות, ושיש חלקים מסוימים בגופנו, ולפעמים גם ברגשותינו, שלאחרים אין חלק בהם. פרטיות היא מושג חשוב שכל הילדים צריכים ללמוד בצורה עניינית. חשוב שהורים יסבירו את הגבולות הנוגעים לפרטיות, ממש כפי שהם מסבירים כללים אחרים במשפחה – כדי שילדים לא יזהו בין פרטיות לבין אשמה או לבין הצורך בסודיות.

אימא: נעמי, חשבתי לדבר איתך קצת על כמה מהכללים שיש לנו במשפחה בקשר לגוף.

נעמי: (קשובה)

אימא: את זוכרת שסיפרתי לך שחלק מהאיברים שלנו פרטיים יותר מאחרים? אני חושבת שאת כבר בוגרת מספיק לא להראות את האיברים הפרטיים שלך לכל אחד. הזמנתי את משפחת כהן לבוא לשחק אצלנו אחרי הצהריים, ואנחנו נוציא את הבריכה לחצר האחורית.

נעמי: יש! אני אוהבת בריכה. אילן יבוא גם כן? אני אוהבת לשחק איתו בבריכה.

אימא: כן, הוא יבוא ואת יכולה לשחק איתו, אבל אימא שלו ואני החלטנו ששניכם תלבשו בגדי ים כדי לכסות את האיברים הפרטיים שלכם.

לפעמים אבות תוהים עד איזה גיל כדאי שהם ימשיכו לקלח את בנותיהם. חז"ל מציגים מגוון גישות, אבל לרמב"ם[8] יש גישה פתוחה במיוחד ביחס לעירום בתוך המשפחה. לדעתו, רגע המפתח שבו חל השינוי הוא בשלב ההתבגרות המינית, או כשישנה תחושה של מבוכה. חשוב לציין שהסדרי המגורים בזמנו של הרמב"ם היו שונים מאוד מן הנהוג בימינו. אני מציינת את גישתו של הרמב"ם כדי שהורים ידעו שיש להם חופש מסוים ללכת על פי התחושות הפנימיות שלהם

ושל ילדיהם בשעת קבלת ההחלטות האלה. אולם מאז תקופתו של הרמב"ם השתנו הנורמות החברתיות, וכבר בגיל 7 או 8, ולפעמים עוד קודם, רוב הילדים כבר מעדיפים להתקלח לבד.

מה בדבר הגוף שלנו, ההורים? כל אחד מרגיש אחרת בנוגע לחשיפת הגוף שלו בנוכחות ילדיו. ככלל, הורים נוטים להרגיש שלא בנוח עם עירום בנוכחות ילדיהם בערך מגיל זה (בין 2–5), אבל הדבר תלוי ברמת הנוחות של ההורה כמו גם של הילדים. הורים צריכים לסמוך על האינסטינקטים שלהם, אבל אם הם מרגישים נוח יותר מאשר הילדים שלהם, עליהם להתאמץ לכבד את רגישותם של הילדים. במקרים של חוסר נוחות קיצוני, אולי שיחה בנושא תוכל לעזור.

אימא: שמתי לב שמאוד לא נוח לך כשאת רואה אותי בלי בגדים, גם אם אני לא מורידה את כל הבגדים. ניסיתי לחשוב למה זה כל כך מפריע לך. בואי ננסה להבין, ואז אולי נוכל לחשוב איך אוכל לנהוג אחרת. אני רוצה להבין יותר את ההרגשה שלך, כי זה מדאיג אותי ואני לא אוהבת לראות אותך כל כך מוטרדת.

נגיעה באיברי המין – כשהורים מחליפים חיתול לתינוק ממין זכר ורואים שיש לו זקפה, הדבר לפעמים יוצר רתיעה. אולם מסתבר שלבנים יש זקפה כבר כשהם ברחם, עובדה שיכולה להרגיע את ההורים ולעזור להם להבין שאלו פשוט פונקציות גופניות אינסטינקטיביות, ואין סיבה לדאגה.[9] הורים גם דואגים כשהם רואים את ילדיהם הקטנים נוגעים באיבר המין שלהם בזמן החלפת חיתול. הם חוששים שהילדים מאוננים ומנסים לעצור את ההתנהגות הזאת. חשוב להבין שאלו התנהגויות טבעיות. ילדים חוקרים את גופם גם בגיל צעיר מאוד. האופן שבו הורים מגיבים להתנהגויות הללו הוא אחד השיעורים הראשונים של הילדים במיניות. כשההורים אינם מגיבים בכעס או בנזיפה, הילדים לומדים שסקרנותם באשר לגופם היא תקינה ואינה יוצאת דופן.

כשתינוקות נוגעים באיבר המין שלהם, הם לא 'מאוננים' אוננות של מבוגרים, שכן הם אינם מייחסים למעשה שלהם מחשבה מינית.[10] תינוקות נוגעים באיבר המין שלהם מאותה סיבה שהם מוצצים אצבע – כדי להפיק נחמה והנאה מגופם באמצעות מעשה שגורם להם להרגיש טוב.[11] לכן מכנים זאת 'נגיעה באיברי המין' ולא אוננות, משום שמהות הפעולה היא הנאה ולא מיניות. הורים יכולים להגיב באמצעות התעלמות או הבעת אי־שביעות רצון,

אך ודאי חשוב ללמד את הילדים שנגיעה באיברי המין היא התנהגות פרטית, כמו עשיית צרכים. הורה יכול לומר:

אבא: אני שם לב שאתה נהנה לגעת בפין שלך, כי אני רואה שאתה נוגע בו הרבה. גם אם זה מרגיש טוב, לגעת בפין זה משהו שעושים רק במקום פרטי, למשל בשירותים. אני רוצה שתנסה להפסיק לגעת באיבר המין שלך ברבים.

כדאי לשים לב שלפעמים ילדים קטנים מתרגלים לגעת באיברי המין כאמצעי של נחמה עצמית בתגובה למתחים שונים בחייהם, למשל אחרי גירושין או כשנולד תינוק חדש. הורים יכולים לעודד התנהגות חלופית של נחמה עצמית, כמו: מציצת אצבע או התכרבלות בשמיכה, אבל הם גם צריכים לעזור לילדים להתמודד עם המתח שעומד ביסוד ההתנהגות, כך שעם הזמן היא תיעשה מיותרת. כשהורה יוצר תחושת מבוכה אצל ילדים הנוגעים באיברי המין, הדבר אינו מעלים את הרצון שלהם לנהוג כך, וסביר להניח שהילדים לא ינטשו את ההתנהגות הזאת, אבל הם כן יתחילו להתייחס לגופם כאל דבר מביך ומגונה.[12] עם הגיל משתנה ההתייחסות הראויה לנושא הזה (ראו להלן בחלק על ילדים בגילאי 5-8).

משחק ברופא וחולה – בתך עדי מזמינה הביתה חברה מהגן, והן מחליטות לשחק בחדר שלה. הן משחקות יחד בשקט ואתה כל כך שמח שהן מסתדרות שאתה מחליט להביא להן כיבוד. אתה נכנס ומוצא אותן משחקות ברופא וחולה.

אבא: עדי, מה אתן עושות?

עדי: אנחנו רק משחקות.

אבא: נראה לי שאתן משחקות בצורה לא כל כך ראויה. אולי תתלבשו ותרדו לחדר המשחקים? אני יודע שאתן סקרניות לגבי הגוף שלכן ובמיוחד לגבי האיברים המוצנעים. אבל לפי הכללים שלנו, צריך להישאר לבושים בזמן שמשחקים. אתן יכולות להתחפש, אבל תמיד להיות לבושות בבגדים.

משחק ברופא וחולה, הכולל התפשטות ובדיקת איברי המין, הוא נפוץ למדי. זה יכול לקרות בין בנים ובנות, בנים ובנים או בנות ובנות. זה יכול לקרות גם

בין אחים ואחיות או עם חברים, ואין לכך שום משמעות בנוגע לאוריינטציה מינית בעתיד. אם הילדים הם בערך באותו גיל, התנהגות כזו היא נורמלית ולא נחשבת מזיקה. ילדים בגן סקרנים בנוגע לגוף שלהם ושל אחרים, וזהו אחד מן הפתרונות שהם מוצאים כדי לספק את סקרנותם. חלקם גם חשים הנאה מעורבת באשמה או בושה הנובעות מכך שהם עושים משהו אסור. אין חובה לאפשר להם לשחק במשחק הזה, אולם חשוב לדעת, במיוחד באותו הרגע, שהדבר אינו מזיק. התנהגות כזו יכולה לקרות גם בין אחים. אין לראות בה ביטוי של גילוי עריות, אלא סקרנות כמו זו שמביעים ילדים כלפי חבריהם.

אני ממליצה להגיב באופן הבא: השתדלו להישאר רגועים, ובקשו מהילדים להתלבש ולבוא לסלון או לחדר אחר של אחד מבני הבית, שאינו חדר פרטי. הביעו הבנה כלפי הסקרנות שלהם וכלפי העובדה שהם רוצים ללמוד על הגוף של חברם, אבל הסבירו שישנן דרכים אחרות, מקובלות יותר, לעשות זאת. אפשר לנצל את ההזדמנות כדי ללמד אותם על ההבדל בין 'פרטי' לבין 'סודי', ועד כמה חשוב לכבד את זכותם של אנשים לפרטיות, במקרה זה פרטיות הגוף.

ההבדל בין פרטיות לסודיות – פרטיות היא מצב שבו אחרים אינם צופים בי. למשל: אני מכסה את גופי כי הוא פרטי, ואני רוצה לבחור בפני מי לחשוף אותו. בסודיות יש בדרך כלל מרכיב של בושה, שאינו קיים בנוגע לפרטיות. שמירה על פרטיות קשורה לרוב לבחירת גבולות ולתחושה טובה בתוך הגבולות שאנחנו בוחרים, כך שאנחנו מחליטים את מי לשתף, במה ומתי. לעומת זאת, בשמירה על סודיות יש פעולה של הסתרה, לעיתים קרובות מִפַּחד מפני ההשלכות האפשריות של גילוי הסוד. הגוף שלנו איננו סודי, והוא כמובן איננו רע. הוא קדוש, וה' הוא שיצר אותו. אבל הוא פרטי. אומנם איננו מדברים ברבים על איברי הרבייה שלנו, אך אין פירוש הדבר שהם 'סודיים'. באופן דומה, גם את המידע על איברי הגוף האלו אין להציג כסודי או כאסור. כדאי להסביר שאיברי הגוף המוצנעים אינם מגונים, אבל הם פרטיים, ואנחנו מדברים עליהם רק עם אנשים מסוימים.

כדי למנוע הישנות של המשחק 'רופא וחולה':

- קבעו גבולות ברורים שמגדירים כמה זמן יכולים ילדים לשהות יחד מאחורי דלת סגורה.
- קבעו כללי התנהגות, למשל, שאסור להתפשט בזמן משחק.

יש שני יוצאי דופן לנאמר לעיל. אם פער הגילים בין שני המשתתפים במשחק

הוא גדול (כשלוש שנים), התנהגות כזו צריכה להדליק נורה אדומה. כמו כן, כל ניסיון להחדיר חפצים או אצבעות לאיברי המין דורש טיפול. הדבר עלול להצביע על חשיפה לתכנים מיניים שאינם ראויים, או על חשיפה להתנהגות מינית פסולה.

מאין באתי? כשילדי גן מתחילים לנסות להבין את העולם סביבם, בין גיל 2.5 ל־5, הם עשויים לתהות כיצד הם הגיעו לעולם. נתייחס לשאלה זו ולדרכים שונות לענות עליה בחלק הבא, העוסק בילדים בני 5–8.

ילדים קטנים שאימם בהיריון סקרנים לדעת איך התינוק נכנס 'לתוך' אימא.

בגילים אלו אני ממליצה לספר פחות ולא יותר. כלומר, לרוב מידע מועט יספק את הסקרנות של הילד. אם הילד ממשיך לשאול שאלות אפשר לפרט יותר, אבל כל עוד הדבר אינו נדרש עדיף שלא. ותמיד לספר את האמת ורק את האמת. אולי לא את כולה, אבל כל מה שנאמר חייב להיות אמת.

חשוב לזכור שילדים בגילים אלו הם מאוד קונקרטיים ולכן בשלב הזה מתאים לומר ש:

תינוק גדל בתוך מקום מיוחד בגוף של אישה שנקרא רחם.

רק לנשים יש רחם ולכן רק נשים יכולות ללדת.

גם לאב יש תפקיד חשוב בהבאת ילדים לעולם (בעיניי, חשוב להוסיף את המידע הזה. גיליתי שילדים רבים אינם יודעים מה הקשר שלהם לאבא חוץ מהעובדה שהוא נשוי לאימא. אם לא מתאים לכם להגיד את זה – עדיין חשוב לעזור לילד לדעת שהוא תוצר גם של אימא וגם של אבא).

'התאהבות' באימא ואבא. ילדי גן מפתחים לעיתים רגשות עזים כלפי הוריהם והם חולמים להתחתן עם ההורה מהמגדר השני. לפעמים רגש זה בא לידי ביטוי בניסיון לנשק את ההורה בצורה רומנטית או אולי להידחף לתוך חיבוק בין ההורים, כמו כדי לומר: "מה איתי?". חשוב להיענות לאהבתם של הילדים, אבל לא לרגשות הרומנטיים שלהם. אם אתם משחקים עם הילדים ב'כאילו', אפשר לתת להם להעמיד פנים שהם מתחתנים, אבל לעודד אותם לבחור במישהו אחר מלבד אבא (בנות נוטות יותר לשחק משחקים כאלו). למשל, אפשר לומר:

אימא: במשחק הזה את צריכה לבחור עם מי להתחתן. מי היית רוצה שזה יהיה? את לא יכולה לבחור את אבא כי הוא כבר נשוי לאימא, ולכן את לא יכולה להתחתן איתו. בואי נחשוב על מישהו אחר שתוכלי להתחתן איתו.

התהליכים האלו חשובים כדי לעזור לילדים להתחיל להבחין בין סוגים שונים של רגשות, ובמיוחד בין סוגים שונים של רגשות אהבה.

גיל 5–8: הכיתות הנמוכות

ילדים בכיתות הנמוכות סקרנים לדעת על היריון ולידה. אולי יש תינוקות חדשים במשפחה או אצל חברים, ולכן היריון ולידה הם חלק מן המציאות המודעת של הילדים. בשלב התפתחות זה ילדים מתחילים להפגין חשיבה לוגית. הם נעשים מחושבים יותר ואחראים ומפתחים חשיבה מוסרית. הם מתחילים להבין שאולי יש נקודות מבט נוספות מלבד זו שלהם, והם יכולים ללמוד להביע אמפתיה ולהתחשב באחרים. כדי לעזור לילדיכם לפתח כישורים לקבל החלטות, עליכם לספק להם בגיל חשוב זה הזדמנויות לקבל החלטות, הן יום־יומיות (מה אקח היום לארוחת עשר?) הן מסובכות יותר (האם אבחר ללכת למסיבה של חברה או לחגיגת יום הולדת משפחתית לכבוד אחותי?).

עולמם החברתי של ילדים מקבל משמעות יְתֵרה בגילים האלה. הם מעדיפים בדרך כלל לשחק עם בני מינם, ויש להם תפיסות מפותחות באשר לציפיות מבנים ומבנות ולהבדלים ביניהם. כשאנחנו מערערים על חלק מן התפיסות שלהם ועוזרים להם לחשוב על הדברים קצת אחרת, במיוחד כשמדובר בתפיסות שמושפעות מסטריאוטיפים ואינן תמיד מדויקות, אנחנו עוסקים בחינוך למיניות.

פרטיות – אם ילדיכם לא הביעו עד עתה צורך בפרטיות בזמן התפשטות או רחצה, הגיע הזמן לחנך אותם לתחושת פרטיות וצניעות. לעיתים קרובות ילדים בגיל זה יבהירו בעצמם שהם מעוניינים להתרחץ ביחידות, ולא יהיה להם נוח להסתובב בלי בגדים. זוהי התפתחות בריאה ועל ההורים לכבד אותה ולתמוך בה, לתת אפשרות לרחצה נפרדת וליצור מרחבים שבהם ילדים יכולים להתלבש ולהתפשט לבד, שלא בנוכחות אחיהם. ההורים צריכים כמובן לאזן את הצורך של הילדים בפרטיות באמצעות ניטור מסוים של פעולותיהם. אם ילדים קטנים מבלים יותר מדי זמן לבד בחדר ומביעים תרעומת כשמישהו נכנס, ייתכן שתידרש השגחה קפדנית יותר כדי לברר מדוע הפרטיות חשובה להם כל כך. עם הזמן, יש להציג את מושג הצניעות כקשור לצורך בפרטיות, משום שילדים מבינים את עניין הפרטיות באופן טבעי.

אוננות – ילדים בכיתות הנמוכות מפתחים לעיתים נטייה לגעת באיברי המין שלהם באופן מכוון יותר. יש טווח רחב של התנהגויות שנחשבות תקינות,

והורים יתקשו לעצור ילדים שיש להם נטייה טבעית לאונן.[13] רצון עז לאונן, כמו גם העדר עניין באוננות, נחשבים שניהם לנטיות תקינות בגיל הזה.

נגיעה באיברי המין בגילים האלה אומנם נחשבת התנהגות לא־מינית באופן יחסי, אך נגיעה באיברי המין בשלב מוקדם יכולה בקלות להוביל לנגיעה מכוונת באיברי המין בהמשך, בשלב שהוא בעייתי יותר מבחינה חברתית, אם הוא נעשה בפומבי, וגם מבחינה הלכתית, לאחר גיל ההתבגרות המינית. ייתכן שכדאי להניא את הילדים בעדינות מהתנהגות זו, כדי לחסוך מהם את ההתמודדות ההלכתית הקשה שלאחר ההתבגרות המינית. לחלקם, נגיעה באיברי המין היא מסוג ההתנהגויות שאפשר לעצור אותן אם ההורים יוזמים זאת בשלב מוקדם. בשלב זה, כשהיא ממלאת פונקציה הדומה לזו של מציצת אצבע, היא עדיין ניטרלית, ומספיק להרתיע הרתעה עדינה. יש לעשות זאת בצורה שלא תעורר בושה או תיצור חרדה. לדוגמה:

אימא: שמתי לב שאתה אוהב לגעת הרבה בפין שלך. אני יודעת שזה נותן לך הרגשה טובה, אבל זה מקום מוצנע והייתי מעדיפה שתנסה לא לגעת באיבר המין שלך כך, במיוחד כי אתה כבר גדול.
גם אם זה קשה, הייתי ממש רוצה שתשתדל מאוד. בגילים גדולים יותר זה לא מקובל, ובטח לא במקום ציבורי, ולכן אולי כדאי לנסות להתרגל שלא לגעת באיבר המין כבר עכשיו, כדי שלא תצטרך להתמודד עם זה בגיל מבוגר יותר.

אם הילד ממשיך לנהוג כך, חשוב להישאר רגועים וללמד את הילד שאם הוא אינו מצליח להפסיק את ההתנהגות הזאת, הוא צריך לכל הפחות להבין שזו התנהגות פרטית והיא מתאימה רק למקום פרטי. אם ההורים חוששים שההתנהגות אובססיבית, עליהם לפנות לייעוץ מקצועי כדי להחליט מהי התגובה הנאותה.

"אבל כולם צופים בזה" – רוב סרטי דיסני מספרים על נסיך יפה תואר שמתאהב בבחורה יפה, מציל אותה מסַּכָּנה, ואז היא מתאהבת בו והם חיים באושר ועושר. הפנטזיות האלו נראות תמימות, אך הן נטמעות ומשפיעות באופן לא מודע על הציפיות של צעירים רבים ממערכות יחסים עתידיות.[14] בעקבות כך, הרבה יותר קשה בהמשך להתאהב באדם אמיתי שאיננו מושלם.

המדיה, לרבות המחשב והטלוויזיה, היא כנראה המחנכת העיקרית למיניות. הדוח שפרסמה קרן משפחת קייזר,[15] העוקב אחר תוכן מיני בטלוויזיה ב־15 השנים האחרונות, זיהה עלייה מתמדת בתוכן מיני בשידורי הטלוויזיה בשעות צפיית השיא. מלבד האינטראקציות המיניות הגלויות, בתוכניות רבות יש רמיזות מיניות. אם הילדים שלכם צופים בטלוויזיה, חשוב שתהיו מודעים למה שהם רואים גם בגילים הצעירים האלה. מדי פעם על ההורים לנקוט עמדה נגד מסרים בעייתיים לדעתם, ולחזק את המסרים המקובלים עליהם.

הורים שמרשים לילדיהם לצפות בטלוויזיה יכולים למצוא הזדמנויות רבות לשיחה סביב נושאים של מיניות. למשל, מהסיפורים המוכרים הרבים המבוססים על אגדות ילדים (סינדרלה, היפהפייה הנרדמת, שלגייה) אפשר ללמד את ילדינו שאגדות כאלו אינן בסיס למערכת יחסים מהותית כלשהי. לא תמיד די במילים שלנו כדי לשלול את המסרים המטרידים שמועברים על בנים ועל בנות, על תפקידי מגדר ועל יופי, אך כשמילותינו מושמעות כבר מגיל צעיר, הן קול אחר וחשוב.

שיקולים הנוגעים לצפייה בטלוויזיה ובמחשב – כשאנחנו מרשים לילדינו לצפות בטלוויזיה, עלינו להתייחס תמיד לשאלות הבאות:

1. במה לצפות
2. כמה לצפות
3. היכן לצפות

1. **במה לצפות** – אין שום ערובה שתוכניות המוגדרות כ'תוכניות למשפחה' אכן מתאימות לילדיכם, שכן ייתכן שתוכן שנחשב ראוי לאוכלוסייה הכללית לא יתאם את הגישה החינוכית שלכם. יש כמה אתרים מצוינים שבהם אפשר לבדוק את תוכנם של הסרטים ושל תוכניות הטלוויזיה, ויכולים לעזור להורים להחליט במה הם מרשים לילדיהם לצפות (למשל, commonsensemedia.org באנגלית, והמלצות בעברית על סרטים ב־http://did.li/RZNw5). תוכנות סינון לאינטרנט יידונו בפרק העוסק באמצעי תקשורת (פרק 12).

   ילדים טוענים לרוב שלחבריהם מותר לצפות בתוכניות גם אם להם עצמם אסור, ולכן הם מבקשים שיתירו גם להם. הצהרות אלו לא תמיד מדויקות ואין להתייחס אליהן בהכרח כפשוטן. על ההורים לסמוך על האינסטינקטים שלהם ביחס להרגלי הצפייה של ילדיהם, במונחי זמן ותוכן, ולעזור לילדים להבין שהורים קובעים סטנדרטים לילדיהם בלי שום קשר למה שעושים 'כולם'.

2. **כמה לצפות** – באופן כללי, כדאי להגביל את הצפייה במסכים ואת זמן המחשב, שהפך לאתר חלופי לצפייה בתוכניות טלוויזיה. ההצעה שלי היא לא יותר מחצי שעה עד שעה ביום. מאחר שהטלפון החכם נפוץ גם אצל ילדים צעירים, הנחיות אלו קשות יותר ליישום. ובכל זאת, חשוב שיהיו זמנים ללא מכשירים. ולכל הפחות לקבוע שעה מסוימת בערב שבה מטעינים את הטלפון החכם במטבח ואי־אפשר להשתמש בו בחדר השינה.

3. **היכן לצפות** – דרך טובה לשלוט בתוכן הנצפה היא להתעקש שהצפייה במחשב ובטלוויזיה תיעשה רק באזור המשותף של הבית. עקרונית, אין להתיר שימוש במכשירים כאלו בחדר הילדים. הרב יובל שרלו מציע להחיל את הלכות ייחוד על טלוויזיות ועל מחשבים. הלכות אלו אוסרות על גבר ואישה שאינם נשואים זה לזו לשהות יחד ביחידות. באופן דומה, מציע הרב שרלו, יש למקם מחשבים וטלוויזיות באזורים משותפים בבית, כדי שלא ייווצר מצב של התייחדות איתם. על ההורים להיות מודעים לכך שגם תוכניות המשדרות חדשות עלולות לכלול תוכן מיני או אלים שאינו ראוי לצפייה של ילדים. עליהם להקפיד שילדיהם הקטנים לא יצפו בשידורי חדשות או יקשיבו להם שלא בנוכחות מבוגר, שמסוגל ׳לתרגם׳ להם את התכנים לפי הצורך. כיום ההמלצה הזו של הרב שרלו אינה מעשית כל כך, מאחר שלרוב הילדים שלנו יש טלפון חכם, וממנו אפשר להגיע לכל סוגי התכנים. קשה לאסור על ילדינו לקחת את הטלפון שלהם לחדר, אבל אני כן ממליצה שבשעות מסוימות – לדוגמה, מ־22:30 בלילה ועד הבוקר – כל הטלפונים נטענים במטבח ולא בחדרי השינה.

חשוב לציין שעידן הוואטסאפ, המעסיק מאוד את ילדינו, יכול לאפשר גם להורים להתייעץ זה עם זה בקבוצות בקלות ואף בלי הצורך להיפגש. כדאי שנלמד להשתמש בכלי עוצמתי זה כדי להתייעץ ואולי גם לפעמים לקבל החלטות כמבוגרים בנוגע למה מותר ומה אסור, בלי לערב את הילדים.

התנסות במילים – ילדים בכיתות הנמוכות סקרנים ועסוקים בקליטת מידע מהעולם, והם גם מביעים רצון להתנסות במילים שהם שומעים. הם שומעים הרבה את המילה ״סקסי״, וגם אם הם לא ממש מבינים אותה, ברור להם שהיא קשורה ליופי או למשיכה. אם אתם שומעים את בתכם בת ה־7 אומרת: ״נכון שאני נראית סקסית היום?״, עצרו רגע לפני שאתם מאבדים את העשתונות

וזכרו שבדרך כלל אין לילדים מושג מה הם אומרים. התגובה הראשונה שלי תהיה לשאול: "למה את מתכוונת במילה הזו?". אחרי שתקשיבו למה שיש לה לומר, תוכלו להסביר זאת כך:

אבא: המילה 'סקסית' מתארת משיכה בין מבוגרים, והיא אינה רלוונטית לילדים. כשבנים ובנות הופכים למבוגרים הם מתחילים לחשוב על אהבה זוגית ועל נישואים, והאהבה הזו קשורה בין היתר להרגשה שנקראת 'סקסיות'. הרגשות האלו קשורים למה שאימהות ואבות עושים כדי ללדת ילדים. מכיוון שהגוף שלך עדיין אינו בשל ללדת ילדים, את לא יכולה להרגיש סקסית. הרגשות האלו יופיעו רק כשתגיעי לגיל ההתבגרות או הבגרות. אני לא אוהב שאת משתמשת במילה הזו כדי לתאר את עצמך, כי למעשה זו מילה שמתאימה למבוגרים, וממש לא הגיוני שילדה בגילך תשתמש בה.

התנסות כזו במילים אופיינית גם לשימוש בקללות. ילדים קטנים שמקללים עושים זאת בדרך כלל מבלי שיהיה להם מושג מהי משמעות המילים שהם אומרים: הם פשוט מחקים התנהגויות שהם רואים סביבם וקשובים לתגובתם של המבוגרים למילים האלו, כדי לדעת אם מותר להשתמש בהן. במקרים רבים ילדים מקללים משום שהם חושבים שהדבר יקנה להם מעמד חברתי. הנה דוגמה לשיחה בנושא:

אבא: אתה יודע, כשישבת עם החברים שלך בשבת שמעתי המון קללות. אפשר לדבר איתך רגע על זה?

ארי: אוי, בחייך, אבא. גם אותך שמעתי מקלל. אין בזה שום דבר רע.

אבא: אני באמת מקלל לפעמים, ואני לא גאה בזה. זה משהו שאני ממש מנסה להימנע ממנו. לדעתי זה עניין עקרוני, ואני אסביר לך מה אני חושב על זה.

ארי: אבל הדעה שלך כל כך מיושנת...

אבא: אולי, אבל לדעתי אם תשמע מה שיש לי להגיד, יכול להיות שתבין אותי יותר טוב. אומר לך למה הקללות מפריעות לי. אני חושב שקללות הן דרך גסה לדבר. כשאתה אומר את המילה "שי־", אתה בעצם מדבר על ההפרשות שיוצאות מהגוף שלך. אתה באמת רוצה לומר את זה כל הזמן? למילים אחרות יש תוכן עוד פחות ראוי. לדעתי זה לא מכובד.

ארי: אבל לא על זה אני חושב כשאני מקלל. אלו רק מילים שעוזרות לי לבטא את התסכול שלי.

אבא: דווקא בזה אני חושב שאתה טועה. אלו מילים ויש להן משמעות, והמשמעות שלהן היא בדרך כלל גסה. להעמיד פנים שלמילים האלו אין משמעות זה פשוט חוסר כנות. אני מבין שלפעמים כשאתה מתוסכל אתה צריך להשתמש במילים כדי לבטא את התסכול שלך – אבל למה דווקא קללות?

ארי: זה פשוט נשמע נכון וזה מה שיוצא, ונראה שזה גם עוזר להתמודד עם חלק מהתסכול.

אבא: הייתי מעדיף שתמצא דרכים אחרות לבטא את התסכול שלך. אתה אדם עם נשמה וזה אומר שאתה צריך לשים לב למה שיוצא לך מהפה וגם למה שנכנס לתוכו...

ארי: אני מניח שאתה צודק, אבל קשה לי. וכולם עושים את זה. אני לא יודע אפילו איך להתחיל להפסיק.

אבא: טוב, בוא נחשוב על זה ביחד ואולי נמצא כמה דרכים שיעזרו לך להחליף את השימוש בקללות בדברים אחרים...

אם מדובר בילד בוגר יותר, אפשר לומר:

אבא: אני רוצה לדבר איתך קצת על קללות. שמתי לב שהתחלת לקלל יותר, ואני רוצה להסביר לך למה הקללות מפריעות לי. לדעתי, קללות הן לא מכובדות. כשאתה אומר את המילה "שי־", אתה בעצם מדבר על ההפרשות שיוצאות מהגוף שלך.
אתה באמת רוצה לומר את זה כל הזמן? למילים אחרות יש תוכן עוד פחות ראוי. לפי **ספר החינוך**, אנחנו מושפעים מהמעשים שלנו. קיום מצוות הופך אותנו ליצורים רוחניים יותר. קללות משפיעות עלינו בכיוון ההפוך. קללות, שהן דיבור גס, עוזרות לנו להרגיש בנוח עם חיים גסים ולקבל אותם כדבר שבשגרה. זה לא מתאים למודל של צלם אלוקים, לצורך לממש את החלק האלוקי שבנו – את הנשמה שלנו. אני יודע שלפעמים קללות עוזרות לך להרגיש מקובל בחברה, אבל למילים שבהן אתה משתמש כשאתה מקלל יש משמעות מגונה. אולי שנינו ננסה להקפיד יותר על המילים שיוצאות לנו מהפה, ממש כמו שאנחנו מקפידים על מה שאנחנו מכניסים לפה? מה דעתך?

עצירת התנהגות כזו כבר בראשיתה, בליווי ההסבר שזוהי דרך דיבור גסה שאיננה מכבודו של יהודי דתי, יכולה לצמצם את השימוש בקללות. כמובן, פירוש הדבר שגם ההורים עצמם חייבים להראות דוגמה אישית ולהקפיד להתבטא בלשון נקייה, ללא קללות.

משחק ברופא וחולה – הדר, בנכם בן ה־6, מזמין הביתה ילדה בגילו והם מבלים את אחר הצהריים במשחק שקט בחדרו. את מרוצה מכך שהם מסתדרים יפה. ואז את נכנסת לחדר כדי להזמין אותם לבוא לאכול משהו, ומוצאת אותם בלי בגדים, משחקים ברופא וחולה. קודם כול – נשמי עמוק, ואל תגיבי באופן קיצוני.

אימא: מה קורה כאן?

הדר והילה (במבט מפוחד): שום דבר. אנחנו רק משחקים.

אימא: טוב, אתם יודעים שאתם לא אמורים לשחק בלי בגדים. אני אעזור לכם להתלבש ונלך למטבח לאכול משהו. אל תדאגו, אני לא כועסת, אבל אני רוצה להסביר לכם למה לא כדאי לשחק ככה (אימא עוזרת להם להתלבש ולוקחת אותם למטבח).

אימא: טוב, אז למה אתם חושבים שלא ממש אהבתי את המשחק הזה ששיחקתם בו?

הילה: אולי בגלל שהיינו בלי בגדים.

אימא: נכון, הילה. אתם יודעים שאתם לא אמורים להסתכל על האיברים המוצנעים של אנשים אחרים. אני יודעת שאתם אולי סקרנים לדעת איך נראה הגוף של אחרים והאיברים המוצנעים של אחרים, וזה ממש נורמלי, אבל זו לא דרך טובה לנסות ללמוד דברים. איברים מוצנעים הם פרטיים, ולא מראים אותם לאחרים. אני מצפה מכם, וגם הורים אחרים מצפים מכם, להישאר לבושים כשאתם משחקים, ולא לגעת באיברים מוצנעים של אנשים אחרים, כי זה אסור. אם אתם סקרנים לגבי הגוף של בנים ושל בנות, אני אשמח ללמד אתכם עליהם ועל ההבדלים ביניהם, אבל בלי להסתכל על הגוף של אחרים.

לילדים יש סקרנות טבעית, שאותה אנחנו בדרך כלל מנסים לטפח. אנחנו רוצים לעודד את ילדינו ללמוד ולחקור, והסקרנות הטבעית שלהם חשובה מאוד למטרה זו. אך כשהילדים שלנו מראים סקרנות בנוגע לגוף שלהם, אנחנו מרגישים לפעמים שלא בנוח. ילדים בגן סקרנים לדעת פרטים על הגוף שלהם

ושל אחרים. בנים ובנות סקרנים במיוחד לדעת על איברי המין של המין השני מפני שהם יודעים שהם שונים משלהם, אבל לא תמיד יודעים במה הם שונים. עירום וסקרנות הדדית בגיל הילדות הם בדרך כלל טבעיים ותקינים. משחק ברופא וחולה, כולל הפשטת חבר למשחק וחקירת איברי המין שלו או שלה, הוא משחק רווח למדי. זה קורה בין בנים ובנות, בנים ובנים, ובנות ובנות, ואין לדבר שום משמעות מבחינת מיניות או נטייה מינית בעתיד כמבוגרים. לדעת מומחים, אם הילדים שמשחקים הם באותו הגיל ובאותו שלב התפתחותי, אין בכך כל נזק. התנהגות כזאת עשויה להופיע גם בין אחים. זו איננה התנהגות של גילוי עריות, אלא היא נובעת מאותה סקרנות כמו זו המופיעה בין חברים בגיל הילדות. ובכל זאת, עלינו ללמד את ילדינו מהי התנהגות ראויה ומהי התנהגות לא ראויה.

המצב שתואר לעיל הוא הזדמנות נהדרת ללמד את בנך ואת חברתו מהו ההבדל בין פרטי לסודי. איברי הרבייה שלנו אינם נושא לשיחה פומבית ואיננו חושפים אותם לפני אחרים, אבל הם אינם סודיים או אסורים. לכל אחד יש איברים כאלו ואין שום מניעה ללמוד עליהם, אבל הם פרטיים, כלומר, אנחנו מראים אותם רק לאנשים מסוימים בזמנים מסוימים.

זוהי גם ההזדמנות להדגיש לילדים שהאנשים היחידים שמותר להם לגעת באיברים המוצנעים שלהם הם ההורים, בייביסיטר מוכר או רופא – וגם אז, רק אם יש צורך. אולי אפשר להוסיף שכל משפחה קובעת לעצמה כללים בנוגע למה נחשב לדעתה פרטי ומה אינו נחשב פרטי. ילדים צריכים לכבד את הכללים של המשפחה שלהם וגם את אלו של משפחות אחרות. נוסף על כך, זוהי הזדמנות טובה להתייחס לנושא של נגיעה מותרת ונגיעה אסורה, כדי שילדיכם ילמדו לכבד את הפרטיות שלהם ושל אחרים.

משחקי רופאים עשויים להופיע אצל ילדים עד גיל 8 או 10, ובגילים הללו הם כבר פחות נפוצים. עם הזמן ילדים מפתחים מיומנות בתכנון המשחק ובמניעת גילויו. אם זה קורה גם בגיל הזה, עליכם להגיב בצורה רגועה, ולעזור לילדיכם לפתח תחושת פרטיות באמצעות קביעת כללים, כפי שהוצע לעיל.

עליכם לספר להורה של הילד השני מה קרה וכיצד הגבתם. אולי יהיה צורך לעזור להורה האחר לעכל את התקרית ולא להיבהל. הגדירו את מה שקרה כסקרנות טבעית, נורמלית, המצריכה הכוונה רגישה אך החלטית.

מבחינה מעשית, הדרך הטובה ביותר למנוע מהתנהגות כזאת לחזור על עצמה היא לצמצם את הזמן שמותר לילדים לשהות יחד בחדר מאחורי דלת סגורה. קבעו כללי התנהגות לילדיכם. לדוגמה: אסור לשחק בחדר כשהדלת

סגורה, אסור לנעול את הדלת ואסור להתפשט. בשלב מסוים, הייתי רוצה לתת להם שוב הזדמנות להיות לבד ביחד ולוודא שהם לא חוזרים על אותה התנהגות. ואם הם חוזרים עליה – כנראה צריך להמשיך לחנך.

סיבה לדאגה – במקרים מסוימים, התנהגות כזו עשויה להדליק נורה אדומה. לעיתים נוצר הרושם שילדים מחקים משהו שהם ראו. אם אתם מרגישים שזה המצב, ייתכן שכדאי לבדוק היטב אילו תכנים הם ראו בטלוויזיה, בטלפון החכם או במחשב ולמה הם נחשפו. החדרת חפצים או אצבעות לאיברי המין עלולה להצביע על חשיפה לחומרים שאינם ראויים, או על מגע בעל אופי מיני שאינו ראוי. מידע על התנהגות מינית החורג ממה שילדים בגיל הזה אמורים לדעת הוא בהחלט סימן מדאיג. התעניינות מוגזמת בנושאים מיניים או הישנות של משחק מיני עלולות להיות תמרור אזהרה לבעיה חמורה יותר. נוסף על כך, משחק ברופא וחולה עם ילד גדול מילדכם או צעיר ממנו בשנתיים-שלוש הוא בלי ספק סיבה לדאגה. כדאי להתייעץ עם מטפל או עם היועץ החינוכי בבית הספר כדי לשלול אפשרות של פגיעה מינית.

גיל 8–13: התבגרות מינית

בגילאי 8–18 עוברים כל הילדים תהליך טבעי של התפתחות ביולוגית, המוכר בשם התבגרות מינית. בחלק זה נשוחח על השנים הראשונות של ההתבגרות המינית, ובחלק הבא נדון בשלב המתקדם יותר (גילאי 14–18).

גיל ההתבגרות המינית משקף שלב חדש בחיים, שבו הגוף מתכונן למצב של רבייה. תהליך ההתבגרות המינית יכול להימשך ארבע עד חמש שנים. הוא מתחיל בשינויים הגופניים הראשונים בגוף המתפתח, ונמשך עד להתפתחות מלאה שבה הגוף מסוגל להתרבות. בממוצע, בנים מתחילים ומסיימים את תהליך ההתבגרות המינית בערך שנה-שנתיים מאוחר יותר מבנות. מכיוון שההתבגרות המינית יכולה להתחיל כבר בגיל 8 או 9, חשוב לשוחח עם ילדים על השינויים שהם עומדים לחוות עוד לפני שהם מופיעים. שיחות על התבגרות מינית מתקיימות בבית הספר בדרך כלל בסוף כיתה ה׳, אך לרבים מהילדים בכיתה זה עלול להיות מאוחר מדי. לכן הורים צריכים להתחיל לדבר עם ילדיהם על התבגרות מינית כבר מגיל 8. אם לא התחלתם עוד קודם, בהחלט צריך להתחיל לשוחח עם בנותיכם ברגע שאתם רואים ניצני שדיים,[16] ועם בניכם – לא אחרי גיל 9 או 10.

יש הורים שקונים ספרים על התבגרות מינית ומניחים אותם במקום בולט בתקווה שילדיהם יתעניינו, יקראו וילמדו כל מה שהם צריכים לדעת בלי המבוכה של שיחה עם ההורים. לדעתי, זו איננה הדרך היעילה ביותר ללמד את ילדינו. במקום להעביר להם את המסר שאנחנו משאב אמין עבורם וזמינים לכל שאלה, אנחנו מלמדים אותם שלא נוח לנו לדבר על הנושאים האלה. הם יבינו מהר מאוד שעליהם לחפש את המידע ואת העצות הדרושים להם במקום אחר.

להכין את עצמנו – כפי שאמרתי קודם לכן, לפני שהורים מדברים עם ילדיהם, בכל גיל שהוא, כדאי שהם ינסו לדמיין את עצמם בגיל הזה. לדעתי, התרגיל הזה חשוב במיוחד בסביבות גיל ההתבגרות המינית, כי לרובנו יש זיכרונות מהשלב המאתגר הזה, וככל שניזכר יותר בקשיים, נהיה רגישים יותר כלפי ילדינו. לכן כדאי לחשוב על עצמכם כפי שהייתם לפני גיל ההתבגרות המינית. נסו לרגע לדמיין את עצמכם בכיתה ז'. האם אתם יכולים לדמיין איך נראיתם? האם אתם יכולים לזכור איך הרגשתם ביחס לגופכם ולשינויים המתרחשים בו? האם אתם יכולים לזכור אם ההתפתחות שלכם הייתה מוקדמת או מאוחרת? האם אתם זוכרים איך הרגשתם עם זה? האם אתם זוכרים במי התאהבתם ואיך התמודדתם עם התחושות העזות הללו? האם אתם זוכרים שהרגשתם שאתם גבוהים או נמוכים מדי בשלב כלשהו של גיל ההתבגרות? לדעתי, אם נצליח לחזור ולחוש חלק מאי־הנוחות שלנו במהלך אותן שנים נהיה הרבה יותר רגישים לחוויות של ילדינו במהלך שלב התפתחות מרגש זה, שהוא לעיתים קרובות גם קשה ומבלבל.

כמו כן, כשאנחנו מתכוננים לדבר עם ילדינו על התבגרות מינית, עלינו לשקול כיצד לעזור להם להבין את היקפם וחשיבותם של השינויים שהם עומדים לחוות. בשיחות שלכם עם ילדיכם חשוב לעזור להם להרגיש את הכוח ואת האחריות שמוענקים להם עם תחילת ההתבגרות המינית. הם הופכים לשותפים פוטנציאליים של הקב"ה ביצירת חיים חדשים. זה מרגש ונִסי, אבל אמור גם לעורר תחושה של אחריות עצומה. היכולת ללדת ילדים טומנת בחובה השלכות מוסריות משמעותיות מאוד, גם אם ילדים שמגיעים להתבגרות מינית בגילים צעירים אינם תופסים לגמרי את מלוא המשמעות של השינויים האלה. באמצעות שיחות במהלך גיל ההתבגרות, נוכל בהדרגה לעזור להם להבין את האחריות המוסרית הנלווית ליכולת להתרבות.

שינויים אצל בנות בגיל ההתבגרות המינית – עובדות

1. הסימן הראשון שניכר הוא הופעתם של ניצני שדיים
2. שיער ערווה דק ודליל מתחיל לצמוח באזור המפשעה ובבית השחי
3. ישנו פרץ גדילה
4. בלוטות זיעה מתחילות להפריש זיעה
5. פצעי בגרות
6. הפרשות
7. הווסת מופיעה

ההתבגרות המינית של בנות יכולה להתחיל כבר בגיל 8, אף על פי שזה אינו הגיל הממוצע. בנות מקבלות כיום מחזור ראשון בגיל צעיר יותר מהגיל שבו קיבלו מחזור לפני שלושים או ארבעים שנה.[17] אין הסבר חד־משמעי לתופעה הזו, אך היא תועדה ברחבי העולם. מחקרים מראים כי יש קשר בין הופעה מוקדמת של המחזור לבין השמנת יתר, וכי יש התאמה בין מדד מסת גוף (BMI) גבוה לבין התחלה מוקדמת של ההתבגרות המינית.[18] ככל הנראה יש גורמים משפיעים אחרים שטרם זוהו.[19] הגיל הממוצע של תחילת ההתבגרות המינית אצל בנות הוא 10-11, והגיל הממוצע של המחזור הראשון הוא 12.5.

התבגרות מינית מופיעה לרוב לאחר רצף של שלבי התפתחות (שלבי טאנר) המשותפים לרוב הבנות, אף על פי שתמיד ישנן יוצאות דופן. עם השינויים הגופניים ניכרים שינויים באיברי המין הפנימיים (שחלות, רחם, נרתיק) והחיצוניים (שפתי הפות, דגדגן), וגם שינויים בגודלם.[20]

הסימן הראשון להתבגרות מינית הוא בדרך כלל הופעה ראשונית של שדיים, המכונה 'ניצני שדיים'. השדיים גדלים בהדרגה, וכך גם הפטמות. לבנות צעירות יש מודעות רבה לשינויים הללו. לפעמים השדיים אינם מתפתחים באופן שווה, וצד אחד גדול יותר מהשני. עם הזמן נוצר איזון. כחצי שנה לאחר מכן מתחיל לצמוח שיער ערווה דק ודליל באזור המפשעה ובית השחי, וכן שיער על הרגליים. בנות בדרך כלל מודעות מאוד לשינויים האלה, ושמות לב ברגע שמופיעות השערות הראשונות בבית השחי או באזור המפשעה. ייתכן שהן יספרו לכם על הממצאים הדרמטיים האלו. חשוב להדגיש בפניהן שהשינויים הללו נורמליים, ולעזור להן להתרגש מתהליך ההתפתחות, אך במינון המתאים.

בהמשך, בנות חוות בדרך כלל פרץ גדילה וגדלות כמה סנטימטרים בכל שנה. גם בלוטות הזיעה באזור איברי המין ובית השחי מתפתחות. זהו לרוב השלב שבו מתחיל להופיע ריח גוף, ואז כדאי להורים ללמד את בנותיהם על היגיינה אישית. במהלך ההתבגרות המינית, אגן הירכיים של הבנות מתרחב. הן יתחילו לראות הפרשות מהפות – סימן למחזור המתקרב. על פי רוב, הן מתחילות לקבל מחזור כשנתיים לאחר תחילת ההתבגרות המינית והופעת ניצני שדיים. אולם חשוב לזכור שאלו הם קווים מנחים כלליים שאינם נכונים לכולן, ולעיתים גם סדר ההתפתחות שונה. גנטיקה משפחתית היא כנראה הגורם המשמעותי ביותר המשפיע על התפתחות מוקדמת או מאוחרת. מסתבר כי זמן תחילת המחזור של האם הוא הסימן הטוב ביותר לזמן תחילת המחזור של הבת.[21] מאפייני הווסת של הבת מושפעים גם מגורמים גנטיים מצד האב. גם הביוץ מתחיל במהלך ההתבגרות המינית, ומעתה יכולה הבת להרות.

חשוב שתכינו את בתכם להתבגרות המינית, עדיף עוד לפני שהיא מגיעה לגיל הזה. מצאו הזדמנות להסביר מהי וסת ומה בדיוק קורה בגוף האישה באמצעות רגע שיש בו פוטנציאל לשיחה. בשעת מפגש עם אישה בהיריון, או כשהיא לומדת על היריון ולידה בתורה, נצלו את ההזדמנות להסביר על מערכת הרבייה האנושית. אפשר גם פשוט לפתוח בשיחה על השינויים הגופניים הקרבים.

׳השיחה׳ בה״א הידיעה היא מיתוס. רצף של שיחות קצרות על שינויים גופניים ורגשיים יעיל הרבה יותר, מפחיד פחות ונותן זמן למחשבה ולהעלאת שאלות. אולי תרצי לתת לבת שלך ספר על התבגרות מינית ושתיכן תעיינו בו יחד, או שהיא תקרא ואחר כך תשוחחו על הספר. אולי תרצי לשתף אותה בכמה זיכרונות שלך מהגיל הזה: איך הרגשת עם הגוף שלך, ממה חששת בזמן ההתבגרות המינית, מתי הופיע המחזור הראשון שלך.

בנות נוטות לחשוש מן התחושות שיהיו להן בזמן הווסת ואיפה הן יהיו בשעת קבלת המחזור הראשון. החשש הגדול ביותר הוא מן המבוכה שתיווצר אם הן פתאום תמצאנה את עצמן בתוך שלולית של דם. דברי עם בתך על החשש הזה בגלוי, ואמרי לה שהווסת מתחילה בדרך כלל בכמה טיפות דם, וסביר להניח שהיא תבין שהיא קיבלה מחזור כשתלך להתפנות, ואז היא תוכל להשתמש בנייר טואלט כדי לספוג באופן זמני את הדם. עודדו את הבנות לקחת איתן תחבושות היגייניות לבית הספר, אך אמרו להן שלאחות בית הספר יש תמיד אספקה למקרה חירום. אימהות מתרגשות לראות את בנותיהן גדלות,

אבל חשוב לזכור שבנות בתהליך של התבגרות מינית עדיין צעירות וזקוקות לעזרה ולתמיכה בהתמודדות עם השינויים המשמעותיים הללו בגופן.

הדרך שבה מסבירה האם לבתה על הווסת יכולה להשפיע גם על החוויה של הבת ועל היחס שלה למחזור. מחקר על בנות כיתה ט׳ שביקש לבדוק כיצד להכין בנות לחוות את המחזור באופן חיובי יותר מצא שבנות שלא עברו הכנה נאותה, אך קיבלו את המידע הדרוש, סבלו יותר בזמן הווסת.[22] הבנות רצו לקבל יותר תמיכה אימהית ויותר מידע על היגיינה אישית, במיוחד בזמן המחזור. ליחסה של האם כלפי ההתבגרות המינית והווסת הייתה ההשפעה המשמעותית ביותר על הבנות. בנות שאימותיהן תיארו את המחזור כ׳קללה׳ כואבת ולא נעימה שיש לסבול אותה אימצו תפיסה זו. בנות שאימותיהן התייחסו לווסת כאל דבר חיובי ונִסי, היטיבו להתמודד עם הנושא.

אימהות צריכות לעזור לבנותיהן להעריך את המורכבות המדהימה של הגוף האנושי בכלל ושל מערכת הרבייה בפרט. בכוחן של אימהות לקדם בברכה את בנותיהן ולקבל אותן למועדון הנשים הבוגרות, שבעזרת ה׳ יוכלו יום אחד להביא ילדים לעולם. הווסת מעידה כי גופה של הבת מסוגל למלא את תפקידו הייחודי ביותר – תפקיד האם. אולי בנותינו הצעירות עדיין אינן מוכנות לרעיון הזה, אבל אם נעזור להן להבין את הפלא שבדבר, הן יוכלו לחוות באופן חיובי את מחזורי החיים המהותיים לקיומה של האישה, וכיצד הם יוצרים שותפות בינן לבין ה׳.

עם תחושת הפלא הזו, חשוב להעניק לבנות עזרה מעשית בהתמודדות עם הכאב ואי־הנוחות של הווסת, למשל, מקלחות תדירות יותר, התעמלות (אם הן מסוגלות), וכן תרופות נגד כאבים לפי הצורך. כמו כן, יש לעודד אותן להתנהל באופן נמרץ פחות בימים הראשונים של המחזור. חשוב לחנך להקשבה לגוף ולהתמודדות מתוך תשומת לב לגוף.

בנספח שבסוף הספר מופיעים שני מדריכים על התבגרות מינית לבנות:

1. מדריך פשוט וכללי המתאר את ההתבגרות המינית ואת השינויים הנלווים שבנות חוות.
2. מדריך מפורט של שאלות ותשובות העוסק בשינויים הנפוצים ביותר בגוף האישה בזמן ההתבגרות המינית.

אלו מובאים כאן לשימושם של ההורים על פי שיקול דעתם, כמדריך, כמידע לקריאה עם הילדים, או כחומר שאפשר לתת לילדים לקרוא במהלך השיחות, כדי להפוך את הנושאים הנדונים למוחשיים ולעודד אותם לשאול שאלות.

שינויים בגיל ההתבגרות המינית אצל בנים – עובדות

1. האשכים גדלים
2. שיער דליל ודק צומח באזור המפשעה ובבית השחי
3. בלוטות זיעה מתחילות להפריש זיעה
4. הפין ושק האשכים מתחילים לגדול
5. שיער הערווה נעשה בהדרגה כהה ומקורזל
6. הקול משתנה
7. ישנה יכולת שפיכה
8. שיעור בפנים
9. פרץ גדילה

אצל בנים, ההתבגרות המינית יכולה להתחיל כבר בגיל 9, אך הגיל הממוצע הוא 11, והשלב הזה עשוי להתעכב גם עד גיל 14. ההתבגרות המינית מתנהלת בדרך כלל ברצף של שלבי התפתחות (המוכרים לרוב כשלבי טאנר) המשותפים לרוב הבנים, אך תמיד ישנם יוצאי דופן.[23] הסימן הראשון להתבגרות מינית אצל בנים הוא בדרך כלל גדילה של האשכים ואדמומיות בשק האשכים. בנים גם מצמיחים שיער דק ודליל באזור המפשעה ובבית השחי, והוא מתעבה בהדרגה. בנים נוטים להיות מודעים מאוד לשינויים אלו בגופם, והם שמים לב ברגע שצומחות להם שערות בודדות בבית השחי או באזור המפשעה. ייתכן שהם יספרו לכם על השינויים הללו. חשוב להדגיש בפניהם שהשינויים הם נורמליים, ולעזור להם להתרגש מתהליך ההתפתחות. בהמשך מתפתחות בלוטות זיעה באזור המפשעה ובבית השחי. זה בדרך כלל השלב שבו מתחיל להופיע ריח גוף, וחשוב שהורים ילמדו את ילדיהם על היגיינה אישית. כשבנים מתבגרים, הפין ושק האשכים מתחילים לגדול. עד לסוף ההתבגרות המינית, הפין בדרך כלל מכפיל את גודלו. ההתבגרות משפיעה גם על קולו של הבן המתבגר. עם הגידול בנפח הגרון ובמיתרי הקול עובר קולו של הבן שינויים תדירים. זהו חלק נורמלי מתהליך הגדילה. עד לסוף ההתבגרות המינית, הקול מתחלף ונעשה עמוק וגברי יותר. כתפיו של הבן מתרחבות ומתחיל לצמוח לו שיער על הפנים.

סופה או מימושה של ההתבגרות המינית הוא שלב הפוריות. שלב זה בא לידי ביטוי בשפיכה, המעידה שהגבר פורה ומסוגל להפרות אישה. השפיכה הראשונה מתרחשת בדרך כלל בצורת פליטה לילית או קרי לילה. בנים רבים

מגלים לראשונה על קרי לילה רק כשהם חווים אותו. הם מתעוררים רטובים, מבולבלים ופוחדים מכך שהרטיבו במיטה.

הורים – ובמקרה זה עדיף שיהיו אלו האבות – צריכים ליצור הזדמנויות לדבר עם בניהם לפני שהם מגיעים לגיל ההתבגרות המינית. סדרה של שיחות קצרות שמטרתן לשוחח על השינויים הגופניים והרגשיים הקרבים היא אמצעי יעיל, שנותן זמן לחשוב על הדברים ולשאול שאלות. אולי כדאי לתת לבן ספר על התבגרות מינית ולעיין בו יחד. שיחות על התבגרות מינית צריכות להתחיל מוקדם מספיק כדי להקדים את ההתרחשות של קרי לילה. חשוב מאוד להסביר לבנכם שקרי לילה הוא תופעה נורמטיבית. זו איננה הרטבה, אין במה להתבייש, וזה בדרך כלל לא קורה בגלל מחשבות מיניות שיצאו משליטה. העובדות הפיזיולוגיות הן שצעיר בריא מייצר מאות אלפי תאי זרע ביום ואולי אפילו מיליונים מהם, שבעה ימים בשבוע, מגיל ההתבגרות המינית ועד סוף חייו. לפיכך, מבחינה פיזיולוגית, הגוף צריך מדי פעם לשחרר חלק מהכמות המיותרת הזו. השפיכה מתרחשת בדרך כלל בלילה, והיא תהליך פיזיולוגי פשוט וטבעי שלא ניתן למנוע אותו. אין כאן שום מקום לרגשות אשם. הסבירו לבנכם שהוא יכול להחליף את המצעים שלו בעצמו, או לבקש את עזרתכם.

אוננות, שהיא הפעולה של נגיעה באיברי המין וחיכוכם על מנת ליצור הרגשה מינית טובה, היא התנהגות נפוצה שמתחילה לרוב בגיל ההתבגרות המינית. בחברה המודרנית נתפסת האוננות כהתנהגות נורמטיבית ובריאה, ולפיכך הדחף לאונן נחשב מקובל, אך לפי ההלכה האוננות אינה מקובלת ואף אסורה. לכן בני נוער חשים לפעמים מתח עמוק בין הדחפים המיניים שלהם לבין השאיפה להתאים את עצמם לסטנדרט שהתורה מציבה. זהו נושא מורכב, והוא יידון בפירוט בפרק 9. עלינו לשוחח על כך עם הבנים שלנו, ועל פי רוב גם עם הבנות.

שינוי נוסף שבנים צריכים להיות מודעים אליו הוא העובדה שזקפה מתרחשת בתדירות הרבה יותר גבוהה במהלך ההתבגרות המינית. זקפה ספונטנית עשויה להופיע אצל בנים גם בלי כל מחשבה מינית או גירוי מיני. לעיתים קרובות, שעות הערות של בנים מלאות במחשבות מיניות, ואלו עשויות לגרום לזקפה. זקפה בלתי־צפויה כזו עלולה להיות די מביכה, במיוחד כשהיא מתרחשת בבית הספר. זהו סימן נורמלי לכך שהגוף מתבגר, ותדירות התופעה יורדת עם הזמן. חוויות כאלו עלולות להיות מאוד מטרידות ומביכות עבור מתבגרים צעירים. הורים יכולים להמליץ לבניהם על אסטרטגיות להסתרת

הזקפה, למשל בעזרת דפים, שקיות או ספרים, ולנסות להסיח את הדעת מן הגירוי.

גודל הפין נוטה לרוב לעורר חששות אצל בנים. זה קורה גם לגברים בוגרים. הסוג הנפוץ ביותר של דואר זבל באינטרנט הוא פרסומות למוצרים שתכליתם הגדלת הפין. חשוב לומר לבנים בגיל ההתבגרות המינית שגודל הפין הממוצע של אדם מבוגר הוא בין 5 ל־10 ס"מ במצבו הרפוי, ובין 12 ל־17 ס"מ במצב של זקפה, ושסיפוק מיני כמעט שאינו מושפע מאורכו של הפין.[24]

בנים עשויים לחוות התנפחות של השדיים במהלך השנים הראשונות להתבגרות המינית כתוצאה מן השינויים ההורמונליים בגופם. לפעמים שד אחד גדול מהשני. ייתכן שתופיע בליטה מתחת לפטמה אחת או לשתיהן, ואזור הפטמה עשוי להיות רגיש. הנפיחות אמורה להיעלם לאחר כמה חודשים, לפעמים אפילו שנה. פרץ צמיחה הוא גם חלק מתהליך ההתבגרות.

כפי שנאמר לעיל, חשוב להכין את בנכם להתבגרות המינית עוד לפני שהוא מתחיל לחוות אותה. אולי תרצו לספר לו כמה זיכרונות שלכם מהגיל הזה: איך הרגשתם עם הגוף שלכם, ממה חששתם, מה חשבתם על בנות.

בנספחים בסוף הספר מופיעים שני מדריכים על התבגרות מינית לבנים:

1. מדריך פשוט וכללי המתאר את ההתבגרות המינית ואת השינויים הנלווים שבנים חווים.
2. מדריך מפורט של שאלות ותשובות על השינויים הנפוצים ביותר בגופו של הגבר בזמן ההתבגרות המינית.

הורים יכולים להשתמש בחומר הזה על פי שיקול דעתם, כמדריך, כמידע שאפשר לקרוא יחד עם הילדים, או כחומר שאפשר לתת להם לקרוא במהלך השיחות, כדי להפוך את הנושאים הללו למוחשיים ולעודד אותם לשאול שאלות.

מידע חשוב לבנים ולבנות כאחד – על ההורים לשוחח עם הבנים והבנות על חלק מן השינויים שעוברים על בני המין השני בזמן ההתבגרות המינית. כל משפחה יכולה להחליט על אילו תכנים לדבר, אבל בנים צריכים לקבל מידע מסוים על הווסת ובנות בוגרות דיין צריכות לקבל מידע מסוים על התפתחות הגבר, ואולי גם על זקפה. המידע הזה יספק להם ידע כללי, וגם יעזור להם להבין שהן בנים והן בנות מתמודדים עם שינויים גופניים בגיל ההתבגרות. שני המגדרים נתקלים באתגרים ובקשיים.

למרות ההבדלים הכלליים בין בנים לבנות, בפועל משתנה גוף האדם בקצב שלו, והטווח הנורמטיבי רחב מאוד. ובכל זאת, אם בנות אינן מראות סימנים של התפתחות מינית עד גיל 14.5, ובנים עד גיל 16, יש לפנות לייעוץ רפואי.

לפעמים ההתפתחות יכולה להתחיל בגיל מוקדם יחסית או בגיל מאוחר יחסית. התפתחות מוקדמת אצל בנות עלולה לגרום להן אי־נוחות ומבוכה בשל השינויים בגופן, במיוחד צמיחת השדיים. לרוב הן מנסות להסתיר את גופן. אי־הנוחות עלולה להחריף בשל הקנטות הרווחות בנסיבות כאלו. לפעמים המראה הבוגר יותר של בנות אלו מביא לתסכול, משום שמבוגרים מצפים מהן להתנהגות בוגרת או לרמת בגרות שאינה תואמת בהכרח את גילן. התפתחות מוקדמת אצל בנים מעוררת פחות בעיות. הם בדרך כלל זוכים ליותר כבוד וקבלה מצד החברה. מאידך, התפתחות מאוחרת של בנות עלולה אומנם לגרום להן לחרדה ולחששות, אך סביר להניח שהיא תגרום להן פחות סבל מאשר התפתחות מאוחרת אצל בנים. בנים שמתפתחים מאוחר עלולים לסבול מהצקות חמורות, וקומתם הנמוכה וגופם הילדותי בהשוואה לבני כיתתם הגבוהים והגבריים עלולים ליצור תחושת השפלה. חשוב להיות מודעים לתופעות האלה ולנסות לגונן על ילדיכם ככל האפשר, ולפחות להשתתף בצערם ולחזק את ההערכה העצמית שלהם.

לעיתים קרובות הורים מתעלמים מהשינויים בגופם של ילדיהם משום שהם עצמם מתקשים להתמודד עם המראה המשתנה שלהם ועם תהליך הפיכתם למבוגרים. זה נכון במיוחד אצל בנות: הן עלולות להתבייש בשינויים הפיזיים שהן עוברות, מתוך מחשבה שאם הוריהן אינם מביעים הכרה בשינויים האלו, הרי שבוודאי אין בהם משום התפתחות חיובית. על ההורים לא רק להכיר בשינויים, אלא גם לעזור לילדיהם לחגוג אותם ולשמוח בעובדה שגופם מתפתח באופן טבעי ובריא.

כדאי לדבר עם ילדים שחווים התפתחות מוקדמת או מאוחרת על תחושותיהם. הם אינם יכולים לשנות את השעון הפנימי של גופם. ההתפתחות שלהם איננה בשליטתם, והגוף שלהם יתפתח כשיהיה מוכן לכך. אבל הם כן שולטים באופן התגובה שלהם, וההורים יכולים לעזור לילדיהם למסגר מחדש את תחושותיהם בנוגע לחוויות שלהם, ולעזור להם להתמודד באופן חיובי יותר עם מה שהם חווים. זוהי גם ההזדמנות לציין שיש דברים שהם בידי ה׳, ומוטב שנלמד לקבל את אותם חלקים שלנו שאינם בשליטתנו (לדוגמה, הגובה שלנו, איכות הראייה שלנו, מבנה הגוף שלנו).

בנים ובנות צריכים לדעת שהתבגרות מינית של בנות מתחילה בדרך כלל מוקדם יותר מזו של בנים. לכן יש הבדל בין בת מצווה (גיל 12) לבר מצווה (גיל 13). לפי ההלכה, תחילת ההתבגרות המינית היא תחילתם של החיים הבוגרים. ואכן, כשאנחנו מתחילים להשתלב בחיים הבוגרים מבחינה גופנית, אנחנו גם מתחילים לפתח את היכולת לשאת באחריות לקיום מצוות. אחריות זו לקיום מצוות קשורה מיניה וביה לאחריות הנלווית לאפשרות של שותפות עם ה׳ בהבאת ילד לעולם. טמונה כאן ההבנה כי מי שמבוגר דיו להיות שותף של ה׳ בהבאת ילד לעולם, מבוגר דיו גם לקבל אחריות על מעשיו. ואומנם בעת המודרנית רמת הבגרות הרגשית שלנו לעיתים אינה תואמת את רמת הבגרות הגופנית, אבל הרעיון של קבלת אחריות על עצמנו ועל מעשינו בהחלט רלוונטי לבני ולבנות המצווה.

האם אני נורמלי? – שאלה שמעסיקה מאוד את בני הנוער. הם חווים שינויים דרמטיים בגופם, כמו גם שינויים במצבי רוח ומגוון שינויים קוגניטיביים ורגשיים – בדיוק בגיל שבו חשוב להם יותר מכול להתאים לקבוצה ולהרגיש שייכות. השינויים הגופניים המהירים הללו, עם השינויים החברתיים והרגשיים יחד, עלולים להיות מטלטלים. כמעט כל בני הנוער הצעירים מוטרדים מן המראה שלהם בזמן ההתבגרות המינית. הם מודאגים משערם, מעורם ומן הבגדים שלהם. החששות הללו קשורים לרוב לשאלה אם הם נורמליים. הם משלבים בגדים באופנים שונים בניסיון להשתייך, אך גם להפגין ייחודיות. רוב בני הנוער הצעירים זקוקים לעזרה בקבלה ובאהבה של גופם המשתנה, וגם אם דעתם של ההורים כבר אינה משכנעת אותם, בכל זאת חשוב להמשיך לעודד ולתמוך. מצאו הזדמנויות לדבר עם ילדיכם על הרגשות שלהם ביחס לשינויים שהם עוברים. לפעמים, שיתוף ילדיכם בחוויות שלכם מגיל ההתבגרות יכול להיות דרך טובה להתחבר אליהם. ספרו להם משהו שאתם זוכרים מהגיל הזה. דברו על מה הרגשתם ביחס לגופכם בזמן שהשתנה. עזרו להם לראות שהם עוברים תהליך נורמלי, גם אם קשה. ודאו שהם יודעים שבנוסף לשינויים הפיזיים הניכרים מתרחשים גם שינויים בחלקים אחרים של הווייתם, שהם מעודנים וסמויים יותר. להורמונים יש השפעה חזקה על רגשות ותחושות, ונורמלי להתעורר לפעמים מלאי חיוניות ופעמים אחרות להרגיש עצובים ובודדים בלי שום סיבה נראית לעין. גם המוח שלהם מתפתח וחשיבתם המורכבת משתנה ועלולה להוביל לתסכולים ולאי־הבנות. כמו כן, מהות הקשר שלהם עם ההורים ועם המשפחה משתנה. החברים מתחילים לתפוס מקום מרכזי, והם מגלים פחות עניין בבילוי עם ההורים. ככל שתיטיבו לעזור להם

להבין שכל אלו הם שינויים נורמליים, חלק חשוב מהתפתחותם לקראת חיים בוגרים, כך הם ייטיבו להתמודד עם תהליך ההתבגרות.

להיות סקסי – כאשר בני נוער חווים את השינויים בגופם, הם לא תמיד מסוגלים להבחין בין מראה אטרקטיבי לבין מראה סקסי. הקושי הזה מחריף בעקבות החשיבות שנותנים אמצעי התקשורת למראה סקסי. מחקר על סקסואליזציה של בנות באמצעי התקשורת שפרסמה האגודה האמריקאית לפסיכולוגיה[25] דיווח כי נשים מוצגות באופן מיני לעיתים קרובות יותר מגברים (למשל, הן לבושות בבגדים חושפניים, מוצגות בתנוחות פרובוקטיביות או בהבעות פנים שרומזות לנכונות מינית), והן מוחפצות (למשל, הן מוצגות כחפץ לקישוט או שרק איברי גופן מוצגים ולא האדם השלם שהן). בנוסף, יש דגש חזק על כך שיופיו של הגוף מתבטא בממדיו הצרים (והלא־מציאותיים). מכיוון שאלו הן הדוגמאות הנשיות שאליהן הילדות שלנו נחשפות, לא פעם קורה שהן אינן מסוגלות להבחין בין מראה נשי אטרקטיבי לבין מראה סקסי, ובמאה ה־21 אף נדמה שמראה סקסי (מיני) הוא האפשרות היחידה. אנחנו יכולים לומר לבנותינו שכשאנחנו מתלבשים ופועלים באופן מיני, ובמיוחד באופן מיני־פרובוקטיבי, אנחנו מקרינים כוח מיני מסוים שנוטה להשפיע על אחרים. כוח זה יכול לגרום לנו להרגשה טובה, אבל יש לרסן אותו. אנחנו מחנכים את ילדינו כשאנחנו משדרים הבנה של הכוח החברתי הנובע ממראה מיני ומהתנהגות מינית. אך למרות הפוטנציאל של הכוח הזה להעניק הרגשה טובה, ראוי לשמור אותו לגיל הבגרות. וגם אז, עלינו להשתמש בו רק בתוך קשר של נישואים שבו ראוי לעשות שימוש באנרגיה המינית שלנו. אם נעזור לילדינו להבין ולזהות את כוחה של התחושה המינית, ואז נחנך אותם לשמור את הכוח הזה ולהשתמש במקום הנכון, בזמן הנכון ועם האדם הנכון, נסייע לילדינו להתייחס לאנרגיה מינית מתוך קבלה ואחריות. הורים, ובמיוחד אימהות, צריכים לייעץ בעדינות לילדיהם, ובמיוחד לבנותיהם, בעניין זה.

אימא: היי מתוקה, אני יודעת שבגדים ממש חשובים לך עכשיו ואני יודעת שאת לא אוהבת שאני מתערבת, אבל אנחנו צריכות לדבר.
שיראל (בת 13): למה?
אימא: בתור אימא שלך, אני חושבת שמחובתי לספר לך דברים שאנשים אחרים אולי לא יוכלו להגיד לך. מה את אומרת?
שיראל: יש לי ברירה?

אימא: לא ממש... נוכל לדחות את זה לפעם אחרת אם תרצי, אבל יש משהו שאני באמת רוצה להגיד לך.

שיראל: טוב, נו...

אימא: שמתי לב לאחרונה שהרבה בנות, גם צעירות ממך, לובשות בגדים שגורמים להן להיראות יותר סקסיות מאשר יפות.

שיראל: סקסי, יפה, זה אותו דבר.

אימא: אני לא ממש מסכימה איתך. שמתי לב שרוב הבגדים בחנויות היום הם ממש בגדים סקסיים, כמו של מבוגרים אבל במידות קטנות יותר. את ממש יפה, את יודעת, ואני אוהבת לראות כמה יפה את נראית, אבל להיראות סקסית זה משהו אחר.

שיראל: טוב, אני לא ממש מבינה למה את מתכוונת...

אימא: זה כמו לפתוח עוד כפתור אחד או ללבוש בגדים קצת יותר מדי צמודים או קצת יותר מדי חשופים. מטריד אותי כשאני רואה בנות בגילך מתלבשות ככה.

שיראל: אני עדיין לא מבינה מה את רוצה!

אימא (לאבא): דוד, אולי תוכל להוסיף לשיחה שלנו דעה של גבר.

שיראל: אימא...

אבא: אשמח להביע את דעתי.

אימא: אז מה, לדעתך, ההבדל בין להיות סקסית ולהיות יפה?

אבא: טוב, לדעתי, להיות סקסית זה לנסות לעורר ריגוש מיני אצל גבר. מצד שני, להיות יפה ואלגנטית זה להיראות הכי טוב שאת יכולה בצורה יותר צנועה.

שיראל: אני חושבת שהבנתי...

להרחבה ראו פרק 7 על צניעות.

גיל 14–18: השלב המתקדם של גיל ההתבגרות

לא פשוט להגיע לאיזון נכון ביחסים עם ילדינו, במיוחד במהלך שנות ההתבגרות. הם מבקשים עצמאות, אך עדיין זקוקים למידה מסוימת של הדרכה והצבת גבולות. בשלב הזה הם בדרך כלל כבר אחרי גיל ההתבגרות המינית, אך הגוף שלהם עדיין מתפתח והם נמצאים בתהליך של הסתגלות לכל השינויים. הם מתחילים לחוות את עצמם באופן מודע כיצורים מיניים וצריכים ללמוד לנווט בתוך המורכבויות של יחסי גברים ונשים. בני נוער החיים בקהילה שבה יחסים

רומנטיים אינם מותרים אולי עדיין מתאמצים לפענח חלק מן התחושות שהם חווים.

ילדינו המתבגרים זקוקים לתמיכה ולעידוד, אבל לא בהכרח בקצב ובדרכים שאנו רואים לנכון. אחת המטלות הקשות הכרוכות בהורות למתבגרים היא הצורך להיות זמינים כשהם מוכנים לפנות אלינו, ולא כשאנחנו היינו רוצים לפנות אליהם. ככל שילדינו גדלים והופכים למבוגרים, עלינו ללמוד לסגת צעד אחד אחורה ולאפשר להם להיות עצמאיים, גם אם היינו רוצים להשפיע על החשיבה שלהם, במיוחד בעניינים הקשורים למיניות ולזוגיות. אם הצלחנו לדבר על הנושאים האלו כבר מגיל צעיר, ייתכן שנצליח להמשיך בשיחות הללו במהלך שנות ההתבגרות. אבל לפעמים בני נוער כבר אינם מעוניינים לשמוע את דעתם של ההורים בנושאים הללו, ובוחרים במקום זאת להתייעץ עם חברים או עם מורים. למרות הכול, עדיין מוטלת עלינו האחריות לחנך את ילדינו למיניות ולזוגיות, ועלינו למצוא הזדמנויות לשיחה – ברכב, בפגישה בבית קפה, מאוחר בלילה כשהאחים הקטנים ישנים, וככל האפשר – בכל פעם שהם מנסים לדבר איתנו! לפעמים אנחנו יכולים להקנות לבני נוער ערכים וחכמת חיים בשיחה על יחסים של אחרים המופיעים, למשל, בסרטים, בעיתונים ובסיפורים. נוסף על כך, אנחנו יכולים להדגים את ההתנהגויות שהיינו רוצים לראות אצלם. גם אם לפעמים הם דוחים אתכם, חשוב לזכור שבשנים האלה הם לומדים הרבה לקחים לחיים, וגם אם איננו יכולים להגן עליהם מפני טעויות, נוכל להמשיך למצוא דרכים להדריך ולעודד את התפתחותם הבריאה. נושאים רלוונטיים לקבוצת גיל זו יידונו בהרחבה בפרקים הבאים. מבחינת ההתפתחות הגופנית, רוב הצמיחה מסתיימת עוד לפני הגיל הזה.

לימוד עובדות החיים – איך ילדים באים לעולם?

אף על פי שאנחנו כבר במאה ה־21, ואנחנו הרבה יותר פתוחים לשוחח על מיניות מכפי שהורינו היו, לרובנו עדיין לא ממש נוח לדבר עם ילדינו על הביולוגיה של הרבייה. אולי אנחנו חרדים מהיום שבו הם ישאלו אותנו: "אימא, אבא, איך תינוקות מגיעים לבטן של אימא?" ומתפללים כל אחד שהשני יענה. חשוב בראש ובראשונה לשים את חוסר הנוחות על השולחן, להודות בו ולהתגבר עליו. אם זה קשה מדי, נצטרך לפחות להכיר בכך שהפחד הזה ישפיע, קרוב לוודאי, על השיחות שלנו עם ילדינו על איך באים תינוקות לעולם.

דרך מצוינת להתכונן לשיחה כזו היא לדמות אותה, באמצעות משחק

תפקידים עם בן או בת הזוג או עם חבר או חברה טובים. ההורה הלחוץ יותר יכול להיות הראשון שיקבל את תפקיד הילד, ואז ההורים יכולים להחליף תפקידים. משחק תפקידים בסביבה בטוחה הוא דרך יעילה להתכונן לשיחות קשות.

קשה לקבוע מהו הגיל ה'נכון' לשיחה הזו. כשמדובר בילדים צעירים עד גיל 6 או 7, לדעתי אין צורך ליזום שיחה, אלא אם כן הם אלו שיוזמים אותה. אם הם גדלים בבית שמעודד שאלות, הם יוכלו לשאול מהיכן באים תינוקות לעולם בלי חשש. חששות מתפתחים בדרך כלל כאשר ילדים גדלים ומבינים שבלידת תינוקות יש היבטים פרטיים מאוד. עד גיל 8-10, רוב הילדים כבר שמעו משהו על יחסי מין או על איך נולדים תינוקות, ולכן אם הנושא עוד לא עלה, על ההורים להעלות אותו. בניסיון להחליט מהו הזמן המתאים ביותר לשוחח עם ילדיכם, אני מציעה שתבינו שאם אתם רוצים להיות הראשונים לספר לילדיכם, עליכם להביא בחשבון את הגורמים הבאים בחייהם:

1. סביבתם של הילדים
2. רמת הבגרות של הילדים
3. רמת הפתיחות במשפחה
4. נורמות של הקהילה

1. **סביבתם של הילדים** – עם אילו חברים הילדים שלכם מסתובבים, ומה טיב המידע שעשוי להיות ברשותם של החברים האלו? האם ייתכן שהמודעות שלהם גבוהה מִזו של ילדיכם, והם עשויים לדבר איתם על יחסי מין? האם ילדיכם צופים בטלוויזיה, ואם כן, באילו תוכניות ובאיזה היקף? האם מותקנות במחשבים שלהם תוכנות סינון, או האם הם יכולים לצפות ולחקור כל מה שהם רוצים? האם ילדיכם קוראים הרבה, ואם כן, מה הם קוראים? האם ילדיכם גדלים בסביבה של בית ספר דתי או ממלכתי? האם מדובר בילד ראשון במשפחה, או בילד שיש לו אחים בוגרים? כל הגורמים האלו ישפיעו על הגישה שלהם למידע ועל החלטתכם באשר לזמן המתאים ביותר לדבר עם ילדיכם על איך תינוקות באים לעולם.
2. **מידת הבגרות של ילדיכם** – האם לדעתכם ילדיכם בוגרים מספיק כדי להבחין בין המושגים 'פרטי' ו'סודי'? האם ילדיכם יצליחו להגיב לשיחה באופן בוגר, או האם הם יהיו נבוכים? אם אתם חוששים להביך את הילדים, האם יהיה להם נוח יותר לשוחח על כך עם מישהו אחר? אם לדעתכם הילדים אינם בוגרים כל כך, אבל הם שאלו את השאלה, חשוב לענות בצורה

שקולה. אולי כדאי להתחיל במידע חלקי, ולעבור למידע מפורט יותר רק אם הילדים מוסיפים לשאול (ראו דרכים אפשריות בעמודים הבאים). זכרו לברר מה הילדים כבר יודעים ומה הם באמת שואלים.

3. **הפתיחות במשפחה** – לכל משפחה כללים משלה הקובעים מה ראוי או לא ראוי לשיחה. לפעמים אלו הם כללים מפורשים, אבל לרוב מדובר בכללים שאינם כתובים, ובכל זאת הם די ברורים לרוב בני המשפחה. אם המשפחה שלכם מדברת על עניינים אישיים בפתיחות ובקלות, לא יהיה קשה למצוא דרך ליזום שיחה כזו. במשפחות שבהן השיחות על עניינים אישיים נדירות, ייתכן שההורים יצטרכו להשקיע יותר מחשבה כדי להחליט כיצד ובאיזה גיל הם רוצים לעסוק בנושא. זכרו שגם רמת הנוחות שלכם חשובה. נסו לשמור על הנוחות שלכם ככל האפשר.

4. **נורמות של הקהילה** – אם תבחרו להיות גלויים מאוד בנוגע למיניות במשפחה שלכם, או להפך – זהירים מאוד בשיחות על עניינים הקשורים למיניות – זכרו שילדיכם מבלים את רוב חייהם מחוץ לבית. חשוב להכיר את הנורמות בקהילה שלכם, חשוב גם לזכור שהן משתנות בהתמדה בשל המתירנות הגוברת בעולם, ובשל התכנים המיניים המפורשים שילדינו קולטים מתוכניות טלוויזיה ואף מפרסומות.

הילדים בדרך כלל צוברים מידע חלקי מהערות של חברים, מסדרות למיניהן או מחלקי שיחות שהם שמעו. אם זהו המצב אצל ילדיכם, ככל שתקדימו לספר להם את האמת ולהבהיר להם שאתם מקור מהימן ללימוד האמת, כן ייטב.

כאמור, כשאנחנו מדברים עם ילדינו על מיניות, מומלץ לעשות זאת בשיחה בהמשכים. אפשר לנהל שיחה על איך באים תינוקות לעולם על פני כמה חודשים, ואפשר להשתמש ברמות שונות של פירוט בהתאם לגיל הילדים כאשר מתחילים את השיחה. אם מדובר בילד צעיר, בן 5 או 6, אין צורך למסור את כל הפרטים. אני מציעה ארבע רמות להצגת המידע. הורים יכולים לבחור את האפשרות שנראית להם מתאימה לגיל, אבל עליהם להיות מוכנים לפרט יותר אם נראה שהילדים לא קיבלו את כל המידע הדרוש להם או אם הם שואלים שאלות שמשתמע מהן כי הם זקוקים למידע נוסף. מכיוון שהאפשרויות בנויות נדבך על גבי נדבך, הורים שבוחרים לדוגמה באפשרות 2, צריכים להשתמש באפשרויות 1 ו־2 גם יחד.

בעת הצגת המידע לילדים, חשוב להדגיש את היופי ואת המסתורין שבלידה כמו גם את הנס שבה. בפני ילדים בוגרים יותר כדאי לציין שאף

על פי שאיננו בטוחים מתי בדיוק מקבלים תינוקות את הנשמה, הקב"ה תמיד מעורב בנס הלידה.

אפשרות 1: ילדים בני 5-2

ילדים קטנים חושבים באופן מאוד מוחשי, ולכן אפשר לתת להם רק את העובדות הבאות:

רק לאישה יש רחם, ולכן רק אישה יכולה ללדת.
תינוק גדל במקום מיוחד בתוך גופה של האם שנקרא רחם.
גם לאבא יש תפקיד חשוב בהבאת ילד לעולם.
גם הקב"ה שותף בהבאת כל ילד לעולם.

אם זה מספק את הילד, אפשר לעצור כאן. אם הילד שואל שאלות כמו: מה התפקיד של אבא, או איך בדיוק זה קורה, אפשר להוסיף את אחת משלוש האפשרויות הבאות:

אפשרות 2: ילדים בני 8-5

אימא: כדי ליצור תינוק, צריך איש ואישה. בתוך האישה יש תאים זעירים שנקראים ביציות. בתוך האיש יש תאי זרע זעירים. הביצית של האישה והזרע של האיש צריכים להתחבר כדי שתינוק יוכל להתחיל לגדול ברחם של האימא. אם הכול מתנהל כשורה, אז בעזרת ה' אחרי תשעה חודשים נולד תינוק.

אפשרות 3: 9-5

אבא: יש צורה מיוחדת של מגע שלפי ההלכה מתאימה רק לאיש ואישה הנשואים זה לזו. באמצעות המגע המיוחד והפרטי הזה, הביצית והזרע יכולים להתחבר ואז מתחיל להתפתח תינוק. אחרי תשעה חודשים, בעזרת ה', נולד תינוק.

אפשרות 4: 12-8 או 13

אימא: כשהורים אוהבים אחד את השני, לפעמים נעים להם להתכרבל ביחד במיטה, להתחבק ולהתנשק. לפעמים הם אפילו מורידים את הבגדים ושוכבים ביחד עירומים. זה מותר רק למבוגרים, ולפי התורה

רק לאנשים נשואים. בתוך הגוף של האבא יש תאי זרע קטנטנים, שיוצאים מהגוף שלו דרך הפין. אם היא מזמינה אותו להכניס את הפין שלו לתוך הפות שלה, תאי הזרע בגוף שלו יכולים לצאת דרך הפין ולמצוא את אחת הביציות הקטנטנות בגוף של האימא, והם יכולים להתחבר וליצור תינוק. אולי זה יפתיע אותך קצת, אבל המגע המיוחד הזה מרגיש ממש נעים (למבוגרים), וזה דבר נפלא שבעל ואישה עושים זה לזו כשהם מאוד אוהבים. זה נקרא יחסי מין, או אולי שמעת שקוראים לזה ׳סקס׳. לפעמים אנשים אומרים דברים לא ראויים בקשר לזה, אבל אני רוצה לוודא שאת יודעת שלפי התורה זה דבר יפה. ה׳ בחר שכך ייוולדו ילדים, אז זה כמובן דבר טוב, כל עוד אנחנו מצייתים לכללים של ה׳ בעניין הזה.

שיחה לדוגמה:

אהובה (בת 8): אימא, את יודעת, שמתי לב שהבטן של אימא של שלמה גדלה, ונראה לי שהיא בהיריון. איך נכנסים להיריון?

אימא: מתוקה שלי, זו שאלה מצוינת. מה את יודעת על איך נכנסים להיריון?

אהובה: טוב, אני יודעת שבתורה רבקה ויעקב התפללו שהיא תהיה בהיריון ואז היא הייתה בהיריון עם תאומים. ככה זה קורה? אבל אני בטוחה שגם שרה ואברהם התפללו והם לא היו בהיריון המון זמן...

אימא: טוב, זה בהחלט נכון שכל ילד הוא מתנה מהקב״ה, ולכן אנחנו תמיד מתפללים שהוא ייתן לנו ילדים. אבל הורים צריכים גם לעשות משהו כדי שתינוק יתחיל לגדול בתוך האימא.

אהובה: כן? מה הורים צריכים לעשות?

אימא: כדי ליצור תינוק יש צורך באיש ובאישה. בתוך האישה יש תאים קטנטנים שנקראים ביציות. בתוך האיש יש תאי זרע קטנטנים. הביצית של האישה והזרע של האיש צריכים להתחבר כדי שתינוק יוכל להתחיל לגדול ברחם של האימא. יש צורה מיוחדת של מגע שלפי ההלכה מתאימה רק לאיש ולאישה שנשואים זה לזו. המגע המיוחד והפרטי הזה מאפשר לביצית ולזרע להתחבר ואז, בעזרת ה׳, מתחיל להתפתח תינוק.

אם ילדיכם נראים מרוצים ואם הם צעירים מספיק, די בכך. אך אני ממליצה לסיים את השיחה כך:

אימא: אני שמחה לראות שאת סקרנית לגבי העולם של ה׳ ואיך הוא פועל. אם יהיו לך עוד שאלות, שאלי אותי. למען האמת, האופן שבו תינוקות באים לעולם הוא נושא די פרטי, אז אני אשמח אם תבואי אליי או אל אבא כדי לשאול שאלות נוספות, ולא לחברים שלך או למורה.

אבל אם נראה שהתשובה אינה מספקת את הילדים, או שהם שואלים:

אברהם (בן 9): אבל איפה נמצאים הביצית והזרע בגוף של ההורים, ואיך הם מתחברים?

תצטרכו לתת הסבר מפורט יותר.

אבא: מה שקורה זה שכשהורים אוהבים אחד את השני, לפעמים נעים להם להתכרבל ביחד במיטה, להתחבק ולהתנשק. לפעמים הם אפילו מורידים את הבגדים ושוכבים ביחד עירומים. זה משהו שרק למבוגרים מותר לעשות, ולפי התורה רק לאנשים נשואים. בתוך הגוף של האבא יש תאי זרע קטנטנים שיוצאים מהגוף שלו דרך הפין. אם הוא מכניס את הפין שלו לפות של האימא, תאי הזרע בגוף שלו יכולים לצאת דרך הפין ולמצוא את אחת הביציות הקטנטנות בגוף של האימא והם יכולים להתחבר וליצור תינוק. אולי זה יפתיע אותך קצת, אבל המגע המיוחד הזה מרגיש ממש נעים (למבוגרים), וזה דבר נפלא שבעל ואישה עושים זה לזו כשהם מאוד אוהבים. זה נקרא יחסי מין, או אולי שמעת שקוראים לזה יחסי אישות או ׳סקס׳.

אברהם: איכס! זה מגעיל, אני לא מאמין שצריך לעשות את זה.

אבא: אני יכול להבין שאולי זה נשמע לך מגעיל. זה בסדר, כי זה באמת משהו שרק מבוגרים עושים. עד שתהיה מבוגר בטח כבר תרגיש אחרת לגבי זה. נוכל להמשיך לדבר על זה בהזדמנות אחרת.

בגרסה המפורטת ביותר אני מוסיפה שביחסים אינטימיים יש הנאה לגבר וגם לאישה. חשוב שמידע זה כבר יהיה בתודעה שלהם. אני גם רוצה שידעו, שהקב״ה החליט שילדים יבואו לעולם בדרך הזאת כדי שיתהוו מתוך ביטוי עמוק של אהבה בין ההורים. זהו מסר בעל ערך רב לילדים לדעת שהם נולדו מתוך ביטוי עמוק של קשר ואהבה.

הורים יכולים לבחור לנהל שיחה אישית, אימא עם בת ואבא עם בן, אבל אני מעודדת את ההורים לדבר שניהם יחד עם כל אחד מהילדים על איך באים תינוקות לעולם. הגישה הזאת מעבירה לילדים שלנו מסר חשוב – שהם יכולים לדבר על מיניות עם כל אחד מההורים, וגם שההורים מסוגלים לדבר ביניהם על מיניות.

הנחיות כיצד לענות לשאלות

זכרו: כשאתם מדברים עם ילדיכם על מיניות, לפני שאתם עונים להם – שאלו אותם שאלות. דאגו לענות על השאלות שלהם, ולא על מה שנדמה לכם שהם שואלים.

לפני:

- ברורו מה כבר ידוע לילדים.
- תקנו מידע שגוי ומסרו לילדיכם את העובדות.
- השתמשו בשיחה כהזדמנות להקנות את הערכים שלכם.

אחרי:

- ודאו שעניתם על השאלה שהם שאלו.
- הגיבו לתחושותיהם של הילדים בעקבות השאלה.
- עודדו את הילדים לחזור אליכם ולשאול שאלות נוספות.

שאלות נוספות שילדים יכולים לשאול

איך תינוקות חיים וגדלים בתוך הבטן של אימא?

קודם כול, תינוקות אינם גדלים ממש בתוך הבטן של אימא. ה׳ תכנן שיהיה בתוך הגוף של האישה מקום מיוחד שבו תינוקות גדלים ומקבלים את כל הצרכים שלהם, עד שהם מוכנים להיוולד. המקום המיוחד הזה נקרא רחם, והוא נמצא באזור הבטן. זהו חלל נפרד שבו מתפתחים התינוקות. עד זמן הלידה, גופה של האם מספק לתינוקות – שנקראים ׳עוברים׳ בזמן שהם גדלים בתוך גופה – את כל צורכיהם דרך חבל הטבור, שדרכו התינוקות מחוברים לאם. חבל הטבור מאפשר לדם לזרום מהאם אל העובר, וכך העובר מקבל מזון וחמצן. כשהתינוק נולד ומסוגל לשרוד מחוץ לגופה של האם, אנחנו חותכים את חבל הטבור, וכך נוצר הטבור.

איך התינוקות יוצאים מהבטן של אימא?

ה׳ תכנן את גוף האישה באופן פלאי כל כך, שיש בו כל הדרוש כדי להזין ולגדל את התינוקות עד שהם מוכנים להיוולד, ולאחר מכן יש לגוף דרך לעזור לתינוקות לצאת. מעבר מיוחד מוביל מהרחם אל מחוץ לגוף האישה, מבין הרגליים שלה. מעבר זה נקרא נרתיק, וברוב המקרים התינוקות יוצאים לעולם דרך הנרתיק, כלומר, נולדים. לפעמים קוראים לזה תעלת הלידה. כשהתינוק בשל ומוכן להיוולד, הגוף של האימא מתחיל להתכונן, היא מתחילה להרגיש צירים וכאבי שרירים – הגוף שלה מתכווץ ומתכונן לדחוף את התינוק החוצה. זהו תהליך הלידה. בדרך כלל, כשאימא מתחילה להרגיש כאבים כאלו, היא הולכת לבית החולים, ושם מיילדת או רופא עוזרים ליילד את התינוק מתוך הגוף שלה. לא כל לידה מתרחשת בבית חולים, ויש גם נשים שבוחרות ללדת בבית.

ואם הילדים שלנו יספרו לחבריהם?

לפעמים, גם כשהורים מבינים שכדאי שילדיהם ידעו איך באים תינוקות לעולם, הם חוששים שלאחר העברת המידע, הילדים יפיצו אותו לכולם. החשש הזה עלול למנוע מהם לספר לילדיהם על מיניות, שמא הדבר לא ימצא חן בעיני הורים אחרים. למרבה המזל, כשילדים מוכנים ללמוד על רבייה, הם גם בוגרים מספיק כדי להבין את מושג הפרטיות. הורים יכולים למסור לילדיהם את המידע ואז לומר:

אימא: השיחות על הנושאים האלו, שנחשבים בדרך כלל פרטיים, הן שיחות שהורים רוצים לקיים בעצמם עם ילדיהם. לא הייתי רוצה שתלמד את זה מחבר, מכיוון שאני רוצה להסביר לך בעצמי איך ה׳ יצר את הגוף המורכב שלנו ואיך הגוף שלנו פועל כדי להביא עוד ילדים. לכן אני מבקשת ממך שלא לספר לחברים שלך על מה שדיברנו, אלא אם כן אדע שהוריהם כבר דיברו איתם על זה. אני יודעת שאני יכולה לסמוך עליך לכבד את הבקשה שלי.

אולי תרצו לספר להוריהם של החברים הקרובים של ילדיכם שקיימתם שיחות על הבאת ילדים לעולם, כדי שגם הם יוכלו לחשוב על כך. מכל מקום, לדעתי, הורים אינם צריכים להתפשר על מה שהם רואים כחינוך ראוי לילדיהם רק מכיוון שהם חוששים לילדיהם של אחרים. ישנן דרכים לעורר את ילדיכם להיות

רגישים לעניין מבלי למנוע מהם לקבל מידע חשוב שהם מוכנים לקבלו. ולמרות זאת, חשוב לדעת שלפעמים המידע שיש בידי ילדינו הוא בעל ערך רב כל כך, שאי־אפשר לצפות מהם שלא להעביר אותו הלאה.

אם אתם מגדלים את ילדיכם בחברה שיש בה נורמות שונות מאוד משלכם במונחי מתירנות ותקשורת, אולי תצטרכו להשקיע מחשבה רבה יותר בשאלה כיצד להעביר מידע בנושאים אלו וכיצד לקבוע נורמות בתוך המשפחה שלכם. אולי תרצו לשוחח על כך עם ילדיכם:

אבא: כמו שאת יודעת, אימא ואני תמיד היינו מאוד גלויים איתךְ כשדיברנו על איך תינוקות באים לעולם, ואנחנו מעודדים אותך לשאול שאלות בנושאים האלה, כי אנחנו רוצים שתדעי שאנחנו תמיד כאן כדי לענות על כל שאלה. אבל הגישה שלנו די יוצאת דופן בקהילה, ואנחנו מבינים שלא כולם ירגישו בנוח עם הבחירה שלנו. ולכן, אנחנו מבקשים ממך שלא לספר לחברותייך על תוכן השיחות שלנו, אלא אם כן את יודעת בוודאות שהן כבר דיברו עם ההורים שלהן על כך.

למרות השיחות הללו חשוב להיות מודעים לכך שלילדים רבים, שכבר רכשו את המידע על איך מגיעים ילדים לעולם, יהיה קשה לעמוד בפיתוי ולא לחלוק מידע רב עוצמה זה עם חבריהם.

ילדים מאומצים וילדים שנולדו באמצעות הפריה מלאכותית

לעיתים קרובות, הורים לילדים מאומצים אינם בטוחים כיצד ללמד אותם על רבייה, מפני שלא כך הגיעו הילדים למשפחתם. נושא הרבייה עלול לעורר אצל ההורים זיכרונות קשים הקשורים לעקרות ולאכזבות, וגם להחלטה המורכבת לאמץ. כדאי להורים אלו לעבד את חוויותיהם לפני שהם ניגשים לשוחח עם ילדיהם על הנושאים הטעונים הללו.

אך שיחות על רבייה עדיין צריכות להתנהל באותו אופן. גם אם ילדים מאומצים הגיעו למשפחתם בדרך אחרת, הם עדיין באו לעולם בדיוק כמו כל אחד אחר. מה שההורים בחרו לספר לילדיהם על האימוץ עד כה ישפיע על השיחה בנושא הזה.

בילדים שבתהליך ההיריון שלהם הייתה התערבות רפואית, תוכן השיחה יהיה תלוי במידע שההורים מעוניינים לחלוק. למשל:

אבא: אתה זוכר שלמדת ששרה ורבקה ורחל – כולן התקשו ללדת ילדים? אז גם לנו היה קשה מאוד ללדת ילדים, ולא הצלחנו להביא ילד לעולם בדרך הרגילה. בדרך כלל תינוקות באים לעולם...

אחרי שמסבירים על תהליך הרבייה, אפשר להוסיף:

אבא: במקרה שלך, הסיפור קצת שונה. אף על פי שלא יכולנו להביא לעולם ילד בדרך הרגילה, ה׳ עזר לנו. אנחנו מרגישים שהתברכנו, כי אנחנו חיים בתקופה שיש בה תרופות ושיטות חדשות שעוזרות לאנשים במצבנו להביא ילד לעולם.

ואז לשתף בכל מידע שבוחרים לנכון לשתף בו.

סיכום

ההתייחסות שלנו לגוף ולהתפתחותו משפיעה רבות על ילדינו ועל אופני החשיבה שלהם בתחומים האלו. מבלי להזכיר את כל הפרטים שהובאו כאן, אני רוצה לומר דבר כללי יותר על היחס שלנו כשאנחנו מדברים עם ילדינו על התפתחות גופנית. הרעיון העיקרי שאנחנו מעבירים לילדינו הוא תחושת הפליאה וההערצה לטבע המורכב של גופנו, ולפרטים המורכבים המעורבים בתפקודו התקין. אנחנו מתייחסים אל הגוף שלנו כאל מתנה מאת ה׳, ולכן אנחנו מצווים לשמוח בו, לדאוג לו ולהיטיב עימו בבחירות שלנו. דוד המלך ביטא יפה את תחושת הפליאה שעלינו לשאוף להנחיל לילדינו:

> אודך על כי נוראות נפלֵיתִי, נפלאים מעשיך ונפשי ידעת מאֹד.
>
> (תהלים קלט, יד)

למידה על ההתפתחות המשתנה של בני אנוש תעזור לילדינו המתפתחים להגיע להערכה עמוקה לגופם, כמו גם לקב״ה שיצר אותו.

בפרק זה דיברנו על:

- הורים ממלאים תפקיד חשוב בהתפתחות ילדיהם באמצעות העברת המידע הדרוש להם כדי לחוות את ההתפתחות הזו באופן חיובי.
- כשאנחנו מלמדים את ילדינו על גופם המתפתח ומכוונים את התנהגותם בתהליך גדילתם, אנחנו מאפשרים להם להפוך למבוגרים דתיים בריאים מבחינה מינית.

הנושאים שדיברנו עליהם מבחינת השינויים הנורמליים החלים בגוף, וההתנהגות התקינה מבחינה התפתחותית אצל ילדים בני 0–18:

- שמות כל איברי הגוף, לרבות איברי המין – הגיל שבו ילדים צריכים להכיר אותם.
- מידת הפרטיות שעלינו לטפח אצל ילדינו בנוגע לגופם בגילים השונים.
- מידת הפרטיות שהיינו רוצים לאמץ לעצמנו אל מול ילדינו בגילים השונים.
- נגיעה באיברי המין ואוננות, משחק מיני ומשחק ברופא וחולה.
- מתי לספר לילדינו מאין בדיוק באים תינוקות לעולם וכיצד לעשות זאת.
- מתי לדבר עם ילדים על התבגרות מינית וכיצד לעשות זאת, וגם כיצד להמשיך לכוון אותם ולשוחח איתם על כך לאורך השנים.
- התפתחות ושינויים גופניים אצל ילדים גורמת להם לתהות אם הם נורמליים או לא. הורים יכולים להיות לעזר רב, למסור לילדיהם את המידע הנחוץ ולתמוך בהם מאוד בתקופה המאתגרת הזו.
- חשוב להסביר לבנותינו ולבנינו את ההבדל בין 'סקסי' ל'יפה', ולפתח אצלם מודעות למסרים הגופניים שהם משדרים.
- חשוב לייצר הזדמנויות לדבר עם בני הנוער שלנו על התפתחות אנושית ועל מיניות בגילים בוגרים יותר.

5
דימוי גוף

כשהייתי צעירה יותר, חשבתי שאם ארד במשקל אהיה מרוצה לא רק מהגוף שלי אלא גם מחיי בכלל. אבל כשעשיתי דיאטה וירדתי במשקל, מצאתי את עצמי ברצף אינסופי של עליות וירידות, לא רק פיזית, במשקל שלי, אלא גם נפשית־רגשית, במצבי הרוח שלי. נותרתי אומללה ולא מרוצה. הבנתי שלעולם לא אהיה שמחה כל עוד אני ממשיכה להילחם בגוף שלי בכל מה שקשור לאוכל ולמשקל. החלטתי לנסות לקבל את הגוף שלי כפי שהוא. באמצעות שמירה על תפריט מאוזן הגעתי למשקל בריא, ובסופו של דבר למדתי לאהוב את עצמי יותר בגוף בריא מאשר בגוף שנלחמתי בו כדי שיהיה משהו שהוא לא מסוגל להיות. (שרה, 16)

מהו דימוי גוף?

נשים מתמודדות לעיתים קרובות עם עניינים הקשורים לגופן, כיצד הן תופסות את המראה שלהן לעומת המראה שנראה להן אידיאלי, וגם כיצד הן חושבות שאחרים רואים אותן. עניינים של דימוי גוף מופיעים בדרך כלל במהלך שנות העשרה, במיוחד סביב גיל ההתבגרות המינית,[1] אף על פי שיש יותר ויותר ראיות לחוסר שביעות רצון מן הגוף גם בגיל צעיר מאוד.[2] המונח 'דימוי גוף' מתייחס לדעה האישית של אנשים על גופם ולפירוש שהם נותנים לה. מדובר בתמונה שיש לנו בראש, ומשקפת את האופן שבו אנחנו נראים בעיני עצמנו. התפיסות

שלנו את גופנו הן סובייקטיביות מאוד, ומושפעות מהתרבות ומאמצעי התקשורת הסובבים אותנו. כשיש לנו דימוי גוף חיובי, אנו מרגישים בנוח עם המראֶה שלנו. כשיש לנו דימוי גוף שלילי, אנו מרגישים לא בנוח עם המראה שלנו. דימוי גוף חיובי חשוב, משום שבכוחו להשפיע על ההערכה העצמית שלנו, וזו עשויה להשפיע על תפקודנו בכל תחומי החיים. אנשים בעלי דימוי גוף שלילי עלולים להתקשות להגיע לתפקוד מיני בריא בהמשך החיים. במקרים קיצוניים, דימוי גוף שלילי עלול להוביל להתנהגויות מזיקות והרסניות כלפי עצמנו, ולכן חשוב לעזור לילדינו, במיוחד לבנותינו אבל גם לבנינו, לפתח תחושה חיובית בנוגע לעצמם ובנוגע לגופם כבר מגיל צעיר.

דימוי גוף ואמצעי התקשורת

מיליארדי אנשים חיים על פני כדור הארץ, ולכל אחד ואחת מהם צבע, גודל, אישיות ותכונות הייחודיים לו. יש קטנים ויש גדולים; יש בעלי גוון עור בהיר ויש כהה; יש בנות ויש בנים. האנשים שאנחנו רואים באמצעי התקשורת מייצגים רק אחוז קטן מכל סוגי האנשים החיים בעולם האמיתי. כשאנחנו רואים את אותו סוג אנשים בכל פעם שאנחנו צופים בטלוויזיה או פותחים עיתון, או כשהפרסומות רומזות שעדיף להיראות כמו סוג אחד של אנשים ולא כמו סוג אחר, ייתכן שלא נהיה מרוצים מן המראה שלנו.

נשים וגברים רבים מודדים את ערכם של בני אדם על פי המראה שלהם. המסר "ערכו של האדם נמדד ביופיו" מוטמע בנו מגיל צעיר. לא בכדי סינדרלה הייתה יפה, ואילו אמהּ החורגת ואחיותיה החורגות היו מכוערות. זהו החזון של חברה שיוצרת זהות בין תכונות של אישה לבין המראה שלה. "יופי פירושו הצלחה": המסר הזה מופיע שוב ושוב בשלטי החוצות ובמודעות, עד שההקבלה בין השניים כבר אינה מוטלת בספק.

דימוי גוף בגיל צעיר מאוד

מחקר על בנים ובנות בגיל 5–7 באוסטרליה הגיע למסקנה שחוסר שביעות רצון מהגוף מופיע אצל ילדים כבר מגיל 6.[3] ממחלקת הבריאות ושירותי האנוש של ארצות הברית דווח כי 80 אחוז מן הבנות בכיתות ג–ו מתארות את עצמן כבעלות תחושות שליליות ביחס לגופן.[4] החששות שלהן משמעותיים דיים כדי להסיח את דעתן מן הלימודים ומחברויות. העובדה כי גילם של ילדים, ובמיוחד ילדות, המודאגים מגופם וממשקלם, הולך ופוחת, נובעת כנראה מן התרבות שבה אנו חיים. גם בנים בעשור הראשון לחייהם מביעים חששות באשר למבנה גופם,

ומבקשים לפתח מראה שרירי. חששות אלו נובעים כנראה מחשיפה לאמצעי תקשורת שמציגים מסרים המקדמים התנהגויות שאינן בריאות, משווקים דימוי של גוף מושלם שלמעשה אינו קיים, ומדגישים מאוד את החשיבות של הגוף המושלם. וזאת למרות העובדה שכמעט 98 אחוזים מן האוכלוסייה לא מסוגלים להגיע לממדי הגוף האלה.[5] חשוב להדגיש: אף שאמצעי התקשורת הם המקור המשמעותי לרעיונות מעוותים מעין אלו, גם הורים יכולים להשפיע רבות על התחושות החיוביות או השליליות של ילדיהם ביחס לגופם.

חוסר שביעות רצון מהגוף שלנו

פעמים קורה שהורים מעצימים את הקושי של ילדיהם עם גופם בגלל התמודדות בלתי־פתורה שלהם עצמם בעניין זה. ילדים לומדים הרבה מהדוגמה האישית שלנו (כולנו יודעים שבהורות אין משמעות לאמירה "אל תעשה כמוני"). כשילדים שומעים את הוריהם מתלוננים על משקלם ועל ניסיונותיהם להקפיד על דיאטה, הם לומדים לשים לב לצריכת המזון שלהם עצמם.

לפעמים ילדים לומדים לקח חשוב דווקא ממה שההורים לא אומרים. כשילדים שמצליחים מאוד בלימודים מתלוננים שהצלחתם אינה חשובה להם כלל מפני שהם שמנים מדי ולא מספיק מקובלים מבחינה חברתית, ייתכן שהם אומרים זאת כדי לבחון את הוריהם. הורים יכולים לבחור אם להתייחס להערה כזו ולהגיב עליה, או להתעלם ממנה, אך חשוב לדעת שאם הם בוחרים שלא להתייחס כלל וכלל להערה, יש בכך הבעת הסכמה ואישור לכך שהדבר החשוב ביותר הוא להיות רזה.

הבנת הצרכים התזונתיים של ילדים במהלך גדילתם

הורים לא תמיד מודעים לעובדה שהצרכים התזונתיים של ילדיהם שונים משלהם. למשל, ילדים זקוקים לשומן בתפריט שלהם לצורך התפתחות נוירולוגית תקינה בגיל הילדות וההתבגרות. כמות נאותה של מזון למבוגר אינה מספיקה בהכרח לילד או לנער, במיוחד בעניין כמות השומנים.

דימוי גוף והערכה עצמית

בשנת 2004 הזמינה חברת דאב מחקר כלל־עולמי על יחסן של נשים בנות 15–64 ליופי, ועל התחושות שלהן בנוגע לעצמן. נמצא כי תפיסותיהן של נשים ביחס לגופן מושפעות מאוד מן התרבות ומאמצעי התקשורת הסובבים אותן. הנה כמה נתונים סטטיסטיים שימושיים ומטרידים מתוך המחקר:[6]

- תשע מתוך עשר נשים רוצות לשנות חלק כלשהו במראה החיצוני שלהן – משקל הגוף וצורתו הם הסיבות העיקריות לחוסר שביעות רצונן.
- רק שמונה אחוזים מן הנשים שנסקרו מעולם לא היו מוטרדות ממראה גופן.
- רק אחת מכל עשר נשים מעולם לא הייתה מודאגת ממשקל גופה ומצורתו.
- נשים במשקל תקין, ואפילו נשים רזות מאוד, רוצות להיות רזות יותר. לפיכך, 90 אחוז מכל הנשים מגזימות בהערכת גודל גופן ב־25 אחוז בממוצע.
- בסקר שנעשה בארץ בקרב 34,000 נשים בגילים 18–84, נמצא ש־65 אחוז מהנשים חושבות שהן סובלות מעודף משקל ו־95 אחוז מהמשתתפות מחזיקות בדימוי גוף שלילי. לעומת נשים, בקרב גברים תפיסה מעוותת של גודל הגוף נדירה הרבה יותר וקיצונית פחות.[7] השאלה היא, כמובן, למה. התשובה טמונה בעיקר במסרים שבהם מזינים אותנו אמצעי התקשורת. הערכה עצמית מתחילה בשלב מוקדם בילדות. בסרטים שמים את הילד השמן ללעג, ואילו הילדה השמנה פשוט לא שווה. אילו אמצעי התקשורת היו מעבירים לילדים מגיל צעיר מסרים חיוביים, שלפיהם היופי טמון דווקא בחיוך, ביכולת לסגל גישה בריאה ושמחה לחיים, החיים היו מהנים ובריאים יותר. במקום זאת, התרבות רוויה עיסוק בממדי הגוף ורצון לפאר ולהלל כוכבות־על דקיקות כמו בובות ברבי. בתפיסה שמעריכה לא רק גוף, בנות בכל מראה שהוא היו מפתחות דימוי גוף חיובי יותר.

לנשים אמיתיות יש גוף אמיתי

> סוף־סוף היו לי כמה שעות לבלות עם יעל, בתי בת ה־6. יש לה דמיון עשיר ומפותח והיא תמיד מבקשת ממני לשחק איתה בברביות. זה היה הזמן המושלם, רק שתינו היינו בבית, אז הלכנו לחדר שלה, אל בית הבובות ואל בובות הברבי. כשהתחלנו לשחק, יעל פנתה אליי ושאלה: "בנות כמה בובות הברבי?". בלי לחשוב הרבה עניתי: "בערך בגילי". מבט תמה הופיע על פניה של יעל. "אז למה את לא נראית כמותן?", שאלה. השאלה היכתה בי. הבת שלי מקבלת את דימוי הגוף שלה מבובת ברבי. אם זו דמות המופת שלה, אין שום סיכוי שהיא תפתח תחושת גוף בריאה. אני צריכה להתחיל מיד בחינוך... (מרים, 35)

נשים רבות אינן מרוצות מגופן או מפתחות אובססיה בנוגע למשקלן, משום שמעמידים מולן כל הזמן דמויות שעברו כל מיני תחבולות כדי להיראות

מושלמות. רוב הנשים הנורמטיביות אינן מסוגלות להיות דומות לדמויות הללו, אבל הוטמעה בנו האמונה שזה אפשרי, ולכן איננו מרוצות מעצמנו. חשוב להכיר בתחושות השליליות שיש לנו כלפי גופנו, ואז להפריך אותן ולשנות אותן. יש אימהות שיצטרכו לעבור את התהליך הזה בעצמן, לפני בנותיהן, וזאת כדי שיוכלו לסייע להן. במחקר של דאב, שבו השתתפו 3,200 נשים, כמעט 75 אחוז מהנשים הן אימהות לבנות 17 או פחות, ולכולן התקווה שהן לא העבירו את תחושת חוסר הערך או חוסר הביטחון שלהן לבנותיהן, במיוחד בנוגע לדימוי גוף.[8] העברה כלשהי של תחושות אלו היא אומנם בלתי־נמנעת, אך אם נהיה מודעות יותר לעצמנו, ניטיב לעזור לבנותינו.

בנות מתבגרות וגופן – בנות בתחילת גיל העשרה חשופות במיוחד למחשבות שליליות ביחס לגופן, משום שבמהלך ההתבגרות המינית, בזמן שהגוף עובר שינויים מרחיקי לכת, הן נוטות להרגיש בלבול בנוגע לגוף שלהן ובנוגע להתמודדות עם כל השינויים שחלים בו,[9] כמו צמיחת השדיים. הגוף המתבגר הוא חסר פרופורציה, לעיתים. חשוב לדבר עם הבנים והבנות על השינויים ועל הגדילה של גופם. במהלך ההתבגרות המינית, טבעי הוא שבנות תצבורנה שומן, ושרירי הבנים יגדלו. כמו בכל ההיבטים של ההתבגרות המינית, תהליכים אלו עשויים להתרחש מוקדם מן הממוצע או מאוחר ממנו. בני נוער שאינם מודעים לכך שהשינויים שעוברים על גופם הם נורמליים עלולים להיות מוטרדים מכך. חשוב שהורים ידעו שההתעניינות החדשה במראה החיצוני היא תקינה בהתפתחותם של מתבגרים. מראה חיצוני אומנם אינו חזות הכול, ועלינו לעודד את ילדינו להדגיש גם צדדים אחרים בעצמם, אך יש חשיבות לשביעות רצון ממראה חיצוני. זה נכון במיוחד בקרב בני נוער. המראה החיצוני ממלא עבורם כמה תפקידים, ולכן ככל שאפשר לעודד הסתגלות וקבלה של הגוף המשתנה, הסיכויים לדימוי גוף חיובי עולים. מעבר לכך, חשוב להבין שמראה חיצוני מייצג עבור בני נוער אוסף של דברים:

- פיתוח חוש אופנה
- אמירה אישית
- רצון להשתייך

הורים צריכים לקבל את ההתעניינות החדשה של ילדיהם בביגוד ובהופעה החיצונית ולהכיר בה כחלק מן השאיפה הנורמלית שלהם לעצמאות. בו בזמן, על ההורים לקבוע גבולות סבירים לזמן ולכסף שמושקעים בהופעה החיצונית,

שעלולים להרחיק לכת. קביעת גבולות יכולה גם לעזור, על פי רוב, לפתח שיקול דעת וביקורת עצמית אצל בני נוער שנסחפים בעיוורון אחרי קבוצה מסוימת.

גישה יהודית

אימהות חייבות לעזור לעצמן ולבנותיהן להיפטר מן המחשבות ומן התחושות השליליות שיש להן לעיתים כלפי גופן, ולחשוב כיצד לדאוג ולטפח את גופן ולנהל חיים בריאים. לפי היהדות, עלינו להוקיר את עצמיותנו הגופנית והרוחנית, להוקיר את גופנו ואת מה שהוא מסוגל לעשות. גופנו הוא מתנה מהקב"ה ולכן אנחנו מצווים להכיר בערכו, לטפל בו ולשמור ולהגן עליו. דוד המלך ביטא את המסר הזה היטב:

> אודך על כי נוראות נִפְלֵיתִי, נפלאים מעשיך ונפשי יֹדַעַת מְאֹד.
> (תהלים קלט, יד)

הגוף שלנו, ובמיוחד גופן של נשים, ממלא תפקידים חשובים מאוד, והוא מערכת מורכבת ומדהימה. חגגו את הגוף! עודדו וקדמו קבלה של הגוף והתגאו בו, בכל צורה וגודל שלו. עזרו לבנותיכן להבין עד כמה צר הוא דימוי 'הגוף המושלם' המוצג באמצעי התקשורת, וכמה יופי קיים במציאות המגוונת. דברו על גאווה בגוף בשל תפקודו הפיזי ולא רק בשל מראהו החיצוני.

תעשיית הפרסום מתמקדת לרוב רק בהיבט הגופני, ובעקבות כך מצמצמת את מקומם של בני האדם. היהדות אומנם מוקירה את היופי ומכבדת אותו, אך היופי איננו התכונה החשובה ביותר של בני האדם. אנשים הם דמויות מעניינות בעלות תכונות ואישיוּיוֹת ראויות, ואלו בהחלט אינם מוגבלים לדמותם הגופנית. היהדות מייחסת חשיבות רבה יותר לפיתוח ערכים פנימיים. יופי נמדד במידות, בהתנהגות – בהתחשבות וברגישות של בני אדם. עודדו את בנותיכן להבין ולהפנים את דרך היהדות, המכבדת ומעריכה תכונות ומעשים טובים על פני מראה חיצוני. בסופו של דבר, הערכה עצמית טובה הנובעת מכל תחום שהוא עוזרת לעיתים גם לדימוי גוף חיובי.

הורות מעשית

דוגמה אישית נאותה

להורים יכולה להיות השפעה חיובית על דימוי הגוף של ילדיהם ועל יחסם לאוכל. הם יכולים להדגים להם מהו יחס בריא לאוכל וללמד אותם לראות בגופם מכונה חשובה ביותר העומדת לרשותם, ודורשת דלק ותחזוקה. אפשר להציג את המזון ואת השתייה כהזנה חיונית הדרושה לתפקודו התקין של הגוף. הגוף ייטיב לתפקד אם יקבל את סוגי הדלק הנכונים. כמו כן, אכילה בריאה תיטיב להזין את מכונת הגוף. בתפיסה הזו של המזון ושל הגוף יש איזון ושכל ישר, ודאי יותר מן התפיסה שלפיה הגוף הוא חפץ יפה שיש לקיים אותו על ידי הגבלה של צריכת מזון.[10]

בנוסף על כך, הורים יכולים לעזור לילדיהם לפתח חסינות מפני מסרים שליליים המועברים באמצעי התקשורת – ללמד אותם להיות צרכנים ביקורתיים ולחנך אותם לראות את העיוותים בתמונות שהם נחשפים אליהן. תוכלו לעזור לילדיכם לסתור את תפיסות הגוף השגויות המופצות באמצעי התקשורת אם תוכיחו שהאידיאלים שקובעים עיתוני אופנה רבים ואמצעי תקשורת אחרים אינם מציאותיים, אינם ניתנים ליישום – ואינם חשובים.

אימא: היי מותק, יש לך קצת זמן פנוי היום? קראתי כתבה מעניינת והייתי רוצה שנשוחח עליה.

הדר (בת 14): אני ממש עסוקה הערב. אולי מחר?

אימא: בסדר, אין בעיה.

אימא (כשהן מצליחות להיפגש): הבאתי כמה עיתונים כי רציתי שנעבור עליהם יחד ונראה אילו מסרים הם מעבירים, לדעתך.

הדר: למה?

אימא: טוב, בזמן האחרון שמתי לב שאני משווה את עצמי ואת הגוף שלי לתמונות שאני רואה באמצעי התקשורת. אבל אני תמיד לא מרוצה מעצמי, ותמיד מרגישה שאני צריכה להיות דומה יותר לתמונות שרואים בעיתונים. ואז קראתי כתבה מעניינת שהראתה איך הדוגמניות נראות במציאות, ואיך משנים את התמונות שלהן בשביל העיתון. לא להאמין איזה הבדל.

הדר: למה את מתכוונת?

אימא: מעבדים את התמונות בפוטושופ כדי לתקן כל מה שנראה לא מושלם. אף אחת לא נראית כמו הדוגמניות שתמיד אומרים לנו שאנחנו

צריכות להיראות כמותן. התמונות גם עוברות ריטוש. אנחנו פשוט לא מקבלים תמונה מציאותית. אני יודעת שאני תמיד מתלבטת לגבי המראה שלי, ופתאום הבנתי שאולי לרף שמציבים העיתונים אין שום אחיזה במציאות. חשבתי שאולי נוכל לעבור יחד על כמה עיתונים כדי להבין איך בדיוק הם עושים את זה.

להתחיל בגיל צעיר

ככל שילדים צעירים יותר, כך הם מושפעים פחות מאמצעי התקשורת. לכן האסטרטגיה החינוכית הטובה ביותר שעומדת לרשותנו היא להתחיל לשוחח איתם כבר בגיל צעיר. אני ממליצה ליזום שיחות על הגוף ולפתח הבנה של ההיבטים המדהימים והנִסיים שלו. אנחנו רואים את הגוף שלנו כמתנה מה׳ ולכן אנחנו מצווים להכיר בערכו, לדאוג לו ולא לפגוע בו.

עזרו לילדיכם להבין את המורכבות העצומה של הגוף, ועודדו אותם להעריך את כל הפרטים המורכבים שבו. רוב הילדים לומדים בגיל צעיר את ברכת "אשר יצר",[11] ואולי כדאי למצוא הזדמנות לשוחח עם ילדיכם על הברכה הזאת, למשל, שהגוף:

- מנצל חומרים מזינים ומספק לכל איבר ואיבר בגוף את הדרוש לו
- מרפא את עצמו
- גדל לפי הצורך
- עושה את כל הנ"ל באופן אוטומטי
- מתרבה (כדי שתתרחש רבייה, כל מערכת המין והרבייה צריכה לפעול אצל שני בני הזוג בו־זמנית)

כשאנחנו עוצרים לרגע להוקיר את הגוף שה׳ נתן לנו ולומדים עליו יותר, כדאי להיזכר בדבריו של דוד המלך בספר תהלים: "מה רבו מעשיך, ה׳!" (קד, כד). בשלב הבא נוכל להמשיך ולשוחח עם ילדינו על השמירה שלנו על הגוף הנִסי שניתן לנו, שמירה שבאה לידי ביטוי בבחירת מזון בריא ובפיתוח הרגלי אכילה העוזרים לגוף הנפלא שלנו לתפקד.

הערכה עצמית ודימוי גוף בגיל הרך

ילדים בעלי הערכה עצמית גבוהה מקבלים את גופם יותר מאשר ילדים שההערכה העצמית שלהם נמוכה. לכן עלינו להכיר בחשיבותו של המראה החיצוני, אפילו

אצל ילדים בגיל הרך. עלינו להיות קשובים לתחושות של ילדינו על גופם, ולא להתעלם מהן אלא לנסות לעזור להם לשנות את נקודת המבט ולהפסיק לראות בגוף שלהם את המקור העיקרי להערכה עצמית. עלינו לחנך את ילדינו מגיל צעיר שיש בהם הרבה יותר מאשר המראה החיצוני שלהם.

ללמד את ילדינו לאהוב את עצמם

- עזרו לילדיכם להכיר בייחודיות שלהם.
- חגגו את ייחודיותם של הילדים ועזרו להם לפתח את כישוריהם מגיל צעיר.
- עודדו את ילדיכם לפתח כישרונות טבעיים, בכל תחום: ספורט, אמנות, מוזיקה או לימודים.
- עודדו את ילדיכם לעשות מעשי חסד, מקור מצוין להערכה עצמית חיובית.
- מצאו הזדמנויות לשבח את ילדיכם בכנות, ותיווכחו כיצד שבח מחזק את ההערכה העצמית ומסיט את תשומת הלב מהגוף.

ביקורתיות

אימא יכולה לומר לבתה בת ה־16 משפטים כמו: "חמודה, כדאי שתשימי לב לכמויות של מה שאת אוכלת, אולי כדאי שתשאירי חלק מזה לארוחת הערב". כמובן, הכוונות של האמא הזו טובות. או למשל:

אימא: את יודעת, שרון, דיברתי עם חברה שלי חווי והיא אמרה לי שהיא הכניסה את הבת שלה שירה, שקטנה ממך בחצי שנה, למשטר אימונים לקראת המרתון שיהיה בעוד ארבעה חודשים. היא עובדת עם מאמן והכול. היא אמרה לי שהיא מאוד מעודדת את זה, כי היא רוצה ששירה תישאר רזה. אני חושבת שזה יכול להתאים גם לך. מה דעתך? לא תזיק לך קצת מוטיבציה לרדת במשקל.

לפעמים, בלי כוונה, הורים מעבירים לילדיהם מסרים ביקורתיים שעלולים להשפיע עליהם לרעה. למשל, אם אב יושב ליד בתו בשעת צפייה בטלוויזיה ומשמיע ביקורת על משקלה של אחת הדמויות על המסך, בתו תבין שזהו מדד חשוב לנשיות. הערות ביקורתיות של ההורים על המראה החיצוני של ילדיהם

עלולות ליצור חששות בנוגע לדימוי גוף, או לחזק את החששות הללו. להערות כאלה, הנאמרות לעיתים כלאחר יד, עלולה להיות השפעה שלילית על הילדים. הם עשויים לפתח הערכה עצמית לקויה, קושי לקבל את עצמם ואובססיות ופחדים בנוגע לאוכל.

ילדים צעירים הזקוקים לעזרה

אם יש לילדיכם בעיה של ממש עם המשקל שלהם, ישנן כמה דרכים שבהן תוכלו לעזור להם. התמיכה הטובה ביותר היא לוודא שהם אוכלים אוכל מזין, ושאין להם יותר מדי הזדמנויות לנשנש. פַּתחו הרגלי אכילה בריאים מגיל צעיר, הכינו ארוחות מזינות וחנכו לאכילה בריאה. כמו כן, דאגו שיהיו לילדיכם הזדמנויות לפעילות, למשל, שחייה באופן קבוע או חוגי ספורט אחרים. אם יש בעיות משקל במשפחה של אחד ההורים, עדיף להתחיל בבדיקה רפואית כדי לשלול עניינים רפואיים המצריכים טיפול.

עזרה (לעצמנו ו)לבנותינו המתבגרות

אם ניצור פסק זמן וסביבה בטוחה הרחק מאמצעי התקשורת ומהציפיות של התרבות שבה אנו חיים, נוכל לחשוב נכון ולהבין שיש לנו סיבה טובה בהחלט לשמוח בגוף שלנו. ההבנה וההפנמה שאמצעי התקשורת מציגים רק אפשרות אחת של ׳הגוף המושלם׳, ושלמעשה ישנם סוגים רבים ושונים של יופי, יכולה לקדם מאוד את תחושת הביטחון שלנו בגופנו ואת הערכתנו כלפיו. אימהות יכולות להסביר לבנותיהן בדיוק עד כמה הציפיות שמטמיעים בהן אמצעי התקשורת אינן מציאותיות. חברת דאב,[12] בהמשך למחקר שערכה, מרחיבה את הגדרות היופי ומדגישה את טיבן האשלייתי של הציפיות שיוצרת תעשיית היופי. שני סרטונים מצוינים שיצרה ממחישים היטב את העניין.

הסרטון Evolution (אבולוציה), שאורכו דקה אחת בלבד, מראה כיצד באמצעות איפור ועיבוד דיגיטלי אפשר לשנות פנים צעירות, רגילות לחלוטין, של נערה מתבגרת, וליצור תמונה מושלמת. הרצה מהירה של השינויים ממחישה כמה עבודה מושקעת בתהליך הצילום של כל תמונה כזו. לאחר שהנערה מאופרת ועברה את כל הטיפולים הנדרשים, מרטשים את התמונה בעזרת פוטושופ כדי להשתמש בה בפרסומת. הסרטון הזה מעביר מסר חשוב מאוד למתבגרות צעירות ולרוב הנשים שחושבות שהתמונות שהן רואות באמצעי התקשורת הן אמיתיות ומציאותיות, ושאם הן רק יקפידו לאכול במשורה ולהתעמל בקביעות, הן ייראו כך. התמונות האלו כמעט

תמיד מרוטשות באמצעות 'איירברש' בתמונות מודפסות, ובאמצעות פוטושופ בתמונות דיגיטליות. נדיר שאנשים אמיתיים נראים כמו בפרסומות.

סרטון נוסף באורך דקה שמופיע באתר של דאב נקרא Onslaught (מתקפה). בסרטון מופיעה ילדה צעירה, תמימה למראה, הנראית בטוחה בעצמה וחסרת דאגות. בדרכה לבית הספר היא מותקפת בשפע של פרסומות ומודעות על דיאטות, על ניתוחים ועל מכוני כושר, שכל מטרתן היא לשכנע אותה שגופה פגום ואפשר לתקנו באמצעותם. היא מותקפת גם במוצרים רבים אחרים שהיא יכולה ואף צריכה לקנות. הסרטון ממחיש היטב את המאמצים הרבים שמשקיעה תעשיית היופי לשכנע נשים שהן זקוקות למראה מסוים, כדי למכור מוצרים שיעזרו להן להגיע לאותו מראה בלתי־אפשרי. כפי שנאמר בשורת המחץ, אימהות צריכות לדבר עם בנותיהן ולעזור להן לפתח הערכה עצמית ודימוי גוף חיובי, לפני שתעשיית היופי והרזון תשתלט עליהן לאורך כל חייהן.[13] אומנם קיימים לא מעט סרטונים חדשים יותר מאלה, גם של דאב. ובכל זאת אני עדיין חושבת שאלה מדגישים את המניפולציות של התקשורת באופן היעיל ביותר.

חינוך בנינו

בנושאים של דימוי גוף ההתמקדות היא בדרך כלל בבנות, אך אל לנו לשכוח את הבנים. גם בנים מודעים כעת יותר לגופם, ומבקשים להיראות שריריים ולעמוד בסטנדרטים שקובעים להם אמצעי התקשורת. בשנים האחרונות נראה בפרסומות של גברים גוף שרירי וגברי שאיננו בר־השגה, המעלה את הסטנדרט שאליו שואף הבן המתבגר לרמה לא מציאותית. בנים מסוגלים לבלות שעות בחדר הכושר בניסיון לפתח גוף שרירי. עלינו להכיר בכך שדימוי גוף משמעותי יותר כיום גם אצל בנים, ולעזור להם ללמוד לייחס פחות חשיבות לגופם.

כמו כן, ראוי שנתייחס לכך שבנינו מפתחים ציפיות המבוססות על הדמויות הנשיות המושלמות שאותן הם רואים בפרסומות ובסרטים, ציפיות שקשה לממשן ושיוצרות סטנדרט שקרי ולא מציאותי. גם אותם צריך ללמד כיצד התמונות באמצעי התקשורת כמעט תמיד עוברות ריטוש. גם הם יכולים לצפות בסרטים הקצרים שנזכרו לעיל כדי להבין יותר עד כמה מסולפות הציפיות שלהם כשהן מושפעות מאמצעי התקשורת. יש ללמד אותם שלפעמים הערה ביקורתית כבדרך אגב לחברה לכיתה או לאחות בנוגע לגופן יכולה ליצור השפעה שלילית מאוד. עליהם להיזהר מאוד בדבריהם כשהם משוחחים עם נשים ובנות על גופן.

פיתוח דימוי גוף חיובי

דברים אלו אינם ייחודיים למתבגרות דתיות דווקא. לקתי קייטר, עובדת סוציאלית שמתמחה בפיתוח דימוי גוף חיובי, יש כמה המלצות מועילות בנושא.[14]

בראש ובראשונה, כדי להרגיש טוב יותר עם הגוף שלך, חשוב לקבל את מה שאיננו בשליטתך. אין ספק שזוהי העבודה הפנימית החשובה והמהותית ביותר בפיתוח דימוי גוף חיובי, ומשימה זו לא תמיד קלה. רק אחרי שנקבל את מה שאינו בשליטתנו, נוכל למצוא את הכוחות לשנות את מה שאפשר לשנות מבלי לפתח אובססיות באשר למה שכמעט אי אפשר לשנות.

קבלה – סגנון חיים בריא מתחיל בקבלה.

1. **קבלו את הנטייה הגנטית של גופכם.**
לכל גוף נטייה משלו, אם להיות שמן יותר, רזה יותר או במצב ביניים, ובכלל זה גדול יותר בחלקים מסוימים וקטן יותר באחרים. למרות המאמצים לשנות את הגוף, עם הזמן ישאף הגוף לשמור ככל יכולתו על הצורה שיועדה לו או לחזור אליה. אנשים יכולים לכפות על גופם את המידות ואת הצורות המועדפות עליהם, אבל את הטבע אי־אפשר לנצח מבלי לשלם על כך מחיר יקר. עוד חשוב להדגיש כי תזונה בריאה הכרחית לגוף בריא, ויכולה לעזור להתמודד עם נטייה גנטית למחלות.
2. **הבינו שכל גוף משתנה בהתאם לשלב ההתפתחות שלו.**
כל גוף משתנה מבחינה התפתחותית בדרכים שאיננו יכולים לשלוט בהן ללא התערבות חיצונית שעלולה להזיק לגוף. אפשר להשפיע לחיוב על שינויים הכרוכים בהתבגרות מינית, הירַיון והנקה, גיל מעבר והזדקנות באמצעות בחירות והחלטות נכונות בכל הנוגע לסגנון החיים, אבל אי־אפשר ׳לשלוט׳ בשינויים אלו למרות כל הניסיונות.
3. **לעולם אל תעשו דיאטה.**
רעב הוא דחף המונָע מוויסות פנימי, והוא דורש שיספקו אותו. כשמגבילים את המזון הדרוש להשביע את הרעב, התוצאה הפוכה – עיסוק מוגזם באוכל, ובסופו של דבר אכילה מוגזמת או כפייתית. ייתכן שבטווח הקרוב תושג ירידה במשקל, אבל 95 אחוזים מן המשקל שמשילים בדיאטה עתיד לחזור. אנשים שעושים דיאטה ו׳חוטאים׳ בהתקפי זלילה אינם ׳חלשי אופי׳, אך כיונקים, תגובת הרעב הטבועה בהם נכנסת לפעולה, הן גופנית הן פסיכולוגית, והם פשוט מבקשים את מה שנמנע מהם. יש לכך ראיות מדעיות

מאז תחילת שנות החמישים, אבל רוב האנשים אינם מודעים לתוצאות הביולוגיות הצפויות של 'דיאטות' שאין בהן כל תועלת. לעומת זאת, סיגול הרגלי אכילה בריאים ומאוזנים בהקשבה לגוף מבטיח שמירה לטווח ארוך על משקל מאוזן, ואולי אף ירידה במשקל.

חיים בריאים – לאחר הפנמה מסוימת של שלושת הנושאים החשובים שנזכרו כאן, נוכל לעודד בנות למקד את תשומת לבן ואת מאמציהן במה שבכוחן לשנות:

1. **ספקו רעב במזון בריא.**
יש כאלו שצריכים ללמוד מתי הם מרגישים רעב ומתי הם מרגישים שובע. חשוב להשביע רעב במזונות איכותיים העשירים בחומרים מזינים. בימינו, כשבני אדם מוקפים במאכלים דלים, זולים, מגרים, קלים להשגה ומלווים בפרסום מושקע, חשוב ללמוד איך להזין את הגוף ולא להתפתות לאכול כל מוצר מזדמן. חנכו את ילדיכם.
2. **שמרו על תנועה מתמדת.**
על הנוער לעסוק בתנועה בקביעות ככל האפשר. עליהם לפתח רמה סבירה של כושר ולשמור עליה במהלך החיים, בלי קשר לגודלם הפיזי ובהתאם למגבלות בריאותיות, אם ישנן.
3. **אכלו היטב ושמרו על סגנון חיים פעיל.**
הבינו שאם תאכלו היטב ותקפידו על סגנון חיים פעיל לאורך זמן, תגיעו למשקל הטבעי והמיטבי שלכם. עזרו לילדיכם להציב לעצמם יעד – לאכול בריא ולהיות פעילים – ואל תתנו להם להתעסק בשאלה האם ההתנהלות הזו תגרום להם לרזות. גוף פעיל, בריא ומוזן היטב קיים במגוון גדלים וצורות: שמן, רזה ומה שביניהם. עזרו לילדיכם להיות מודעים לכך. לפעמים גם רופאים מושפעים ממיתוסים תרבותיים שאינם בריאים. הדברים אינם אמורים באנשים הסובלים ממשקל יתר או מהשמנת יתר חריגה, ודורשים תוכנית טיפול מיוחדת.
4. **בחרו דמויות מופת מציאותיות.**
עזרו לילדיכם לבחור דמויות מופת המשקפות סטנדרט מציאותי, ויאפשרו להם להרגיש טוב עם עצמם. אם בת היא במידה 44 ושואפת להיות במידה 36, היא לעולם לא תהיה מרוצה, גם אם ההתפתחות שלה תקינה.
5. **הבינו לעומק את מטרתם של אמצעי התקשורת.**
חנכו את עצמכם להבחין בכוחן הסמוי של פרסומות. חברות פרסום משקיעות מיליארדי שקלים באסטרטגיות שתפקידן לגרום לכם להרגיש שאתם פגומים.

מדוע? משום שאם הן יפרסמו סטנדרט יופי שאינו מציאותי, ומשאיר אתכם בהרגשה שמשהו אצלכם לקוי, יהיה להן קל יותר למכור לכם מוצר שמבטיח לשפר את מצבכם. היו ערים לכך, ואל תתנו לחברות הללו 'למכור' לכם את המסר הזה. חנכו גם את בנותיכם להיות חכמות בעניין זה.

6. **גרמו לכך שבנותיכם וחברותיהן יְפַתחו יחד תפיסה מציאותית של דימוי גוף.**

עודדו את בנותיכם לפתח יחד עם חברותיהן דימוי גוף בריא ומציאותי. אותה אנרגיה קבוצתית שמשמשת אותן כדי לשנוא את גופן יכולה גם לעזור להן להפוך את העולם למקום טוב יותר. עזרו לבני ולבנות הדור הבא לפתח יחס בריא כלפי גופם, וסגלו גם אתם לעצמכם הרגלים טובים.

7. **עזרו לבנותיכם לשמור על היושרה שלהן כבני אדם.**

על אף הפרסומות שמפתות אותנו להאמין כי "הדימוי הוא הכול", הזכירו להן שמראה חיצוני הוא רק פן אחד שלנו. עליהן לפתח תחושת זהות המבוססת על דברים רבים שהן מסוגלות לעשות, על ערכים שבהם הן מאמינות, ועל האדם הטמון עמוק בתוכן. זכרו שכל האנשים נוצרו בצלם אלוקים, דבר שהופך אותנו ליצורים גופניים ורוחניים כאחד. ניטיב לבטא את התכונות הייחודיות שלנו באמצעות שילוב של גוף ונפש.

הערכה כלפי הגוף – כאמור, אימהות צריכות לעזור לבנותיהן לקבל את גופן ולהיות גאות בו, בכל צורה וגודל. יש לכך משמעות יְתֵרה לאור ממצאי המחקר העולמי של דאב,[15] המראים כי אימהות יכולות להשפיע מאוד על בנותיהן ולעזור להן ליצור בסיס לדימוי גוף חיובי ולתחושה שהן יפות. למשל, המחקר מצא כי:

51 אחוז מהנשים בסקר אמרו שהן מצטערות שאימותיהן לא דיברו איתן לעיתים קרובות יותר בילדותן על יופי ועל דימוי גוף.

79 אחוז מהנשים מסכימות שיש צורך להתחיל לשוחח עם בנות בשלב מוקדם יותר בחייהן על משמעותו של יופי אמיתי.

90 אחוז מהבנות (בגיל 15–17) מאמינות כי חשוב לנהל שיחות פעילות עם בנות צעירות על דימוי גוף מציאותי ובריא כבר בשלב מוקדם.

הממצא המשמעותי ביותר הראה שנשים מסביב לעולם אמרו כי לדמויות מופת

נשיות, ובהן חברות (34 אחוז) ואימהות (27 אחוז), ההשפעה הרבה ביותר על תחושותיהן בגיל צעיר באשר ליופי ולדימוי גוף, יותר מאשר לאמצעי התקשורת (19 אחוז), לרבות טלוויזיה, עיתונים ואינטרנט, וכן יותר מלסלבריטאים (10 אחוז). לפי המחקר, אימהות מסוגלות לעזור לבנותיהן להתמודד עם המורכבויות של גיל ההתבגרות ושל התרבות בימינו מתוך עוצמה וביטחון, ובלי בושה וספקות.

לאבות (ולאימהות)

על ההורים לזכור שהם הדמויות העיקריות המשפיעות על ההתפתחות המינית הבריאה של ילדיהם. מיום לידתם אנחנו מעבירים לילדינו מסרים על גופם באמצעות האופן שבו אנחנו מחזיקים אותם ומחבקים אותם, כמו גם באמצעות התגובות שלנו בזמן החלפת חיתול. הילדים שלנו צופים באינטראקציה הגופנית בין ההורים וכן בינם לבין אחיהם, והם קולטים ומפנימים אותן, ויוצרים בתת־המודע תחושת נוחות משלהם בנוגע לגופם. אל להורים להמעיט בערך הכוח של דבריהם ומעשיהם. רצוי להחמיא לילדים על המראֶה שלהם, כי הם, ובמיוחד בני נוער, מצפים לקבל תגובות מחמיאות, והן חשובות להם. בפרט, חשוב שהורים יחמיאו לילדיהם בני המגדר השני על המראה שלהם.

קורה לרוב שהורים נוטים פחות לחבק ולנשק את ילדיהם בני המגדר השני כאשר הם גדלים ומגיעים לגיל הנעורים. לעיתים קרובות במיוחד, לאבות לא נוח לחבק את בנותיהם. כאשר הילדים שלנו מתפתחים מינית, לפעמים לא קל לנו לראות כיצד גוף הילד שלהם הופך לגוף מבוגר, ואיננו יודעים איך להתייחס אליהם במראם המבוגר. לכן אנחנו מתרחקים מהם פיזית. אך הריחוק הזה עלול להוסיף לאי־הנוחות הגוברת שבני עשרה ממילא מרגישים ביחס לגופם. חשוב שהורים ימשיכו להרעיף חיבה גופנית ורגשית על ילדיהם המתבגרים, משום שבני עשרה עדיין זקוקים לחיבוקים. ייתכן שהם לא ישמחו אם תחבקו אותם בנוכחות חבריהם, אבל על ההורים למצוא את ההזדמנות להמשיך לחבק את ילדיהם ולנשק אותם. על כל פנים, חשוב ליצור את האיזון המתאים בין קשר פיזי לבין שמירה על פרטיותם של הילדים.

יש הורים, ובמיוחד אבות, העשויים לחוש מידה מסוימת של עוררות מינית למראה הגוף המתפתח של בנותיהם. לפעמים גבר עשוי אפילו להיזכר במראה של אשתו בצעירותה. מחשבות אלו בדרך כלל חולפות; אפשר לזהות אותן ואז להניחן בצד. אם הורה חושב שהוא עלול להתפתות לעשות מעשה בעקבות המחשבות האלה, עליו לפנות לטיפול אצל בעל מקצוע בתחום בריאות הנפש.

דימוי גוף והערכה עצמית

הערכה עצמית טובה חשובה לכל בני האדם משום שהיא עוזרת לאנשים להתייחס לחיים באופן חיובי ולהיות גאים בפנימיות ובחיצוניות שלהם. רוב בני הנוער שיש להם הערכה עצמית טובה מרוצים מגופם ומהחיים. אולם בניית דימוי גוף חיובי עשויה להיות מלאכה קשה, משום שכדי ליצור ביטחון עצמי דרושים זמן וחוויות טובות. בני עשרה יכולים לשפר את דימוי הגוף שלהם וכן לקבל את עצמם יותר אם יפנימו שיש להם צדדים רבים, ושטווח רחב של תכונות טובות מייחד אותם. אחד הדברים הנפלאים שהורים יכולים לעשות למען ילדיהם הוא לעודד אותם לשמוח בכוחותיהם ובכישוריהם. כשהורים מלמדים את ילדיהם שתכונותיהם החשובות ביותר אינן אלו הגופניות, הם ממקדים אותם להשתמש בשכלם ולפתח את כישוריהם המיוחדים, ולהיות אובססיביים פחות לגופם ולמראם.

בפרק זה דיברנו על:

- נשים בפרט, אך גם גברים, מתמודדות לרוב עם דימוי הגוף – איך הן נראות לדעתן, לעומת איך הן היו רוצות להיראות.
- אמצעי התקשורת מציגים תמונה של המראה הרצוי של נשים וגברים, וזו מוטמעת אצל רבים מהם וגורמת לרוב הנשים ולחלק מהגברים לתחושה של אי־שביעות רצון מגופם.
- כבר בגיל גן חובה יש דיווחים על ילדות שאינן מרוצות מהמראה שלהן.
- סביר יותר שילדים בעלי הערכה עצמית גבוהה יהיו מרוצים מגופם.
- הורים צריכים להיות מודעים לכך שמידה מסוימת של עיסוק בגוף בגיל ההתבגרות היא נורמלית.
- עלינו לחנך את ילדינו להיות צרכנים ביקורתיים של מסרים המועברים באמצעי התקשורת, ולטפח אצלם תחושה מציאותית באשר למראה הרצוי של גופם.
- להורים השפעה חזקה על התחושות של ילדיהם בנוגע לגופם, השפעה המועברת באמצעות הבעת אי־שביעות רצונם מגופם שלהם ובאמצעות הבעת ביקורת על המראה והגוף של ילדיהם.
- ביטויים של אי־שביעות רצון מן הגוף לרוב מופיעים בגיל ההתבגרות, אך הם עשויים להופיע כבר אצל ילדים בגיל הרך. עודדו את ילדיכם לקבל את מה שאינו בשליטתם בנוגע לגופם, וודאו שהם מנהלים חיים בריאים.
- עודדו את בנותיכם וגם את בניכם להעריך את הפלא שבגופם ולהיות גאים בו.
- הורים יכולים לעזור לילדיהם לפתח הערכה עצמית גבוהה אם יעודדו אותם להרגיש את הייחוד שבהם.

6

הפרעות אכילה

בתקופות הלחץ של התיכון ירדתי קצת במשקל ואהבתי את זה. הרגשתי מכוערת ולא ראויה לאהבה, והבחור ההוא שמצא חן בעיניי רק חיזק את התחושות שלי על עצמי. רציתי מאוד להיות יפה. אז התחלתי דיאטה – דיאטה שפיתחתי בעצמי – לירידה במשקל כדי שאהיה יפה. לא יפהפייה, לא מהממת, רק יפה. הייתי אוכלת טוב בנוכחות המשפחה, ואחר כך מקיאה. זה נתן לי שליטה. לא הייתה לי אפשרות לשלוט בבגדים שלי, או בבית הספר שלי, או בכך שאין לי חברות, אבל בזה הייתה לי שליטה. (עליזה סטרשפסקי)[1]

אמצעי התקשורת המודרניים משקיעים משאבים רבים כדי לשכנע אותנו כמה חשוב שנהיה רזים ויפים. מיליוני דולרים מושקעים בפרסומות שנועדו להוכיח לנו כמה חשוב להיות אטרקטיביים – אצל האישה, רזה וסקסית, ואצל הגבר – שרירי, רזה וסקסי. מלמדים אותנו שהדרך לפופולריות ולאושר מתחילה ברזון. הבעיה הגיעה לממדים גדולים כל כך, שאפילו ילדים קטנים בגיל בית הספר היסודי חשופים למסרים ההרסניים הללו, העלולים להשפיע קשות על תחושת האני שלהם ולהעצים את שאיפתם להיות רזים.[2] תעשיית הפרסום משפיעה עלינו גם באמצעות חשיפה מתמדת לתמונות של גוף מושלם, שעוברות ריטוש ומעידות לכל היותר על המראה של שני אחוזים מן האוכלוסייה. מכיוון שכך נראות רוב תמונות הגברים והנשים שנגלות לעינינו, אנחנו מניחים שהן משקפות מציאות נורמלית ושכך כולם צריכים להיראות, ולכן אנחנו שואפים להשוות את עצמנו אל הדמויות המצולמות. הן קובעות לנו ולילדינו יעדים

שאינם מציאותיים, וגורמות לאכזבה בלתי־פוסקת מגופנו, מכיוון שהוא אינו מצליח לעמוד בתחרות. הנזק הגדול ביותר שהתמונות הללו גורמות, במיוחד כשמדובר בילדים, הוא התחושה שמוטמעת בהם, בלי ידיעתם, ולפיה הגוף המושלם הזה, הרזה והמטופח, הוא הגוף הנורמלי, והוא שמייצג את המראה האופטימלי. לילדים שלנו יש מעט מאוד הזדמנויות לראות גוף נורמלי, משום שגוף כזה כמעט לא מופיע בסרטים או בפרסומות. אולי, לעיתים רחוקות, הם נחשפים לגוף כזה בחיי היום־יום, אבל ברוב המקרים הם רואים באמצעי התקשורת גוף חשוף, ואלו הן התמונות שנחקקות בזיכרונם.

לדבריה של אסתר אלטמן,[3] תרפיסטית ויועצת הפרעות אכילה בקהילה הדתית: "אידיאל הרזון הבלתי־אפשרי הופך לעדשה אכזרית, לא מציאותית, שדרכה רואות בנות את גופן כמו גם את גופן של חברותיהן". ההשפעות התרבותיות האלו עלולות להיות הרסניות מאוד ולגרום להתפתחות של הפרעות אכילה, במיוחד אצל המועדות לכך. אך אף על פי שהן גורמות לאנשים רבים לעסוק ברזון, רק אחוז קטן מהאוכלוסייה אכן מפתח הפרעות אכילה. בפרק זה נדון בהפרעות אכילה ובדרכים שבהן יכולים הורים לסייע לילדיהם בתחום. הספרות בנושא הולכת וגדלה, וחלקה מיועד במיוחד לקהילה הדתית. כאן מובאת רק סקירה קצרה. אני ממליצה להורים מודאגים להמשיך ולחפש את התמיכה הדרושה להם כדי לעזור לילדיהם.

הפרעות אכילה

לפי האיגוד האמריקני להפרעות אכילה מסוג אנורקסיה נרבוזה ואחרות (ANAD), כשבעה מיליון נשים אמריקניות מתמודדות כיום עם הפרעות אכילה מסוגים שונים.[4] המכון הלאומי לחקר בריאות הנפש בארצות הברית מעריך כי 3.7–0.5 אחוז מהאוכלוסייה סובלים מאנורקסיה, ועוד 4.2–1.1 אחוז מבולימיה.[5] כ־5–15 אחוז מהסובלים מאנורקסיה ובולימיה[6] וכ־35 אחוז מבעלי הפרעת אכילה כפייתית הם גברים.[7] גם בארץ שיעור הלוקים באנורקסיה הוא 1.2 אחוז בקרב נשים ו־0.2 אחוז בקרב גברים, בגילים 12–21 שנים. הבולימיה, מחלה שלא הייתה ידועה לפני כחמישים שנה, מגיעה כיום לשיעור של 3–4 אחוז בקרב הנערות והנשים הצעירות, ו־0.5 אחוז בקרב מהנערים והגברים הצעירים. עוד 1–3 אחוז מהאוכלוסייה בגילים אלו סובלים מהפרעת אכילה שאינה מוגדרת.[8]

הפרעות אכילה עלולות לגרום נזק בלתי־הפיך לגוף, ולפעמים אף למוות. בעקבות הסטטיסטיקה הזאת, מדענים ופסיכולוגים עסוקים בניסיון לאתר את הגורמים ולמצוא מרפא להפרעות אכילה.

הפרעות האכילה נחלקות לכמה סוגים – הנפוצות ביותר הן אנורקסיה נרבוזה ובולימיה נרבוזה. יש חפיפה מסוימת בין ההגדרה של שתי ההפרעות הללו ב־DSM-5 (המהדורה החמישית של המדריך האבחוני והסטטיסטי להפרעות נפשיות).[9] שתיהן מתאפיינות בפחד עז מפני עלייה במשקל ובשיבוש של דימוי הגוף. אך יש הבדל ביניהן. חולי אנורקסיה מסרבים לשמור על משקל מינימלי תקין בהתאם לגילם ולגובהם; בדרך כלל הם שוקלים 85 אחוז ממשקל גופם האידיאלי.[10] נשים אנורקסיות חוות אמנוריאה – דילוג על לפחות שלושה מחזורי וסת רצופים, אלא אם כן הן צעירות מדי למחזור סדיר. לעומת זאת, בולימיה נרבוזה מאופיינת בהתנהגות של בולמוסי אכילה והתרוקנות. חולי בולימיה אוכלים כמויות גדולות יותר של מזון מרוב האנשים, ומדווחים על תחושה של חוסר שליטה על האכילה, כלומר, תחושה שהם אינם מסוגלים להפסיק לאכול או לשלוט בכמות האוכל. ההתרוקנות הנלווית מאופיינת בפעולות חוזרות למניעת עלייה במשקל, כמו: הקאה יזומה, שימוש במשלשלים, צום או התעמלות מוגזמת. חולי בולימיה מוגדרים כמי שנוהגים כך לפחות פעמיים בשבוע למשך שלושה חודשים. נוסף על אנורקסיה נרבוזה ובולימיה נרבוזה המוזכרות תדיר, ישנה גם הפרעת האכילה הכפייתית (BED), שאופייניות לה אפיזודות של אכילת מזון בכמות גדולה במיוחד.

המחקרים חשפו מגוון גורמים שתורמים להפרעות אכילה, ובכלל זה גנטיקה ונוירוביולוגיה, כמו גם גורמים פסיכולוגיים, חברתיים וסביבתיים. החשיבות היחסית של הגורמים השונים ושל האינטראקציות ביניהם ביצירת הפרעת אכילה עדיין אינה ברורה, וסביר להניח שיש לבחון כל מקרה לגופו. המחקר והדיון בהפרעות האכילה נמשכים.

כעת מתנהלים מחקרים נוירוביולוגיים מעניינים הבוחנים את תפקידן של רמות הסרוטונין בהפרעות אכילה,[11] אך המחקרים גם מראים כי לערכים חברתיים ותרבותיים יש השפעה עצומה. אלטמן מסבירה כי הפרעות אכילה שכיחות במיוחד בקרב קבוצות דמוגרפיות שנמצאות בתהליך של שיפור מעמדי. היא מאשימה את המסרים התרבותיים, שלפיהם רזון שווה ליופי ולהצלחה ולפיכך נתפס כתנאי מוקדם והכרחי להצלחה בחיים.

נקודת מבט יהודית

כהורים יהודים, עלינו למצוא דרכים להעביר לילדינו את המסר שלפיו היהדות אומנם מכבדת ומוקירה יופי, אך מייחסת ערך רב יותר לתכונות ולמעשים מלמראה חיצוני. לפיכך, הצלחתה, השפעתה וזהותה של בחורה צעירה נובעות לא מן המראה שלה, אלא ממעשיה ומתכונותיה – מהמידות שלה. המסר הזה סותר חלק גדול מן המסרים שבהם מלעיטים אמצעי התקשורת את ילדינו, ולפיכך יש להדגיש אותו שוב ושוב מגיל צעיר, ובהזדמנויות שונות. המסר היהודי הוא שהגוף הוא כלי חשוב, כלי יפה, אך הוא רק כלי. עלינו לטפל בו היטב משום שבו שוכנת הנשמה שלנו, והוא ניתן לנו במתנה מה' כדי שנשתמש בו שימוש נאות במהלך חיינו. אולם יש לזכור שזהו כלי שאנחנו מטפלים בו כדי שיאפשר לנו להמשיך ולהעמיק בעבודת ה'.

מסיבה זו מדגישים המקורות את חשיבות הבריאות של בני אדם. כבר בתורה נאמר:

> הִשָּׁמֶר לְךָ וּשְׁמֹר נַפְשְׁךָ מְאֹד... וְנִשְׁמַרְתֶּם מְאֹד לְנַפְשֹׁתֵיכֶם.
>
> (דברים ד, ט; טו)

הרמב"ם רואה את הפסוק הזה כבסיס למצוות עשה[12] להרחיק מאיתנו כל דבר שעלול להיות מסוכן ולגרום לפציעה ואף למוות. חלק ממערכת היחסים של בני אדם עם ה' הוא הטיפול והדאגה לעצמם מבחינה גופנית ורגשית. כשאנחנו מכירים בערך העצמי שלנו ומתייחסים לעצמנו בכבוד, אנחנו גם מביעים הערכה כלפי ה'.

הפרעות אכילה בקהילה הדתית

אין בידינו נתונים מוחלטים המוכיחים שהפרעות אכילה נפוצות יותר בקהילה היהודית מבזו הכללית, אבל העניין עולה שוב ושוב.[13] מחקר על נוער יהודי בקנדה מצא כי בנות יהודיות דיווחו על מקרים של התנהגויות אכילה בעייתיות בהיקפים גדולים יותר מאשר בנות גילן הלא־יהודיות. הממצאים הראו כי 25 אחוז מן המתבגרות היהודיות חצו את הסף הקליני בהתנהגות של הפרעות אכילה, ואילו הממוצע הארצי באשכול סוציו־אקונומי דומה באוכלוסייה לא־יהודית היה 18 אחוז. מעניין כי לא נמצא הבדל בנטייה להפרעה לפי רמה דתית.[14] מחקר שנערך בישראל מצא כי בקרב נוער יהודי ישנה שכיחות גבוהה

יותר של דפוסי אכילה שאינם תקינים, לעומת נוער במדינות מערביות רבות אחרות.[15] מעניין לציין כי כמה מרכזים לטיפול בהפרעות אכילה באזור ניו יורק החלו להציע גם מזון כשר בשל ביקוש גבוה. כיוון שאחוז האוכלוסייה היהודית שמקפיד על כשרות הוא נמוך מאוד, ייתכן שביקוש זה מעיד על פנייתם של מספר גדול של יהודים דתיים לקבל עזרה וטיפול בבעיה זו, הרבה יותר מחלקם באוכלוסייה.

יוזמה

ב־2008 הפיקה אלישבע דיימונד סרט על הפרעות אכילה בקהילה הדתית, בחסות ועדת הנוער של קבינט המנהיגות הצעירה באיגוד הקהילות האורתודוקסיות של ארצות הברית. שם הסרט, Hungry to Be Heard ("תאבה שישמעו אותי"), מצביע על הגורמים הפסיכולוגיים והחברתיים העומדים בדרך כלל בבסיס הפרעת האכילה, ועשויים להיווצר בעקבות רעב אמיתי להקשבה. אפשר לראות בהפרעות האכילה מנגנוני התמודדות לקויים, שמתפתחים לרוב מתוך מאמץ לשמור על תחושה מסוימת של שליטה בעולם שנראה עמוס וחסר שליטה. לפעמים הפרעות אכילה הן אמצעי לא מודע להשיג שליטה, ולפעמים הן אמצעי לקבלת עזרה ותשומת לב. דיימונד חשה צורך להכין סרט שיעסוק בהפרעות אכילה בקהילה היהודית דווקא, כדי להעלות את המודעות להיקף התופעה ולעצור את הנטייה להעלים את הנושא בטענה השקרית, שלפיה למחלה יש השפעה שולית בקרב יהודים. התוכניות לטיפול בבעיה זו בבתי ספר יהודיים מביאות לרוב עדויות של נשים שהתמודדו עם הפרעת אכילה והחלימו. דיימונד הרגישה שבנות עשרה, המושפעות כל כך מן המסרים של אמצעי התקשורת בנוגע למשקל ולמראה חיצוני, יראו בנשים הללו דוגמה להתגברות על הפרעת האכילה ויסברו שהמחיר להיות רזה אינו יקר מדי. גם מסיבה זו היא חשה צורך להכין סרט שמדגיש את ההשלכות השליליות של התנהגויות הנובעות מהפרעות אכילה. Hungry to Be Heard מדגיש את הכאב ואת המאבק הכרוכים בהפרעת אכילה, כמו גם את ההשלכות הפיזיולוגיות הקשות לטווח ארוך.

לסרט יש חשיבות נוספת, והיא בהתייחסות לנושאים המיוחדים לקהילה הדתית, והעיקרי שבהם – השידוכים. אנחנו מדברים הרבה על מידות, על תכונות טובות ועל יופי פנימי, אבל כשמגיע הזמן לפגישות לקראת חתונה, מייעצים לבנות לרדת במשקל. יש בחורים שמסכימים לצאת רק עם בחורות במידה 36 ומטה, והדבר יוצר לחץ עצום על בנות בגיל הנישואים. לאלה

שמלכתחילה לחוצות מן הפגישות ומן המחשבה על נישואים מיד אחרי התיכון, הפרעת האכילה עלולה לפגוע בתהליך הצמיחה וההתפתחות של גופן ולגרום להן לפרוש מהתחרות, כביכול. הקהילה הדתית מציבה לילדיה ציפיות גבוהות בתחומים רבים. הפרעות אכילה הן לפעמים הדרך לומר: "אני לא מסוגלת להיות מושלמת בכל התחומים".

הורות מעשית

הורים אינם יכולים להגן על ילדיהם מפני חשיפה לרעיונות ולדימויים המוזכרים לעיל, אבל הם כן יכולים להציג מסרים הפוכים על בריאות ועל יופי. בזמן ההתבגרות המינית, גופן של בנות נוטה להתעגל. אגן הירכיים גדל והשדיים מתפתחים. בעקבות הגדילה וההתפתחות עולה בדרך כלל אחוז השומן בגוף. עלייה במשקל היא חלק מההתפתחות הנשית והיא תקינה ובריאה. אך השינויים הללו מתרחשים בדיוק בשלב שבו בנות רגישות במיוחד למשקל שלהן.

תפקיד ההורים

על ההורים להרגיע את ילדיהם ולהבהיר להם שהשינויים של גיל התבגרות הם נורמליים, ושגופן של רוב הנשים הצעירות מגיע למשקל מאוזן ובריא בלי כל התערבות. אין שום סיבה לחשוב על דיאטה בגיל הזה. יתרה מזאת: הורים יכולים להיות דוגמה לאכילה בריאה וליחס בריא לאוכל, ולהעניק לילדיהם את הכוח ואת היכולת להתמודד עם המסרים באמצעי התקשורת.

אף על פי כן, ולמרות כל המאמצים והכוונות הטובות, לא תמיד הורים יכולים להגן על ילדיהם מפני הפרעת אכילה, ולא תמיד הם מוכנים לקבל את העובדה שההפרעה מצריכה טיפול. בנות הלוקות בהפרעת אכילה יכולות להסתיר אותה טוב מאוד. הדבר החשוב ביותר שהורים יכולים לעשות במצב כזה הוא להכיר בהפרעת האכילה של ילדם, ולהפנים שהמחלה דורשת טיפול רפואי מידי. נדיר שהפרעת אכילה תיעלם בלי טיפול עומק. דיימונד מקווה שהורים ילמדו מהסרט שהפרעת אכילה היא מחלה, ממש כמו כל מחלה אחרת. כפי שלא הייתם מצפים מהילדים שלכם לרפא את הסוכרת שלהם בעצמם, כך גם אי־אפשר לצפות מהם לרפא את הפרעת האכילה שלהם בעצמם. אם הילדים היו מתנגדים לטיפול בכל מחלה אחרת, בוודאי לא הייתם מאפשרים להם לגרום לעצמם נזק בלתי־הפיך.

איך נדע אם ילדינו סובלים מהפרעת אכילה?

ההתנהגויות הבאות עשויות לאותת על הפרעת אכילה:[16]

- אכילת מנות קטנטנות או סירוב לאכול
- פחד מושרש מהשמנה
- דימוי גוף מעוות
- התעמלות נמרצת (למשך יותר משעה)
- אגירה והסתרה של מזון
- אכילה בחשאי
- היעלמות אחרי האכילה – לעיתים קרובות לשירותים
- שינויים קיצוניים במשקל, כלפי מעלה או כלפי מטה
- התנתקות חברתית
- דיכאון
- עצבנות
- הסתרת ירידה במשקל בעזרת בגדים רחבים
- ירידה קיצונית במשקל מבלי שהדבר יעורר חרדה
- כאבי בטן
- מחזור לא סדיר – היעדר וסת
- סחרחורות
- תחושת קור מתמדת
- בעיות שינה
- חתכים ויבלות במפרקי האצבעות (בשל הכנסת אצבעות לגרון כדי לגרום להקאה)
- עור יבש
- פנים נפוחות
- שיער דק על הגוף
- דלילות שיער הראש, שיער יבש ושביר
- חורים בשיניים או שינוי בצבע השיניים בעקבות הקאות
- חולשה של השרירים
- עור צהוב
- ידיים ורגליים קרות ומנומרות או נפיחות ברגליים

אם יש לילדיכם חלק מהסימנים הללו, קחו אותם להיבדק אצל רופא. רופאים מסוגלים לזהות מחלות אחרות שנראות כמו הפרעות אכילה, וגם לזהות הפרעת אכילה אם ישנה. ככל שתקדימו לאבחן הפרעת אכילה, כך תשפרו את סיכויי ההחלמה. הפרעת אכילה שאינה מטופלת עלולה להוביל להתמודדות ארוכה וקשה מאוד, ואף להסתיים במוות.

כיצד נוכל לעזור לילדינו?

העזרה הטובה ביותר שהורים יכולים להגיש לילדיהם היא להכיר בבעיה ולמצוא לה את הטיפול המתאים ביותר. לעיתים קרובות ההתערבות אינה פשוטה, מפני שרוב הילדים מתקשים מאוד להודות בבעיה. המאמצים לשכנע את ילדיכם שהם זקוקים לעזרה עלולים לגרום למריבות קשות, ולכן חובתם של ההורים לעזור בנועם אך בנחישות. אסור להורים לחכות עד שהם בטוחים שיש הפרעת אכילה. ככל שהטיפול יתחיל מוקדם יותר, כך סביר יותר שהוא ינחל הצלחה, ולכן גם חשד מבוסס הוא סיבה לבירור. על כל פנים, לא כל דפוס אכילה חריג מצביע בהכרח על הפרעת אכילה. המשמעות המיוחסת למזון היא בדרך כלל החשובה ביותר. מטרתה של ההימנעות מאכילה היא לרוב הגורם המשמעותי ביותר בקביעת קיומה של הפרעת אכילה. למשל, כשנערה מוותרת על ארוחת הבוקר כדי לא לאחר ללימודים, הדבר תקין, ולעומת זאת, כשנערה אינה מרשה לעצמה לאכול ארוחת בוקר כדי שלא לחוש רגשות אשם וכעס על כך שאכלה, הדבר אינו תקין. טיפול מיטבי בהפרעות אכילה צריך לכלול צוות רב־תחומי. הנושאים לטיפול הם פסיכולוגיים, פיזיולוגיים, התנהגותיים ותזונתיים. יש לכלול בתוכנית הטיפול מומחים מכל התחומים הללו.

אם אתם חושדים שיש לילדיכם הפרעת אכילה, הציגו להם את חששותיכם ברוגע ובאהבה ככל האפשר. דברו באופן קונקרטי וציינו עובדות: "אני דואגת לך כי אני רואה שלאחרונה את לא אוכלת ארוחת ערב". הקשיבו היטב לתשובתה של הילדה וזכרו כי מתבגרים עם הפרעות אכילה נוטים להתבייש בכך, ועלולים לכעוס או להכחיש את המחלה. תשובה טעונה רגשית עשויה להצביע על בעיה. אל תוותרו, ואם יש צורך חזרו ופנו לילדיכם עד שהם יסכימו לפנות לעזרה. אם הם ממשיכים לסרב לעזרה, גייסו את רופא המשפחה או את פסיכולוג בית הספר. הדגישו שוב ושוב שאתם אוהבים אותם ודואגים להם. בנוסף, אמרו לילדיכם שהם יפים וראויים לאהבה, ודברו על תכונותיהם הפנימיות החיוביות. גם כאן יש להיזהר, משום שמעורבות יתר של ההורים וחרדה מוגזמת בנוגע למזון עלולות להעצים את הפרעת האכילה. מצד אחד,

חשוב לאתר את המחלה מוקדם, ומצד שני, חשוב ביותר להימנע מאובססיביות בדבר הרגלי האכילה של ילדיכם. האיזון בין השניים לא תמיד קל. להורים שסבלו בעצמם מהפרעת אכילה מומלץ לחפש קבוצת תמיכה שתעזור להם להתמודד עם הרגלי האכילה של ילדיהם באופן הטוב ביותר.

הפרעות אכילה והאינטרנט

האינטרנט עלול להיות משאב מסוכן מאוד לאנשים בעלי הפרעות אכילה. ישנם אתרים רבים התומכים בהפרעות אכילה, הידועים בשם 'פרו־אנה' במקרה של אנורקסיה ו'פרו־מיה' בבולימיה. האתרים הללו נותנים טיפים והשראה להתנהגויות אכילה שאינן בריאות. כדאי שתהיו מודעים לאתרים הללו, ותוודאו שילדיכם אינם גולשים בהם. בעולם הדוגל בחופש ביטוי, האתרים האלה עדיין חוקיים, אבל הם עשויים להיות קטלניים לילדים שלכם.

אתם וגופכם

המודעות שלנו כהורים לעצמנו ולמסרים שאנחנו מעבירים לילדינו בנוגע למשקל ולמראה חיצוני חיונית מאוד לחינוך שלהם ליחס בריא ומאוזן לגוף, למשקל ולמזון. חשוב להתחיל בבחינת המודעות שלנו לעצמנו בנושאים הללו. אם המשקל שלנו עולה ויורד לסירוגין ואנחנו מדברים בצורה שלילית על הגוף שלנו, ילדינו יבינו שאנחנו נמצאים בקונפליקט איתו. חשוב להשתדל להימנע מלהעיר הערות שליליות על הגוף שלנו בנוכחות ילדינו. נוסף על כך, חשוב לגלות יחס בריא לגופנו ולמזון שאנו אוכלים. אם אתם עצמכם מתקשים בדבר, מומלץ לשקול לפנות לעזרה כדי לטפל בבעיות שלכם, ולא להעביר אותן לדור הבא.

שיחות על אוכל ועל משקל

באופן כללי, על הורים להשתדל להימנע מקונפליקט עם ילדיהם בכל הקשור לאוכל ולמשקל, כדי שלא להיכנס למאבקי כוח מיותרים. על פי רוב, אין שום סיבה שילדים או בני נוער יגבילו את צריכת המזון שלהם. הגבלת אכילה כדי לשלוט במשקל אינה יעילה, והיא גם עלולה לגרום לעלייה במשקל ולפיתוח הרגלי אכילה שאינם בריאים. להצקות חוזרות ונשנות בדבר צריכת מזון יש השפעה הפוכה מזו הרצויה. מומלץ להורים למעט ככל האפשר בשיחות על אכילה, אלא אם כן קיים חשד להפרעת אכילה. במצב כזה, שיכול לסכן את הילד או הילדה, על ההורים לעשות כל שביכולתם כדי שילדם החולה יקבל טיפול של מומחה.

מילה על בנים

הציפיות שמפתחים הבנים שלנו על גוף האישה ועל המראה של חברותיהם, ובסופו של דבר של בנות זוגם, נוצרות במידה רבה בעקבות החשיפה שלהם לדמויות הנשיות המושלמות בפרסומות ובסרטים (והיום, לצערנו, גם באתרים פורנוגרפיים). כפי שנאמר לעיל, הציפיות הללו מציבות סטנדרט כוזב, לא מציאותי, והן לרוב בסיס לתפיסה לקויה של מה שנחשב נורמלי וּבר־השגה. חשוב שנלמד את בנינו שהציפיות שלהם, המושפעות מאמצעי התקשורת, מסולפות.

כמו כן, יש לשים לב שבנים, שהם אחים או חברים של בנות שיש להן פוטנציאל לסבול מהפרעת אכילה, יהיו מודעים לכך שלפעמים הערה אגבית לאחות או לחברה לכיתה בנוגע לגופן עלולה להשפיע עליהן קשות. בנות רבות מעידות שנקלעו למערבולת של הפרעות אכילה, ושהדבר נגרם כתוצאה מהערה של הורה או של חבר על משקלן, שנאמרה בדרך אגב. בעקבותיה הן התחילו לרדת במשקל, ותחושת השליטה שהקנה להן גופן הרזה יצרה התעסקות יתר לא בריאה בירידה במשקל. כולנו חייבים להיזהר מאוד בדיבורנו, משום שלרוב איננו מודעים לרגישויות של מי שעומד מולנו.

הפרעות אכילה: מיתוסים לעומת עובדות

מיתוס	עובדה
רק בנות ונשים סובלות מהפרעות אכילה.	גם בנים עלולים לסבול מאנורקסיה או מבולימיה, אף שמחלות אלו שכיחות פחות אצל גברים (הם כ־15 אחוזים מכלל הסובלים מהן).
כל חולי האנורקסיה כחושים.	רוב חולי האנורקסיה רזים, ומעטים בלבד נראים כחושים מאוד. גם אנשים הסובלים מהשמנת יתר עשויים להיות חולי אנורקסיה.
בהפרעות אכילה אין סכנה של ממש.	אחד מכל חמישה אנשים הסובלים מהפרעת אכילה עלול למות מסיבוכי המחלה.
אכילת שומן משמינה.	שומן הוא חלק חשוב בכל תפריט בריא. בלי שומן, האיברים אינם יכולים לתפקד.
חולי אנורקסיה אינם אוכלים כלל.	חולי אנורקסיה אוכלים, אבל צריכת המזון שלהם בדרך כלל קטנה ומוגבלת מאוד.
הפרעות אכילה נובעות מעניינים הקשורים לאוכל ולמשקל.	הפרעות אכילה קשורות לבעיות פסיכולוגיות עמוקות, ואינן נובעות מעיסוק באוכל ובמשקל.
הפרעות אכילה הן דרך קלה לרדת במשקל.	רבים מחולי האנורקסיה והבולימיה מתים מכשל בלב עוד לפני שמשקלם יורד באופן ניכר, ואף לפני שהם מגיעים למשקל שהם רואים בו המשקל האידיאלי שלהם.
אי־אפשר לרפא הפרעות אכילה.	ברוב המקרים הפרעות אכילה הן מחלות שאפשר לרפא אותן. טיפול מוקדם הוא מפתח להצלחה בתהליך זה.
דיאטות והגבלת מזון הן דרך בריאה לרדת במשקל.	הגבלת מזון היא הדרך הגרועה ביותר לרדת במשקל, והיא מזיקה לחילוף החומרים בגוף.
האחריות להפרעות האכילה של ילדים מוטלת במידה רבה על הוריהם.	הורים אינם אחראים בשום פנים ואופן להתפתחות הפרעות אכילה אצל ילדיהם. ישנם מגוון גורמים להתפתחותן של הפרעות אכילה.

בפרק זה דיברנו על:

- לפי אמצעי התקשורת והתרבות המודרניים, הצלחה מקורה ברזון וביופי. חיזוק לרעיון הזה הוא העובדה שתמונות המופיעות בפרסומות עוברות בדרך כלל ריטוש ו'שיפוץ'. התמונות האלה מייצגות לכל היותר אחוז אחד מן האוכלוסייה, ומציבות לנו ולילדינו יעדים לא מציאותיים.
- השפעות תרבותיות אלו אומנם גורמות לאנשים רבים לעסוק בדיאטות וברזון, אך רק אחוז קטן מהאוכלוסייה מפתח הפרעת אכילה.
- הפרעת אכילה פוגעת קשות בתפריט היומי. אנשים בעלי הפרעות אכילה אוכלים כמויות קטנות מאוד של מזון או מגזימים מאוד באכילה.
- הפרעות האכילה הנפוצות ביותר הן אנורקסיה נרבוזה ובולימיה נרבוזה, המלוות בפחד עצום מפני עלייה במשקל ובפגיעה בדימוי הגוף.
- אנורקסיה נרבוזה מתאפיינת בסירוב לשמור על המשקל המינימלי התקין בהתאם לגיל ולגובה, ובקרב נשים מופיעה גם אמנוריאה (היעדר וסת).
- בולימיה נרבוזה מאופיינת בבולמוסי אכילה והתרוקנות.
- אין נתונים מעודכנים בדבר שכיחות היתר של הפרעות אכילה בקרב האוכלוסייה הדתית, אבל מן הידוע לנו אפשר ללמוד על מספר גָּדֵל של דתיים הפונים לעזרה בנוגע להפרעות אכילה, מספר גדול ביחס לחלקם באוכלוסייה.
- אפשר לראות בהפרעות אכילה מנגנון התמודדות לקוי, שמתפתח לרוב במאמץ לשמור על שליטה כלשהי בעולם שנתפס כמכביד וכחסר שליטה.
- לפי המסורת היהודית, בריאות הגוף והנפש והטיפול בהם הם חובה דתית.
- על הורים לשמש דוגמה לילדיהם בכל הקשור לאכילה בריאה ולהראות להם יחס בריא למזון, ולמרות זאת, אין בכך ערובה להגנה מפני התפתחות הפרעת אכילה אצל ילדיהם.
- התמיכה הגדולה ביותר שהורים יכולים להעניק לילדיהם היא להכיר בבעיה, ולבקש עזרה מקצועית רפואית ופסיכולוגית מתאימה.

7
צניעות

פעם, כשהייתי מודדת בחנות חולצה ממש יפה, אימא שלי הייתה יכולה להעיר לי עליה ולומר: "היא בסדר, אבל השרוולים קצת קצרים", ואני בתגובה הייתי אומרת: "טוב, אז אני לא קונה אותה, אם אמרת שהיא קצרה אז היא קצרה. אני לא רוצה שבכל פעם שאלבש אותה, תסתכלי עליי ותחשבי לעצמך שהיא קצרה מדי". היום, היא יכולה להעיר לי על חולצה ולומר: "זה לא קצת שקוף?", ואני בתגובה אומרת: "לא", ובוחרת להמשיך ללבוש אותה. מוזר שפתאום ההערות שלה כבר לא מפריעות לי. (ג'ודי, 15)[1]

צניעות

בעשור האחרון ראו אור כמה ספרים המוקיעים ומגנים את הלחץ העצום המופעל על נשים צעירות להתנהג בחוסר צניעות ובאופן מתירני. המְחַברות הדגישו את המחיר הרגשי הכבד שנשים משלמות כדי למלא אחר הציפיות של החברה, וביקשו לעודד חשיבה מחודשת באשר לנורמות חברתיות, במיוחד בקרב סטודנטים וסטודנטיות המתפתים לעסוק בהתנהגויות מיניות שאינן בריאות, בשל הלחץ החברתי ובשל הצורך להשתייך.[2] לטענתן, הציפיות מנשים הן הרסניות – הן מעודדות מפגשים מיניים חד־פעמיים, ואינן תואמות את הצורך של רובן בקשר זוגי ארוך טווח.

דו"ח של האגודה האמריקאית לפסיכולוגיה (APA) על סקסואליזציה של בנות מספק שפע ראיות לתהליך זה בתרבות המודרנית, אצל נשים בכלל ואצל נערות בפרט.[3] כמעט כל אמצעי התקשורת שנבדקו נגועים בדבר – טלוויזיה, קליפים, שירים, סרטים, עיתונים, ספורט, משחקי וידאו, אינטרנט ופרסומות. מחקרים שונים מראים כי נשים מוחפצות (למשל, מופיעות כקישוט) ומוצגות באופן מיני (למשל, בבגדים חושפניים) יותר מגברים.[4] בסרט תיעודי פורץ דרך בשם Killing us Softly ('הורגים אותנו ברכות'), שהופק לראשונה לפני ארבעים שנה ומתעדכן אחת לכמה שנים,[5] מנתחת ג'ין קילבורן כיצד תעשיית הפרסום מציגה נשים. היא חקרה מגוון מודעות בעיתונות ובטלוויזיה וחשפה דפוס מטריד והרסני של שימוש בסטריאוטיפים מגדריים. הסרט התיעודי, שעודכן ארבע פעמים במהלך שני העשורים האחרונים כדי לשקף דפוסי פרסום עכשוויים, מראה את מגוון הדרכים שבהן מוחפץ הגוף הנשי באמצעי התקשורת, בעיקר כדי למכור מוצרים. זוהי תזכורת צורמת לדרכים הרבות שבהן מתבצעת סקסואליזציה של הגוף הנשי למטרות רווח מסחרי. אם כן, יש המערערים על היחס לנושא הצניעות ועל עמדתה שוללת הצניעות של התרבות המודרנית גם מקרב התרבות עצמה.

אובדן גבולות

בימינו נראה שהיטשטש הגבול בין התחום הפרטי לבין מה שמיועד לצריכה ציבורית, לפחות באמצעי התקשורת. בסדרות רבות אנחנו מוצאים את עצמנו בתוך חדר שינה פרטי, צופים במה שאמור להיות פרטי. בתוכניות אירוח אנחנו שומעים אימהות מתעמתות עם בנותיהן ונשים מתעמתות עם בעליהן הבוגדים. בעיות אישיות ביחסים בין בני אדם הן פרטיות, והן צריכות להיפתר באופן פרטי או בעזרת יועץ – בהחלט לא לפני אלפי צופים. גם תוכניות ריאליטי פוגעות במושג הפרטיות. תוכנית שבה שישה זוגות חיים יחד במשך שישה שבועות, וכל אינטראקציה ביניהם מתועדת במצלמות נסתרות, פוגעת בכבוד ובפרטיות של כל המעורבים.

מצב שבו מה שאמור להישאר פרטי הופך לפומבי מוביל לאובדן כבוד ולפגיעה בעצמי. מבחינות רבות, איבדנו כחברה את הגבולות האישיים, ובדרך איבדנו גם מהכבוד שלנו. מושג הצניעות ביהדות מתקשר לכך, לאופן שבו אנו מתנהלים עם עצמנו ומקיימים תקשורת עם אחרים. הצניעות היא עוגן עבורנו, והיא כוללת עקרונות של ענווה, הגינות, פרטיות וריסון עצמי. היא עוזרת לנו לשמור על יושרה ולהימנע מלהיגרר אחר כללי ההתנהגות המשפילים הנפוצים כיום.

אתגרי הצניעות

הציפיות מנשים ומבנות בעולם הדתי סותרות לרוב את הנורמות של התרבות המודרנית. הדרישה לצניעות הופכת מקור למאבקים אינסופיים בין אימהות לבנות, ונוטה להעצים את מורכבותם של הקונפליקטים הקיימים ממילא בין אימהות לבנות בגיל הנעורים. הצניעות היא מקור למתח גם בין מורות לתלמידות במהלך שנות ההתבגרות. כנסים בנושאים המעסיקים את העולם הדתי דנו בדרכים השונות לחינוך לצניעות. אימהות ומחנכות רבות מעידות כי הן מתמודדות עם הנושא בכמה מישורים. ישנו קונפליקט פנימי בנוגע לעימותים עם בנות ועם תלמידות הלבושות באופן שלדעת המבוגרים איננו בגבולות הצניעות. לאחר עימות עם בנות ועם תלמידות, נשים הביעו אי־נוחות וחשש שמא תהיה לדבריהן השפעה שלילית, שתביא את הבנות להתרחק מן הדת ואף לעזוב אותה. לעת עתה אין הסכמה ברורה בשאלה כיצד כדאי וראוי להתייחס לענייני צניעות בקרב נערות בציבור הדתי־מודרני. עליי להודות שנושא הצניעות טעון עבור רבות ואינני יכולה להציע פתרון פשוט, אלא כמה רעיונות שאפשר להיעזר בהם וגישה שיכולה להועיל לפחות לחלק מההורים.

גישה יהודית לצניעות

למילה ׳צניעות׳ משמעות רחבה ועמוקה, אך מרבים להשתמש בה באופן צר ומצומצם, ביחס ללבוש ולבגדים. כל נערה הגדלה בבית ספר דתי שמעה את המונח פעמים רבות, והוא נוטה לקבל אסוציאציות שליליות בשל השימוש המוגזם שנעשה בו לאכיפת קוד לבוש (״אולי תהיי קצת יותר צנועה?״). גם בלי החוויה הזאת, המילה צניעות נתפסת כשלילית אצל בני נוער רבים והיא בהחלט עלולה לעורר קשיים, במיוחד אצל בנות. בפרק זה נדון בנושא ונציע דרכים להציג את המושג באור חיובי יותר. אך הכֵּנות מחייבת להודות שמדובר בנושא טעון מאוד, ולא אוכל להציע פתרון פשוט לחינוך בתחום הזה. אני מקווה עם זאת לספק כמה רעיונות למחשבה, וכן גישה שיכולה להועיל לחלק מן הקוראים.

ההגדרה הבאה לצניעות לקוחה מספרו של סטולפר על נישואין (״האמון המקודש: אהבה, פגישות רומנטיות ונישואים: התפיסה היהודית״),[6] ויש בה הרחבה של המושג:

> במונח ׳צניעות׳ כלולים המושגים ענווה, הגינות, פרטיות וריסון עצמי – תכונות אופי והתנהגות השולטות באופן שבו צריך אדם

> להתייחס לחברו; הגישה שבה יש להתייחס, למלא ולבצע את החובות ואת המחויבויות שלנו כלפי הקדוש ברוך הוא. "והצנֵעַ לכת עם א־להיך" (מיכה ו, ח) נושא גם משמעות של הצנעה, הפנמה ופרטיות... יש לציין כי צניעות מתייחסת לא רק להתנהגות וללבוש אלא גם לשפה ולדיבור.

ההגדרה הרחבה הזו מציגה את מושג הצניעות כנוגע בחיים מתוך תחושה של קשר עם ה', בהתאם לאופן שבו המילה הזו מופיעה בתנ"ך, בפיו של הנביא מיכה. כדי להיטיב להבין את מושג הצניעות, כדאי לבחון את המושג 'קדושה'.

במאמרו "Tzniut – A Universal Concept" ("צניעות – עיקרון אוניברסלי")[7] מצטט הרב ד"ר נחום לאם את הרב י"ד סולובייצ'יק, המסביר כי מושג הקדושה במסורת היהודית ייחודי לקיומו במקומות נסתרים; הוא אינו בא לידי ביטוי במרחבים גלויים, ציבוריים. הדוגמה הקלאסית היא קודש הקודשים בבית המקדש. אף שהוא היה המקום הקדוש ביותר לעם היהודי, הכניסה אליו הייתה אסורה. הוא נותר סמוי, ורק פעם אחת בשנה, ביום הקדוש ביותר, יום הכיפורים, הותר רק לאדם הקדוש ביותר, הכוהן הגדול, להיכנס אליו. ספר תורה הוא דוגמה נוספת לחפץ קדוש ומכוסה שאסור לגעת בו ישירות, אף שהקב"ה נתן אותו לעם ישראל במתנה. ביהדות, הכבוד כלפי דברים שבקדושה מתבטא בהימנעות מן החשיפה שלהם. זוהי התפיסה היהודית גם בנוגע לגוף.

בפילוסופיה היוונית, הגוף היה חפץ פיזי, יפה ואסתטי, וכמו כל יצירת אומנות יפה יש להציגו בפומבי. נקודת המבט היהודית, לעומת זאת, מזהה בגוף האנושי ניצוץ אלוקי, ומכירה בצורך לכסות אותו מתוך הערכה וכבוד ליופי הזה ולממד הרוחני שלו. אנחנו מפגינים כבוד והערכה כלפי המקודש באמצעות כיסויו, ושמירה על ערכו היקר.

כבוד עצמי

היבט נוסף של צניעות משתקף במושג הכבוד העצמי. הרב לאם מסביר כי כבוד עצמי מתייחס לתחושת הערך של האדם בעיני עצמו, האופן שבו הוא נושא את עצמו. תפיסה עצמית בריאה איננה זקוקה לחשיפה מיותרת כדי שזו תעניק לה תוקף. ניטיב להבין נקודה זו אם נבחן מצבים שבהם אנשים מתפארים בהישגיהם. כשלאנשים חסרה תחושה פנימית של כבוד עצמי, ייתכן שהם ינסו להשיג תחושה כזו על ידי קבלת לגיטימציה מבחוץ. אנשים שיש להם כבוד

עצמי אינם זקוקים לאישור חיצוני כזה. צניעות מעודדת תפיסה עצמית בריאה, ומאפשרת לאנשים לקיים אינטראקציה עם אחרים מבלי להתפאר בהישגיהם.

מלבד החשיבות של כבוד עצמי, מחובתנו גם להעניק את התחושה הזו לאחרים. לדוגמה, הדרגה הגבוהה ביותר של נתינת צדקה היא כאשר הצדדים אינם מכירים זה את זה. התנהלות כזו שומרת על כבודו של המקבל, שאינו מרגיש מחויב לאף אחד, וגם על כבודו ועל פרטיותו של הנותן. התרחקות מהתפארות של נתינה בפומבי גם מעודדת תחושה של ענווה.

האיזון שבפרטיות

הקב"ה, שלמידותיו אנחנו מנסים להידמות, מתייחס לאנשים באופן פומבי ופרטי כאחד. אלוקים חושף את עצמו, אך הוא גם מסתיר את עצמו. צניעות קשורה לעיקרון שלפיו יש בנו צדדים שנעדיף לא לחלוק עם אחרים, במיוחד לא עם אחרים שאין לנו איתם קשר אינטימי. פרטיות היא האיזון העדין בין גילוי צדדים של עצמיותנו לאחרים לבין ההימנעות מגילוים. המושג פרטיות מתאים בתחום הפיזי, שכן תחושת הפרטיות האישית שלנו וההערכה שאנחנו חשים כלפי עצמנו מעודדות אותנו לשמור את הגוף שלנו לעצמנו, והוא מתאים גם בתחום הרגשי, שכן כשאנחנו נמנעים מלחלוק את כל התחושות האישיות ביותר שלנו עם אנשים רבים בפומבי, יש בכך מן הכבוד העצמי.

כיסוי וגילוי

במאמר יפהפה מציג הרב שג"ר גישה לצניעות שכבר העניקה השראה לרבים. הוא פותח בדיון על הבושה ומציע לחלק את מושג הבושה לשני סוגים. בושה שלילית הבאה בעקבות חטא, ובושה חיובית הבאה מתוך הכרה בכוחו של הכיסוי, כוח שמגלם רמה מסוימת של סודיות. הוא מסביר שביסודו של מושג הצניעות עומד הצורך בכיסוי מסוים. חשיפה גופנית מלאה פוגעת ביכולתם של אנשים להכיר בקיומם של החלקים הסודיים, העמוקים והאנושיים של האדם, שאותם חייבים להסתיר כדי שהקדושה שבהם תהיה נוכחת. הרב שג"ר מסביר שכך אנו מתמודדים עם עצמנו ועם הרצון שלנו לצניעות. אנחנו מתמודדים עם השאלה של כמה לכסות וכמה לגלות את עצמנו, כמו גם את גופנו. כיסוי וגילוי, שיתוף והסתרה, ועם זאת אף פעם לא לחשוף יותר מדי.

בהתייחס למאמרו של הרב שג"ר, אוריה מבורך מציעה כי צניעות לא נועדה לחנוק את הרצון להיראות, אלא לכוון אותו. באמצעות הצניעות אפשר

למצוא איזון עדין בין גילוי להסתרה. הצניעות מקיימת במדויק שני ערכים סותרים אלה ומאפשרת הרמוניה שהתורה מעודדת בין גילוי נשי להסתרה.[8]

לסיכום

באמצעות הלבוש שלנו, אנחנו יכולים לחשוף את המוצנע או לכסותו. כשאנחנו מתלבשים באופן חושפני, אנחנו מושכים תשומת לב לגוף שלנו, כך שהיבט הקדושה שבנו נותר סמוי. לבוש שאין בו הדגשה יתירה וסקסואליזציה מוגזמת של הגוף מעביר מסר שלפיו המראה חשוב לי, אך הנשמה והאישיות שלי משמעותיות עבורי עוד יותר. המסר הוא: "אני יותר מאשר רק גוף, והייתי רוצה שגם אחרים יראו אותי כך".

ברעיון הצניעות ישנו מסר שחז"ל ביקשו לחזק. אומנם היהדות מוקירה ומעריכה את היופי, אך הוא איננו התכונה החשובה ביותר של האדם והוא בהחלט איננו קנה מידה לשיפוט. הצניעות מבטאת את מושג הענווה בלבוש ובמעשה. היא קוראת לנו להתבונן פנימה על הקשר שלנו עם ה'. היא מעודדת אותנו לאפשר לעצמנו להישמע לערכי התורה ולהשתחרר ממה שהחברה אומרת לנו להיות. המדים שאותם דורשת התורה מנשים ומגברים ללבוש הם הם הכבוד העצמי שלהם. אין כאן מקום לפשרות. יש לנו מרחב גדול לבטא את עצמנו לפי טעמנו האישי, אך בנוגע ללבוש, המוקד הוא הכבוד העצמי של האדם.

כשאנו נשמעים לכללי הצניעות, אנחנו מביעים מסר חשוב ביותר: אני אדם שלם, לא רק גוף. לרוב מבקשת החברה המודרנית לבטא את החיצוניות בלבד, ובכך היא מצמצמת את האדם. לבוש צנוע מאפשר לאנשים לתפוס את עצמם כפרטים בעלי אופי ואישיות מעניינים שראוי להכירם. כך, יופי הוא תכונה שמתייחסת לא רק לחיצוניות, אלא נמדדת במידותיו של אדם – התנהגות, טוב לב, התחשבות ורגישות. להיות 'בן אדם', אדם טוב לב ומתחשב, הוא מדד היופי של יהודי שומר מצוות.

הלבוש הוא סמל, וכשאנחנו לובשים בגדים אנחנו עוטים על עצמנו את הדימוי העצמי שלנו. הצניעות מאפשרת ליצור מצב שבו אנו מקשיבים לאנשים ולא רק מסתכלים עליהם. אומנם צופים בנו מן החוץ, אך הצניעות מעודדת אותנו להשתמש בלבוש ובדימוי שהוא יוצר כדי לבטא את ליבת העצמיות שלנו, כך שהדימוי החיצוני ישקף את האני הפנימי.

בסופו של דבר, אומר הנביא מיכה, מה שה' רוצה מאיתנו הוא "הצְנֵעַ לכת עם אלקיך" (מיכה ו, ח). כלומר, ישנו קשר בין השאיפה שלנו להיות צנועים

לבין הרצון שלנו לחיבור עם אלוקים. מצופה מאיתנו להציג את עצמנו באופן מכובד בכל עת, מתוך מודעות לנוכחותו התמידית של אלוקים. זוהי הכוונה במילים "והצנע לכת": הליכה צנועה עם אלוקים. המושג הזה רלוונטי לכל יהודי ויהודייה בכל זמן. בכל אחד מאיתנו נמצא חלק אלוה, הנשמה שלנו, ועלינו לדאוג שאופן ההתנהלות שלנו בכל התחומים לא יפגע בחלק הזה. כמובן, אין מדובר כאן רק באופן הלבוש שלנו, אלא בגישה כוללת בכל תחומי החיים, שהרי בכולם ישנה אלוקיות. דיבורינו ומעשינו צריכים תמיד להתקיים בהתאם לתחושה של הליכה עם אלוקים בעולם.

הורות מעשית

אין זה פשוט להתייחס לנושא הצניעות. הורים שבחרו לקרוא את הספר הזה בוודאי מבינים כבר את ערכה של הצניעות בהקשר הראוי. אולי הם מבקשים דרכים להקנות את הערך הזה לילדיהם תוך שימת הדגשים המתאימים.

צניעות ולבוש

כפי שנאמר, לרבים מייצגת הצניעות את הציפיות של ההלכה היהודית מנשים דתיות בנוגע ללבוש. במובן הצר הזה, אני ממליצה שדווקא אימהות ינהלו שיחות על צניעות עם בנותיהן. אבות מעולם לא נאלצו להתמודד עם העניינים הללו באופן אישי, ובעיני בנותיהם הם אינם מסוגלים להביע אמפתיה כלפי ההתמודדות שההגבלות האלה דורשות מהן.

צניעות בעיני בנותינו בגיל הנעורים

אם נבין את מקור ההתנגדויות של צעירות רבות לצניעות ולגדריה, ניטיב לעזור להן להתגבר על חלק מהן. מניסיוני, בתחילת השיחה עם בנות מתבגרות כדאי לבקש מהן להביע את תחושותיהן ביחס לצניעות – החיוביות והשליליות כאחד. למשל, אפשר לומר: "משתמשים הרבה במילה צניעות בהקשר של נשים. הייתי רוצה לשמוע ממך על מה את חושבת כשאת שומעת את המילה הזו". כשאני רוצה לכוון את השיחה לכיוון מסוים, אני מזמינה תלמידות לדבר על משהו שהיה משמעותי עבורן או שעורר אצלן קושי, אבל בדרך כלל אני משתדלת להשאיר את השאלה ניטרלית ופתוחה. אם הן מדברות רק על היבטים חיוביים, אני שואלת אם יש להן משהו שלילי לומר. אם הן משמיעות רק אמירות שליליות, אני שואלת אותן אם נוסף על מה שהן תופסות כהיבט המאתגר של הצניעות,

הן יכולות לנסות למצוא משהו חיובי לומר בנושא. נשים רבות שגדלו בסביבה דתית מגיבות אוטומטית למילה צניעות באופן שלילי, משום שבמשך שנים רבות היא שימשה מקור להצקות ולאינטראקציות שליליות. לדעתי, הורים מקנים חינוך טוב יותר כשהם מאפשרים לילדיהם המתבגרים לבטא את תפיסותיהם ביחס לצניעות לפני שמגיעים לשיחה על ציפיות. הורים צריכים לעורר דו־שיח על הקשיים של בני נוער, ולא רק לקבוע כללים. מצאתי במחקרי כי רוב הבנות המתבגרות מוקירות ומבינות את ערכה של הצניעות.[9] עבור המתבגרת הדתית הממוצעת, חילוקי הדעות הם בדרך כלל על פרטים ולא על העיקרון.

הבנת התנגדויותיהן של בנותינו

ניטיב להשפיע על עמדותיהם של ילדינו בנושא הצניעות אם נבין מדוע היא מקשה עליהם. במחקר שערכתי בנושא שאלתי נערות למה הצניעות קשה להן. להלן כמה מהסיבות שהן ציינו:

גברים קובעים לנשים – התסכול הנפוץ ביותר הניכר בדבריהן של מתבגרות על צניעות נובע מן התחושה שגברים כופים על נשים את ההלכה. לעיתים קרובות אומרים להן שבנות צריכות להתלבש בצורה מסוימת כדי לשמור על עיניהם של הגברים. הן מרגישות שההגבלות הללו נכפות על נשים ללא התחשבות אמיתית בהן, בצורכיהן וברגשותיהן. במקום לחנך את הגברים לשלוט ביצרם המיני, מצפים מנשים להתכסות כדי שגברים לא יתפתו. טובה הרטמן, פרופסור לחינוך ומגדר בקריה האקדמית אונו העוסקת במגדר ודת, מבהירה כיצד החינוך הזה מקדם תסכול.[10] מורה צעיר בא לתת הרצאה לבנות והניח במרכז השולחן צלחת עוגות. כשהבנות הושיטו את ידיהן להתכבד מהעוגות, הוא עצר בעדן וביקש מהן לחכות לסוף ההרצאה. בתום ההרצאה, כשהבנות התחילו לאכול, הוא אמר בדרמטיות: "זוכרות איך העוגות האלו הסיחו את דעתכן? ככה בדיוק אני מרגיש כשאתן מתלבשות לא צנוע".

האם כך אנחנו רוצים להציג את בנינו ואת בני הזוג שלנו לפני אחיותיהם ונשותיהם לעתיד? האם, לדעתנו, גברים באמת מסוחררים כל כך מיצרם המיני עד שכל הנשים שהם פוגשים מסיחות את דעתם? בוודאי יש דרכים אחרות לעודד נערות דתיות לנהוג בצניעות הראויה, מבלי להפוך את הגברים המוכרים בסביבתן ליצורים הנאבקים בכל רגע עם יצרם.

הגבלת הביטוי העצמי – מקור נוסף להתנגדות, שעלה רבות, הוא התחושה כי חוקי הצניעות מגבילים את הביטוי האישי. רוב האנשים בוחרים בקפידה את הבגדים שהם לובשים, מתוך מודעות לכך שבגדים הם הבסיס

להערכה הדדית. צניעות עלולה למנוע מאנשים להביע את עצמם כפי שהיו רוצים. הצורך להתלבש לפי אמות המידה של ההלכה פירושו שאיננו חופשיים לבחור כיצד אנחנו רוצים להציג את עצמנו.

אמירה פומבית בדבר הזהות הדתית – אחת ההשלכות של חיים על פי ההלכה היא שלרוב בבחירת הבגדים יש אמירה באשר למחויבות שלי להלכה, גם אם אנחנו לא תמיד מעוניינים להחצין זאת. בני נוער נמצאים בשלב שבו הם מתנגדים לתכתיבים, ובוודאי לתכתיבים ביחס לצורת הלבוש שלהם. כשהם מבקשים להשתחרר מעול דעותיהם של המבוגרים, כל הגבלה יוצרת תחושה של כפייה. התחושה הזו מתחדדת במיוחד כשמדובר בלבוש. בני עשרה, שמתרעמים במיוחד כששופטים אותם על סמך פרטים חיצוניים, מבקשים לבטא את עצמם באופן אמורפי ולא מוגדר, וזה לא תמיד מתאפשר כשצריך להתלבש לפי כללי צניעות.

התנגשות בין מודרנה לחיים דתיים – לדעתי, ההתנגדות המשמעותית ביותר לצניעות נובעת מכך שהיא נתפסת כנקודת החיכוך בין החיים המודרניים והחיים הדתיים. זוהי הנקודה שבה מתבגרת דתייה צריכה לשאול את עצמה: האם חשוב לה להיות אופנתית יותר, או לשמור מצוות? לצערנו, בדרך כלל שתי האפשרויות הללו אינן יכולות להתקיים במלואן זו לצד זו. כשומרי תורה ומצוות נוכל לשאול את עצמנו מה זה אומר להיות מגניבה או אטרקטיבית, או אפילו יפה. הרצון להיות אופנתית הוא חלק חשוב מן הזהות העצמית של צעירות רבות בקהילה הדתית המודרנית. אולי כדאי שנשאל את עצמנו איך אנחנו מגדלים דור שלם של ילדים שבשבילם אופנה חילונית חשובה לפחות כמו שמירת מצוות, וכיצד אנחנו, קהילת שומרי תורה ומצוות, יכולים לשנות את המצב הזה בעתיד, אבל ייתכן שזה פשוט חלק מן האיזון המורכב שבין חיים בעולם מודרני לבין קיום מצוות. הורים שמסוגלים להיזכר בשנות ההתבגרות שלהם יכולים להודות שגם להם היה חשוב מאוד להיות מגניבים ומקובלים. זהו חלק חשוב מן ההתפתחות בגיל הנעורים, שבו יש לחברים השפעה משמעותית.

אני מדגישה שכל אלו הן תחושות אמיתיות שחוֹוֹת בנות דתיות בגיל הנעורים, והן יוצרות צרימה של ממש. ניטיב לעזור להן אם נבין את הקושי שלהן, אם נתמוך בהן ונתחייב למצוא להן פתרונות בגבולות ההלכה. זהו קונפליקט קשה, משום שהוא נוגע בתחום כל כך אישי. דווקא בגלל שהוא משמעותי כל כך עבור בנותינו, חשוב שנעודד אותן ונעזור להן למצוא פתרונות לקונפליקט. כהורים, אנו ממלאים פונקציה חשובה וחיונית עבור ההתפתחות הבריאה של ילדינו כשאנחנו קובעים סטנדרט מסוים ומצפים מילדינו לעמוד בו.

גישות לניהול שיחות על צניעות

לפעמים נערות משתדלות מאוד לחמוק משיחות בנושא הזה, ואין ספק כי יש אימהות שנתקלות בהתנגדות עצומה, ובכל זאת, שיחה עם הבת שלך על החששות ועל הציפיות שלך – משתלמת. ישנם כמה רעיונות משמעותיים שחשוב לכלול בשיחות כאלו, אך הן תהיינה יעילות בתנאי שהאם עצמה בטוחה בטענות שלה. חלק מהמחויבות שלנו היא להציג את הציפיות הדתיות שלנו לילדינו בצורה אותנטית. לשם כך עלינו לחנך את עצמנו ולהבין את המשמעויות העמוקות יותר של המסורות שלנו לפני שנוכל להקנות את ערכינו בכנות. להלן כמה הצעות לשיחה על צניעות. אני ממליצה לאימהות לבחור את הדגשים שמשמעותיים להן, אבל גם להכיר את הגישות האחרות שאולי 'ידברו' יותר אל בנותיהן.

הבנת הצניעות – גישות

האם הבגדים הם שיוצרים את האישה? קבלת אחריות על אופן הלבוש שלנו והבנה שאנחנו מעבירים מסרים באמצעות הגוף והבגדים הן חלק חשוב בהתפתחות שלנו. בני נוער רבים מנסים להכחיש את המסר שמעבירים הבגדים שלהם – "זה רק נזם, אין לזה שום משמעות!" – אבל, כמובן, הם בהחלט מעבירים מסר, ורובנו, בני נוער כמו גם מבוגרים, משתמשים בבגדים כדי לומר אמירה. על כל פנים, הורים צריכים להיות רגישים לעובדה שהמסרים הללו משתנים, ומה שנחשב רדיקלי או אפילו פסול כשהם עצמם היו בגיל הנעורים אולי כבר אינו נושא את אותה משמעות. ברור לנו ששיפוט שטחי המבוסס על לבוש הוא דבר מלאכותי, והוא אכן כזה, אבל עלינו להודות גם שרוב האנשים משתמשים בבגדים כדי לבטא צדדים שונים של עצמם. אימהות יכולות לעזור לבנותיהן להבין שאנשים תמיד מעבירים מסרים באמצעות הבגדים שהם לובשים. אפשר להזכיר להן כמה מחשבה הן משקיעות בבחירת בגדים לאירועים שונים; כיצד הן מתלבשות באופן שונה לאירוע רשמי ולאירוע שאינו רשמי, ובוודאי כיצד הן היו מתלבשות לו היו מוזמנות לריאיון עבודה או למסיבה. כולנו משתמשים בבגדים כדי ליצור לעצמנו תדמית. בקבלת אחריות על הלבוש שלנו אנו הופכים את הצניעות לאחד הכלים לקשר שלנו עם הקדוש ברוך הוא.

נגה: אימא, אני רוצה נזם לכבוד יום ההולדת שלי (גיל 14) בשבוע הבא.
אימא: נגה, את יודעת מה אנחנו חושבים על נזם. בשום פנים ואופן לא.

נגה: אימא, את פשוט לא מבינה. אני יודעת שכשאת היית בגילי נזם נחשב לסוג של מרד, אבל היום זה כבר לא ככה.

אימא: מי אומר?

נגה: אני אומרת לך, אימא, למחנכת שלי יש נזם וגם למורה שלי להלכה. שתיהן הרבה יותר צעירות ממך, ואני באמת חושבת שדברים השתנו. זה לא הוגן שאת ואבא מחליטים דברים כאלו על סמך מה שהיה נכון לפני עשרים שנה. דברים כאלו באמת משתנים.

אימא: טוב, תעזרי לי להבין למה זה חשוב לך.

נגה: אני פשוט אוהבת איך שזה נראה. אני חושבת שזה יפה. אני פשוט חושבת שזה ייראה יפה עליי.

אימא: האם זה לא קשור קצת גם למראה מגניב ולקשר שלך עם קבוצת הבנות הזו שאני לא כל כך רוצה שתסתובבי איתן?

נגה: לא, אימא, זה לא... אם הייתי רוצה קשר איתן הייתי מבקשת לעשות חור במקום אחר בגוף! ברצינות, אימא – אני יודעת שכשאת היית בגילי זה היה סימן למרד אבל זה ממש לא ככה היום. בבקשה, מותר לי?

אימא: טוב, אולי את צודקת שאין לזה בדיוק אותה משמעות שחשבתי. תני לי לדבר על זה עם אבא ואנחנו נשקול את הנושא ברצינות כי אני מבינה שדברים השתנו מאז שהייתי בגילך.

נגה: תודה, אימא.

הדגשת פנימיות האדם – אימהות יכולות לעזור לבנותיהן להבין שהעיקרון העומד בבסיסה של הצניעות הוא הפנימיות של האדם ולא חיצוניותו. היהדות אינה מכחישה את חשיבותו של הפן החיצוני, והיא אכן מכירה בערכו של היופי (שימו לב, למשל, על כמה נשים נאמר בתנ"ך שהן יפות תואר ויפות מראה). אנחנו מעריכים יופי ואסתטיקה, אבל עיקר תשומת הלב אינו מופנה אליהם. התורה רואה באדם שילוב של הרוחני ושל הפיזי, יצור ייחודי שהוענקה לו נשמה – חלק אלוה, אישיות מורכבת. צניעות פירושה ללמוד לכבד את עצמנו, אם אנחנו רוצים שהאישיות הקדושה והשלמה הזו תבוא לידי ביטוי. פירוש הדבר להימנע מעיסוק מוגזם בצד הפיזי ולמקד את האנרגיה ואת תשומת הלב שלנו באדם השלם, כלומר, ללמוד לכבד את עצמנו בזכות המהות שלנו ולא רק בזכות המראה שלנו. הצניעות, על כל גדריה בלבוש ובהתנהגות של נשים וגברים כאחד, מטרתה למנוע מגברים ומנשים לראות זה בזה אובייקטים מיניים גרידא.

החברה שלנו נוטה לשפוט לרוב על פי מראה חיצוני, אך זהו בסיס כה שטחי להערכת בני אדם. הצניעות כערך מבקשת לעזור לפרט ולחברה להתרחק מן המרכיבים המלאכותיים והחיצוניים של העצמי, ולהעריך אנשים בזכות אותם חלקים פנימיים של העצמי, האישיות האמיתית, שהיא התמצית המזוקקת של כל אדם.

נעה: אני שונאת צניעות... זו פשוט עוד רשימה ארוכה של כללים שקובעים מה אסור לנו לעשות.

אימא: אני מצטערת שאת מרגישה ככה לגבי צניעות. אולי, אם יש לך קצת זמן, אוכל להראות לך איך תוכלי להבין את הצניעות בצורה שונה. אני דווקא חושבת שיש בה משהו מאפשר.

נעה: מאפשר?! זו רשימה ארוכה של איסורים!

אימא: את יכולה להבין את זה ככה, או שאת יכולה להבין את הצניעות כדרך שעוזרת להבחין יותר בפנימיות של אנשים ולא רק בחיצוניות שלהם.

נעה: אין לי מושג למה את מתכוונת...

אימא: טוב, הרבה פעמים אנחנו מדגישים מאוד את המראה החיצוני שלנו. לפעמים אנחנו כל כך מתמקדים בו, שאנחנו שוכחים להתייחס לדברים אחרים. לפעמים קורה שאנחנו משתמשות בגוף שלנו כדי למשוך תשומת לב באמצעות לבוש פרובוקטיבי, או שאנחנו מנסות להיראות סקסיות כי זו דרך קלה לזכות בתשומת לב. גדרי הצניעות מלמדים אותנו שמי שמכירה ומכבדת את עצמה אינה צריכה להציג את עצמה לראווה כדי להרגיש מוערכת. הצניעות היא דרך להעניק לאנשים את הכוח להשיב לעצמם את ערכם האמיתי, במקום לנסות למכור את עצמם בגוף יפה. היא מעודדת אנשים לשמור על כבוד עצמי בכל עת, ולעולם לא לתת לאחרים להתייחס אליהם כגוף בלבד. צניעות מעודדת נשים להיות אטרקטיביות, אבל באופן כזה שהחוץ משקף את הפנים – את מה שמתחת לפני השטח.

נעה: טוב, הבנתי, אבל אני עדיין מאוד רוצה את החצאית הזו שבמבצע, גם אם היא קצת קצרה.

אימא: אולי נקנה אותה ואני אוסיף פיסת בד למטה כדי שהיא תהיה באורך הנכון. הולך?

נעה: אולי. לא יודעת.

אז מי בעצם כופה על מי? בנות מתבגרות נוטות לראות בצניעות דבר שגברים כופים על נשים, אבל חשוב לבחון מחדש את החשיבה הזאת באמצעות מבט מעמיק יותר על תעשיית האופנה, וכיצד סטנדרטים של אופנה מוכתבים לנשים (לרוב, אך לא תמיד, על ידי גברים). רוב מעצבי האופנה וכללי האופנה המודרניים מקבלים את הנחת היסוד שלפיה נשים צריכות להתלבש באופן פרובוקטיבי. הגישה הזו היא חלק מעולם האופנה, והיא כופה סטנדרט פוגעני כלפי נשים הרבה יותר מאשר הכפייה שיש בהלכות צניעות. יחסה של תעשיית האופנה כה מוטמע בחברה שלנו, שהוא נחשב ברור מאליו. לבוש צנוע הוא, למעשה, אמירה הרבה יותר עצמאית ומכוונת מאשר קבלה חסרת הבחנה של כללי אופנה שמגדירים כיצד עלינו להיראות. אם נכיר בקלות שבה אנחנו נותנים לאופנה להגדיר את הלבוש שלנו, נבין טוב יותר את הזהויות שלנו ואת המחויבות שלנו לסטנדרטים דתיים.

רחל: כל כך נמאס לי מזה! היום בא רב אחד לדבר איתנו בבית הספר. ברצינות, לדעתי צניעות היא רק עוד דרך שבה גברים מצליחים לשלוט במה שנשים עושות. אם הם לא יכולים להתמודד עם זה, שיעצמו עיניים!

אימא: את יודעת, מותק, אני ממש מבינה! אני זוכרת שחשבתי בדיוק כמוך כשהייתי בתיכון. אבל מאז חשבתי הרבה על צניעות, והיום אני כבר רואה את הדברים אחרת.

רחל: איך?

אימא: לדעתי, יש שתי סיבות עיקריות לצניעות. מצד אחד, אנחנו צריכים להיות כנים ולהבין שנכון שגברים מתפתים בקלות ממה שהם רואים. מכיוון שאנחנו יצורים מיניים ששמים לב לגוף של אחרים, לגברים ולנשים יחד יש משימה משותפת לשמור על הקדושה שבנו. אז נשים מקבלות אחריות על צניעות, ולגברים יש כמה חובות שקשורות ללבוש (שהן די קלות עבורם, כי זה דומה למה שלובשים כל האנשים), והם גם אחראים לשלוט בעצמם ובמחשבותיהם בשעת הצורך. חוץ מזה, כולנו צריכים להקפיד על דיני ייחוד (להימנע משהייה יחד בחדר מבודד) ועל כל מה שנוגע לקשרים פיזיים. כולנו יחד אחראים להתנהג כראוי.

רחל: אני לא יודעת, אימא. עדיין נראה לי שאנחנו נושאות ברוב האחריות.

אימא: למען האמת, לדעתי, הצניעות נועדה לנו, בלי שום קשר לגברים.

רחל: מה? איך?

אימא: צניעות עוסקת בעצם בכבוד עצמי, ונוגעת לקשר שלך עם עצמך ועם הגוף שלך. יש לבוש שהוא מכובד, וצניעות פירושה להתלבש מתוך כבוד עצמי. זה מאפשר לנו לראות את עצמנו ולהיראות על ידי אחרים כאנשים מעניינים, ולא רק כגוף. אנחנו מלמדות את עצמנו להעריך את הכישרונות הרבים שלנו ולממש את המטרות האלו – לא רק לתקשר עם אחרים באמצעות הגוף.

רחל: נשמע הגיוני.

להתלבש לפי האופנה – אופנה יכולה להיות כלי משמעותי לביטוי עצמי, אבל היא עלולה גם לדכא חופש אישי. אופנה יוצרת זהות קולקטיבית, אך לעיתים קרובות היא גם מגבילה את קולו של היחיד. ציות לצו האופנה אינו הופך אנשים לעצמאים, אלא למובלים על ידי אחרים. מבחינה זו, לאופנה יש פוטנציאל של ביטוי עצמי כמו גם של קונפורמיזם, הליכה בתלם. היא מסוגלת להחפיץ נשים, ולעיתים קרובות היא אף עושה זאת. יש הבדל גדול בין מודעות לאופנה לבין כניעה לתכתיבים שלה. מי שמעוניינת לשמור על צניעות יכולה להיות מודעת לאופנה, אבל הסטנדרטים שלה לא ייקבעו אך ורק על פי צו האופנה. היא תבחר לא ללבוש בגד שפוגע בכבודה כאישה. את הרוח העצמאית הזו אנו מבקשים לטפח. בנותינו יכולות לבחור להיות אטרקטיביות בלי להיות פרובוקטיביות. לעיתים זו הבחנה קשה לבנות עשֵׂרה, אבל אנחנו יכולים לעזור להן לפתח אותה. כיום ייתכן בהחלט שחיים על פי ערכים של צניעות מבטיחים עצמאות אישית יותר; הם מעודדים את חופש הבחירה, כמו גם את החופש להיות ביקורתיים ולקבל החלטות על סמך עקרונות דתיים ולא רק לפי האופנות החולפות.

צניעות כפן אחד מני רבים של הקשר שלנו עם אלוקים – צניעות היא אומנם מצווה חשובה, אך אין להפריז בערכה. היא צד חשוב של הקשר שלנו עם אלוקים, אך היא עדיין אחת ממצוות רבות שמוטלות עלינו כחלק מן הקשר המתפתח שלנו עם אלוקים. קביעתה כציר המרכזי לביטוי הנשי של קשר עם אלוקים הופכת אותה לכבדה מנשוא עבור בנות דתיות. זוהי מצווה מאתגרת, ואף על פי שיש לחנך את הבנות ולעודד אותן לקיימה, אין לגרום להן להרגיש שזהו העיקרון החשוב ביותר בעבודת ה׳ שלהן. דווקא משום שהצניעות כה מאתגרת, אין זה הוגן לאמוד את הקשר של נערות ליהדות דרך העדשה של אורחות הצניעות שלהן. הדגשה מוגזמת של עניין הצניעות עלולה לגרום

למתבגרות להרגיש שאנחנו מתמקדים יותר בצד החיצוני מאשר בצד הפנימי, בעוד שהמטרה היא לחנך למסר הפוך בתכלית.

חצאיות: אמירה חברתית – כיפה היא סמל עוצמתי וגם סבוך, מכיוון שהיא מהווה הצהרה פומבית של מחויבות לדת, ובאמצעותה אפשר לזהות גברים דתיים בכל מקום. בספרו **האשה והמצוות: הצנע לכת – מקורות הלכתיים מבוארים**[11] מציע הרב אליקים אלינסון לראות את החצאית לנשים כמו הכיפה לגברים. העובדה כי מבחינה מסורתית הקהילה הדתית תמיד הייתה מחויבת לחצאית כלבוש נשי הופכת את הציפייה ההלכתית מנשים ללבוש חצאית למשמעותית יותר. הרב אלינסון רואה בחצאית הצהרת הזדהות עם הקהילה, והיבדלות מקהילות מודרניות יותר. נשים ובנות שלובשות חצאית ממקמות את עצמן בתוך קהילה של נשים שמעניקות עדיפות למחויבות מסורתית אינטנסיבית להלכה. כך, לבישת חצאית יכולה להיתפס כהפגנת מחויבות בלתי־נלאית למסורת, כאשר המסורת ולא האופנה המודרנית מגדירה את לבוש הפרט. הרב אלינסון רואה בכך חשיבות גדולה, במיוחד אצל תלמידות שעוברות ללמוד באוניברסיטה או נמצאות בסביבה מודרנית אחרת. לבישת חצאית היא סמל להן וגם לסובבים אותן, והיא מעודדת דרך התנהגות התואמת את ההלכה יותר מלבוש שמחליש את ההזדהות עם הקהילה הדתית.

לבוש תואם הלכה – לרוב, הבנות המתבגרות שלנו נאמנות למושג הצניעות אך מתקשות עם חלק מן הפרטים הכרוכים בכך. סביר להניח שהורים שמבינים את המורכבות של שמירה על הלכות צניעות יצליחו יותר לעודד את בנותיהם לפתח מחויבות כזאת. ישנן קהילות שיש להן ציפיות מוגדרות מאוד בנוגע ללבוש ראוי, והן אינן מותירות הרבה מקום לשינויים. בקהילות שמוכנות לקבל טווח רחב יותר של אפשרויות לבוש, כל עוד שהן מקובלות מבחינה הלכתית, גישתו של הרב יהודה הנקין במאמרו[12] על הלכות לבוש צנוע יכולה לסייע מאוד: למשל, ביחס לאורך השרוול, הוא מציג את כל טווח הגישות, החל מאלו שלדעתו אינן מקובלות, דרך אלו שמקובלות ברמת המינימום, וכלה במחמירות ביותר. הרשימה כולה מוצגת לקוראים, והם יכולים לקבל החלטה מודעת לגבי רמת ההקפדה שהם מאמצים. בגישה כזאת, יש לבנות תחושה של שליטה מסוימת על פרטי שמירת המצוות שלהן.

אבות וצניעות

בנות רגישות מאוד להערות של אביהן על לבושן ועל בגדיהן. גם ההערות התמימות והכנות ביותר של אב באשר לצניעותה של בתו עלולות לפעמים

להיתפס כמתחסדות ומתנשאות. כגבר, הוא מעולם לא היה צריך להתמודד עם העניינים האלו, ומנקודת מבטה של בתו, הוא לעולם לא יוכל לחוש אמפתיה כלפיה בכל הקשור לאתגרים שהמגבלות הללו מעמידות בפניה. בנושאי צניעות צריכות לטפל בעיקר האימהות. ואף על פי כן, אין נושא בין הורים לילדים שהוא מחוץ לתחום, אלא שעל האבות להיות מודעים לרגישות הדרושה ולהעיר מתוך שיקול דעת.

ברובד אחר, חשוב שאבות ימשיכו לגרום לבנותיהם להרגיש יפות ולהחמיא להן על המראה שלהן. בנות דתיות בגיל הנעורים מקבלות מעט מאוד תגובות מגברים על המראה שלהן. אבות שמחמיאים לבנותיהם על מראן החיצוני יוצרים אצלן ביטחון במראה החיצוני שלהן, ומחזקים אצלן את התחושה שהן יפות.

הדגשה מוגזמת

לפעמים אנחנו מאוכזבים מאופן הלבוש של ילדינו. אולם כשילדים מגיעים לגיל שבו כבר אין לנו השפעה רבה על ההחלטות שלהם, נוכל ללמוד מהמסרים שאנו עצמנו העברנו להם ולזכור כמה חשוב לקבל את הילדים בזכות הפנימיות שלהם ולא החיצוניות שלהם. כך היינו רוצים שיתייחסו אלינו, וכך אנו רוצים שהם יתייחסו לאחרים. חשוב לזכור שלמרות חשיבותה הרבה של הצניעות, היא רק אחת ממצוות רבות שבהן נשים מקיימות את הקשר שלהן עם ה׳ ועם התורה.

כמו כן, צניעות היא לרוב המצווה המאתגרת ביותר לבנותינו. אין זה הוגן למדוד את דתיותן על בסיס המצווה המאתגרת ביותר. אם נצליח לעודד את הצמיחה ואת המחויבות הדתית שלהן בכל התחומים ולהמשיך לחנך למחויבות להלכה, סביר להניח שהן יתקדמו בהדרגה גם למחויבות רבה יותר לצניעות. הדגשת הצניעות על חשבון מצוות חשובות אחרות עלולה להביא לתוצאות הפוכות ולהשפיע לשלילה על מחויבותה של הבת גם בתחומים אחרים. יש לשקול היטב את מידת ההדגשה הראויה ואת דברינו.

בפרק זה דיברנו על:

- החברה המודרנית, שמאופיינת בדרגה גבוהה של מיניות, סותרת את רעיון הצניעות.
- הגדרת מושג הצניעות וראייתו בהקשר של הרעיון היהודי של הנטייה לכסות את הרוחני ואת הקדוש ביותר בשל הכבוד וההערכה שאנו חשים כלפיו.
- הנערות הדתיות מאמינות ברובן במושג הכללי של צניעות, אך מתקשות להתמודד עם הציפיות ההלכתיות באשר ללבוש.
- ההתנגדות נובעת מתסכולים שונים הנתפסים ביחס לצניעות – למשל, שבאמצעות הצניעות גברים שולטים בנשים, וכן שהיא מגבילה את הביטוי האישי וכופה על נשים לצאת בהצהרה פומבית חד־משמעית באשר לזהותן הדתית.
- אחת הסיבות שהצניעות כה מאתגרת היא שלעיתים קרובות הצניעות היא נקודת החיכוך בין החיים המודרניים ובין החיים הדתיים.
- יש כמה גישות לשיחה עם נערות על צניעות.
- גם לאב יש תפקיד בשיחה על צניעות עם בנותיו ועם בניו.
- צניעות היא לרוב המצווה המאתגרת ביותר לבנותינו, ולפיכך עלינו להקפיד שלא להגדיר או למדוד את הדתיות שלהן דווקא על סמך המצווה המאתגרת ביותר עבורן.
- צניעות היא אומנם מצווה חשובה, אך אין להפריז בחשיבותה. יש לראות בה את מה שהיא בדיוק: אחת ממצוות רבות לעבוד בהן את ה׳.

8
יחסים בין המינים

יש בי כעס גדול על איסור נגיעה לפני חתונה. אף אחד לא באמת מבין כמה קשה לעמוד בסטנדרטים שאחרים קובעים. אני מרגיש זלזול בקשיים שלי. אותה ספרות דתית שמתיימרת להיות "אנושית ובעלת הבנה פסיכולוגית" מנסה להעניק לחוקים האלה משמעות ורלוונטיות ומתארת אותם באור ורוד, בלי להביא בחשבון את התסכול הכרוך במאמץ לקיים אותם בפועל. החוקים האלה לא מציאותיים, ומתסכל אותי שאני מרגיש אשם כשאני עובר עליהם. משמרים את החוקים האלו בלי להתייחס למציאות ולרגשות של אנשים.
(דן, 26)[1]

ההתלבטות שלי

אני חייבת לומר שלא קל לי לכתוב את הפרק הזה. בבואי לכתוב אותו, עולים בי הקולות הטוענים שאין מי שבאמת עומד בדרישות האלה; שהן מיושנות ואינן מתאימות לחברה הדתית כיום, וגם אילו היו מתאימות, הן קפדניות מדי ויוצרות ציפיות לא מציאותיות ורגשי אשמה מיותרים.[2] קולות אלו מדברים על השאיפה האנושית העזה למגע פיזי כחלק משמעותי במערכת יחסים בריאה בין בני זוג, במיוחד כאשר הזוגיות רצינית. זה מהווה אתגר גדול למחויבות הדתית שלהם.[3] הטענה היא שרבים מהגברים ומהנשים בקהילה הדתית המודרנית שמקיימים את כל שאר ההלכות, עוברים על הלכות אלו מכיוון שקשה מדי לקיים אותן.

לפי דעה זו, יש להפסיק ללמד את ההלכות האלה או אף לא לראות בהן הלכות, משום שהן קשות מדי ליישום ואינן מוצדקות בימינו.

ולמרות זאת, הלכות שמירת נגיעה בין המינים הן חלק מן המסורת ומן הספרות ההלכתית שלנו, ולכן אי־אפשר פשוט להיפטר מהן כלאחר יד. עלינו להשקיע מחשבה רבה יותר בהוראתן, אולי מגיל צעיר יותר ובדרכים שיעזרו לילדינו להבין טוב יותר את הערך הטמון בהן. בשיחה בין מחנכים על הנושא, הוצעה תגובה שלדעתי יש בה מן התבונה:[4]

> כל זוג צעיר חושב שהוא הראשון לגלות את התשוקה האינטימית. אומנם לבני הזוג זהו אכן גילוי ייחודי, אך לאותם אנשים זקנים ואפורים, הוריהם ומוריהם, אלו חוויות מוכרות שגם הם חוו. רוב הזוגות הדתיים מתמודדים עם התחושות האלה. לדעתי, רוב הזוגות מצליחים לשמור נגיעה ברמה כזאת או אחרת, ואלו ש'נופלים' אינם מצפים לחותמת הכשר מהרבנים, למרות הכנות שלהם... חלק מן הדחף להינשא הוא הרצון באינטימיות. האם אנחנו רוצים שסצנת המפגשים הרומנטיים שלנו תיראה כמו זו של אמריקה?

> ...כדאי שזוגות צעירים שאינם נשואים ידעו שגם זוגות נשואים מתמודדים עם הגבלות. תקופת הנידה לא תמיד נמשכת רק 12 יום, ואינה תמיד קלה ונוחה. לפעמים זוגות נשואים נאלצים להתמודד עם חוסר אינטימיות במהלך משברים ואירועי חיים מרכזיים, גם במשך חודשים – אך הריסון הזה הוא המבחן לעוז רוחנו כעבדי ה'.

כהורים אנו יכולים להביע רגישות והבנה כלפי הקשיים של אנשים דתיים שאינם נשואים ונמצאים בקשר זוגי ארוך טווח, אך איננו יכולים לתמוך בעברה על ההלכה, הלכה שאנו תומכים בה ורואים כנכונה ועדיין רלוונטית, משמעותית ובעלת ערך. מטרתו של פרק זה לתת להורים את הכלים לדבר עם ילדיהם על הגישה היהודית ליחסים בין המינים.

> אני יודעת שבהלכה היהודית יש דברי טעם ואמת. אני יודעת שבגבולות שההלכה מציבה יש מן החכמה בהחלט. אבל יש לי חבר והפסקנו [לשמור נגיעה] לפני שבועיים... מגיעים להחלטה לשמור נגיעה ומקווים להיות חזקים, אבל זה קשה מדי ונכנעים, ומדברים על זה כל הזמן...

> אני יכולה לומר לך שעם כל התשוקה שמעורר המגע, מה שעוצר בעדי הוא שאני דתייה. כרגע אני חשה אשמה גדולה מכיוון שגדלתי בבית דתי. אני באמת מאמינה שזה הדבר הנכון לעשות [שמירת נגיעה], ולא כי עושים לי שטיפת מוח בבית, אלא אני באמת מאמינה בזה... אבל אני חושבת שעם הזמן זה נעשה יותר ויותר קשה. כשאנחנו לא שומרים נגיעה, הקשר נעשה קצת יותר רדוד... לדעתי, היום הרבה יותר קשה לשמור נגיעה בגלל הטכנולוגיה והתרבות סביבנו, שסותרות לחלוטין את מה שאנחנו [במסורת שלנו] חושבים. המסר התרבותי היום הוא "לך תעשה מה שטוב לך", "תגשים את החלומות שלך", "החיים קצרים מדי, תעשה מה שבא לך". הסתירה בין התרבות לגישה שלנו ביהדות יוצרת את התקיעות שאני נמצאת בה. (מעיין, 16)

> טוב, אז אף פעם לא שמרתי נגיעה וגם עכשיו אני לא שומרת. היו לי קשרים עם מלא בחורים והייתי די פעילה מינית. אבל עכשיו אני יוצאת עם בחור ששומר נגיעה. אני – בקשר שומר נגיעה – זה משהו שמעולם לא חשבתי שאעשה. זה ממש קשה, אבל גם הבנתי כמה חשוב המגע. אני ממש משתוקקת לגעת בחבר שלי. זה כל כך חזק, וזה דווקא אחד הדברים שאני אוהבת בקשר שלנו. אפשר לומר שהפיתוי הוא בעצם ההימנעות – הוא ממש לידי, אבל אני לא יכולה לעשות שום דבר. אני רוצה לגעת בו יותר מבכל אדם אחר, אבל אני לא מושיטה את היד. גיליתי דרך חדשה לנהל מערכת יחסים. אני לא מאמינה שאני אומרת את זה, אבל תאמיני לי, באמת יש לזה מטרה. ומה שאני הכי אוהבת, זה את התחושה שלי לגבי הקשר – אני הרבה יותר בטוחה בו ויש לי יותר כבוד אליו. אני יודעת שהוא לא מצפה ממני למגע פיזי, ובגלל זה אני כל כך מכבדת אותו. זה הקשר העמוק והיפה ביותר שהיה לי אי־פעם.
> (שירה, 16)

אנחנו קולטים אין־ספור מסרים מאמצעי התקשורת בנוגע למיניות, כמה חשוב להיות גם סקסיים וגם פעילים מינית, אבל היהדות מלמדת אותנו משהו שונה לחלוטין. לפי ההלכה היהודית, אסור למי שאינם נשואים לקיים מגע פיזי. מדוע? כי היהדות מעריכה את המיניות כדבר אינטימי כל כך עד שחז"ל, על סמך הבנתם את התורה, ביקשו לשמור את היחסים המיניים אך ורק לחיי הנישואים. אינטימיות מינית היא עמוקה וחשובה מכדי להיות חלק מקשר מזדמן או אפילו רציני מחוץ למסגרת הנישואים. היהדות רואה את האינטימיות המינית באור

חיובי, אבל אחד העקרונות המרכזיים במסורת שלנו הוא שיש לה זמן ומקום מתאימים.

אם כן, נקבעו בהלכה קווים מנחים האמורים ליצור נורמות בנוגע לקשר בין המינים. נורמות אלו מתייחסות גם למגע וגם לשהייה ביחידות. מלבד ההלכות המסוימות הללו, ישנה גם רוח ההלכה, ומה פירוש הדבר לחיות כעם קדוש, וגם אלו מכוונים אותנו. "גורם הקדושה", כפי שאני אוהבת לקרוא לו, מספק קו מנחה להתנהגויות שהן מחוץ להלכה, כגון: כיצד אנו מבלים את זמננו ומקיימים קשרים הדדיים, וכיצד אנחנו מבקשים תשומת לב, כמו גם סוג תשומת הלב שאנו מבקשים מבני המגדר השני. החוקים האלה ניתנו לנו על מנת ליצור מסגרת בריאה שבה יכולים שני המינים להימצא בקשר זה עם זו בתוך גבולות ההלכה.

כדי לעזור לילדינו להיפתח לרעיון השונה כל כך מן התפיסה הנפוצה בתרבות המודרנית, עלינו להיות מוכנים להשקיע זמן ומאמצים של ממש כדי לעזור להם לשקול את זווית הראייה היהודית בראש פתוח. באופן כללי, המסרים של אמצעי התקשורת המודרניים מוזילים את המיניות ואת חוויית יחסי המין ומציירים אותה כחוויה נעימה, אך גופנית ביסודה, שאפשר ליהנות ממנה כמעט בכל זמן שהוא ועם מי שאנו חפצים. היהדות רואה באיחוד המיני בין שני אנשים את אופן החיבור העמוק והמשמעותי ביותר הקיים בין בני אדם. זה איננו רק מעשה פיזי. זהו מעשה רוחני עמוק; חיבור בין שני בני אדם, בגוף ובנשמה, המאחד אותם במה שמתואר בספר בראשית (ב, כד) כ"והיו לבשר אחד". היבט רוחני זה של המיניות הוא שנעדר במידה רבה מרוב הסדרות והסרטים. מעצם הגדרתו, המין אינו יכול להיות חלק מסטוץ חד־פעמי. הקדושה הזו נוצרת מן המסורת שלנו. היהדות אוסרת לא רק על יחסי מין מלאים, אלא גם על כל קשר פיזי בין המינים. בני נוער עשויים לטעון כי פלירטוטים עם בני גילם רחוקים מאוד מיחסי מין. זה נכון, אך חז"ל בחרו ליצור נורמות ברורות לקשרים בין גברים לנשים, שאין בהן ערפול. הם לא הפרידו בין סוגי קשרים מותרים ואסורים. חז"ל גם ידעו שברגע שיתירו סוגים מסוימים של התנהגות פיזית, יהיה קשה מאוד להציב גבולות. למשל, הם הבינו שאין זה מציאותי להתיר מגע חלקי. גם מגע פיזי קל בין המינים עלול להידרדר מהר מאוד למגע מיני אינטימי. במחקר שלי, רוב המשתתפים שהיו בזוגיות הסכימו שבכל פעם שהם הציבו לעצמם גבולות, הם גילו במהרה שהם אינם מסוגלים לעמוד בהחלטות שלהם והגיעו לפעילות פיזית מוגברת. הגוף שלנו מתוכנת להיות בעל משיכה פיזית בין גברים לנשים. אפשר לפתח שליטה עצמית, אך הניסיון מוכיח שיש

השפעה רבה יותר להנחיות שקובע גורם חיצוני, מקור שמעורר תחושת חובה ומחויבות, למשל, ההלכה. התחייבות לאיסור מוחלט של מגע פיזי יכולה להעניק לגברים ולנשים את החופש להימצא בקשר מבלי לחשוש לאפשרות של יחסים פיזיים. חוקים אלו אינם קלים לשמירה, אך הגבול המוחלט יכול דווקא להקל על קשרים מן הסוג הזה, באופן מפתיע.

בני נוער ושמירת נגיעה

> יש כאלו שמלכתחילה לא מפתחים קשרים [עם בנות]. לדעתי, זה הפתרון הכי טוב. אמרתי לחברים שלי שהם לא צריכים חברה, אבל לי אישית אין זכות דיבור. אם אומר למישהו שלא כדאי שתהיה לו חברה, הוא יאמר: "כן, אבל לך יש חברה". אני עדיין חושב שהיה טוב יותר אילו הייתה לי חברה רק בשלב הרבה יותר מאוחר. (אבי, 15)

בציבור הדתי המודרני, שבו בנים ובנות גדלים יחד ומרגישים בנוח בחברתם של בני המין השני, הציות להלכות שמירת נגיעה יכול להיות מאתגר. ואם בני נוער מהמגזר הדתי נמצאים בזוגיות, הם עלולים להתקשות לשמור על ההלכות הנוגעות לאינטימיות גופנית.

במחקר שערכתי בקרב מתבגרות בנות המגזר סיפרו לי משתתפות רבות שהן מתקשות בנושא של שמירת נגיעה.[5] זה המונח המתאר את ההלכות המתייחסות למגע פיזי בין המינים. לפי ההלכה, גברים ונשים שאינם נשואים אמורים להימנע מכל מגע פיזי (אלא אם כן מדובר בבעלי מקצוע, כמו רופאים, למשל). בעולם המודרני שבו אנו חיים, מגע בין המינים הוא נוהג שכיח (למשל, לחיצת יד), והצורך של יהודים דתיים להתמודד עם הניגוד הזה מבליט את האתגר הכרוך בניהול חיים שהם מודרניים ודתיים בו־זמנית.

המונח שמירת נגיעה אינו מופיע בספרות ההלכה. בספרות השו"ת מהמאה העשרים הוא כלל לא מוזכר. אין לו כל משמעות הלכתית, אך נראה כי הוא התפתח בקרב נוער יהודי דתי? במהלך שנות השבעים או תחילת שנות השמונים.[6] לאחרונה, הוא החל להופיע בספרים כלליים על יהדות,[7] אך לא בספרות ההלכה. כיום אפשר למצוא אותו בכמה מקורות הלכתיים לא רשמיים, כמו ספרות השו"ת באינטרנט.[8]

הגדרות של שמירת נגיעה

כמעט כל בני הנוער במגזר הדתי מודעים במידה כלשהי לשמירת נגיעה, אך הגדרותיהם למושג משתנות. יש המגדירים שמירת נגיעה כהימנעות מוחלטת מכל מגע פיזי עם בני המין השני. וכך, אם הם מתירים לעצמם לגעת נגיעה אגבית בבן המין השני, כמו לחיצת יד ונתינת כִּיף, הם מגדירים את עצמם כמי שאינם שומרים נגיעה, אך בדרך כלל לא ישקלו אפשרות של מעורבות במערכת יחסים אינטימית עם בן המין השני. אחרים אומנם מחויבים לשמירת נגיעה, אבל יסכימו לקבל כִּיפים ולחיצות יד שיוזמים אחרים. מכיוון שאין קו אחיד וברור בעניין שמירת נגיעה בבית או בבית הספר, הדעות רבות והבלבול גדול. תלמידי תיכון דתיים מודרנים מדווחים שבמקרה הטוב המורים נענים לבקשתם לשוחח על הנושא, אך לרוב אינם פותחים בשיחה מיוזמתם. הדבר הוכח בכמה מאמרים שפורסמו בעיתוני הסטודנטים בישיבה יוניברסיטי ובסטרן קולג׳.[9]

מכיוון שאין עיסוק רשמי בנושא, נאלצים בני נוער דתיים להגיע למסקנות משלהם. אייזנר טוען שעצם הבחירה שלא לשוחח על נושא מסוים מעיד שהוא אינו חשוב בעינינו.[10] ילדים נוטים לחשוב שמה שלא מלמדים אותם כנראה אינו חשוב. אנו, ההורים, מדברים עם ילדינו על הלכות ועל דעות הקשורות לשבת, לחגים, לכשרות, וטווח שלם של מצוות הנוגעות לאינטראקציות עם אחרים, כמו ואהבת לרעך כמוך, ביקור חולים, צדקה. אבל דווקא בתחום שבו ילדינו המתבגרים מביעים הכי הרבה עניין, ועליו יש להלכה דעות ברורות, אנחנו שותקים. לכן הם מסיקים שאם הורים ומורים בבתי ספר מלמדים את ההלכה היהודית המעשית הרלוונטית, נראה שהיעדר שיחות בתחום המסוים הזה פירושו ששמירת נגיעה איננה חובה והיא נתונה לבחירה. יש בני נוער המפרשים את הססנותם של המבוגרים כסימן לפחד לכפות את ההלכה בתחומים שלדעתם יכולים לעורר קונפליקט דתי. מתבגרים מצדיקים את חוסר המחויבות שלהם בנושא בכך שהוריהם ומוריהם נמנעים מלדבר איתם עליו. למה להם להתאמץ ולהתחייב לכללים ולחוקים שהמבוגרים בחייהם כנראה חוששים להתייחס אליהם? שמירת נגיעה היא אחת ההתמודדויות הדתיות המשמעותיות ביותר בחייהם של צעירים, ורבים מהם מתוסכלים מאוד מהיעדר השיח בעניין.

הורים מדווחים שהיסוסיהם נובעים מן החשש כי עיסוק בנושא עלול לגרום לילדיהם לשקול התנהגויות שכלל לא היו עולות בדעתם אלמלא כן, חשש רווח שהופרך במחקרים על חינוך למיניות.[11] לעיתים הורים מרגישים

שהם אינם רשאים להטיף לילדיהם בנושא, משום שהם עצמם לא שמרו נגיעה כשהיו מתבגרים.

במחקר שערכתי מצאתי משתתפים שהציגו בגילוי לב את מורכבותה של ההתלבטות שלהם בין מחויבות להלכה לבין הרצון ביחסים פיזיים, במיוחד כשהיו מעורבים בקשר רציני. דרוש כוח רב להיות בקשר זוגי ארוך טווח וגם לשמור נגיעה. גם אותם בני נוער שמסכימים עם גדרי ההלכה היהודית ומחויבים להם מתקשים לעמוד בהם. הם אומרים שאילו הייתה אפשרות לחזור אחורה בזמן, הם היו בוחרים שלא לפתח מערכת יחסים בגיל צעיר כל כך (למשל, כיתה ט). עצם העובדה שלמרות המחויבות המלאה שלהם להלכה, זוגות רבים מהמגזר הדתי־המודרני מתקשים בצעירותם לעמוד בגדרי ההלכה הקפדניים בנוגע למגע גופני (הם מדווחים על נשיקות ועל מזמוזים כהתנהגות הנפוצה ביותר) מצביעה על הקושי הגדול. רבנים רבים ממליצים להימנע ככל האפשר מזוגיות בגיל צעיר, ולפתח קשרים רומנטיים קרוב יותר לגיל הנישואים.[12]

התמודדות עם דילמות

הורים נוטים שלא לדבר עם ילדיהם על ההלכות הנוגעות למיניות, הן משום שמדובר בנושא אישי מאוד והן משום שהם מהססים להציג הלכות קפדניות השואפות למגע פיזי מוגבל, לנוכח המציאות שבה גדלים רבים מילדינו. הילדים מתחנכים בבתי ספר ובתנועות נוער מעורבים והם חשופים לאמצעי התקשורת, ולכן הורים רבים מרגישים שלא הוגן ולא מציאותי להציב להם ציפיות הלכתיות מוגזמות, לכאורה, בתחומים אלו.

המסרים שהנוער מקבל מאמצעי התקשורת על אינטימיות גופנית שונים מאוד מן המסרים של ההלכה, המדגישים את טיבה המקודש. המסרים של המדיה נוכחים מאוד, וקשה לסנן אותם. אבל אנחנו יכולים וגם צריכים להצהיר במפורש שאנחנו מאמינים בהלכה ובגדרות שהיא קובעת לנו בתחומים הללו. חשוב גם לסייג ולומר שלא כל צורות המגע הפיזי חמורות באותה מידה, ולכן אם ילדינו שוגים לפעמים בקיום ההלכות האלה, אל להם להוציא את עצמם מהעולם הדתי בשל כך.

עלינו לעזור לילדינו להרגיש אהובים ורצויים, למרות הקשיים שלהם בתחום זה. אם הבן המתבגר שלנו מתיר לעצמו להחזיק ידיים עם חברתו ולהתנשק איתה, ולא יותר מזה, והתגובה שלנו היא שהמעשה שהוא עושה נורא כל כך עד שהוא רואה את עצמו חוטא בעיני ה׳, ייתכן שהוא יחליט להמשיך

בגישושיו המיניים, כי ממילא הוא עבריין חוטא. הוא אף עלול לשקול לוותר על סגנון החיים הדתי לחלוטין, כי "ממילא אני רשע" או "אני חוטא". מתגובה כזו בדיוק אנחנו רוצים להימנע. אומנם כהורים אנו מעודדים את ילדינו לקיים באופן מלא את ההלכה, אבל עלינו גם לתת להם את ההרגשה ששום מעידה אינה מרחיקה אותם מהקהילה או מהמשפחה.

חז"ל כיבדו את יצרו של האדם, ודווקא מתוך הכבוד הזה הם קבעו גבולות. הם הבינו שקשה יותר להגיע לשליטה עצמית אם מתירים מגע רומנטי, במיוחד בסביבה המתירנית של היום. חשוב שנעביר את המסר הזה לילדינו המתבגרים. עבור חלק מהילדים שלנו, אולי אפשר להתייחס להלכות האלו כאל אידיאלים שיש לשאוף אליהם. כשאנחנו שואפים לחיים של קדושה, כל צעד הוא חיובי, וכל נפילה היא הזדמנות לתשובה ולשיפור עצמי. כל יום הוא הזדמנות נוספת לחידוש המחויבות לערכי התורה. בסופו של דבר, על הורים לשמור על ערוצי תקשורת פתוחים עם ילדיהם, ובאמצעות הכרה באתגרים ובחששות שלהם, לדאוג שהם ירגישו שמעריכים אותם, מקבלים אותם ואוהבים אותם כפי שהם.

ילדים שאינם מצליחים לקיים את ההלכה כראוי עלולים להרגיש תחושות אשמה. חשוב לזכור שהקדוש ברוך הוא אוהב וחומל על כל יהודי שמשתדל לקיים את מצוותיו, גם אם הוא עדיין לא הצליח לקיים אותן באופן מלא. המאמץ להגיע לקדושה מתנהל לכל אורך החיים, והדבר החשוב הוא להמשיך להתקדם לכיוונה. על סמך ההיכרות שלכם עם ילדיכם, תוכלו להחליט אם הם זקוקים למסר של סליחה והבנה או למסר של ציפיות ברורות וכללים מוחלטים. אם הילד מתקשה לקיים את מצוות התורה ברמה הקפדנית ביותר, יש למצוא דרך לעזור לו לגדול מבחינה דתית בעולם המודרני.

התנהגות בין המינים

דפנה, בתך בת ה־14, תמיד בילתה שעות רבות בשיחות טלפון, אבל עכשיו נדמה שהמכשיר ממש מחובר לאוזן שלה. יש לך מערכת יחסים גלויה מאוד עם דפנה, ולכן את נפגעת קצת כששיחותיה הופכות פתאום להיות פרטיות מאוד, ומתנהלות בלחישה מאחורי דלת סגורה. את מתפתה להקשיב לשיחות שלה ושומעת שֵׁם אחד שחוזר שוב ושוב – אבי. אבי הוא הבן של השכנים, חברים של המשפחה, וממש כמו בספרים, הבן של השכנים התבגר. דפנה מתנהגת אחרת, היא מודעת יותר לעצמה, היא התחילה להתאפר ומבלה יותר זמן מחוץ לבית. הגיע הזמן לדבר

איתה על מה שנראה כמו החבר הראשון שלה, אבל כשאת יושבת מולה בארוחת הבוקר את מבינה שאת לא ממש בטוחה מה את מרגישה או מה את חושבת על המצב.

בבואכם לחנך את ילדיכם כיצד עליהם להתנהג עם בן המין השני, יש כמה עניינים שעליכם, בתור הורים, לברר. בראש ובראשונה, יש לזהות את הערכים החשובים לכם ביחסים של בני נוער עם בני המין השני, מהם הגבולות שלכם, למה אתם מוכנים להסכים בלית ברירה, ומהו עיקרון בל יעבור בבית שלכם.

מהם הקווים האדומים שלכם?

- האם לדעתכם תנועות נוער מעורבות הן אידיאל, משהו שאתם מסכימים איתו בלית ברירה, או משהו שאתם מתנגדים לו בתוקף?
- האם הייתם רוצים שילדיכם יחיו בסביבה נפרדת לחלוטין?
- מה קורה אם אתם רוצים שהם יהיו בסביבה נפרדת, אבל יש לחץ חברתי להשתתף בקבוצת נוער דתית־מקומית מעורבת, והאיסור להשתתף גורם להם להרגיש דחויים?
- האם אפשר להתיר עירוב בין המינים, ולהגדיר ציפיות באשר להתנהגות?
- האם אפשר להתיר השתתפות בקבוצות נוער מעורבות, אך לאסור קשרים רומנטיים?

כדאי ששני ההורים ישבו יחד ויענו על השאלות הערכיות האלה. עדיף להתייחס לנושאים הללו כשהילדים עדיין צעירים, בזמן שעדיין אפשר לכוון אותם לתנועות נוער המתאימות למערכת הערכים שלכם. הרבה יותר קל לעודד ילדים ללכת בכיוון מסוים באופן פעיל מאשר להרחיק אותם מתנועת נוער שהם כבר השתלבו בה. כמובן, חשוב לשוחח עם ילדיכם על השיקולים שלכם ולהסביר להם את נקודת המבט שלכם, כדי לעזור להם להבין אותה.

כשמדברים על יחסים בין המינים, חשוב לזכור שבני נוער שמים לב מיד לכל מסר כפול. הם יעלו מהר מאוד על כל סימן של חוסר עקביות בגישתכם בנושאים הקשורים לעירוב בין המינים. למשל, אם לבן שלכם מותר לצאת עם חברה אבל לבת אסור לצאת עם חבר, הילדים שלכם לא ייתנו לזה לעבור

בשקט. לכן כדאי לחשוב על הגבולות הסמויים שאתם רוצים לקבוע, מהם הקווים האדומים שלכם ומהן הציפיות שלכם מילדיכם המתבגרים בסביבה מעורבת, לפני שהם מתחילים לבחון את הגבולות, כפי שהם בוודאי יעשו. חשבו היטב על מה אתם מוכנים לוותר ומהם הגבולות הנחרצים שלכם ביחס להתנהגות. חשוב לשקול מראש את הפשרות שתהיו מוכנים להציע לילדיכם כשיגיע זמן המשא ומתן, כדי שיישאר לכם טווח מיקוח מסוים.

תפיסות משתנות: העיקרון של שמירת נגיעה

במוקד תשומת הלב צריך לעמוד הנושא שמרבה להעסיק את ילדינו – שמירת נגיעה. ניסיוני בעבודה עם בנות גיל הנעורים מהמגזר הדתי המודרני לימד אותי שהן נוטות לחשוב שהאתגר הגדול ביותר שלהן בתחום המיניות ומערכות היחסים הוא שמירת נגיעה. הן מדברות הרבה על שמירת נגיעה, אבל בדרך כלל אינן מתמצאות בהקשר ההלכתי או בפרטים. רבות מהן כלל לא יודעות שזו אכן הלכה. הן נוטות לראות בכך מנהג, משהו שנתון לבחירה. יש משפחות שמחכות שלוש שעות בין בשר וחלב ויש שש שעות. כך, לתפיסתן של הבנות הללו, יש משפחות ששומרות נגיעה ויש שאינן שומרות נגיעה. אפשר לשמוע בני נוער דתיים שואלים זה את זה: "אתה שומר נגיעה?". המחקר שלי הוביל אותי לאפשרות שאולי עצם השאלה גורם לחוסר מחויבות להלכה בתחום היחסים הפיזיים בין המינים. עצם קיומה של השאלה נותן לגיטימציה לתשובות חיוביות ושליליות, ליכולת לבחור אם לשמור נגיעה או לא לשמור נגיעה. הילדים שלנו לא שואלים זה את זה: "האם אתה שומר שבת?" או: "האם את שומרת כשרות?". ההנחה היא שמי שמזוהה כדתי מקיים את הלכות השבת והכשרות. אולם השאלה "האם את שומרת נגיעה?" הופכת את שמירת הנגיעה למצווה שאין בהכרח חובה לקיים אותה. שאילת השאלה מעידה שילדינו המתבגרים חושבים הרבה על עניין שמירת הנגיעה, ושהיא מעסיקה אותם גם מבחינה רגשית. ההתעניינות הרבה בנושא מעידה כי שמירת נגיעה היא לרוב תחום גבולי, שבני הנוער לא בהכרח מקפידים עליו אבל הם מוכנים לשקול זאת, אם יש הצדקה מתאימה.

נקודת מבט יהודית

באחריותם של ההורים, בין השאר, לקבוע מהו מקומן של ההלכות הנוגעות ליחסים הפיזיים בין המינים בתוך איסורי הקרבה, כלומר, בתוך קובץ ההלכות המחייב שמירה על מרחק פיזי בין מי שאינם נשואים זה לזו. ההתמקדות בשמירת

נגיעה, בשאלה האם את נוגעת או לא נוגעת בבני המין השני, יש בה כדי להמעיט בחשיבותם של הנושאים המעורבים. יעיל ומדויק הרבה יותר לעזור לילדיכם לראות בשמירת נגיעה חלק ממערכת שלמה שמתייחסת לקשרים בין המינים. לפי חז"ל, ברור כי מיניות ומשיכה פיזית קיימות באופן פוטנציאלי בכל קשר בין גברים לנשים. במסגרת הנישואים מעודדים את המשיכה הזו, אבל בין גברים ונשים שאינם נשואים זה לזו, ההלכה מכירה בכוחה של המשיכה המינית ואוסרת אותה. חז"ל היו גלויים מאוד בנוגע לטבע האנושי, וקבעו לנו כללים ליחסים מכבדים בין גברים לנשים. במקום להיכנע לחולשה האנושית, חז"ל מחייבים אותנו להכיר בטבענו האנושי, ולהשתמש בידע שיש לנו על עצמנו כדי להצליח לעמוד בדרישותיה של ההלכה.[13]

כשאנחנו מדברים עם בני הנוער שלנו על מיניות ועל זוגיות, כדאי לזכור שהיחס שלהם למיניות שונה לרוב מזה של הוריהם. להורים יש המידע שהם מקבלים מאמצעי התקשורת, כמו גם הניסיון שכבר רכשו. לעומת זאת, הילדים המתבגרים מקבלים את רוב המידע שלהם מסרטים, מרומנים, מאינטרנט ומחברים – מקורות מידע שאינם מהימנים.

מצפייה בסדרות ובסרטים באמצעי התקשורת, מתבגרים מקבלים את הרושם שיחסים מיניים נועדו רק לצעירים יפים ורווקים, ושכמעט תמיד הם רומנטיים מאוד, ספונטניים וחסרי סיכון. המסר שבני הנוער מקבלים הוא שבגילם כולם פעילים מינית, לרוב עם אנשים שהם אינם מכירים היטב. עלינו לאזן את התפיסה הזאת וליצור תמונה אמיתית יותר של יחסים מיניים. עלינו להסביר את יחסם השונה של אנשים שומרי מצוות למערכות יחסים.

יחסים בין המינים הם עניין מורכב. למערכות יחסים בגיל ההתבגרות יש יתרונות וחסרונות. הסיבה העיקרית להחלטה שלא לפתח קשר רומנטי בשנים הראשונות של גיל ההתבגרות היא ההכרה בחשיבות של ההתפתחות הרגשית והנפשית התקינה של בני הנוער כשהם לעצמם, לפני שהם נאלצים להתמודד עם המורכבויות הכרוכות במערכת יחסים. מבחינה התפתחותית, קשר רומנטי בתחילת התיכון עלול להגביל את שני בני הזוג. מתבגרים גדלים, משתנים ומתפתחים. מי שמעורב בקשר זוגי בגיל צעיר יכול לכוון את צמיחתו האישית לפי מה שבן הזוג רוצה עבורו, ולא בהכרח לפי מה שבאמת נכון לו – וכך להחליט על כיוונים מסוימים כדי לספק את רצונו של בן הזוג, ולא עבור עצמו.

גיל ההתבגרות הוא זמן של צמיחה אישית מכל הבחינות, ועדיף לעשות זאת בתמיכתם של ידידים ושל קרובי משפחה, אבל כאדם עצמאי. חבר או חברה עלולים להסיח את דעתם של מתבגרים מן המשימה החשובה הזו. לפי

חז"ל, כל מגע אינטימי לפני הנישואים פסול. השקפתם מבטאת את הרגישות לטבע האנושי כמו גם את הכוח שיש לאינטימיות להשפיע על אנשים, ובמיוחד על בני נוער, שאצלם התשוקה והרגשות הרומנטיים החזקים הם עדיין בגדר חוויות חדשות, ולרוב עוצמתיות. יחסים אינטימיים בגיל הזה בדרך כלל גורמים למתבגרים להקדיש לקשר זמן ואנרגיה רבים. ראיה לדבר היא תשומת הלב העצומה המוקדשת לנושאים רומנטיים בתוכניות טלוויזיה, בסרטים, בירחונים לבני נוער, וכדומה. מחנכים דתיים רבים מדגישים כיום כי את שנות הנעורים יש להקדיש לפיתוחו של הפרט; להרחיב ולהעמיק את ההשכלה, לפתח את העצמיות ולמצוא דרכים לממש את הפוטנציאל. כמו כן, לפני שאנחנו מתעניינים באינטימיות עם אדם אחר, עלינו להכיר היטב את עצמנו. לאחר שניטיב להכיר את עצמנו ואת העקרונות שחשובים לנו, נוכל לפתח את המוכנות לשתף עם אדם אחר גם את הרבדים העמוקים שלנו.

אומנם נכון שיש בני נוער שחבר או חברה מסוגלים להוביל אותם לצמיחה עצומה. כששני בני הזוג מבקשים להרחיב אחד את דעתו של השני מבחינה דתית או אינטלקטואלית, הקשר בהחלט יכול להיות מקור לתמיכה הדדית ולהתפתחות משמעותית. על כל פנים, אצל רוב המתבגרים החסרונות גוברים על היתרונות.

ההבדל המשמעותי ביותר בין ידידות לבין קשר אינטימי הוא המגע הפיזי. חז"ל ידעו שכמעט אי אפשר להיות 'קצת' אינטימיים. היצר שלנו חזק וקשה מאוד לשלוט בו, במיוחד אם הותר מגע פיזי חלקי. ככלל, עדיף שנערים ונערות ישמרו את הקשר הרומנטי בחייהם לזמן שבו הם מוכנים לקשר ארוך טווח למטרת נישואין, לזמן שבו אפשר להשקיע בהעמקת הקשר ולפתח מחויבות, לפני שנוסף הממד הפיזי המיני. בקשר בוגר יותר יש למיניות ערך ומשמעות, אבל רק בתוך מסגרת של נישואים. האינטימיות שבמיניות דורשת מאיתנו להתייחס אליה ברצינות, ולא כאל תופעה מזדמנת. כמה מחקרים שפורסמו לאחרונה בארצות הברית מעניקים תוקף לגישה זו, במיוחד בקרב סטודנטים.[14] הם מפנים אצבע מאשימה כלפי הנורמות החברתיות שמעודדות מיניות מזדמנת מבלי להתייחס ברצינות להשלכות הרגשיות העמוקות של יחסים אינטימיים קצרי טווח.

איסורי קרבה – אופן הצגתם לפני בני הנוער

יש לשקול בקפידה כיצד להציג לפני בני הנוער את איסורי הקרבה, כלומה, את ההלכות הנוגעות למגע פיזי בין המינים. אופן ההצגה של הדברים יכול להשפיע

על בני הנוער אם לקבל את ההלכות ולהקפיד עליהן, אם לאו. אני מאמינה בגישה שמבחינה בין קני המידה השונים להגדרת מגע פיזי, גישה שנותנת למתבגרים הסבר מפורט אילו הגבלות הן מדאורייתא ואילו מדרבנן, וכן נותנת את הבסיס ההלכתי של ההגבלות הללו. גישה זו כרוכה בסיכון מסוים, משום שהיא מבחינה בין רמות שונות של עבירה, אך העובדה שחז"ל זיהו רמות שונות של אינטימיות עוזרת לילדינו להבין את ההלכות האלה, ובסופו של דבר היא כנה ומועילה יותר. להלן רשימת שאלות ותשובות ושתי דרכים לפתוח בשיחה, בהתאם לגילם של הילדים.

קשרים פיזיים בין המינים

מהי תפיסתה של היהדות בנוגע למיניות?

תפיסתה של היהדות בנוגע למיניות ייחודית בהשוואה לזו של רוב הדתות. היהדות רואה ביחסי מין בין בעל לאישה מעשה קדוש ביותר - אחת המצוות החשובות ביותר שלנו. התורה מתארת את יחסי המין כמצב שבו שני אנשים מתקרבים כל כך, עד שהם נעשים לבשר אחד. זהו התהליך שבו איש ואישה מתחברים זה לזה ומגיעים לשלמות. המיניות היא שילוב של גוף, רגש ורוח. יחס חיובי זה של היהדות למיניות ולאינטימיות מדגיש את חשיבותם הבסיסית ליצירת חיי נישואים בריאים.

אם המיניות זוכה ליחס כה חיובי ביהדות, למה כולם לא יכולים להיות מעורבים במערכת יחסים מינית?

דווקא כבוד והערכה למיניות הם שעומדים ביסודן של ההלכות הנוגעות ליחסים בין המינים. החשש של היהדות מפני יחסי מין לפני הנישואים מעוגן לא ברעיון שהמיניות היא חטא, אלא ברעיון שהמיניות יפה, קדושה ובעלת עוצמה. חששה של היהדות הוא שאדם הממעיט בערכה של המיניות, ורואה אותה כמעשה גופני בלבד או כמעשה הנובע מקשר רגשי, יתקשה לחוות את הקשר המיני כפי שאמורים לחוות אותו - איחוד מוחלט של גוף, לב ונשמה. איסורי הקרבה, שהם הלכות שמירת נגיעה, נובעים ממודעות למיניות ולמתח מיני בכלל. המתח המיני הזה הוא טבעי וטוב, והוא מהכוחות הקיימים בעולם ומובילים את האדם יום אחד להתאהב ולבנות משפחה. לפי חז"ל, בין גברים ונשים קיים מתח מיני מתמיד - כך זה בטבע. בקשר של נישואים, המשיכה היא דבר חיובי והיא זוכה לעידוד, אך בין גברים ונשים שאינם נשואים זה לזה, ההלכה מכירה בכוחה של המשיכה המינית ומגבילה יחסים שעלולים להוביל להתנהגות לא ראויה.

איך נוכל להיות מודעים לתחושות שלנו כלפי בן המין השני?

על כל אחד ואחת לפתח רגישות לתגובות הפנימיות שלהם לבני המין השני. שאלו את עצמכם האם אתם מרגישים ופועלים אחרת בנוכחות בני המין השני לעומת בן מינכם. תחושת המתח הזאת חיובית והיא מעידה על יכולתכם לחוות משיכה כזאת. חשבו באיזו מידה התחושות האלה מציפות אתכם, ואם תוכלו לתפקד בסביבה מעורבת למרות המתחים הסמויים האלה. אנשים שמרגישים שהם מתקשים לתפקד בסביבה מעורבת יכולים לבחור להתרחק ממנה, או לבדוק אם הם יכולים ללמוד להרגיש בה בנוח. אפשר לפתח את היכולת ליצור קשרים עם בן המין השני ולהרגיש נוח יותר בסביבה מעורבת במסגרות התנדבות, למשל, או במסגרות לימוד מעורבות ובארוחות שבת קבוצתיות. יש אחרים שההכרה בתחושת המודעות כלפי המגדר השני יכולה לעזור להם להקפיד על התנהגות ראויה. למשל, אם אתם מודעים לכך שאתם מדברים באופן גלוי יותר ומחפשים תשומת לב רבה יותר בחדר שבו נמצאים בני המגדר השני, תוכלו לשקול מחדש את ההתנהגות שלכם.

העניין של אינטימיות מינית מובן לי, אבל למה אנחנו מקפידים כל כך על נגיעה? אין לזה שום משמעות!

זהו תחום מאתגר מכיוון שצריך להתמודד איתו כל הזמן, גם אם לא נמצאים במערכת יחסים. יש כמה טיעונים מרכזיים שמסבירים מדוע אנחנו נזהרים כל כך בנגיעה.

המשמעות של מגע

לפי היהדות, אינטימיות מתחילה במגע בכל דרגה שהיא. למי שאינו מושפע מן הנורמות של החברה המודרנית ולא התרגל למפגשים פיזיים כבדרך אגב, מגע בין שני אנשים, במיוחד שני אנשים בעלי רגש הדדי חזק, הוא מחשמל! היהדות מבקשת לשמור את התגובה העוצמתית הזו רק לנגיעה בין שני אנשים שאוהבים זה את זו.

במחקר שנערך במסעדה, נבחנו שני סוגים של מגע – ביד ובכתף.[15]
מלצריות נגעו קלות בידם או בכתפם של הלקוחות בזמן ששירתו אותם. שביעות רצונם של הלקוחות נבדקה באמצעות סקר במסעדה, וכן באמצעות בדיקת אחוז הטיפ שנתנו למלצרים. לא נמצא הבדל בשיעור הטיפ לפי שני סוגי הנגיעות או לפי המגדר של הלקוח. בשני המקרים, שיעור הטיפ שהתקבל היה גבוה באופן ניכר לעומת מקרים שבהם לא הייתה מעורבת נגיעה. במחקר

חדש יותר על נגיעה נמצא כי תלמידים שמורה נגע בהם בגב או בזרוע כהבעת תמיכה נָטו להתנדב בכיתה כמעט פי שניים יותר מאלו שלא זכו לנגיעה כזו. מגע אוהד של רופא משאיר אנשים עם הרושם שהביקור היה ארוך פי שניים בהשוואה לאומדנים של אנשים שלא זכו לנגיעה.[16] אילו מסקנות נוכל להסיק ממחקרים אלו? אנשים מושפעים ממגע. אנחנו חשים חמימות נוספת כלפי מי שנוגע בנו, אם המגע נחווה כחיובי כמובן, והדבר משפיע על תגובתנו כלפיהם. בדוגמה הראשונה, מלצרים קיבלו טיפ גבוה יותר כשהם נגעו בלקוחותיהם בשעת הגשת אוכל או נתינת עודף. נמצא כי לקוחות חוזרים לעיתים קרובות יותר לחנויות שבהן קופָּאים הניחו את העודף בידיהם, ולא על הדלפק. כל אלה הן דוגמאות למגע אגבי מאוד בלבד. מגע הוא אחד מחמשת החושים שלנו, והוא הראשון שאנחנו חווים. ברור שיש לנו צורך עמוק לגעת ולקבל מגע, והמגע הזה משפיע עלינו עמוקות.[17] אם אלו הממצאים במצב מזדמן לחלוטין, ברור שהדבר משמעותי הרבה יותר בתוך מערכות יחסים.

המדרון הזה חלקלק. שאלו כל מבוגר או חבר שהתנסה בכך: הניסיון להציב לעצמכם גבולות – לומר שרק נחזיק ידיים, אבל לעולם לא נעשה יותר מזה; רק נתנשק, אבל הידיים שלנו תמיד יישארו מעל הבגדים – הופך בסופו של דבר לקשה מדי. ברגע שאנחנו אלו שקובעים את הסטנדרטים, קל הרבה יותר לשנות אותם קצת, וקל מאוד להתרחק מרחק ניכר מן המצב שבו רצינו להיות. חז"ל הבינו את הטבע האנושי ואת העובדה שאנחנו מתוכנתים לרצות מגע פיזי ואינטימי יותר ברגע שנוצרת אפילו אינטימיות קלה, ולפיכך קבעו גבולות מוחלטים שאוסרים כל נגיעה.

טשטוש כושר השיפוט – היהדות ערה לכך שמכיוון שאנו, בני האדם, נהנים מאוד ממגע וחושקים בו כל כך, מערכת יחסים גופנית עלולה לטשטש את היכולת שלנו להפעיל שיקול דעת רציונלי ומבוסס בנוגע לקשר. יחסים פיזיים מקשים עלינו לזהות את רמת הקשר עם אדם אחר ואת עומקו, אם אנחנו קשורים בקשר מהותי או שאנו מרגישים קרובים לאותו אדם בגלל האינטימיות הפיזית.

היהדות דורשת בגרות – שמירת נגיעה היא מחויבות שחלה לא רק על בני נוער. היא מבוססת על מושג שטבוע עמוק ביהדות: האיפוק והריסון העצמי. הגבלות אלו חלות לא רק על מתבגרים, אלא הן גם חלק מחייו של כל מבוגר נשוי, שומר מצוות. זוגות נשואים שומרים נגיעה במשך שבועיים מדי חודש בזמן פוריותה של האישה. הזדמנויות לפיתוי מיני עלולות לצוץ לכל גבר ואישה במקום עבודתם. ברחבי העולם, רוב הקשרים מחוץ לנישואים

מתפתחים ממערכות יחסים במקום העבודה. היהדות מצפה מאיתנו בכל המצבים הללו להתרחק, להתאפק, להתגבר על הדחפים הפיזיים ולפעמים גם הרגשיים החזקים ביותר שלנו, ולהישאר נאמנים להלכה ולבני הזוג שלנו. אנחנו מצווים לבנות קהילה קדושה – "קדֹשים תהיו" (ויקרא יט, ב) – המחויבת לסטנדרט של משמעת עצמית, שאכן מאתגר אך יוצר נורמות חשובות בתוך המשפחה ובקרב הקהילה.

נושאי היסוד ההלכתיים

- האיסור על מגע פיזי בין המינים מבוסס על הפסוק בוויקרא יח, יט: "ואל־אִשה בנִדת טומאתה, לא תקרב לגלות ערותה".
- מצב נידה אצל כל הנשים מתחיל מקבלת מחזור הווסת הראשון ועד שהן טובלות במקווה לפני חתונתן. אם כן, למעשה, האיסור מתייחס לכל הנשים שהגיעו לשלב הבגרות המינית.[18]
- הרמב"ם והרמב"ן חלוקים בשאלה אם ביטויים של קרבה, כמו חיבוקים ונשיקות, בשונה מיחסי מין מלאים, אסורים מדאורייתא או מדרבנן. הרמב"ם סובר כי כל מגע אינטימי אסור מדאורייתא, ואילו לפי הרמב"ן האיסור הוא מדרבנן.
- חז"ל הבינו שליצר המיני יש כוח עצום. ברגע שיוזמים מגע אינטימי, במיוחד במערכת יחסים אמיתית בין חבר לחברה, קשה ביותר לקבוע גבולות פיזיים, ולעיתים קרובות הגבולות הללו נפרצים. לכן הוחלט כי הדרך הנכונה בחברה שומרת תורה ומצוות היא לקבוע גבולות מוחלטים ביחס למגע פיזי בין המינים.
- חז"ל מדגישים את חשיבותן של ההלכות הללו, שהתפתחו מתוך ההבנה שקשה מאוד לשמור על שליטה עצמית במצבים של פיתוי מיני.
- כמו כן, חז"ל הבינו שכשאדם מעורב במערכת יחסים משמעותית, תשוקתו לקרבה גדולה. לכן חשוב עוד יותר להקפיד על ההלכות האלו.
- הלכות ייחוד, שהן כללים הנוגעים לשאלה מתי מותר ומתי אסור לבני שני המגדרים לשהות ביחידות שלא בנוכחות אדם אחר, נוצרו כדי למנוע התפתחות של מערכות יחסים בלתי־ראויות מחוץ לנישואים. בחברה בת־זמננו, שבה גברים ונשים לעיתים קרובות עובדים יחד, שמירה על החוקים האלו יכולה להגן מפני פיתוי.[19]

- גורם חשוב שיש להביא בחשבון הוא הכוונה שבנגיעה. חז"ל חששו כי ביטוי פיזי של תחושות קרבה כלפי אדם אחר יכול בקלות להוביל למפגש מיני מלא. היהדות רואה ביחסי המין מעשה חשוב מאוד, פרטי מאוד וקדוש מאוד, כל עוד הוא מתממש במערכת יחסים ארוכת טווח שיש בה מחויבות – נישואים. בסופו של דבר, האיסור על מגע פיזי נועד למנוע מעשים שאינם ראויים מכל סוג שהוא בחברה שלנו. הנגיעה האסורה היא נגיעה "דרך חיבה",[20] כלומר, שמטרתה להפגין או לקדם קרבה.
- מכיוון שחלק חשוב מן ההלכות הללו הוא הכוונה, נגיעה שאינה נובעת מחיבה אלא מתרחשת בדרך אגב נחשבת בדרך כלל לעניין חמור פחות. הרב משה פיינשטיין ז"ל כתב שאדם שמבקש לנסוע ברכבת התחתית בשעת העומס אינו צריך לחשוש ממגע עם אחרים בנסיבות הללו.[21] באופן כללי, אין בעיה הלכתית במגע מזדמן, שלא במתכוון ובעקבות שהייה במקום צפוף.
- אחד הנושאים שעולים לרוב כשמשוחחים על הפרטים הקשורים לנגיעה בין המינים הוא לחיצת יד. זוהי ההזדמנות לעזור לילדינו להבין שיש הטוענים שההלכה מבחינה בין מגע אינטימי לבין מגע פורמלי. אולי אפשר לטעון כי בחברות מסוימות בימינו לחיצת יד היא ביטוי נימוסין כה רגיל ושגור, שגם אם לא ראוי ליזום לחיצת יד, אפשר בהחלט ללחוץ יד שמושיט לנו אדם אחר.[22] אם ננסה לאזן בין העיקרון של כבוד הבריות – הצורך לכבד אחרים ולא לבייש אותם – לבין החששות בדבר מגע פיזי, במקרים רבים כבוד הבריות יגבר, ויתיר ללחוץ את ידם של בני המגדר השני. רבנים רבים אינם מקבלים את העמדה הזו, וסבורים שגם לחיצת יד היא בעייתית. שוב, זהו נושא סובייקטיבי, והכוונה היא החשובה כאן.
- אנשים צריכים להיות כנים עם עצמם באשר ליצר שלהם, ולא להכניס את עצמם למצבים שיש בהם סבירות גדולה למעוד.
- הימנעות מקרבה פיזית מכל סוג שהוא היא מצווה של ממש, לכל הפחות מדרבנן. זו איננה מצוות רשות, שאפשר לבחור אם לקיימה או לא. על יהודים המחויבים להלכה לשאוף לקיים את גדרי ההלכה בין המינים כחלק מחייהם הדתיים.
- למעוניינים לחזק את הקפדתם על גדרי ההלכה בין המינים, כל צעד למניעת המגע הפיזי בין המגדרים ראוי לעידוד. במיוחד כשמדובר בהלכות חדשות או שאינן מוכרות, קבלת הקדושה והמחויבות להלכה יכולה להתבצע בבת־אחת או, לחלופין, בקצב שמאפשר התקדמות הדרגתית.

ניתוח מורכב יותר

עבור בני נוער מבוגרים יותר, אפשר לנקוט בגישה המפרטת יותר את רמות האיסור השונות. בהלכה מוגדרות שלוש קטגוריות בנוגע למגע פיזי בין המינים:

1. יחסי מין (ביאה).
2. חיבוקים ונשיקות וכל צורה של 'משחק מקדים' (חיבוק ונישוק).
3. מגע חברתי, כלומר, מגע של חיבה שאיננו מיני.[23] בקטגוריה הזאת אפשר לכלול טווח שלם של מגע, מלחיצת יד רשמית ועד חיבוק ונשיקה בשעת מפגש.

כל ההתנהגויות הללו אסורות. המגע שאינו אסור הוא המגע המקצועי (רופאים, רופאי שיניים וכן הלאה), כמו גם מגע שלא במתכוון. כך, נוצרת תמונה ברורה של המותר והאסור, בהפרדה חד־משמעית בין השניים. יש להימנע מקשרים פיזיים עם בני המין השני, ובמקומות שאפשר להציג זאת כך – כך עדיף.

לחשוב כמו מתבגר – העניין מסתבך כשמדובר בבני נוער של ממש. אם הם פועלים על פי ההלכה ואין להם קושי לחיות בתחום המותר, המשימה שלנו היא לספק מידע. אך אצל בני נוער רבים, שמירת ההלכה בתחומים אלו איננה כה פשוטה. בני נוער רבים מתקשים לקיים את כל ההלכות. אם הם אינם מודעים לרמות האיסור השונות, ייתכן שגם אם הם אינם עוברים על איסור חמור, הם סבורים שכבר נכנסו לתחום האסור. למשל, יש מתבגרים שאינם מודעים להבדל ההלכתי בין לחיצת יד ונתינת כִּיף, שאותן בהחלט אפשר להגדיר כאיסורים ברמה נמוכה יותר, לבין קרבה מינית של ממש. כל ההתנהגויות הללו כלולות בקטגוריה של מעשים אסורים. ישנם בני נוער שיראו את האיסורים ברמה הנמוכה יותר כאיסורים קיצוניים ומיותרים, ויחילו את היחס הזה על כל תחום ההתנהגויות האסורות. לפי גישה זו, יש גבול חד־משמעי בין המותר לבין האסור, וכל אדם נמצא בהכרח בצד זה או אחר של הגבול. זהו סיווג בעייתי, משום שהוא עלול לגרום למי שאינו מחויב לקיום כל האיסורים ברמות השונות להכניס אותם לאותה קטגוריה. כלומר, לתפיסתם, אם הם נותנים כִּיף או נותנים נשיקה על הלחי בשעת מפגש, הם כבר נמצאים בצד האסור, ואולי הם יניחו שאין זה משנה אם יעברו על איסורים חמורים יותר. יתרה מזאת: מתבגרים רבים חשים באופן אינטואיטיבי שלא ייתכן שנתינת כִּיף ולחיצת יד בעייתיות באותה מידה כמו יחסים אינטימיים יותר. אם נוכל להראות להם שהמקורות ההלכתיים משקפים הדרגתיות, נעזור להם לקבל את

ההיגיון שבהלכות האלו. ברצוני להבהיר שאינני ממליצה לדלל את האיסור כדי לגרום לילדינו לקבל את ההלכה. אני בהחלט מאמינה שהורים צריכים תמיד לאתגר את ילדיהם לעמוד בסטנדרטים של ההלכה בכל התחומים. אולם אם ההורים יראו לבני הנוער דגם שתואם את ההבנה האינטואיטיבית שלהם ביחס לרמות היחסיות של האיסורים הללו, בני הנוער מצדם ייטיבו להעריך, ונקווה שגם לקבל, את חכמתם של חז״ל בתחומים אלו.

לכן אני מציעה לחנך באופן שמכיר במורכבויות מלכתחילה, ולא רק בשעה שבני הנוער נתקלים בקשיים. בגישה זו טמון סיכון, משום ששימוש בהבחנות דקות, שלא כמו בכללים חד־משמעיים, נוטה לפתוח פתח לאפשרויות שאלמלא כן כלל לא היו באות בחשבון. אבל בסופו של דבר אני מאמינה שכדאי להורים להציע ניתוח מורכב אך מדויק, ואני חושבת שבני הנוער יכבדו יותר את ההלכה אם ייחשפו להבנה זו.

- רמת האיסור החמורה ביותר היא עדיין יחסי מין, המוגדרים בהלכה כ׳ביאה׳.
- הדבר הפשוט ביותר יהיה להציג חיבוק ונישוק, כלומר משחק מקדים וקרבה, באור החמור ביותר שאפשר, אך המקורות מציגים אותם באופן קצת שונה. יש מחלוקת בין הרמב״ם לרמב״ן באשר להגדרת האיסור הזה. הרמב״ם, על סמך הספרא, מציע את הגישה הקפדנית ביותר, ורואה בכל משחק מקדים ובקרבה מכל סוג שהוא איסור דאורייתא. אך גם המקור המחמיר הזה, שרואה במשחק מקדים וביחסי מין איסורים דאורייתא, מבחין בין השניים ומזהה רמות ענישה שונות לכל אחד, ולפיכך מסווג אותם בקטגוריות שונות.
- לדעת הרמב״ן, חיבוק ונישוק אסורים מדרבנן, כלומר, הם בוודאי אסורים, אולם העבירה היא ברמה נמוכה יותר.
- מדבריו של הרב שבתאי כהן רפופורט, הש״ך,[24] בן המאה ה־17 שחיבר פירוש על השולחן ערוך, אפשר להבין שהאיסור הוא רק על משחק מקדים שכוונתו להביא לידי יחסי מין (״חיבוק ונישוק לשם חיבת ביאה״). גישה זו מחמירה עוד פחות.

אף על פי שיש סיכון שהדברים יתפרשו באופן חופשי מדי, כמתירים צורות מסוימות של מגע חברתי שקשה להגדיר אותן כניטרליות (כגון חיבוקים בקרב בני נוער), ישנם ילדים שחשוב שידעו שלא כל צורה של מגע פיזי נושאת אותה דרגת חומרה. **כאן טמונה הסכנה.** אם נודה שמשחק מקדים הוא ׳רק׳ איסור דרבנן, אולי נפחית מחומרתה של העבירה בעיני חלק מהמתבגרים וניצור אצלם

פתיחות למגע מן הסוג הזה. כשאנחנו מוסיפים לדיון את דעתו של הש"ך, אנחנו מאפשרים לשאול אילו התנהגויות הן "לשם חיבת ביאה". אולם כדי להציג את הדברים בצורה הוגנת וכנה, לדעתי, חשוב להציג את דעתם של הרמב"ן ושל הש"ך. האופן שבו נציג את המקורות האלה, כמו גם השאלה מתי נציג אותם כמושגים הלכתיים, יכולים להשפיע מאוד על מחויבותם של השומעים. חיינו הדתיים מלאים איסורים מדרבנן שאותם אנחנו מכבדים ומקבלים כמחייבים לכל דבר ועניין. כך גם בתחום הזה. העובדה שחז"ל חשבו על דרגות של איסור בתחומים אלו יכולה לעזור ליצור תחושה של הזדהות וכבוד כלפי הפוסקים, ובסופו של דבר להוביל ליצירת מחויבות רבה יותר של בני נוער לחלק מההלכות האלה, אם לא לכולן.

מגע חברתי

רבים טועים בהבנת ההלכות העוסקות במגע חברתי. כפי שציינתי, אני מוצאת לרוב שבני נוער אוהבים לסווג את עצמם: הם מעידים כי הם 'שומרים נגיעה' או 'לא שומרים נגיעה'. כשאני שואלת מה פירוש הדבר לא לשמור נגיעה – אם הם מתחבקים או מתנשקים, או אולי מנהלים קשר אינטימי יותר – הם נוטים לדבר על נתינת כִּיף אגבית או על לחיצת יד. אלו שמגדירים את עצמם כמי שאינם שומרים נגיעה משום שהם נותנים מדי פעם כִּיף למעשה מוציאים את עצמם מחוץ לתחום של חיים על פי ההלכה, וזו בעיה. ברגע שהם רואים את עצמם מחוץ לנורמות ההלכה בתחומים הללו, קל להם יותר לשקול את האפשרות שלא להיות מחויבים לעבירות חמורות יותר של שמירת נגיעה, ואולי גם להלכה בכלל. חשוב שנעזור לילדינו להבין שבתוך שמירת הנגיעה יש דרגות שונות של חומרה, ושגם אם אנחנו שואפים לקיים את כל ההלכות, זו איננה מערכת של הכול או לא כלום, שבה ברגע שמתעלמים מסדרת הלכות אחת אפשר כבר להתעלם מכולן. ההפך הוא הנכון. היהדות מכירה בחשיבותם של תהליכים ושל צמיחה אישית. יש להעריך כל מאמץ.

בהקשר הזה נוכל להבין את ההלכה כמבחינה בין לחיצת יד לבין כל צורה אחרת של מגע חברתי.[25] אפשר אומנם להתייחס ללחיצת יד בנסיבות מוגבלות מסוימות כאפשרית, גם אם לא אידיאלית, כדי לא לבייש אדם שהושיט לך את ידו, אך נדמה כי סוגים אחרים של מגע חברתי אינם שייכים לקטגוריה הזאת: הם אסורים בכל הנסיבות. אולם ברור שהתנהגות שאפשר להתיר אותה, גם אם היא איננה אידיאלית, בוודאי לא יכולה להיחשב איסור דאורייתא בדרגת החומרה הגבוהה ביותר. לכן אני מציעה לחלק את המגע החברתי לשתי דרגות:

דרגה 1: לחיצת יד
דרגה 2: כִּיף, חיבוק, נשיקה על הלחי

רבנים רבים מקבלים את לחיצת היד, אך כולם יסכימו כי פעולות בדרגה 2 מביעות חמימות וקשר ברמה כלשהי, ולפיכך הן אסורות. אבל הן עדיין נמצאות בקטגוריה אחרת מזו של העבירות החמורות יותר של נגיעה אינטימית. הצגת תפיסה המכירה בהבחנות הדקות היא הצגה כנה יותר, והיא תואמת את מה שחשים בני הנוער עצמם. כמו כן, היא עוזרת למי שחצה את הגבול לשמור על רמה מסוימת של מחויבות, ולהפחית את הסיכוי לחצות גבולות ולעבור עבירות חמורות יותר.

מה בנוגע ליחסים רומנטיים?

> היא עולה הרבה [השאלה של שמירת נגיעה]. היא עולה בדרך כלל כשאחד מאיתנו מרגיש חלש ואומר שאנחנו לא צריכים להתאמץ לשמור נגיעה. לפעמים זו היא ולפעמים אני. אני יודע שאני מדבר הרבה ואין לי כוח, אני יודע שזה אסור. אני יודע שבהלכה היהודית יש חכמה ותבונה, כי אנשים מבריקים הגו אותה. ההגבלות הן ממש רעיון טוב. אבל אני גם יודע שכל הנושא של שמירת נגיעה כל כך קשה לי, לפעמים רוצים את זה כל כך, אבל זה אסור. אנחנו מדברים על זה די הרבה. גם לה יש רגעי חולשה בתחומים האלו. היא אומרת: "טוב, רק נחזיק ידיים". כיף לחשוב שאפשר להסתפק בזה. אבל זו בריחה מהמציאות, ושנינו אמרנו שאנחנו יודעים שאנחנו מרמים את עצמנו. זה יתחיל במקום אחד וייגמר במקום אחר. עדיף לא להגיע לזה. דיברנו בינינו הרבה פעמים שחבל שלא הכרנו בשלב מאוחר יותר, בגיל מבוגר יותר. זה היה חוסך הרבה בעיות.
> (שלמה, 16)

חז"ל העריכו את היצר האנושי, ולכן הם הקימו גדרות סביב התורה כדי לנסות להגן על אנשים מפני עצמם. כיהודים שומרי מצוות חובה עלינו להתייחס לגדרות האלו ברצינות ולגלות אחריות בקשרים שאנחנו מתירים לעצמנו בין המינים. בני נוער מסוגלים בהחלט להרגיש תחושות עזות של אהבה. אולם לפי ההלכה, קרבה פיזית מחוץ לנישואים אסורה. עבור תלמידים שגדלים בחברה מעורבת ההגבלה הזו בהחלט עלולה להקשות על החיים.

הפתרון ההלכתי הקל ביותר הוא לעודד מתבגרים שלא לפתח קשרים רומנטיים, לפחות עד כיתה י"ב. גם אז, ההחלטה לפתח קשר רומנטי היא כבדת משקל ואינה מתאימה לכולם. קשר עם חבר או עם חברה אומנם אינו סותר את ההלכה, אבל הקשר הפיזי שייווצר כמעט בוודאות בעקבות כל קשר רומנטי ארוך טווח הוא הבעייתי מבחינה הלכתית. גם אם בני הזוג חזקים מספיק לעמוד בפיתוי של קרבה פיזית שנלווה לקשר אינטימי עמוק, הם יצטרכו להתמודד עם קונפליקטים קשים שעלולים ליצור מתח עצום.

'כן' לידידות, 'לא' למערכות יחסים

למי שגדל בחוגים מעורבים, ובמיוחד בקבוצות נוער מעורבות, יחסים וקשרים בריאים, חמים וידידותיים בין בנים לבנות הם חיוביים ובלתי־נמנעים. למי שגדל בסביבה כזו, ייתכן שפעילות מעורבת ואפילו בילויים בקבוצה מעורבת נראים כמו הדרך הטובה ביותר לקיים פעילות חברתית משותפת. כשאני מציעה את זה לתלמידים בגיל הנעורים, אני נתקלת בטענה שזו ציפייה שאינה מציאותית. כשבני נוער פועלים בסביבה מעורבת, חלקם בהכרח יתעניינו זה בזו ויתחילו לצאת לדייטים. הם תמיד מביאים דוגמאות של הורים של חברים שלהם, שהתחילו לצאת בתיכון ובסוף התחתנו. אני מודה שקשה להסכים חד־משמעית לרעיון של ידידים מהמגדר השני ובה בעת להתנגד חד־משמעית לקשרים רומנטיים. אבל זה מודל שיכול לעבוד אם קהילות יהיו מוכנות לאמץ את הסטנדרטים הללו. הרבה תלוי בציפיות שאנחנו מציבים ובנורמות שאנחנו קובעים. הורים יכולים ליצור נורמות כאלו. אני מכירה בית ספר מעורב שבו הורים של תלמידי חטיבה החליטו כקבוצה לדרוש מילדיהם לשמור נגיעה, והם הצליחו בכך עם רוב ילדי הכיתה. אם נחנך את ילדינו לחשוב שפגישות רומנטיות בתיכון אינן מומלצות ואינן מקובלות בחברה שלנו, אומנם תמיד יהיו שיצאו לפגישות – אבל הם יהיו היוצאים מן הכלל. סביר להניח שכל אחד ואחת ישקיעו מחשבה רבה יותר לפני שיתחילו לצאת, ולדעתי, זוגות מתבגרים יהיו המיעוט ולא הרוב. למרות החשיפה לנורמות של החברה המודרנית, אם בתור שומרי הלכה ניצור נורמות וציפיות משלנו בתחומים הללו, שיזכו לתמיכתן של רוב המשפחות בבית הספר או בחברה שלנו, הן יהיו מקובלות יותר. נוער דתי־מודרני חשוף לרוב למסרים של התרבות המודרנית שנוטה לראות בקשרים רומנטיים של בני נוער חלק הכרחי מהתפתחותם. תלמידים רבים שלי מבהירים שבמבט לאחור היו להם הרבה מערכות יחסים בשל המעמד החברתי שנובע מקשר עם חבר או עם חברה. לדעתי, מן הראוי לצמצם את התופעה הזו. אני

מציעה שנלמד את הנוער שלנו שמערכות יחסים רומנטיות בגיל הנעורים הן מיותרות ואינן מומלצות. אנחנו צריכים לקבוע נורמות דתיות בעלות יסודות הלכתיים ומהותיים, במקום לאפשר לנורמות של התרבות המודרנית ליצור לחץ חברתי המעודד מערכות יחסים שלדעתנו אינן ראויות.

הצורך בשליטה עצמית

הילדים שלנו מתמרמרים לרוב על הצורך להתאפק ולהימנע ממגע פיזי עם חברים או עם חברות מן המגדר השני. בתחומים רבים בחיים דורשת היהדות גם איפוק וגם משמעת עצמית. בתחום היחסים בין המינים, הדרישה לאיפוק ולמשמעת עצמית נוכחת מאוד. הגישה היהודית למיניות חיובית מאוד. כל החוקים שמגבילים התנהגויות נוצרו כדי להפוך את האינטימיות שבנישואים למוצלחת ולמהנה יותר. ה״לאווים״ אינם מכוונים כלפי בני נוער, כדי להקשות עליהם את חייהם הדתיים. משמעת עצמית היא מרכיב מרכזי בחיים הדתיים. גברים ונשים נשואים חייבים להתאפק ולהימנע ממגע מחצית מכל חודש. אנשים נשואים שנמשכים לאדם אחר חייבים להתאפק, ואסור להם לפעול על סמך התחושות האלה. זהו חלק ממשמעת המיושמת לאורך החיים, ושמירת המצוות מטפחת. לקיום המצוות יש השפעה על החיים בכלל, ומטרתן להגביר את הנאות החיים ולא לצמצמן.

הערכה כלפי ילדינו

השוואה בין השפה שבה משתמשים מאמינים נוצרים כדי לרסן פעילות מינית ובין שפתם של יהודים דתיים חושפת הבדלים חדים במוקד ההתמודדות. מאמינים נוצרים מדברים על ׳טוהר׳ ועל ׳שבועות בתולין׳, ואילו יהודים דתיים מדברים במונחים של ׳שמירת נגיעה׳, שהמרחק בינה לבין יחסי מין גדול. נראה שההבדל הלשוני הזה משפיע מאוד על האופן שבו נתפסת ההתמודדות. שבועת בתולין הופכת את יחסי המין למוקד של קונפליקט, בעוד שתפיסתי העצמית כשומרת נגיעה מותירה את יחסי המין כאפשרות פחות מדוברת. קיומה של שמירת הנגיעה הצליח לצמצם את האינטימיות המינית המלאה בקרב הנוער במגזר הדתי למינימום. כלומר, הקונפליקט, לפחות לחלק מן הנועה, מתמקד בנגיעה, ולא ביחסים האינטימיים עצמם. מבחינה זו, שמירת הנגיעה הצליחה להגשים את אחד מן היעדים של חז״ל, והוא לצמצם את האינטימיות המינית לפני הנישואים.

בארצות הברית מדווח רגנרוס[26] (על סמך המחקר הארצי על בריאות מתבגרים) כי 33 אחוז מן המתבגרים בני ה־15 ו־57 אחוז מן המתבגרים בני

ה־17 קיימו יחסי מין. מחקר על התנהגות מינית במערכת החינוך הממלכתית בישראל[27] מצא כי 22 אחוז מבני ה־15 ו־45 אחוז מבני ה־17 מקיימים יחסי מין. ד״ר יניב אפרתי, מייסד המרכז הישראלי לקידום מיניות בריאה ועמית מחקר במרכז לפסיכולוגיה של האינטרנט במרכז הבינתחומי בהרצליה, מצא במחקרו על פעילות מינית בקרב בני נוער דתיים כי בתיכון ממלכתי מדווחים 47 אחוז מן הבוגרים על קיום יחסים, לעומת 8 אחוזים בתיכון הדתי.[28] גם אם הדיווחים האלו אינם אמינים לגמרי, נוכל להסיק שרמת הפעילות המינית אצל בוגרי התיכונים הדתיים נמוכה בהרבה מזו של בני גילם החילונים.

נתמקד לרגע בחיובי – בעוד בני נוער רבים בני 15-13 עסוקים במחשבות על אובדן הבתולים, ההתמודדות הנפוצה יותר בקרב נערים דתיים עוסקת בחיבוקים, בנשיקות ובמזמוזים. אם כן, הגדרות שקבעו חז״ל אכן הצליחו להגן על ילדינו במידה מסוימת. אני ממליצה שתשתפו את ילדיכם בנקודה החשובה הזו, ותעזרו להם להעריך את החכמה שבהלכה. לצערנו, זה לא נכון בכל הקהילות, ויש דיווחים על פעילות מינית מתקדמת למדי בקרב נוער מחוגים מסוימים במגזר. על ההורים לנסות להיות עם אצבע על הדופק באשר לפעילויות שבהן משתתפים ילדיהם המתבגרים, במיוחד בסופי שבוע. לא מומלץ להתיר לילדים מתבגרים לקיים מסיבות בבית כשההורים אינם, אלא אם כן ברור מעל לכל ספק שלא יהיו במקום משקאות אלכוהוליים, סמים או פעילות מינית.

המחיר

גם האופן שבו אנו מחנכים להגבלת קשרים רומנטיים יכול לתבוע מחיר. להגבלת הקשרים הרומנטיים במהלך התיכון, או להתרתם מתוך ציפייה לסטנדרט גבוה של שמירת נגיעה, יש גם חסרונות. במחקרה על חוויותיהם של גברים ונשים נשואים סביב הלכות טהרת המשפחה מצאה נעמי מרמון־גרומט כי נשים דיווחו על קליטת מסרים שליליים הנוגעים למיניות, כולל הרעיון שלפיו קרבה פיזית היא התנהגות לא ראויה לבנות דתיות, שהיא תטמא אותן ושהיא לא צנועה. המסרים האלו הועברו באופן גלוי וסמוי. כשאותן בנות סיימו את לימודי התיכון וציפו מהן להתחיל לצאת עם בחורים ולחשוב על חתונה, הן החלו ללמוד על היופי והקדושה שביחסים המיניים. עבור רבות מן המשתתפות במחקר, המעבר הזה, שדרש מהן להשתחרר משנים של מסרים שליליים על מיניות ועל הגוף שלהן, היה מטריד, ולפעמים אפילו טראומטי. הגבלת העירוב בין המינים דורשת דיכוי של דחפים טבעיים, וזה נעשה לרוב באמצעות הצגת הדחפים הללו באור

שלילי. הדיכוי, במיוחד באמצעות מסרים שליליים בנוגע לתחושות מיניות, מקשה על קבלת התחושות האלו ואף על ההנאה מהן כשהן הופכות למותרות.[29]

ביטוי פיזי של חיבה הוא מרכיב חשוב בקשרים רומנטיים. מערכות יחסים בריאות בין מתבגרים יכולות לפעמים לסייע למעבר חלק יותר לחיי נישואים. אולם יש להניח כי דילול הסטנדרטים של שמירת נגיעה יקרב את רמת הפעילות המינית בקרב נוער דתי־מודרני לזו של בני גילם החילונים. עלינו להישאר מחויבים לחינוך ילדינו לשמירת נגיעה, להכיר במחיר הפוטנציאלי ולנהוג באהדה וברגישות עם בני הנוער שלנו. כשאנחנו מלמדים אותם על המיניות שלהם מתוך הקשר הלכתי, עלינו להכיר בה בעת באופיים הנורמלי של הקונפליקטים המיניים שאיתם הם אולי מתמודדים (בתחומים כמו אוננות ושמירת נגיעה), ולעודד את אידיאל המחויבות להלכה. חשוב מאוד שהאתגרים הללו ייחשבו נורמליים וגם פתוחים לשיחה, שכן אם בני הנוער שלנו חושבים שהם היחידים שמתמודדים עם הנושאים האלה, יש בכך ערעור קשה על תחושת העצמיות שלהם.

כמו כן, על ההורים לוודא שהם משלימים לילדיהם המתבגרים את המידע שחסר להם בשל חוסר ניסיונם בתחום הזה באמצעות שיטות חינוך אחרות, וכמובן, עליהם לדאוג לעסוק בנושאים של מיניות ומערכות יחסים באופן מלא לפני הנישואים, אם בעצמם ואם באמצעות מדריכי חתנים וכלות.

ילדים במערכת יחסים

נדב: אבא, אפשר בבקשה את המפתחות לאוטו?

אבא: לאן אתה הולך?

נדב: אני יוצא לסרט עם החבר'ה.

אבא: "החבר'ה" משתמשים באודם?

נדב: על מה אתה מדבר?

אבא: אני חושב שהגיע הזמן שנדבר.

נדב: אבא, ממש אין לי זמן עכשיו, הסרט כבר מתחיל. תן לי את המפתחות בבקשה.

אבא: אני לא מעוניין לתרום את האוטו שלי לפעילויות שאין לי מושג מה הן. או שנדבר על זה, או שתמצא דרך אחרת לצאת הערב.

נדב: עכשיו?

אבא: אני רוצה שנדבר באופן גלוי. מצאתי באוטו אודם בשבוע שעבר. אני חושב שאתה לא יוצא עם חברים כמו שאמרת. אימא ואני שמנו לב לכל מיני דברים שמעידים שאתה מבלה הרבה זמן עם בחורה. הגיע הזמן לשיחה כנה.

נדב: אתה ואימא הבהרתם לי שאתם לא בעד חברות בגיל הזה, אז אין הרבה על מה לדבר.

אבא: נכון, אימא ואני לא בעד חברות בגיל שלך, אבל עוד יותר חשוב לנו שנדבר גלויות, גם אם אתה עושה דברים שלא מוצאים חן בעינינו.

נדב: למה שאודה במשהו שרק יסבך אותי?

אבא: כי אי־אפשר לנהל תקשורת טובה אם אנחנו לא יכולים לסמוך עליך. זה לא קשור להסתבכות. אתה מקבל החלטות שלא מוצאות חן בעינינו אבל הן רציניות מאוד, וחשוב לנו להבין אותן יותר ולהמשיך לשוחח איתך עליהן.

נדב: איך אני לא מסתבך?

אבא: עונשים הם לא העניין עכשיו. אני רוצה להבין אותך יותר, וגם את ההחלטות המשמעותיות שאתה מקבל.

נדב: אין עונשים? לא תאסור עליי להשתמש באוטו? מה אם אומר לך שאני הולך לפאבים בעיר?

אבא: נדב, אני לא חותם עכשיו על חוזה אי־ענישה.

נדב: אתה רואה, ידעתי.

אבא: אני רוצה לדעת אם יש לך חברה. ואם כן, אף על פי שאני לא מסכים עם זה, אכבד את ההחלטה שלך. יש הרבה נושאים מסובכים שקשורים לחברות שאנחנו צריכים לדבר עליהם באופן גלוי. לא תאמין, אבל יש לי כמה עצות שבאמת יכולות להועיל. ומותר לך להמשיך להשתמש באוטו, אלא אם כן תאמר לי שאתה מוכר סמים מתא המטען. ואז יהיה לנו עוד נושא לשיחה.

נדב: קוראים לה אריאלה, ואני חושב שהיא תמצא חן בעיניכם.

אבא: גם לי נראה. מתי נוכל לפגוש אותה?

לצערנו, הילדים שלנו, ובמיוחד ילדינו המתבגרים, לא תמיד מקשיבים לעצות שלנו, ואיננו יכולים לשלוט בהתנהגות שלהם. לפעמים הם באמת מנהלים יחסים רומנטיים מתחת לאף שלנו. בין אם אתם תומכים ביחסים כאלו ובין אם לא, חשוב תמיד לשמור על ערוצי תקשורת פתוחים. למעשה, חשוב עוד

יותר להמשיך לדבר עם ילדים דווקא כשהם מעורבים בקשר עם בן או עם בת המין השני, כיוון שיש הרבה מסרים חשובים שאתם יכולים וצריכים להעביר להם. בלי לשים לב, הורים עלולים לפעמים להעביר בלי מילים את המסר ולפיו אם ילדיהם לא מקשיבים לעצתם, הם מעדיפים כלל לא לדעת מה הם עושים. הורים עלולים לשדר זאת באופן לא־מודע: מכיוון שהם יודעים שאין סיכוי שהם יתמכו בהתנהגות של הילדים שלהם, הם מעדיפים להימנע מעימות מאשר להתמודד ישירות.

האם אתם מנהלים קשר בריא?

- האם הקשר מתאפיין במחויבות הדדית, טוב לב והבנה?
- האם את/ה והחבר/ה מכבדים זה את זו ובוטחים זה בזו?
- אילו תכונות את/ה מעריך אצל בן/בת הזוג?
- האם יש לכם ערכים ותחומי עניין משותפים?
- האם אתם מעודדים התפתחות וצמיחה אצל בן/בת הזוג?
- האם שניכם מוכנים לפגוש את החברים של בן/בת הזוג ולבלות איתם?
- האם את/ה מרגיש/ה בטוח איתו/ה?
- האם את/ה אוהב/ת את עצמך כשאת/ה איתו/ה?

חשוב ביותר להמשיך לתקשר ולעזור לילדיכם המתבגרים לנווט במסלול המורכב של פגישות רומנטיות ושמירת מצוות. כהורים, אתם יכולים להעביר לילדיכם את המסר שאינכם מסכימים עם ההתנהגות שלהם, ובאותו זמן לתמוך בהם ולסייע להם. הורים אינם צריכים לחשוש מלהביע את הערכים ואת הציפיות שלהם, גם כשהם יודעים שילדיהם אינם מאמצים את הערכים הללו. אל תדחו את ילדיכם רק מפני שאינכם מסכימים עם הדרך שהם אימצו, אלא עבדו איתם יחד. קבלו את האתגרים האמיתיים שאיתם הם מתמודדים, וסייעו להם לצמצם את כל מה שסותר את ההלכה. חיוני ללמד אותם שהיהדות איננה עסקה של הכול או כלום. מבחינה אידיאלית, ההלכה קובעת ציפייה של היעדר מגע פיזי. אבל היא גם מכירה באנושיות שלנו, ובני אדם מטבעם טועים ואינם מצליחים תמיד לעמוד בסטנדרטים שנקבעו עבורם. בהלכות איסורי ביאה[30] מסביר הרמב"ם שאין דבר קשה יותר מהלכות ביאה אסורה. אם תקבלו את הקושי, תוכלו, באמצעות הצבת גבולות, לעודד את ילדיכם לנסות להתקרב בהדרגה

לציפיות של ההלכה. חשוב להיות רגישים לכך שחוויות חדשות של אהבה ראשונה עשויות להיות אינטנסיביות מאוד. הורים צריכים להתייחס ברצינות לתחושות של ילדיהם המתבגרים, ולהיות מודעים לכך שהם חווים תחושות ראשונות של אהבה ושל עוררות שדומות לאלו שחווים מבוגרים. לא קל למצוא את האיזון בין רמה נאותה של מעורבות לבין פולשנות יתר. חשוב לדבר עם ילדיכם על הקשר שהם מנהלים.

הבעת עניין ודאגה למרות היעדר הסכמה מלאה ביחס לקשר אמורה לאפשר להורים לשמור על ערוצי תקשורת פתוחים. כמו כן, אולי תרצו לעודד את ילדיכם לחשוב היטב ולקחת פסק זמן לפני ההחלטה לנהל קשר פיזי. שלל פרסומים מעידים שאנשים רבים מצטערים על כך שהם נעשו פעילים מינית כבר בגיל צעיר, בעוד מעטים מתחרטים על שחיכו.[31]

הורות לילדים פעילים מינית

הגילוי כי בנכם או בתכם פעילים מינית עלול לגרום לזעזוע. הורים רבים מרגישים דחויים, נוטים להתרחק משיח עם ילדיהם המתבגרים ה׳מרדנים׳, והכאב שהם חשים יוצר מרחק. גם אם במעשה זה ילדיכם דוחים ערך שאותו קיוויתם שיכבדו, זו עשויה להיות הזדמנות משמעותית ביותר לשמור על מערכת יחסים טובה וערוצי תקשורת פתוחים. אל תחששו להעביר מסר מעורב, ולפיו אינכם תומכים בהתנהגותו של ילדכם, אך אתם עדיין אוהבים אותו ודואגים לו. אתם יכולים להמשיך לחנך ברוח הערכים והדעות שלכם. הורים שיודעים שילדיהם פעילים מינית חייבים לשוחח איתם על הנושא באופן גלוי, גם אם אין זה מה שאנחנו רוצים עבור ילדינו. על ההורים להתאמץ ללמד את ילדיהם כיצד להציב גבולות בתחום המיני. לשם כך אפשר, למשל, להשתמש במשחק תפקידים. אפשר גם לדבר על חשיבותו של האיפוק, ולהסביר שמערכת יחסים שאיננה פיזית מאפשרת לפתח את ההיבטים הרגשיים והשכליים של הקשר. מכיוון שפעילות מינית היא מחוץ לתחום ההתנהגות המקובלת בחברה שלנו, אין בעולם הדתי מודל לשיחה כזו. מחקר שנערך ב־2004 על השפעתה של זהות דתית על התנהגות מינית של מתבגרים הראה כי דתיותו של אדם מקטינה את הסבירות שהוא ישתמש באמצעי מניעה כשיהיה פעיל מינית.[32] ההסבר שניתן לתופעה הזו קשור לרעיון שלפיו עצם המחשבה על מין מתוכנן, שבו דואגים בני הזוג להגנה מתאימה, יוצר דיסוננס קוגניטיבי כה גדול אצל נוער דתי כך שהם לעולם לא ׳מתכננים׳ לקיים יחסי מין. זה קורה מעצמו, כמעידה רגעית, ולכן אף אחד לא דואג להגנה. פשוט חווים רגע של חולשה. נוסף על כך, מכיוון

שאנחנו מניחים שילדינו אינם פעילים מינית, איננו מדברים איתם על הנושא, ולכן לעיתים קרובות חסר להם מידע חשוב וחיוני. גם אם ברור שזה לא משהו שהיינו ממליצים עליו מלכתחילה – כמצב אידיאלי – מסיבות של בטיחות יש לספק מידע לנוער שפעיל מינית.[33]

אם אתם חושדים או יודעים שילדיכם מעורבים במערכת יחסים פיזית, עליכם לדאוג לבטיחותם וללמד אותם את מה שעליהם לדעת על אמצעי מניעה, הן כדי להתגונן מפני מחלות מין והן כאמצעי למניעת היריון. בספר דברים כתוב (ד, טו): "ונשמרתם מאֹד לנפשֹתיכם" – חובה עלינו לדאוג לבטיחותנו ולבריאותנו, וכך עלינו ללמד גם את ילדינו. כמו כן, יש כאן עניין של פיקוח נפש – החיים של ילדיכם עלולים להיות בסכנה. מחלות מין הן לעיתים קטלניות, או לפחות גורמות לסבל נורא. אם אתם יודעים שילדיכם פעילים מינית, מחובתכם כהורים לשוחח איתם על התנהגות מינית בטוחה, ובכלל זה, במידת הצורך, על האפשרות של שימוש בקונדום. אף על פי שאמצעי המניעה היחיד המקובל מבחינה הלכתית שלא במסגרת הנישואין – לפני חתונה או בין שני מתבגרים שאינם נשואים – הוא הימנעות מיחסים, שיטת ההגנה האמינה היחידה עבור מי שלא נמנע מיחסי מין הוא קונדום. בעת הצורך, יש לעודד גם בנות להשתמש באמצעי מניעה. ברור שאיננו רוצים להגיע למצב שבו צריך ללמד אותם על אמצעי הזהירות הללו, אבל ניטיב לטפל בילדינו אם נעריך בכנות את רמת הפעילות המינית שלהם, ונגונן עליהם גם כשאנחנו מתנגדים נחרצות לבחירות שלהם.

קביעה מחודשת של גבולות אישיים

הורים צריכים לדבר עם ילדיהם גם על האפשרות של שינוי. ילדינו עלולים לגלות כי הם הרחיקו מעבר לגבולות האישיים ואולי אף הדתיים שלהם. לפעמים, בשל לחץ חברתי או בשל החלטה ספונטנית, אנחנו מתנהגים בדרכים שמעוררות חרטה בהמשך הדרך. חשוב להבין שאנחנו תמיד יכולים להחליט להשתנות. מרכיב עיקרי ביהדות הוא מושג התשובה. ההלכה אומנם מציבה רף גבוה, אך יש במערכת שלנו גם אפשרות לקבל ולהכיל כישלונות אנושיים. התורה מכירה בכך שאנשים לא תמיד יצליחו לעמוד בכל הציפיות. ילדינו צריכים לדעת שמושג התשובה פירושו שתמיד יש דרך חזרה, והם תמיד יכולים לבחור להתקרב לאלוקים.

יש אנשים שמסיבות שונות עדיין לא מוכנים לקיים את כל ההלכות הקשורות לנושאים של מיניות. לפעמים מפני שהמשפחה שלהם לא יצרה

ציפייה כזו, ולפעמים מפני שזהו אתגר קשה במיוחד עבורם. הורים יכולים לעזור מאוד לילדיהם אם ילמדו אותם שהדרך לקדושה עשויה להיות ארוכה מאוד. המפתח טמון בתנועה ובצמיחה מתמדת של החיים הדתיים גם אם ההתקדמות היא בצעדים קטנים. כל עוד אנחנו שואפים ונעים בכיוון הנכון, אנחנו מתקרבים לקב"ה ולחיים של קדושה.

ההלכות הנוגעות לקרבה פיזית מאתגרות מאוד. אלו הם השיעורים החשובים ביותר במשמעת עצמית. אלוקים, שברא אותנו בני אדם ויודע למה אנחנו מסוגלים ולְמה לא, רצה לתת לנו הזדמנות לגדול כיצורים רוחניים. הגדילה הזאת נוצרת לעיתים דווקא במצבים שמאתגרים את האדם, שהוא שילוב של גוף ונפש. על הורים להביע אמפתיה לקושי לקיים את ההלכות הללו, ולהכיר בכך שאכן מדובר באתגר עצום. ולצד זאת, עליהם להדגיש גם את ערכה של הקדושה שלמענה אנו מוכנים להתאמץ ולהצליח.

מן הדברים הללו לא משתמע שילדים ונערים לא צריכים לקיים קשרים עם בני המין השני. אולם הקשרים שלהם צריכים להיות מבוססים על כבוד, ועל היכולת לשים לב כשהקשר מסתבך. במידת האפשר, כדאי לדחות קשרים רומנטיים עד סמוך יותר לגיל שבו נישואים הם בגדר אפשרות מציאותית.

רווקות מאוחרת

בשנים האחרונות חלה עלייה דרמטית במספר הרווקים והרווקות בסביבות גיל שלושים בעולם הדתי. הרבה גברים ונשים נשארים רווקים עד סוף שנות העשרים ותחילת שנות השלושים לחייהם, חלקם מבחירה וחלקם מסיבות אחרות. מציאות זו מהווה אתגר נוסף עבור אלה המחויבים להלכה, אך אינם מוצאים מקום לבטא את המיניות שלהם במשך שנים רבות. אומנם אין פתרונות פשוטים למציאות זו אך עדיין חשוב להכיר בקשיים שמצב זה מעורר. ישנם אנשים המזדהים כדתיים אך מתקשים לשמור על כל ההלכות בתחומים אלו. יש המצליחים להקפיד על כל ההלכות, אבל לא בלי מחיר – שליטה עצמית קפדנית במיניות מביאה לריסון עצמי גם בתחומים אחרים. כמו כן, ייתכן שיהיו מהם שיצליחו להפנות את האנרגיות שלהם לתחומים אחרים ולעמוד באתגרים בלי מחיר. מגוון ההתנהגויות בטווח הנורמה הוא עצום, ואני מציינת זאת כדי להגביר את המודעות לתופעה, וכדי שנוכל לגלות יותר רגישות כלפי אלו המתקשים.

פגישות רומנטיות – כיצד נעזור לילדינו?

מהר מאוד מגיעים הילדים שלנו לגיל שבו נרצה לעודד אותם לצאת לפגישות ולמצוא את בן הזוג או את בת הזוג המתאימים להם. לצערנו, אין שיעורים או קורסים שאליהם נוכל להפנות את ילדינו כדי שילמדו את כללי האהבה והנישואים. אבל נוכל לדבר איתם על מערכות יחסים, על אהבה ועל קבלת החלטות בתחומים אלו. המילה 'אהבה' היא מילה שלרוב איננה נושא לשיחה בינינו. אנחנו משתמשים בה כל הזמן, אבל אם נתבקש להגדיר במילים מהי אהבה – נתקשה. יש, כמובן, הרבה סוגים של אהבה; אהבה בין הורה לילדים שונה מאהבה רומנטית בין בעל לאישה. יש גם הרבה תפיסות מוטעות לגבי אהבה רומנטית, והן מועצמות בסדרות ובסרטים. כששואלים בני נוער איך הם יודעים שהם אוהבים מישהו, הם נוטים לומר: "פשוט יודעים, זו מין הרגשה".[34] יש אמת ברעיון הזה של הרגשה שאיננה קלה להגדרה, אך לא מדויק לראות באהבה פשוט תחושה שמתפתחת מעצמה כשפוגשים את 'האדם הנכון'. מסוכן לתאר את האהבה כתחושה שנוחתת עלינו מעצמה, באופן פסיבי, שכן אם היא פשוט מופיעה לבד, היא יכולה באותה קלות גם להיעלם. בספרו **אמנות האהבה** כותב אריך פרום על הסכנה שבגישה פסיבית זו לאהבה.[35]

> ספק אם יש איזו פעילות או יוזמה, שתחילתה בתקוות ובציפיות עצומות כל כך, ובכל זאת סופה מכזיב תמיד כאהבה.

בספרו **מכתב מאליהו** כותב הרב אליהו דסלר[36] על אהבה כרגש שנובע מן הנתינה. הוא מציע תובנה עמוקה של הטבע האנושי, ואומר שמעשה הנתינה ולא מעשה הקבלה הוא שמחזק את האהבה. כולנו נהנים לקבל, ובדרך כלל יש לנו תחושות חמות כלפי מי שנותן לנו מתנות, אך דווקא בנתינה לאחרים אנחנו חווים תחושות אהבה עזות יותר. הקשרים שלנו מתהדקים, ואנחנו אוהבים יותר ככל שאנחנו חולקים זה עם זה ומעניקים זה לזה בדרכים שונות. אהבה עמוקה, אינטימית, מתפתחת לא בן־לילה אלא לאורך זמן. אנשים רבים מספרים שבליל נישואיהם הם הרגישו שהגיעו לשיא האהבה, אך בהמשך החיים, במבט לאחור, הם הבינו כמה השנים שלהם יחד חיזקו והעצימו את הקשר ביניהם. אלו הם רעיונות חשובים, שכדאי לדבר עליהם עם ילדיכם לקראת סוף גיל ההתבגרות ותחילת הבגרות.

מהי אהבה?

ברור שהאהבה שלנו כלפי ילדינו והמחשת האהבה שלנו כלפי בני זוגנו מניחות את היסוד החשוב ביותר להבנת האהבה. גם קשרים בין אחים ואחיות חשובים מאוד, כדי ללמוד איך לחלוק ולהתפשר ולאהוב, ואולי גם לכעוס או להיות מתוסכל בו־זמנית. אבל פגישות וקשרים רומנטיים הם סוג אחר של אהבה, ויש לדבר עליה ולהגות בה.

אהבה היא כוח רב־עוצמה שקשה להגדיר או להסביר אותו. אולי קל יותר להגדיר את האהבה על דרך השלילה – שיטה טובה להתחיל לחקור מהי אהבה היא באמצעות הגדרה של מה שהיא איננה. לפעמים קשה להבחין בין חיבה, אהבה, תשוקה והתאהבות. מגע פיזי בשלב מוקדם יכול לגרום לאנשים לבלבל בין אהבה לבין תשוקה. יצירת מסגרת שבה אפשר לפתח קשר אינטימי ללא מרכיב מיני מאפשרת התפתחות טובה של אהבה ולא של תשוקה. ברגע שהיצרים הפיזיים שלנו מופעלים, קשה להפריד בין רגשות אמיתיים וחזקים כלפי אדם אחר לבין משיכה פיזית עזה כלפיו או כלפיה.

לפעמים, כשאני מלמדת, אני מזמינה תלמידי תיכון לשחק את המשחק "מחבב, אוהב, חושק". אני מציעה להם שלוש גרסאות דומות לאותו סיפור, ומבקשת מהם לזהות אילו חוויות עוררו את הרגשות של הדמות, וכך לחלץ את ההבדלים בין חיבה, אהבה וחשק. תוכלו להשתמש בתרגיל הזה גם עם הילדים המתבגרים שלכם, ואפשר להיעזר בו כדי ליזום שיחה על סוגים שונים של משיכה.

תסריט 1

ג'ודי יושבת באוטובוס. שירה עולה ורוצה להתיישב לידה.

ג'ודי: היי, אל תשבי כאן. שבי לפניי, במקום הפנוי, כדי שכל המקומות מקדימה יהיו תפוסים.

שירה: למה?

ג'ודי: אני שומרת את המקום הזה למישהו.

שירה: למי?

ג'ודי: (בלחש) אני שומרת אותו לנועם שמואלי.

שירה: מי זה ולמה שהוא ירצה לשבת לידך?

ג'ודי: לא שמת לב? בזמן האחרון אנחנו הולכים הביתה ביחד. הוא גר לידי, את יודעת. הוא כזה בחור נחמד ומתחשב. בשבוע שעבר הוא ראה כמה ילדים רבים ברחוב, והוא פשוט ניגש אליהם ועזר להם לפתור

את הבעיה. אנחנו מדברים על החיים ועל כל מיני דברים, ופשוט כיף להיות איתו. אנחנו חושבים להתחיל להתנדב ב"יחד". הוא טוב מאוד עם ילדים ופשוט נהנה להיות איתם. ממה שראיתי, גם הם ממש אוהבים אותו. הוא כזה בחור טוב. אני ממש _______ אותו.

תסריט 2

ג'ודי יושבת באוטובוס. שירה עולה ורוצה להתיישב לידה.

ג'ודי: היי, אל תשבי כאן. שבי לפניי, במקום הפנוי, כדי שכל המקומות מקדימה יהיו תפוסים.

שירה: למה?

ג'ודי: אני שומרת את המקום הזה למישהו.

שירה: למי?

ג'ודי: (בלחש) אני שומרת אותו לנועם שמואלי.

שירה: מי זה ולמה שהוא ירצה לשבת לידך?

ג'ודי: לא ראית אותו? אני עוקבת אחריו כבר שבועות. הוא כזה חתיך. בכל פעם שאני רואה אותו יש לי פיק ברכיים. הוא הבחור הכי מגניב בסביבה. אפילו חלמתי עליו אתמול בלילה. לא משנה, אני לא יכולה להפסיק לחשוב עליו. ובימים האחרונים נראה לי שגם הוא שם לב אליי. אני כל כך מתרגשת, אני מחכה כבר להיות לידו. אז אני שומרת את המושב הזה, ומקווה שהוא יהיה חייב לשבת כאן. אני מחכה כבר להיות קרובה אליו. אני ממש ___________ אותו.

תסריט 3

ג'ודי יושבת באוטובוס. שירה עולה ורוצה להתיישב לידה.

ג'ודי: היי, אל תשבי כאן. שבי לפניי, במקום הפנוי, כדי שכל המקומות מקדימה יהיו תפוסים.

שירה: למה?

ג'ודי: אני שומרת את המקום הזה למישהו.

שירה: למי?

ג'ודי: (בלחש) אני שומרת אותו לנועם שמואלי.

שירה: מי זה ולמה שהוא ירצה לשבת לידך?

ג'ודי: לא ראית אותו? הוא כזה חתיך. הלב שלי מחסיר פעימה בכל פעם שאני רואה אותו. היינו יחד בכמה סמינריונים והדרכנו ביחד. הוא

חכם ומצחיק ונחמד ומקסים, הכול באדם אחד. הוא מסתדר נהדר עם ילדים; הם מקשיבים לכל מילה שלו. ולאחרונה אנחנו מבלים הרבה זמן ביחד. ממש אכפת לו מאנשים; הוא רוצה להיות פסיכולוג כי הוא חושב שהוא יוכל לעזור לאנשים להתמודד עם הכאב והעצב שלהם... נכון שזה נחמד? והוא כל כך חביב כלפיי. הוא תמיד אכפתי ומתחשב. אפילו יצאנו יחד אחרי הסמינריון, למרות ששנינו היינו מותשים. נשארנו ערים עד שתיים בבוקר כדי לדבר! ואז, כמובן, לא נרדמתי כל הלילה כי חשבתי עליו. נראה לי שאני ממש __________ אותו.

המסר החשוב ביותר עבור ילדיכם הוא שרגש של משיכה פיזית ומינית איננו שווה לרגש של אהבה. לעיתים הם מופיעים יחד, ולעיתים קרובות המשיכה הפיזית והמינית נובעת מקשר מתפתח, אבל האחד אינו מעיד בהכרח על השני. חשוב להדגיש שקל לבלבל בין הרגשות הללו. בנות בפרט נוטות לחשוב שתחושת התשוקה העזה שגורמת לפיק ברכיים היא בוודאי אהבה. בנים נוטים לבלבל בין אהבה לבין התחושה הטובה שחשים כשמצילים אדם אחר או לרגש של בעלות על נערה. תחושה של קנאה מעצם המחשבה שאותה נערה נמצאת אולי עם אדם אחר איננה בהכרח אהבה, משום שרגש הקנאה נובע לפעמים מתחושת בעלות שלא תמיד משקפת אהבה אמיתית.

אך חלק מהמורכבות הכרוכה בשיחה עם ילדינו על הנושא הזה הוא שהרבה מהרגשות שלהם עשויים באמת להיות ממרכיבי האהבה. גם אם איננו יכולים להגדיר את האהבה, נוכל לפתוח בשיחה ולעזור להם לחשוב עליה. בעיקר נוכל לעזור להם להבין שזו איננה רק תחושה ספונטנית שאנחנו חשים ברגע שאנחנו פוגשים את האדם הנכון. צריך לטפח ולפתח את האהבה כדי שהיא תחזיק מעמד כל החיים.

התמדה במערכת יחסים מהסיבות הלא נכונות

לפעמים אנשים נשארים במערכת יחסים מהסיבות הלא נכונות. יש הרבה סיבות מוטעות להישאר במערכת יחסים, ונדמה שחלקן די נפוצות. נהלו שיחות שוטפות עם ילדיכם על קשרים בין בני זוג, כמו גם על קשרים עם ידידים מן המגדר השני. השתמשו בסדרות שאתם יודעים שילדיכם צופים בהן כדי להמחיש מהם קשרים בריאים ומהם קשרים לקויים. תמיד אפשר ללמוד מהאינטראקציות החיוביות או השליליות שילדינו עדים להן בתוכניות ובסרטים. אלו מצבים שלא תמיד מתרחשים במציאות, אך שיחות מעוררות מחשבה בין הורה לילד

יכולות למנוע הרבה כאב לב. להלן רשימה של סיבות אפשריות שעלולות לגרום לאנשים להישאר במערכת יחסים גם אם היא איננה בריאה. אלו הן נקודות טובות לשיחה עם ילדים שמתחילים לצאת לפגישות רומנטיות. חלק מהן דורשות יותר כנות ומודעות עצמית ממה שיש לנו. שוב, שיחות שיעלו בזהירות חששות המבוססים על תצפיות שלנו על האינטראקציות של ילדינו, יוכלו אולי לעודד התבוננות עצמית עמוקה יותר.

- אני פוחדת להיות לבד.
- אני אוכל לעזור לה.
- נכון, הוא באמת מתרגז, אבל אני אוכל לעזור לו להשתנות.
- הוא האדם הראשון שנישקתי אי־פעם – אני חייבת להתחתן איתו.
- היא תכעס עליי כל כך אם אעזוב אותה – אני פוחד.
- הוא מאיים עליי. אני לא יודעת מה לעשות.
- אני לא יכולה לעזוב אותו ולפגוע בו.
- אני ממש רוצה להתחתן.
- אני אוהבת את הרגשות שאני מעוררת אצלו.
- אני חייב לברוח מהמשפחה שלי.
- זה מגניב שיש חברה.

אם ילדיכם מביעים תחושות כאלו, ייתכן שהקשר שלהם אינו בריא. עליכם לגרום להם להבין זאת, בעדינות וברגישות.

בני אדם הם שילוב מורכב של הפיזי והרוחני. האדם נברא בצלם אלוקים, אבל הוא גם נברא עם אותם דחפים ויצרים פיזיים חזקים כמו של בעלי החיים, ואלו מכונים לפעמים 'יצרים חייתיים'. ה'תשוקה' מופיעה כשאנחנו מוצפים באותם יצרים חייתיים, שמתמקדים רק במה שאנחנו רוצים וחושבים שאנחנו צריכים. היהדות מדגישה עד כמה חשוב להתגבר על התאהבויות המבוססות על תשוקה ועל יצר פיזי. צלם אלוקים שבנו מצווה עלינו לשים בצד את תחושות התשוקה וההתאהבות, ולוודא שהרצונות שלנו מבוססים על קשר אמיתי ומחייב. כך נחיה חיים של קדושה.

מדריכי חתנים וכלות

כשהילדים שלנו מחליטים שהם מצאו את האדם שאיתו הם רוצים לחיות את שארית חייהם, הם מתחילים שלב חדש ומרגש. זהו הצעד המשמעותי ביותר

במעבר לעצמאות מחוץ לבית ההורים, אך עדיין על ההורים לעזור להכין את ילדיהם לשינוי החשוב הזה בתחומים נוספים. למשל, הורים יכולים להיות שותפים בתהליך מציאת מדריכי חתנים וכלות מתאימים. בדרך כלל ילדינו בוחרים בעצמם את המדריכים, אבל אולי תרצו גם אתם לחקור את הנושא. צעירים לא תמיד מודעים לתפקיד החשוב של מדריכי חתנים וכלות בחיים האינטימיים שלהם. רוב בני הזוג המאורסים לא ירגישו בנוח לדבר עם הוריהם על מיניות, ולכן מקור המידע העיקרי שלהם בנוגע למה מותר ולמה אסור, וכן בכל הנוגע לאינטימיות המינית, יהיה המדריך. מדריכי חתנים וכלות לרוב אינם מציעים מספיק מידע על מיניות, ומתמקדים בעיקר בהלכות. אני מציעה שההורים יעזרו לילדיהם לחקור את הגישה שמציע המדריך, כמו גם את רמת הפירוט, ואולי אפילו לשאול את המדריך כמה שאלות ממוקדות, כדי להבטיח שילדיהם יהיו מוכנים היטב בתחום החשוב הזה של חיי הנישואים. כמו כן, על ההורים להכין את ילדיהם לפני הנישואים לכך שלפעמים בני זוג נתקלים בבעיות בחיי המין, וליידע אותם לאן הם יכולים לפנות כדי לקבל סיוע בשעת הצורך (רופא נשים, ייעוץ מיני, מטפל זוגי או מיני וכדומה).

שאלות שאפשר לשאול מדריכי חתנים וכלות

- מה בדיוק תלמדו על מיניות אצל בני האדם באופן כללי?
- האם תלמדו על ההבדלים בין התגובות המיניות של גברים ושל נשים ועל השפעתם על יחסי המין?
- האם תתנו עצות כדי לעזור לבני הזוג להתמודד עם קשיים מיניים שונים (למשל, שפיכה מוקדמת)?
- מה תלמדו על מה מותר ומה אסור (למשל, תנוחות מיניות, יחסי מין בשעות היום)?

תפקידם של ההורים בהכנת ילדיהם לאינטימיות מינית אינו חד־משמעי, והוא משתנה לפי הדינמיקה המשפחתית ונורמות השיחה בתוך המשפחה. לדעתי, בדרך כלל ילדים מרגישים לא בנוח עם הרעיון שההורים שלהם ידברו איתם על אינטימיות מינית, אבל אפשר להתגבר על התחושות האלה. לא פעם שמעתי בנים מספרים שהשיחות החשובות שהיו להם עם אבותיהם בסמוך לנישואים שלהם היו משמעותיות וסייעו להם, כל עוד האב והבן הרגישו בנוח זה עם זה. כשלאימהות יש מידע חשוב לשתף בו את הבנות שלהן, והן יודעות שהן לא

יקבלו אותו במקום אחר, עליהן בהחלט לשקול שיחה אישית איתן. ילדים יכולים לרצות או לא לרצות לדבר עם ההורים על הנושאים האלו, ושתי ההתנהגויות נפוצות. כשמוסרים מידע על מיניות, עדיף לעשות זאת בצורה סתמית וכללית (אנשים רבים חווים / אפשר להציע כי) ולא אישית (אבא שלך ואני).

פשוט לרצות

בעשור האחרון התחוללה מהפכה סביב דיבור על מיניות בציבור הדתי. נושא המיניות היה מושתק ומביש ולא היה לו מקום לא בשיעורים על בית, חינוך ומשפחה ולרוב גם לא בין בני זוג דתיים. היום אפשר לומר שהעולם הדתי עבר לשיח לא פרוץ וגם לא פוריטני (בשפה של הרבנית אוריה מבורך) אלא שיח ישיר, מדויק וצנוע שנותן מקום גם לגוף וגם לרגש ולא רק לראש. ספרה "פשוט לרצות" של ד"ר מיכל פרינס ממחיש את הגישה המעשית והמונגשת לנושא של קשר אינטימי בין בני זוג. פרינס מדברת על ההבדלים בין גברים לנשים, על הצורך להקשיב לגוף גם של הגבר וגם של האישה, על שיח ועל עבודה משותפת. היא נותנת לזוגות כלים לפתח חוויה הוליסטית יותר של גוף ונפש. היא מזמינה את בני הזוג להתחיל לחשוב בשפה של, "מה אני רוצה" או "מה טוב לי" במקום "מה החובות שלי". ד"ר פרינס נותנת לקוראי הספר כלים לעולם של מיניות מיטיבה ושמחה. גם את הבשורה הזאת כדאי להעביר לילדינו כשהם מתחתנים.[37]

אלימות במשפחה

כמה מיתוסים נפוצים גורמים לנו לפקפק בכך שאלימות במשפחה אינה קיימת אצל משפחות שומרות מצוות. מיתוס אחד כזה הוא שמשפחות שומרי תורה ומצוות הן אוהבות, מטפחות והרמוניות. "שלום בית" ושלווה ביתית הם אידיאל מרכזי ביהדות, אך, למרבה הצער, זו איננה המציאות הרווחת. מיתוס נוסף הוא שאלימות במשפחה מצויה במשפחות פחות משכילות, בעלות מעמד סוציו־אקונומי נמוך, במשפחות שאינן שומרות מצוות או שנישאו בנישואי תערובת, והרשימה עוד ארוכה. למעשה, כל אדם שיש לו כוח, מעמד חברתי וקשרים יכול להפעיל שליטה על הקרובים אליו אם רק ירצה בכך. עם קצת כוחניות אדם מתעלל יכול להביא כל אחת להרגיש קורבן, בלי קשר למעמדה הכלכלי.

אנו נוטים לחשוב שאלימות במשפחה קיימת אצל אחרים רחוקים מאיתנו, לא אצל שכנינו, מי שיושבים לידנו בבית הכנסת, מי שילדיהם לומדים בכיתה עם ילדינו. קשה לנו להאמין שהאלימות פוגעת באחיות, באימהות או בחברים שלנו. חשיבה כזו יכולה למנוע מאיתנו לזהות מצבים מסוכנים ולתמוך בנשים שעוברות התעללות.

כולנו מקווים ומתפללים שלילדינו יהיו נישואים בריאים ומאושרים, מלאים בעליות ובמורדות הנורמטיביים בחיי הנישואין. אצל רובם זהו המצב, אך אצל חלקם לא, וחשוב שנעזור לילדינו לבחור בחירות נבונות, ונתמוך בהם בתהליך קבלת ההחלטות כמיטב יכולתנו. עלינו להיות שם בשבילם תמיד, ויהי מה. עלינו לחנך את ילדינו שאין תירוץ לאלימות, לתת להם דוגמה אישית ליחסים של כבוד בין מבוגרים, שאין בהם אלימות. שידעו שאם הם יהיו אי־פעם במצב שמאיים עליהם בדרך כלשהי, אנחנו ההורים שלהם תמיד נהיה שם כדי להגן עליהם. אם תחושת הבטן שלכם כהורים היא שיש סיבה לדאוג בנוגע לילד שלכם, עליכם לעשות כמיטב יכולתכם לברר אם יש בסיס לפחדים שלכם. אף שמדובר במצב עדין וסבוך מאוד, אל תתעלמו מהאינסטינקטים שלכם. הציעו עזרה, תמיכה או טיפול לפי הצורך, והיו זמינים לילדיכם כמיטב יכולתכם.

לסיכום

ניווט בתחום המסובך של יחסים בין המינים איננו משימה פשוטה. כהורים, עלינו לזכור שאנחנו אומנם משתמשים בחוויות שלנו כדי לייעץ לילדינו, אך הדור הזה גדל בעולם שונה מאוד משלנו, ולכן עלינו להקשיב היטב כדי להבין עם מה ילדינו מתמודדים. נושאים הנוגעים ליחסים בין המינים עשויים לעמוד במוקד ההתעניינות של בנינו ובנותינו במשך רוב שנות ההתבגרות שלהם. גם כשהם מתבגרים וחושבים להתחתן, הם זקוקים להדרכה שלנו, גם אם בצורה פחות מכוונת.

הילדים שלנו לרוב לא מכירים את הגישה המתוחכמת והחיובית של היהדות למיניות, והם שקועים מאוד בדימויים ובדעות המאפיינים את התפיסה של החברה הכללית, שמציגה בדרך כלל נקודת מבט אגבית ורדודה למדי ביחס למיניות. גישתה של היהדות ביחס למיניות היא חיובית ונלהבת. ההלכות שמגבילות את ההתנהגות שלנו נוצרו בסופו של דבר כדי להגביר

את האינטימיות בנישואים ולהפוך אותה ליותר מהנה, וזו הבנה חשובה שאנחנו חייבים לחלוק עם ילדינו.

כשאנחנו כהורים מלמדים את ילדינו על מערכות יחסים בראי ההלכה, עלינו גם להכיר באופיים הנורמלי של הקשיים המאתגרים את ילדינו בנוגע ליחסים בין המינים, ולהמשיך לעודד את המחויבות ההלכתית כאידיאל. חשוב לראות את הקשיים הללו כדבר נורמלי וגם כנושא לשיחה. שיחה ודיבור על כך עוזרים לילדינו לבנות בסיס של אמונות וערכים בנוגע ליחסים בין המינים. כך נוכל לעזור להם לפתח הבנה עמוקה ומחויבות לערכים היהודיים המסורתיים בתחומים אלו, דבר שישמש אותם היטב כשיהפכו למבוגרים דתיים בעלי מיניות בריאה.

בפרק זה דיברנו על:

- חוקים הנוגעים ליחסים פיזיים בין המינים, כחלק מן המסורת ומכללי ההלכה היהודית.
- מאתגר לעמוד בסטנדרטים ההלכתיים האלו כיום, במיוחד בחברות שמעודדות עירוב בין המינים.
- שמירת נגיעה – מאין הגיעה ולמה התפתחה.
- כיצד הבנת ההיגיון העומד מאחורי הציפיות ההלכתיות יכולה להקל על מימושן.
- הבנה של הנורמות בין גברים לנשים שאותן ביקשו חז"ל לקבוע בחברות דתיות על מנת לדאוג למערכות יחסים ראויות.
- חז"ל הבינו את המשיכה בין גברים לנשים, עודדו אותה בתוך קשרי נישואים, אך ביקשו למנוע כל קשר אינטימי מחוץ לנישואים.
- ניתוח הלכתי של החוקים השולטים ביחסים הפיזיים בין המינים, כולל הבחנה אפשרית בין מגע חברתי (לחיצת יד) לכל מגע אינטימי אחר.
- נושאים הנוגעים לקשרים רומנטיים בין חברים וחברות.
- כיצד לדבר עם ילדינו שלא בהכרח מכבדים את המחויבות שלנו להלכה בתחומים אלו.
- חשיבות השמירה על מערכת יחסים עם ילדינו גם כשהם מקבלים החלטות שאינן תואמות את האמונות ואת המחויבויות שלנו.
- כיצד לעזור ולתמוך בילדינו כשהם מתחילים לצאת לפגישות רומנטיות.
- עד כמה חשוב לעזור לילדינו למצוא הדרכה ראויה על מיניות לפני הנישואים.

9
התמודדות עם ברכת הזרע

קשה לאמוד את המקום העצום שתופס המתח הדתי בנושא זה [אוננות] אצל נערים צעירים... ברוב השאלות שמופנות אליי חבויה ההנחה שזהו החטא החמור מכולם, ויותר מכך, שאי־אפשר לשוב עליו בתשובה. יש אומנם כמה מקורות בקבלה שתומכים בעמדה הזו, אך היא בהחלט איננה ההלכה המקובלת. עלינו להיות נאמנים לנטייה המסורתית של חז״ל להתנגד חד־משמעית למעשה הזה. אולם המקורות אינם מדגישים את החטא הזה בהגזמה כל כך עד שכל עולמו הרוחני של אדם תלוי בהתנהגותו בתחום זה. לכן יש צורך שהרבנים ייתנו הנחיות כיצד לחזק את ההקפדה על איסור זה, בד בבד עם צמצום הפחד והחרדה הנלווים לו. (שרלו, 2007)[1]

מבוא

העיסוק של הציבור הדתי בנושא הוצאת זרע לבטלה סובב סביב חומרת האיסור והצורך בשליטה ובהתאפקות. החיפוש אחר דרכים להתמודד עם היותנו יצורים מיניים הוא חשוב, אך בד בבד חשוב לזכור ולהזכיר גם שכוחה של המיניות, שאיתה מתמודדים מתבגרים רבים, הוא במקורו חיובי. בשנים האחרונות פיתח הרב דב ברקוביץ גישה חיובית למה שהוא מכנה ״ברכת הזרע״.[2] הוא מדבר על חשיבות השפה שבה אנחנו משתמשים, ומבקש לשנות אותה. הוא מציע שנקודת המוצא בשיח עם המתבגרים תהיה דווקא הברכה שיש בזרע, או ״שפע החיות שבזרע הזכר״. בבואנו ללמד את בנינו המתבגרים, נפתח דווקא בנפלאות הבורא

ובהדגשת הברכה ביכולת של כל מתבגר להיות שותף ביצירת חיים וזרע חדש שימשיך את השושלת של עם ישראל לדורות הבאים. יש לשמוח בברכה זו וממש לברך עליה "שהחיינו" מעומק נשמתנו. רק לאחר מכן אפשר לדבר על האתגר של איסור הוצאת זרע לבטלה. שינוי גישה כזה מציב את ההתמודדות במקום אחר לגמרי מזה שבו היא בדרך כלל נמצאת.

עבור הנוער הדתי, הימנעות מאוננות היא אתגר גדול. בני נוער מתבגרים חושבים מחשבות מיניות וחווים תחושות ותשוקות מיניות, וזה נורמלי, אך גדרי ההלכה אינם נותנים לגיטימציה למימוש התשוקות האלו. הסתירה הזו גורמת לרבים לחוות קושי עצום. חשוב להבין שההלכה אומנם אוסרת לאונן, אך הספרות ההלכתית משקפת הבנה עמוקה של הקושי הכרוך בכך. כשמשוחחים עם בני נוער, חשוב להעביר את שני המסרים הללו – האיסור, לצד ההכרה בקושי – על אף הסתירה, מכיוון שהם זקוקים לשניהם.[3] מצד אחד, יש לתת לבני הנוער תחושה שהם מסוגלים להתגבר – יחד עם היצר העמוק, שהוא חלק מהווייתנו כבני אדם, ישנו גם "צלם אלוקים", היכולת של הנפש להתעלות על החומר, כוחם של הרוח ושל הנשמה לגבור על היצר המיני. זה נכון ברמה מסוימת, אך לא תמיד קורה. מצד שני, לפעמים היצר פשוט חזק מדי, וכשהוא גובר עד בלי די – אונס רחמנא פטריה! גם זה נכון רק לפעמים, ורק בדיעבד. ייתכן שהצורך לאזן בין שתי הגישות הללו מוליד דרך שתעזור לצלוח את אתגר שמירת המצוות. ישנו איזון עדין בין הציפייה לכוח ושליטה עצמית לבין קבלה וסליחה כשאין מצליחים לעמוד בציפייה זו. כאן יש להזכיר את האמירה: "ישראל, אף על פי שחטא – ישראל הוא". אנשים רבים נאבקים בדרכים שונות עם קריאות תיגר על שליטתם העצמית. יש שמצליחים יותר ויש שמצליחים פחות. אבל כל עוד יש התמודדות כנה ומאמץ להתחזק ולשמור על שליטה, רגעי חוסר השליטה נתפסים כפשוטם: כרגעים של אובדן שליטה בתוך תהליך תמידי של שאיפה לחיות חיים של קדושה.

הגדרת מונחים

יש הרבה תפיסות שגויות בנוגע לאוננות, ולכן אתחיל בהגדרת המונחים.

המונחים שמופיעים בספרות ההלכה הם קרי, מקרה לילה והוצאת זרע לבטלה, וכולם מציינים סוגים שונים של פליטת זרע על ידי גבר. מכיוון שהבעיה העיקרית של ההלכה עם אוננות היא שפיכת זרע שלא לצורך, ההתייחסות לאוננות של נשים נעשית ממקום שונה לחלוטין, והיא תידון בהמשך.

1. קרי הוא המונח הכללי המציין כל פליטת זרע. כל הוצאת זרע, קרי לילה (חלום רטוב) או אוננות, ביום או בלילה, מכונים קרי. המונח 'בעל קרי' מתייחס ספציפית לאדם במצב של טומאה הנובעת מפליטת זרע.[4]
2. מקרה לילה פירושו פליטה לא מתוכננת במהלך הלילה. מונח זה מקביל למונח המודרני 'קרי לילה'.
3. המונח הוצאת זרע לבטלה מתייחס מבחינה הלכתית לפליטת זרע מכוונת, ומבוסס על הרעיון שכל זרע שנשפך מחוץ לנרתיק הוא זרע מבוזבז, ולכן המעשה אסור מבחינה הלכתית. הדבר אמור לא רק באוננות, אלא גם במעשים מיניים אחרים המובילים לשפיכה מחוץ לנרתיק, למשל מין אורלי.
4. אוננות היא המעשה שבו אדם נוגע באיבר מינו ומגרה אותו כדי לחוות עוררות מינית ועונג מיני, בדרך כלל (לא תמיד) עד מצב של אורגזמה (פורקן מיני ופליטת זרע).

אוננות מתייחסת בדרך כלל למעשה מכוון. לעומתה, קרי לילה, המוכר יותר כחלום רטוב, הוא השפיכה בזמן שינה שאותה חווים רוב הבנים. למרות הכינוי הנפוץ, קרי לילה אינו מלווה בהכרח בחלום מיני. חשוב שהורים יסבירו לבניהם על הפיזיולוגיה של גופם. מתחילת גיל ההתבגרות המינית כל זכר בריא מייצר מאות אלפי תאי זרע ביום, שבעה ימים בשבוע במשך שארית חייו. אומנם הדבר לא התברר סופית, אך נראה שמבחינה פיזיולוגית נדרש הגוף לשחרר מדי פעם חלק מן הזרע העודף. פליטה מעין זו מתרחשת בדרך כלל בלילה, והיא תהליך פיזיולוגי תקין ופשוט שאי־אפשר למנוע אותו או להימנע ממנו. אין כאן כל סיבה לרגשות אשם.[5]

גישתה של הרפואה

סביב האוננות התפתחו מיתוסים שליליים רבים, אך כיום הרפואה רואה בה דרך תקינה, בטוחה ובריאה לשחרר מתחים מיניים, לבחון תחושות מיניות ולהתנסות במגע מיני. מחקרים מראים כי רוב הבנים והגברים מאוננים. לפי נתונים סטטיסטיים, בקרב האוכלוסייה הכללית 53 אחוז מהגברים מתחילים לאונן בגיל 11–13.[6] עד גיל 17, 94.6 אחוז מהגברים ו־69 אחוז מהנשים כבר התנסו בסוג כלשהו של אוננות. במחקרים עדכניים יותר, השיעורים הם מעט נמוכים יותר – 78.3 אחוז גברים ו־48.1 אחוז נשים – בהסתכלות על טווח רחב של גילים.[7] ההבדלים נובעים כנראה ממידת החשיפה לתרבות. אחוז האוננות

גדל ביחס ישר לרמת ההשכלה.[8] לפי הממסד הרפואי, אוננות נחשבת מזיקה רק כשהיא מוגזמת ומועדפת על פני פעילויות אחרות.

אם כן, החברה המודרנית רואה באוננות התנהגות בריאה וטבעית, והדחף לאונן נחשב לדחף מקובל. המסורת היהודית בהחלט מודעת לרצון לאונן, אך רואה בו מעשה אסור ופסול. התנהגות מינית על פי היהדות נועדה לקרב בין בעל ואישה, והיא מקובלת רק בתוך הנישואים. בני נוער דתיים חווים לרוב מתח עז בין דחפיהם המיניים הטבעיים לבין רצונם לנהוג על פי ההלכה בתחום זה.

כמו בתחומים רבים בחיי הדת, השליטה בדחפים אלו כרוכה במאמץ רב, ורבים מן המתבגרים יצליחו לעמוד בו באופן חלקי בלבד. לנו ההורים יש תפקיד קשה אך חשוב מאוד לעזור לילדינו להתמודד עם האתגר באופן בוגר ובריא. עם זאת, חשוב להדגיש כי לא כולם חשים צורך לאונן. טבעי לרצות לאונן, וטבעי לא לרצות לאונן. טווח ההתנהגות התקינה הוא רחב, ואנשים שאינם חווים קושי בתחום זה אינם צריכים להרגיש חריגים.

גישה יהודית

האתגר שבקושי

ישנה נטייה להתחמק מעיסוק בנושא האוננות בגלל מורכבותו ההלכתית. כמה יצירות דתיות מודרניות שפורסמו בארץ,[9] ובכללן יצירה אוטוביוגרפית,[10] מתארות בכנות את הקושי העצום שאיתו מתמודדים נערים במהלך שנות התיכון ביחס לאוננות. חנוך דאום, למשל, מביע בספרו **אלוהים לא מרשה** ביקורת כלפי ההימנעות של רבותיו ומוריו מעיסוק בנושא. הוא מתאר גם כיצד כשפנה בשיחות אישיות וביקש עצות בנוגע לקשיים שחווה, הרבנים ומנהל בית הספר שלו ניסו להתחמק משיחה מעמיקה ומיהרו להסיק מסקנות מבלי לשוחח איתו ולנסות לסייע. ספרו של דאום נותן קול לקשיים המייסרים שעוברים בני נוער בהתמודדותם עם אוננות. הוא מראה כיצד רבים מבני הנוער הדתיים נאבקים לבדם בפיתוי לאונן, כמו גם בתחושות האשמה הקשות הנלוות למאבקו של כל אדם דתי בתחום זה. אומנם נעשה ניסיון לעסוק בעניין בכמה ישיבות תיכוניות, אך האוננות עדיין אינה זוכה להתייחסותם הנאותה של הורים ומחנכים. התופעה נמשכת, למרות הקשיים הגדולים שבני הנוער הדתיים, ובמיוחד הבנים, חווים בעניין. חשוב לציין מלכתחילה שכמו בעניינים אחרים הקשורים למיניות, אין בהכרח פתרונות פשוטים למי שיש לו דחף עז לאונן, וישנם כאלו שהנושא ימשיך לאתגר אותם גם בגיל הבגרות. גם אוננות אצל נשים היא נושא שדורש

דיון, אבל אצל גברים דתיים ההתמודדות עם אוננות קשה ומורכבת הרבה יותר. לפיכך, פרק זה מתמקד בגברים, והתייחסות לאוננות בקרב נשים תופיע לקראת סופו.

אוננות והלכה

מבחינה הלכתית ודתית, אוננות בכוונה תחילה אסורה. גירוי מכוון של איברי המין לצורך עונג מיני מוביל למצב של הוצאת זרע לבטלה, כשהגירוי גורם לשפיכה. מונח המשמש בדרך כלל לתיאור הימנעות מאוננות, במיוחד בטקסטים דתיים קלאסיים, הוא 'שמירת הברית'. הרעיון הוא שהמחויבות של אדם לאלוקים באה לידי ביטוי דווקא באותו האיבר שבו הוא מתקשה לשלוט. ברית המילה נעשית באיבר הזה, ומבטאת הסכמה להשתמש בו רק בדרכים ראויות מבחינה מינית ובהתאם להלכה. כך, התרחקות מאוננות ומניעתה, כמו גם הימנעות מצורות אחרות של מיניות פסולה, נועדו לחזק את המחויבות העמוקה שמתבטאת בברית המילה. כמו כן, היהדות מעלה על נס את החיים ומייחסת להם ערך רב. הרעיון כי כל תא זרע נושא בתוכו פוטנציאל של חיים, ולפיכך יש לו משמעות, משקף את ההערכה הזו.

בספרות ההלכה דנים בשתי השקפות עיקריות בנוגע לאוננות: הגישה הקבלית והגישה ההלכתית הנורמטיבית.

הגישה הקבלית

גישה זו רואה באוננות חטא מביש, בעל השלכות קשות בעולם הרוחני. היא מבוססת על האמונה שלפיה כל תא זרע שנשחת יוצר מזיקים שמחוללים הרס רוחני. אני מעלה כאן את הגישה הזאת, משום שסביר להניח שהיא תגיע לאוזני ילדיכם בצורה כלשהי, והיא עלולה לעורר אצלם חרדה עמוקה. היא מופיעה בשולחן ערוך, ואם בנים מכירים רק סעיף אחד בשולחן ערוך, בדרך כלל יהיה זה הסעיף על אוננות. עבור אנשים כמוני, שחונכו בגישה רציונלית, קשה להבין את הרעיון של כוחות דמוניים, לכאורה, שמקבלים דרור באמצעות מעשה האוננות. אני יכולה לנסות לפטור את העמדה הזאת בציטוט מדברי הרמב"ם, הקובע כי אין ממש בשדים, אך העובדה שהרעיונות הללו קיימים מקשה עליי לגבש עמדה שתעזור לנו להבין את אלו שמתמודדים עם האיסור הזה ולהיות אוהדים כלפיהם. בשיחת הדוגמה שלהלן אראה כיצד אפשר אולי להבין את הדברים מבחינה סמלית. לאלו המאמצים השקפת עולם מיסטית יותר, מומלץ לשוחח על המקורות הללו עם הרבנים שלהם.

הגישה ההלכתית הנורמטיבית

חז״ל מעודדים אותנו לשלוט ביצרינו המיניים, ומבקשים למנוע מאיתנו לשקוע בסיפוק דחפים מיניים.[11] מחשבות ופנטזיות מיניות מודעות, שהן בדרך כלל חלק בלתי־נפרד מן האוננות, בעייתיות מצד עצמן במסורת היהודית. אחד היעדים המרכזיים ביהדות הוא טוהר המחשבה. זה מתקשר למושג ״קדֹשים תהיו״ (ויקרא יט, ב), הציווי להיות קהילת אנשים ששואפים לקדושה.[12] לרעיון הזה של עיסוק במחשבות טהורות והימנעות מכל מחשבה על מיניות אין מקבילה בתרבות החילונית, אבל הוא אחת הסיבות שאוננות היא בעייתית בסגנון החיים היהודי.

מקובל לחשוב שאיסור האוננות מתמקד במעשה מודע של גירוי עצמי המוביל בדרך כלל לשפיכה, כלומר, הוצאת זרע לבטלה, האסורה על פי ההלכה. היהדות מבדילה בבירור בין התשוקה לחטוא לבין החטא עצמו, ומכירה בכך שלהיות אנושי פירושו בין השאר לרצות לעשות דברים שלא תמיד מותרים. תחום המיניות הוא אתגר עצום מבחינה זו. לכן ישנם עקרונות הלכתיים מנחים ברורים להתנהגות בין המינים כמו גם לאוננות. חז״ל פוסלים את האוננות ואף אוסרים אותה אך מכירים בקושי האדיר הכרוך בהתמודדות עימה.[13]

חשוב להדגיש שבעוד תשוקות גופניות הן נורמליות, עדיין התורה אוסרת עלינו להביא את התשוקות הללו לידי מימוש.[14] בכל חברה יש דרישה לשליטה מסוימת ביצר המין, אולם ביהדות יש דרישה השונה למדי מזו של החברה החילונית. ככלל, היהדות אוסרת אוננות.

הבנה פסיכו־פילוסופית

מנקודת מבט פסיכו־פילוסופית, הבעיה באוננות היא בעיוות של החוויה המינית האידיאלית. אדם שנמצא לבד עם עצמו מרוכז כולו בעינוג עצמי. ביהדות יש הרבה מקום למעשים פיזיים שיש בהם ריכוז עצמי מענג, ואין כלפיהם שום ביקורת. ביקור בספא ואכילת גלידה, לבד או עם אחרים, הם צורות לגיטימיות של הנאה גופנית. ההבדל הבסיסי בינן לבין אוננות הוא שבמעשה האוננות לוקחים מעשה שנועד מעיקרו להתקיים בין שני אנשים, אך בפועל הוא נעשה ביחידות.

הנחת היסוד שלפיה אדם נברא ״בצלם אלוקים״ קוראת לנו לשלב את ההיבטים הפיזיים והרוחניים שלנו בכל מעשינו. אוננות היא מעשה גופני של ריכוז עצמי שנעדר ממנו היבט רוחני. אוננות לוקחת מעשה שהיה אמור להיות חלק ממערכת יחסים מחויבת וארוכת טווח בין שני אנשים, ושבאמצעותו הם

נעשים לבשר אחד, והופכת אותו למעשה של יחיד שאין בו שום חיבור או נתינה לאחר. מכיוון שאין מיזוג של רוח וגוף, אין כאן מעשה קדוש המקרב את האדם לאלוקים, אלא מעשה פיזי של ריכוז עצמי הזונח כליל את הנשמה. המילה 'אוננות' משקפת את הרעיון הזה. היא לקוחה משמו של אונן, בנו הבכור של יהודה, ששפך את זרעו במקום לממש את הקשר שלו עם תמר.[15] אותו שורש – אנ"ן – מופיע גם במונח "אנינות", המתייחס לזמן האבל שלפני הקבורה, שבו אדם מרוכז לגמרי בעצמו. "מתאוננים" הוא כינוי לקבוצת האנשים שהרבו להתלונן במהלך ארבעים שנות נדודיהם במדבר. גם הם היו שקועים לגמרי בעצמם.[16]

ברמה המעשית יותר, חז"ל ביקשו למנוע עיסוק כפייתי בפנטזיות מיניות. כתוב בתלמוד: "הרהורי עבירה קשו מעבירה".[17] התלמוד רואה באוננות מעשה מזיק, משום שהיא נוטה להתפתח לכדי עיסוק מוגבר בפנטזיות מיניות. השולחן ערוך מביא את דברי הזוהר על האוננות, שלפיהם היא החטא הגדול מכולם.[18] הצהרה זו מוכרת לבני הנוער שלנו, והיא מקור לסבל רב למתמודדים עם הפיתוי לאונן. ידועה פחות היא דעתם של ה'חלקת מחוקק' וה'בית שמואל', הפרשנים העיקריים של חלק זה של השולחן ערוך ופוסקים ידועים ומקובלים. הם חולקים על דברי הזוהר ואף מציינים כי ספר חסידים ממליץ על אוננות כמפלט אחרון לאדם המתפתה לעבור על איסורים מיניים אחרים, כמו יחסי מין מחוץ לנישואים.[19] מתוך כך הם מסיקים שלא ייתכן שזהו החטא הגדול ביותר. רבנים רבים, במיוחד אלו שכתבו ספרי הדרכה לתלמידי ישיבות, מתייחסים להתמודדות עם היצר בכלל ועם אוננות בפרט, באהדה רבה. מסופר כי הרב יעקב ישראל קנייבסקי, הסטייפלר, אמר שההצהרות ההחלטיות של התלמוד באשר לאוננות כלל לא מתייחסות לבנים מתבגרים. הוא ממשיך ומסביר שבנים מתבגרים, גם אם הם מתאמצים באמת לשלוט ביצר המיני, נוטים להיתקל בקשיים.[20] בספרו **עלי שור**[21] מציג הרב שלמה וולבה גישה חיובית ומחזקת, שמטרתה לעזור לבנים המתבגרים להימנע מרגשות אשם ומחששות מוגזמים ולהכיר בקושי האמיתי לכבוש לחלוטין את היצר הזה. הוא מסביר באריכות כיצד עימות עם היצר הוא הכרחי, בלתי־נמנע וחיוני לחיים תקינים. צעיר המתמודד עם שפיכת זרע צריך לראות את הערך החיובי שבהתמודדות במקום לשקוע ברגשות אשם. עליו גם לראות בהתבגרותו המינית וביכולתו לייצר זרע סימן טוב ואות לכך שהוא יהיה מסוגל להיות אב לילדים ולהוליד עוד דור של יהודים, ולא קושי ומטרד.

ההשפעה השלילית של אוננות

אחת הסכנות האמיתיות הטמונות באוננות היא היכולת שלה לתקוע טריז בין אלוקים לבין האדם המתקשה. אנשים עוברים עבירות שונות, ובדרך כלל מצליחים להתגבר על תחושת הכישלון ולהמשיך הלאה. למשל, תפילה בלי כוונה אינה משפיעה לרעה בהכרח על נחישותו של אדם להמשיך ולהתפלל ביום שלמחרת. תקלה מקרית בענייני כשרות לא גורמת לאדם להרגיש חסר ערך. אך לאוננות יש הכוח לערער את ערכו העצמי של האדם העומד לפני אלוקים; היא מצליחה להביא לניכור כלפי היהדות, מסיבות פנימיות וחיצוניות כאחת. הסיבות החיצוניות הן דעות שרווחות בתרבות ומייחסות חשיבות גדולה לאוננות, כמו המקורות הקבליים שהוזכרו קודם לכן. אם נציג לבני הנוער גישה אחרת, נוכל למתן את הלחץ המופעל עליהם מן המקורות האלו. אך יש גם סיבות פנימיות שבגללן מצליחה אוננות להוציא לאנשים את הרוח מן המפרשים, הרבה יותר מכל עבירה אחרת. אוננות היא עניין מאוד אישי ופרטי, ולפיכך מביך במהותו. היא קשורה לגבריותו של אדם, וזה מה שמבדיל בינה לבין רוב העבירות האחרות. נוסף על כך, לפעמים אוננות אינה קשורה רק לצורך מיני, אלא יכולה לשמש פורקן לצרכים אחרים מלבד גירוי מיני. יש אנשים שאוננות עבורם היא אמצעי להרגעה עצמית, מנגנון לשחרור מתחים או להימנעות מהתמודדות עם בעיות. היא עלולה להפוך להתמכרות, בדומה לשתייה או לעישון המסייעים לאנשים להסתדר עם המצב הקיים במקום להתעמת עם הבעיה שממנה הם מתחמקים. התמצאות בדחפים המורכבים שביסודה של האוננות יכולה לעזור לכם להבין טוב יותר את הקשיים שילדיכם מתמודדים איתם.

הורות מעשית

התמודדות עם אוננות מעוררת לפעמים תחושות של אשמה ושל קונפליקט. חשוב לנסות לעזור לבניכם שלא לשקוע ברגשות שליליים או להחמיר עם עצמם בעניין הזה, אלא להבין שזהו אתגר גדול שההלכה מציבה בפניהם, אתגר שרבים מתקשים להתמודד בו בהצלחה שוב ושוב. הורים צריכים לדאוג ליידע את בניהם שהם אינם היחידים שמתמודדים עם העניין הזה; שהאוננות לא הופכת אותם לרעים; שאף על פי שהתשוקה היא יצר טבעי לחלוטין, הרי שהמעשה עצמו אינו מקובל מבחינה הלכתית; שאל להם להכות על חטא יותר מדי; ושהאפשרות של חזרה בתשובה בעניין זה חשובה.

כיצד לשוחח ומתי

ייתכן שלהורים יהיה לא נעים לשוחח עם ילדיהם על אוננות. עדיף ששיחות כאלו יתנהלו בין אב לבן, אבל לא כל האבות מרגישים בנוח עם זה. אפשר להבין את אי־הנוחות, אבל כדאי שאבות יתגברו עליה כדי שבניהם לא יסבלו לבדם. מי שקשה לו במיוחד עם שיחות כאלו, עצתי לו שימצא מבוגר אחר המעורב בחיי בנו, ויוכל לנהל את השיחות האלה במקומו, כגון מורה, חונך או מדריך בתנועת נוער.

על פי הסטטיסטיקה לעיל בנוגע לאוננות, סביר להניח כי יש בנים שיתחילו להרהר בנושא ואולי אפילו להתנסות בו בתחילת גיל ההתבגרות. מומלץ לאבות ליזום שיחה עם בניהם על בריאות מינית והלכה בסמוך לגיל בר־מצווה. יש בנים שבגיל בר־מצווה עדיין צעירים מדי לשיחה כזו, בעוד שאחרים יזדקקו לה עוד קודם. הורים צריכים לשפוט בעצמם, על סמך הבגרות הרגשית והמינית של בנם, מתי להתחיל לדבר על אוננות. חשוב לא להמעיט בהערכת הידע והצרכים של ילדינו, אך גם לא להפריז בה. רוב הבנים הצעירים שגדלים בקהילה דתית בשלים לקבל מידע בערך בגיל בר־מצווה.

חשוב שהורים ידברו על כך עם בניהם בשל תפוצתו של המידע השגוי בנוגע לאוננות. כבר מגיל צעיר צריכים בנים בגיל הנעורים לדעת על ההיבטים הפיזיולוגיים של קרי לילה. הבנים אינם נושאים באחריות לקרי לילה, ואין לגרום להם תחושת אשמה או חטא בעקבותיו. הפוסק בן המאה ה־15 ר' דוד אבן זמרא הבהיר זאת בשו"ת שלו:

> יש להדגיש כי האיסור הוא **להביא** להוצאת זרע לבטלה **ולא** עצם הזרע הבטל. כלומר, מה שלא נגרם על ידי מחשבה או מעשה נחשב לאונס ולכן פטור.

(שו"ת הרדב"ז, חלק ה, קסא)

שאלה חשובה שעולה לרוב היא מתי לשמר את התמימות, וכיצד לעשות זאת. מחד גיסא, ילד שמתמודד עם אוננות זקוק מאוד לתשומת לבו של מבוגר אוהד שיבין את הקשיים שלו. מאידך, אפשר לתהות אם הצגת מושג האוננות לילד שלא יודע על כך דבר יקרב אולי את אותו ילד להתמודדות הזו. השאלה כפולה: כיצד נוכל לדעת זאת ולא להסס אם לדבר איתו? ושנית, מה – אם בכלל – כדאי לומר לילד שאולי אינו מתמודד עתה, שיוכל לעזור למנוע את

הקושי אך לא יגרום נזק בשל העלאת נושא שכלל לא עלה בדעתו? מבחינת בירור מצבו של ילדכם, האסטרטגיות שהוצגו לעיל בספר זה (פרק 3), כדוגמת רגעים נלמדים ושיטת הגישוש, יכולות לסייע.

אפשר, למשל, להשתמש בשיטת הגישוש ולומר משהו שיכול להשתמע בדרכים שונות בהתאם לרמת המודעות של השומע.

אבא: תהיתי לעצמי מה כבר למדת על הגוף שלך ואיך הוא משתנה עם הגדילה. אתה יודע, יש אנשים שאוהבים להתענג מהגוף שלהם. מישהו פעם דיבר איתך על זה?

יונתן (12): בטח. רק לפני כמה ימים דיברנו בכיתה על זה שכל כך הרבה אנשים אוהבים לאכול צ׳יפס וגלידה, ששניהם אמורים להיות מאכלים ממש לא בריאים. גם אם אנחנו נהנים מהטעם, זה ממש הרסני לגוף... אחרי השיחה הזאת אפילו סירבתי לאכול שקית של צ׳יפס.

אבא: אני שמח שאתה מנסה לסגל לעצמך התנהגות בריאה. אם תאכל בריא בגיל ההתבגרות, תפתֵּח הרגלים טובים לכל החיים. אבל האמת היא שלא התכוונתי לאוכל. יש עוד דרכים שבהם אנשים יכולים להפיק עונג מהגוף שלהם?

יונתן: אני יודע שיש בחורים שמתעמלים המון ונראה לי שזה גורם להם להרגיש טוב עם הגוף שלהם.

אבא: גם זה נכון. מישהו דיבר איתך על משהו מיני?

יונתן: אבא... זה ממש מביך. ברור שאני יודע על זה, אבל זה עוד רחוק. למה אתה מדבר איתי על זה?

אבא: פשוט תהיתי על מה אתה מדבר עם החברים שלך. מישהו דיבר פעם על זה שהוא נהנה לגעת בעצמו?

יונתן: לא. לא נראה לי.

אבא: טוב. אם זה יקרה, מעניין אותי לשמוע מה אומרים. בכלל, אם מישהו מדבר איתך על הגוף שלך או על מיניות, הייתי שמח אם היית מדבר איתי על מה שאומרים לך. יש לי דעה משלי על איך צריך להעביר את זה לילדים ולנוער.

יונתן: אמממ, טוב, מה שתגיד...

אבא: באמת...

יונתן: טוב, בסדר.

תגובותיו של הילד יעזרו להורה להבין מהי רמת הידע שלו. ילד תמים לא יבין את הרמז המעורפל לאוננות, ואילו ילד שמתמודד עם הנושא יבין מיד במה מדובר. כמו כן, שיטה יעילה לזיהוי רמת ידיעתו של הילד היא להעלות את הנושא, ולשים לב אם הוא שואל שאלות מיד או אפילו בהמשך. סוג השאלות ורמת העניין של הבן יעזרו בדרך כלל לזהות אם הוא מתמודד עם השאלה, אם הוא שמע על כך קצת או שהוא עסוק בּה לא מעט.

היו ערים להתנהגות של ילדיכם

הבן שלכם נמצא הרבה בחדר לבדו? אם כן, מה הוא עושה שם? קורה לרוב שהוא מסדר את המכנסיים, או נוגע בעצמו באזור המפשעה? האם הוא מסוגר יותר מבעבר, ונראה מצוברח במיוחד או אפילו די מדוכא? יש נערים שעבורם זו התנהגות תקינה, ואילו אצל אחרים, היא עלולה לנבוע מהתמודדות עם נושאים הקשורים למיניות – אוננות או צפייה בפורנוגרפיה – שנוטים לגרום לנער להרגיש אשם מאוד או מאוכזב מעצמו. השאלות האלה יכולות לעזור להורים לקבל מושג על מצבם של ילדיהם וכיצד עליהם לנהוג. במשפחות שבניהן עוזבים את הבית ועוברים לחיות בפנימייה, אני מציעה ליזום שיחה על אוננות, על פורנוגרפיה ועל פגיעות מיניות עוד לפני המעבר (למידע נוסף ראו המשך פרק זה ופרקים 12 ו־13).

כיצד לשוחח

השיחה שלהלן ארוכה יותר משאר השיחות לדוגמה שהצעתי בספר זה, בכוונה תחילה. עדויות שהתקבלו משיחות עם נערים דתיים ומאבותיהם מוכיחות שזהו הנושא שהכי קשה לנו לשוחח עליו עם ילדינו. לעיתים קרובות כלל לא מדברים עליו, אף על פי שהוא אולי נושא השיחה החשוב ביותר. לכן הארכתי בדוגמת השיחה המביכה הזאת, משום שהיה חשוב לי לתת כמה שיותר תמיכה מעשית. בשיחת הדוגמה שלהלן משולבים פרטים רבים שיורחבו בהמשך הפרק, ולכן היא מעין הקדמה. ברור ששום שיחה לא תתנהל בדיוק כך. השיחה שלכם עם ילדיכם תורכב ככל הנראה משיחות רבות ושונות. אבל לצורך הדוגמה חיברתי כאן בין העניינים השונים, והפכתי אותם לשיחה אחת.

כיצד להתכונן

השיחה הבאה מעוררת חרדה אצל הורים וילדים יותר מרוב השיחות האחרות. זוהי אולי הסיבה שהיא נחשבת לאחת מן השיחות החשובות ביותר. חשוב

להבהיר לעצמכם מראש את המטרות שלכם, משום שאלו ישפיעו על כיוון ההתפתחות של השיחה. שאלה חשובה שכדאי לשאול את עצמכם היא: האם שיחה פתוחה עם בנכם על ההתמודדות שלו עם אוננות תועיל לו? אולי זה יהיה מביך מדי עבורו, וגם אם הוא מוכן לדבר על הנושא, הוא עלול להתחרט על כך. אולי הוא באמת מתמודד לבד עם הקושי בלי שום תמיכה, והשיחה איתכם תפטור אותו מרגשות אשם. ואולי התפקיד שלכם הוא דווקא לעזור לו לפתוח ערוצי תקשורת עם אדם אחראי אחר, כמו מדריך, רב או מחנך. מאידך גיסא, ייתכן שבנכם כלל לא מודע לנושא האוננות. אולי אתם חוששים שהעלאת הנושא תפתח פתח לאפשרויות שלא עלו בדעתו קודם לכן. לפיכך, העדיפות הראשונה היא להעריך בזהירות היכן נמצא בנכם בעניין הזה. אולם גם בלי לדעת בדיוק מה המצב, אפשר להציב מטרות ולהתקדם לעברן.

1. להקנות מידע המבהיר כי אוננות אסורה על פי ההלכה
2. להפחית רגשות אשם בקרב מי שכן מאונן
3. לשלול תפיסות מוטעות, במיוחד בנוגע לפחדים מפני נזק פיזי לגוף
4. לפתוח ערוץ תקשורת לבנכם שירגיש בנוח לדבר איתכם כשקשה לו
5. להציע אסטרטגיות כיצד להתגבר על פיתויים

באופן כללי, מומלץ לתבל את השיחה בהרבה הומור ואמפתיה. גם כאן, האמפתיה היא בעייתית. האם כדאי שאב יודה בפני בנו שגם הוא מתקשה בתחום זה? אומנם אתם רוצים לשדר רגיעה ותמיכה, אבל אולי זו אינה הדרך. ואולי גם כדאי שבנכם לא יראה אתכם באור הזה. אולם אפשר להביע אמפתיה במונחים כלליים: "אני יודע שהרבה בנים בגילך מתמודדים עם העניין הזה". אך מה לעשות אם בנכם שואל ישירות, "אבא, גם לך היה קשה עם זה?" ספר זה אינו יכול לספק תשובות לכל השאלות. תשובה ישירה של "כן" או "לא" היא בהחלט פתח לשיחה גלויה מאוד, אבל אולי לא תועיל למערכת היחסים שלכם או שהיא תעורר אי־נוחות רבה מדי. יש גם מקום ל'דו־משמעות בונה': "תחום המיניות יכול ליצור אתגרים רבים, במיוחד אצל יהודים שומרי מצוות, וגם אני התמודדתי עם חלק מהאתגרים האלה".

היכן ומתי יכולה שיחה כזו להתקיים?

שיחה כזו יכולה להתקיים במקומות שונים ובזמנים שונים. אם אב מבלה 'זמן איכות' עם בנו על בסיס קבוע, יהיה זה בלימוד משותף או בפעילות משותפת

אחרת, זהו זמן מצוין לשיחה על אוננות. בגלל אי־הנוחות הטמונה בדבר, יש המציעים לקיים אותה בשעת נסיעה ברכב, מכיוון שאז ההורה והילד אינם מביטים זה בזה, ואולי יקל עליהם לדבר בלי קשר עין. אני מוצאת לרוב שכדי ליצור אווירה מקדמת שיחה בנושאים קשים, מומלץ לקבוע פגישה, אם זה לטייל בפארק, לעשות ספורט ביחד, או לשבת לאכול גלידה או פיצה. מכל מקום, אם למרות התוכניות ההורה מרגיש שהמקום אינו מתאים והשיחה אינה זורמת, אפשר לשנות נושא ולקבוע מועד אחר. אם הניסיון של ההורה לדבר על אוננות לא צלח, אין בכך די. יש לתכנן שיחה נוספת במקום אחר, או לבחור גישה אחרת.

שיחה לדוגמה

השיחה מתחילה בכמה גישושים. זהו השלב שבו מנסה האב להבין היכן בדיוק עומד בנו.

אבא: אבי, אני יכול לדבר איתך על משהו קצת לא נעים?

אבי (בן 14): אוי, אני יודע על מה אתה רוצה לדבר איתי. זה לא רק קצת לא נעים, זה ממש לא נעים...

אבא: אתה צודק, ממש לא נעים. גם לי. אבל אני עדיין מעדיף שתשמע את הדברים ממני מאשר שתנסה להבין את זה מהאמירות ומהבדיחות של אנשים אחרים.

אבי: נכון, לפעמים אני לא מבין אפילו על מה הבדיחות.

אבא: לכן טוב לדבר על הדברים האלו, ככה תבין יותר את הבדיחות. טוב, אז זה קשור למיניות, אבל לא בין שני אנשים.

אבי: מה?

אבא: לפעמים, כשאנשים מתבגרים, הם נהנים לגעת באיברים המוצנעים שלהם [איברי המין, תלוי באילו מילים משתמשים במשפחה שלכם]. זה נקרא אוננות. שמעת פעם את המילה הזו?

אבי: כן, בטח.

אבא: טוב. סליחה, פשוט לא ברור לי מה אתה יודע. זהו אחד הנושאים שהכי לא נעים לגברים לדבר עליו, בכל גיל. בכל אופן, אני לא יודע אם מישהו דיבר איתך על זה, אבל יש אנשים שמגלים שהם רוצים לאונן הרבה.

אבי: אבא, אל תדאג, אני בסדר. וואו, זה כל כך מביך... [מפתה להפסיק את השיחה כאן, ברגע שאבי הבהיר שהוא בסדר. אבל אבי בעצם

לא אמר כלום. זהו השלב הקריטי שבו האב יכול לתת לאבי הזדמנות לשתף אותו בעניין כאוב]

אבא: אני שמח לשמוע שאתה בסדר. אבל אתה מתכוון שאתה בסדר כי זה לא קורה לך? או שזה קורה לך אבל אתה מסתדר עם זה?

אבי: הכול בסדר, אבא, בוא נעזוב את זה [אבי אומר לאבא שלו שהוא אינו רוצה לענות על השאלה הספציפית לגבי הקשר שלו לאוננות. קשה לדעת מה פירוש הדבר עבור אבי, והיכן הוא באמת עומד מול אוננות. אבל חשוב לכבד את בקשתו שלא לדבר על כך. ועדיין, לאבא של אבי יש כמה עניינים חשובים להבהיר, גם בלי שהוא יבקש מאבי לגלות משהו]

אבא: יופי. טוב לדעת שאתה בסדר. אם בעתיד משהו יהיה לא בסדר, אשמח להמשיך לדבר איתך על זה, אם תרצה. אבל אני רוצה לשתף אותך בכמה מחשבות כלליות, כי אני יודע שזה יכול להיות תחום קשה להרבה בחורים, בסדר?

אבי: שומע.

אבא: אומנם הרבה בנים מתבדחים על זה, אבל האמת היא שהרבה מהבנים המתבגרים מתמודדים עם אוננות. חלק מהם לא מרגישים שום פיתוי, חלק מתגרים ומתגברים, וחלק נכנעים לפיתוי.

אבי: מה זה משנה?

אבא: תגיד לי אתה. שמעת על משהו רע שיכול לקרות בגלל אוננות?

אבי: שזה גורם לעיוורון.

אבא: וזה נכון?

אבי: לא. אם זה היה נכון, היו המון בחורים עיוורים.

אבא: בדיוק. אנשים אומרים הרבה דברים מוזרים בקשר לאוננות. מבחינה רפואית, שום דבר רע לא יקרה לך אלא אם כן תהיה אובססיבי לגבי זה. אבל האמת היא שלהלכה יש דעה די החלטית לגבי אוננות, והיא מתנגדת לה.

אבי: אני יודע שזה אסור, אבל אף פעם לא הבנתי למה. אם אתה לא עושה משהו אסור עם אישה, מה הבעיה מבחינת ההלכה?

אבא: שאלה טובה. כי אסור להשחית זרע. ובדרך כלל, אוננות מסתיימת בפליטת זרע.

אבי: ולמה חשוב לא להשחית זרע? אין לגברים המון תאי זרע ממילא?

אבא: באמת יש לנו הרבה תאי זרע. לכן לפעמים בלילה הגוף פולט זרע מעצמו.

אבי: אז זו בעיה?

אבא: לא. קרי לילה [או חלום רטוב, אם זו השפה שלכם בבית] זה לא בעיה, אבל אוננות היא בעיה כי היא מעשה מכוון.

אבי: מה קורה אם לא משחיתים זרע, אלא סתם רוצים להרגיש טוב, האם זה עדיין אסור? [אבי כבר נפתח יותר ושואל שאלות שמעידות שהוא מבין מהי אוננות. סביר להניח שאביו אינו מגלה לו משהו שלא הכיר קודם. נראה כי כדאי לאבא להציע לבנו את עצותיו למקרה שאבי אכן מתמודד עם העניין].

אבא: כן, זה עדיין אסור, משתי סיבות. את האוננות מלוות פנטזיות מיניות, גם אם היא לא מסתיימת בפליטה. הפנטזיות האלו עצמן אסורות. הן ממלאות את הראש שלנו במחשבות שמקשות עלינו לחשוב ולפעול באופן רוחני. במקום זה, הן מעודדות את הדחפים החייתיים יותר שלנו.

אבי: אבל אבא, איך ההלכה יכולה לומר לי מה לחשוב? אני לא יכול לשלוט במחשבות שלי.

אבא: אולי זה נכון במקרה של מחשבות שרירותיות. אבל אם אדם מחליט לאונן או לחלום בהקיץ, הוא מקבל החלטה לחשוב על משהו. והוא יכול להחליט שלא לאונן או שלא לשקוע בחלומות.

אבי: זה ממש קשה.

אבא: זה באמת מאוד קשה. לתורה יש ציפיות גבוהות מאיתנו. ויש גם עוד סיבה שאסור לאונן גם בלי פליטה. כמעט בלתי־אפשרי לעצור לפני הפליטה. זה אחד התחומים שבהם ההלכה אומרת לך לשמור מרחק, כי קל מאוד לחטוא. דבר אחד מוביל לשני. למען האמת, לפעמים אומרים דברים ממש מפחידים על כמה שזה חטא נורא, פשוט כדי לעזור לאנשים להתרחק מזה.

אבי: מה למשל?

אבא: יש כמה דעות שמופיעות בקבלה. לדעתי, אמירות כאלה לא עוזרות לבנים בגילך להתמודד. או שהם חושבים שזה מגוחך ופוטרים את זה בלא כלום, או שהם נבהלים מאוד.

אבי: מה למשל?

אבא: טוב, הקבלה אומרת שמכל טיפה של זרע שהושחת נוצרים שדים. שמעת פעם משהו כזה?

אבי: כן. חבר סיפר לי את זה בבית הספר.

אבא: ומה חשבת כששמעת את האמירה הזו על השדים? [שאלו שאלות, צרו דיאלוג. נסו להבין מה ילדיכם חושבים ומרגישים].

אבי: צחקתי. אבל אז התחלתי לפחד מזה.

אבא: ממה פחדת?

אבי: שדים יכולים לעשות צרות רציניות [אבי מודאג. הוא מייחס את הדאגה שלו להשפעות הרוחניות, אבל אבא שלו יקשר את זה לשאלת האוננות מבלי לומר את מה שאבי עצמו לא אישר, שהוא מתקשה בעניין, וגם מבלי להעניק לו שום היתר].

אבא: למען האמת, אני חושב שיש היגיון מסוים ברעיון הזה מבחינת המסר שחז"ל רצו להעביר. תן לי לנסות להסביר איך אני מבין את זה. מהם שדים? אלה כוחות רוחניים שיש להם מידה מסוימת של עצמאות. כמובן שה' הוא שבורא אותם ושולט בהם, אבל העניין עם יצורים רוחניים הוא שהם מבצעים את המשימה שלהם, לטוב ולרע, כסוכנים של ה', אבל גם מתוך עצמאות מסוימת.

אבי: איך זה קשור לנושא?

אבא: תחשוב על הכוח שטמון בטיפת זרע אחת. היא מכילה בתוכה התחלה של חיים חדשים. כל הגנים שיש לאבא לתרום, חצי מהגנים שייצרו אדם חדש, נמצאים בתוך תא זרע אחד. ועדיין, ההתחלה של אותם חיים חדשים אינה בשליטתנו. ה' הוא השותף שלנו. לפעמים זוגות נשואים מנסים להרות במשך שנים ללא הצלחה. ולפעמים צעיר וצעירה נוהגים בטיפשות רבה ומקיימים יחסי מין, ואז נוצרים חיים מבלי שהתכוונו לכך. אתה מבין, זה כוח שה' נתן לנו שהוא לא לגמרי בשליטתנו. אנחנו צריכים לתת את הכבוד הראוי לכוח נותן החיים הזה שה' העניק לנו. לדעתי, העניין עם השדים די משקף את מה שקורה כשאנחנו לא מכבדים כוח עצמאי שניתן לנו. הוא משתחרר אל תוך העולם בלי השגחה, וזה יוצר בעיות.

אבי: הממם, יש בזה היגיון מסוים. אבל זה גם קצת קיצוני.

אבא: במידה מסוימת אתה צודק, ובאמת לא כדאי להסתובב עם פחדים כאלה משדים. אבל אני רק רוצה לומר שלהרבה אנשים אוננות היא בעיה קשה. ההלכה אוסרת אותה. אבל הכי גרוע הוא כשבנים מאוננים

ומתחילים לחשוב שהם אנשים נוראים, ושהם כבר לא דתיים. זה המסר החשוב ביותר שרציתי להעביר לך. אם הדבר הזה אי־פעם יהפוך אצלך לבעיה, אל תיתן לו להכניע אותך.

אבי: מה זאת אומרת? איך?

אבא: תדע שהמון בנים דתיים מתמודדים עם הבעיה הזאת. בדרך כלל אף אחד לא יודע מזה. לפעמים הם מצליחים לעמוד בפיתוי ולפעמים לא. אבל בכל מצב, ה׳ ממשיך לשמור עליהם. אם אתה נופל, עשה מיד משהו שמראה שאתה עדיין בקשר עם ה׳. תלמד תורה, תתפלל, תן צדקה. ואם אתה מרגיש שזה גורם לך לדיכאון, דבר עם מישהו. זו באמת בעיה שמשותפת להמון גברים. אתה רואה את עצמך מדבר על זה עם מישהו?

אבי: אני לא יודע. זה יכול להיות ממש מביך.

אבא: אולי המחנך שלך – הוא דיבר פעם על הנושא הזה?

אבי: לא.

אבא: או אפילו אני. אני יודע שזה ממש לא נעים. אבל אני מבין את הקושי. ואני כאן אם תרצה מתישהו להמשיך לדבר על זה.

לעזור לבנים שלכם לעזור לעצמם

משום שהדחף לאונן עלול להיות עז, פותחו במהלך השנים שיטות שונות לעזור למי שבוחר להתעמת עם דחפים חזקים. חשוב להבין שלעיתים קרובות זהו מאבק קשה שנמשך שנים רבות, ושכישלון חד־פעמי ואפילו יותר איננו תבוסה בקרב. אם נבין כיצד ומדוע אוננות מרחיקה אנשים מאלוקים וגם מרחיקה אותם מלראות את עצמם כאנשים דתיים, נוכל להמליץ על טקטיקה שיכולה לעזור.

היעד הוא להיאבק במחשבות ההרסניות הנובעות מהאוננות, להבדיל מן האוננות עצמה. אפשר לראות במחשבות הללו, שגורמות לביזוי עצמי, אמצעים של היצר הרע, שאין להיכנע להם. צריך לעודד את הנער להתפלל, ללמוד תורה או לעשות מצווה מיד אחרי חוויה של כישלון, ולא שהוא ירגיש שהוא כבר לא ראוי לקשר עם ה׳. זה ישים אותו במעמד של אדם דתי שחטא, ולא במעמד של מי שמורחק מה׳ ואינו ראוי לקשר עימו. קיום המצווה יכול בדרך כלל להביא אותו להסתכלות אחרת, אופטימית יותר, לעומת זו שגורמת לו להרגיש מרוחק מנשמתו.

ד״ר יצחק שכטר,[22] פסיכולוג אמריקני שעבד עם לא מעט מטופלים דתיים בתחום הזה, מדגיש את החשיבות של קבלה ושל יחס חיובי כלפי ה׳אני׳

הפיזי. צריך ללמד את הילדים שלנו על יופייה של המיניות, באופן שמשתמע ממנו "לא" בהווה, אבל יש בו תקווה ל"כן" בעתיד. אולי כדאי להורים לדבר גם על המתח הפנימי בין ערכיהם הדתיים האישיים, שאוסרים אוננות, לאלו של התרבות הכללית, המעודדת אותה. אפשר לשוחח איתם על החשיבות של פיתוח אחריות ושליטה עצמית כמרכיבים חיוניים בצמיחה הדתית, בתקופת גיל הנעורים שבה הגוף מתפתח.

הקב"ה מבין שאנחנו בני אדם, ושלפעמים אנחנו מתקשים לעמוד בדרישות שהוא מציב לנו. נראה כי היהדות מבינה שהתמודדות היא חלק חשוב והכרחי של צמיחתו הדתית של האדם. בספר משלי (כד, טז) כתוב: "כי שבע יפול צדיק וָקָם". גם אדם שנופל שוב ושוב נחשב צדיק. המספר שבע ביהדות מייצג מחזוריות, ובמקרה זה הוא מציע אולי את הנחמה הטמונה בכך שהתמודדות היא לרוב מחזורית, נשנית ברמות שונות או אף באותה רמה. מהי מטרתה של ההתמודדות? התורה לא ניתנה למלאכים, היא ניתנה לבני אדם. אין ציפייה מאיתנו שנהיה מושלמים, אך יש ציפייה שנמשיך להתאמץ ולשאוף לדרגות גבוהות יותר של קדושה. החיים הם תהליך. האידיאל הוא לא להישאר במקום בעבודתנו הדתית, אלא לנסות בהתמדה להתקרב יותר לאלוקים. לפעמים מוטב לאדם ליפול מאשר לא ליפול כלל, משום שהנפילה היא היא המאפשרת לו להגיע לדרגה גבוהה יותר. כל עוד נמשיך להתאמץ ונסמוך על עצמנו שבניסיון הבא נצליח יותר, אנחנו עדיין צדיקים, משתדלים להתקדם ולהשתפר.

שיקולים מעשיים – תשובה, כישלון וצמיחה הם מושגי מפתח בהתגברות על אוננות. אלוקים יודע שאנחנו משתדלים ומתאמצים להתגבר על היצרים שלנו ושיש כאלו שעבורם המאמץ גדול מאוד. הוא גם יודע שלפעמים אנשים נכשלים, למרות הרצון האמיתי שלהם להיות חזקים ולהתגבר. מצופה מאיתנו להשקיע בלא לאות בניסיון להתעלות לתפקוד טוב יותר ולהמשיך לשאוף להשתפר, וגם לגלות הבנה כשאנחנו נכשלים. לכן התשובה היא חלק כה חשוב מן המסורת היהודית. זוהי עבודתו של יהודי שומר מצוות. כדי להצליח, חשוב להציב יעדים סבירים ולהעריך הישגים קטנים. יש דברים שאפשר לעשות כדי להתמודד עם מתחים מיניים, כמו למקד את הכוחות ואת המאמצים שלנו בתחומים אחרים בחיים:

- לימוד תורה
- לימודים בכלל

- ספורט
- התעמלות
- חברויות
- תחביבים
- פעילות בתנועת נוער
- התנדבויות למיניהן
- לשכב לישון רק כשעייפים מאוד

דברים שכדאי להימנע מהם כדי לא לבוא לידי אוננות:

- חשיפה לספרים או לעיתונים שעלולים לעורר את יצר המין
- צפייה בסרטים וגלישה באתרי אינטרנט שמעוררים את יצר המין

למי שההתמודדות קשה לו מאוד ונראית לו בלתי־אפשרית, מומלץ למצוא טיפול מתאים. עבודה הדרגתית על שליטה עצמית באמצעות הצבת יעדים יכולה להוביל להצלחה.

תמיכה – כמוזכר לעיל, אוננות שונה במהותה משאר העבירות (רגשות האשם הלא־רצוניים נובעים מצניעות בענייני מיניות), ובכל זאת, חוויית הפיתוי איננה ייחודית לאוננות. כדי לעזור לילדינו להתמודד עם רגשות האשם, כדאי אולי להשתמש בהקבלה התלמודית בין הדחף לאונן לבין הדחף לדבר לשון הרע.[23] קל להזדהות עם היצר החזק לדבר לשון הרע, למרות שבדרך כלל יש לכך רק השלכות שליליות. על הכפשה של אדם אחר אומר התלמוד שהלבנת פני חבר היא שוות ערך לשפיכות דמים.[24] מעניין לציין כי לשון זו משמשת לפעמים גם לתיאור אוננות. אולי כדאי לציין את ההקבלה הזו בפני בני נוער שמתקשים מאוד ושקועים ברגשות אשם בשל ההתמודדות עם אוננות. ההקבלה בין הרצון שלא לאונן לבין הרצון שלא לדבר לשון הרע עשויה להפחית מעוצמת הקושי. כמו כן, העובדה שהן על לשון הרע הן על אוננות נאמר כי הם גורמים למוות, והעובדה שאנו יודעים כמה קשה לאנשים להפסיק לרכל זה על זה, יכולות למתן את האמירות הקיצוניות בדבר אוננות ולעזור לראות אותן באור שונה.

הורים שיודעים שבניהם מאוננים לא יוכלו באמת ליזום שיחה על פרטי המעשה, שכן זו בוודאי תיצור אי־נוחות עצומה להורה ולילד. אולי הם יוכלו לתת לבנם מדריך לקריאה, כדי לעזור לכוון אותו בהגבלת ההתנהגות הזו (ראו

נספח לפרק זה). אני מציעה שהורים שיודעים שבניהם מתמודדים עם הבעיה ייתנו להם לקרוא את המדריך, כדי לפתוח פתח לשיחה אפשרית על שליטה עצמית, או יבקשו עזרה לבנם מיועץ דתי. נערים שמתמודדים עם אוננות, ושהתמודדות זו מסבה להם צער, סובלים מאוד וזקוקים לתמיכה רוחנית.

הצעה מעניינת שבה השתמשו כמה מחנכים בחטיבת ביניים, ושאולי כדאי ליישמה בבית הספר, היא למצוא חבר ושותף, מין 'חברותא', שמתמודד עם אותה בעיה.[25] מעצם הגדרתה, אוננות לרוב נעשית ביחידות וגורמת לבידוד ולבדידות. מציאת שותף שאיתו אפשר לחלוק את הקושי תתמוך בשני הצדדים, ותוכל להקל על ההתמודדות. הצעה זו יכולה ליצור חוויה מתקנת, משום שהתמודדות יחד עם אדם אחר מבטלת את הבידוד ואת הבדידות הכרוכים בהתמודדות. רעיון זה לקוח מן המודל של "שומרי משקל"; הוא מאפשר פרטיות בזכות השיתוף עם אדם אחד בלבד, ובה בעת הוא יכול לספק את התמיכה ואת העידוד ההדדיים הדרושים להצלחה. רגנרוס מתאר אותה כך:[26]

> רעיון המתפתח בהדרגה בקרב נוער דתי הוא קבוצות המחויבות – זוגות או קבוצות של נוער מאותו המין שמבקשים לשמור על מחויבות הדדית באמצעות לחץ חברתי. אצל בנים המוקד הוא לעיתים קרובות מניעה של פורנוגרפיה ואוננות.

אתר שנקרא "שמור עיניך" (gye.org.il) הוא קהילה וירטואלית שמבקשת לעזור לאנשים שמתקשים לשמור על מחויבות בתחומים אלו. ארחיב על כך בעיקר בפרק 12, העוסק בפורנוגרפיה באינטרנט.

אוננות נשית

לפי הסטטיסטיקה, בקרב האוכלוסיה הכללית 55 אחוז מהגברים מתחילים לאונן בגיל 11–13, ויותר מ־90 אחוז מהגברים מדווחים שהם מאוננים. בסקר ארצי של התנהגות מינית בארצות הברית, 41.7 אחוז מהנשים אמרו שהן אוננו במהלך השנה האחרונה.[27] אוננות אצל נשים אומנם שכיחה פחות מאוננות אצל גברים, אך היא בכל זאת די רווחת. יש בנות שלומדות לענג את עצמן בגיל צעיר מאוד; אחרות מתחילות לאונן בערך בגיל בת־מצווה; יש שרק "נוגעות בעצמן בצורה מענגת" ואחרות אולי מסתפקות בהרהורים בלבד; יש בנות שאינן מאוננות כלל. כל האפשרויות הללו הן בגדר התנהגות מינית בריאה ותקינה.

באופן כללי, לא משנה מה בני נוער יודעים על אוננות, המסרים שהם מקבלים מהמבוגרים בסביבתם (מורים, הורים) הם שזו איננה התנהגות ראויה. אשמה וסודיות אופפות לרוב כל שיחה בנושא. מסיבה זו, חשוב לנהל שיחות פתוחות עם בנותינו. נוכל לנרמל את הרצון לאונן ולהכיר במרכיב האנושי של התנהגות זו.

בתחום של אוננות אצל נשים מתמודדת החברה הדתית עם דילמה. מצד אחד, הספרות על בריאות מינית מעודדת נשים לענג את עצמן ולהכיר את המיניות שלהן. זו נתפסת לרוב כדרך בריאה ללמוד על גופנו ולהרגיש בנוח עם המיניות שלנו. מכיוון שאין כאן עניין של הוצאת זרע לבטלה, שהיא הסיבה העיקרית לאיסור אוננות בקרב גברים, הנושאים ההלכתיים פחות חד־משמעיים מאשר במקרה של גברים; אין איסור הלכתי מפורש. עם זאת, הרושם הכללי המתקבל הוא שספרות חז״ל אינה מעודדת נשים לאונן, אך יש דעות שונות בנושא.[28]

ראינו כבר שחז״ל דוחים כל ביטוי של מיניות או של חוויה מינית מחוץ לנישואים. התפיסה החז״לית רואה בחיוב את המיניות בתוך נישואים, אך לא בשום מקום אחר. לפיכך, היא אינה מעודדת פנטזיות מיניות או כל מחשבה או פעילות מינית אחרת לפני הנישואים. יעדה של היהדות בהקשר הזה הוא לשמור על תמימות בענייני מין ומיניות עד לנישואים. מכאן היחס השלילי כלפי עונג מיני מחוץ לנישואים או לפניהם. נוסף על כך, הבעיה הפסיכו־פילוסופית הקיימת בהקשר של אוננות אצל גברים נכונה גם לנשים. הרצון לעודד הימנעות מפעילות מינית מחוץ לנישואין מבוסס על חז״ל, שרואים בפעילות המינית מעשה בין בני זוג המקרב אותם זה לזה. ספרות ההלכה המודרנית משתמשת לרוב ברעיון של ״קדושים תהיו״[29] או ״בחוקותיהם לא תלכו״[30] כדי לעודד בנות להימנע מאוננות.

ובכל זאת, חשוב לציין כי אוננות אצל נשים לא נאסרה במפורש כמו אוננות אצל גברים. לפי הרב שרלו:[31]

ההלכה לא הביעה כל עמדה ביחס לאוננות נשית. הדבר פותח אפוא אופק רחב היקף ביחס לעמדות רוחניות אפשריות. בקוטביות האחת ניצבת הטענה שאין זה אסור – היהדות לא כוללת שום איסור של עינוג עצמי גופני – ובקוטביות השנייה הטענה כי הכיוון הכללי של היהדות הוא שמירת העונג המיני לקשרים בין בני זוג, וממילא התנגדות לכל עינוג גופני שיוצא מכלל זה... הדבר אינו אסור, ולעיתים הוא אף חיוני [במיוחד

כשזה יכול לעזור לקשר המיני בתוך מסגרת הנישואין – הוספה שלי י"ד], אולם נכון מאוד להיזהר, כמו במקרה של כל עינוג גופני: להיזהר שלא להתמכר, שלא להפוך את העינוג לתחליף לדבר האמיתי וכו'. הכול במידה.

זהו נושא רגיש, במיוחד למי שיש לה נטייה לאונן, ויש לגשת אליו בזהירות. קורה שצעירות מאמצות גישה שלילית כלפי גופן בעקבות מה שמלמדים אותן באופן מפורש או לא מפורש על המיניות שלהן, והן אף עלולות לפתח אי־נוחות קשה ביחס לגופן ולעונג מיני. יש הרואות במיניות דבר שלילי ולא מענג גם אחרי הנישואים, והן מתקשות לפתח גישה חיובית בתחומים אלו, דבר שגורם לסבל במערכת היחסים עם בן הזוג. אם אנו רוצות להיות מסוגלות להתחבר טוב יותר לגופנו, עלינו לתת לעצמנו חוויות שונות סביב החושים שלנו וסביב החושניות שלנו. ללמוד מה אנחנו אוהבות, מה אנחנו לא אוהבות, ומה אנחנו עדיין לא יודעות על עצמנו.

כדי לדעת איך לגשת לנושא עם הבנות שלנו אפשר להשתמש בטכניקות כמו גישוש, כמתואר בתחילת הפרק, כדי להבין את נטיותיה ורגישויותיה של הנערה ביחס לאוננות ומשם לכוון להמשך השיחה.

ברור שמשקלה הדתי של אוננות אצל נשים נמוך משל הגברים, ולפיכך שיחות עם בנות תהיינה שונות מאלו שהוצעו עבור בנים. את הספקות הכלליים של חז"ל ואת הסיבות שעומדות בבסיסם יש להציג כמתואר לעיל.

כלות ונשים נשואות

מדריכות כלות רבות ממליצות לכלות שהן מלמדות להיעזר במראה כדי להכיר את איברי המין שלהן. יחד עם זאת, מומלץ שהיא תכיר טוב יותר מה מענג אותה כדי שתוכל יחד עם בן זוגה להגיע להנאה מְרבית. יש נשים נשואות רבות שמתוך הקשבה לעצמן מעוניינות לשמור את תחושת השיא המיני ליחסי אישות בלבה, ואת זה יש לעודד. חשוב לעודד נשים להקשיב לגופן ולרוחן ולהתנהג לפי תחושות אלו. חשוב להדגיש, שהשיא המיני המושג באוננות נשית אינו מפחית באיזשהו אופן את החוויה של האישה בעת יחסי האישות עם בן זוגה. גם בהיבט הפיזיולוגי וגם בהיבט הערכי, אוננות נשית איננה יחסי אישות, ואין צורך להתייחס אליה כאל משהו שמפחית מייחודיותם של יחסי האישות. בנוסף על כך, במקרים רבים האוננות הנשית לא רק שאיננה פוגעת ביחסי האישות אלא בדיוק להפך: היא תורמת ליכולתן לקבל הנאה מבן זוגן בעת יחסי האישות.[32]

לנשים רבות ואימהות רבות לא נוח לדבר על העניין הזה, והורים צריכים לשקול היטב עד כמה נוח להם להציג את הדברים. חשוב לנהל שיחה בריאה מזווית ראייה יהודית שמשאירה ערוצי תקשורת פתוחים ואיננה שיפוטית מבחינה אישית. אם אימא מרגישה שהיא אינה מסוגלת להתמודד עם הנושא בנוחות, אולי כדאי שתזמין במקומה מישהי אחרת שנוח לה יותר לדבר על הנושאים הללו (למשל, חברה שעובדת כאחות או מכרה שמלמדת על מיניות). היעד המרכזי של השיחות בנושאים אלו הוא לעורר מודעות ולספק לילדינו מסגרת לשיחה גלויה, כמו גם תמיכה, כדי למנוע מהם סבל.

מה אומרים לבנות על אתגרי הבנים?

עניין חשוב שמשתנה בהתאם לחברה הוא כמה מידע צריך לתת לבנות על אוננות אצל גברים. באופן אינסטינקטיבי, נראה לי שהן זקוקות למידע בסיסי כלשהו, אך לא יותר מכך, ואולי גם אותו יש לחלוק איתן רק בגיל התיכון.

בחלק המשאבים שבסוף הספר מוצע מדריך על אוננות לגבר היהודי כמו גם מדריך לאישה, שיכולים לשמש את ההורים לצורכיהם או לקריאה יחד עם הנער או הנערה כמבוא לשיחה. ייתכן שהשימוש הטוב ביותר במדריך הוא כחומר קריאה לילדים אחרי שיחה מקדימה. אם תנקטו בגישה זו, חשוב למצוא הזדמנות לשיחה עניינית זמן קצר לאחר מכן.

בפרק זה דיברנו על:

- הקב"ה העניק מתנה אדירה לגברים – פוטנציאל ליצור חיים. ברכת הזרע היא היכולת ליצור חיים. חשוב שהשיחות שלנו עם בני הנוער יגיעו ממקום המדגיש את היופי ואת העוצמה החיובית של מתנה זו, לפני שנדון במאבקים הנובעים מהיצר המיני שלנו.
- אוננות פירושה חיכוך ונגיעה באיברי המין על מנת להגיע לעוררות מינית ולעונג, בדרך כלל (אבל לא תמיד) עד מצב של אורגזמה (פורקן מיני).
- הן גברים הן נשים מאוננים, אבל התנהגות זו רווחת יותר בקרב גברים, ונדמה שהם מתמודדים עם הפיתוי לעסוק בה יותר מאשר נשים.
- הרפואה תופסת כיום את האוננות כפעילות תקינה ובריאה, אבל ההלכה אוסרת אותה. בני נוער רבים חווים מתח בין היצר הטבעי שלהם לבין רצונם לחיות על פי ההלכה ולציית לתכתיביה בתחום זה.
- חז"ל עודדו אותנו להגביל את יצר המין, וביקשו למנוע מאיתנו מלהשתקע בסיפוק דחפים מיניים.
- פנטזיות מיניות מודעות הן בדרך כלל חלק בלתי־נפרד מאוננות. מכיוון שמחשבות אלו אינן חלק ממערכת יחסים מינית הדדית בתוך נישואים, הן נחשבות בעייתיות בפני עצמן.
- הוצאת זרע לבטלה (כתוצאה מפליטה) אסורה על פי ההלכה, והיא ההסבר הרווח ביותר לאיסור על אוננות.
- ספרות הקבלה מציגה תפיסה שלילית קיצונית של אוננות, ולפיה היא החטא החמור ביותר, וטוענת כי אין על כך שום אפשרות של תשובה.
- ספרות ההלכה הנורמטיבית אוסרת את האוננות אבל מורידה את דרגת החטא, ובאופן כללי מבינה את עוצמת הקושי, אולם הציפייה להתגבר על היצר בעינה עומדת.
- אחת הסכנות בהתמודדות של נער דתי עם אוננות היא שהיא תרחיק אותו מהקשר שלו עם אלוקים.
- למרות אי־הנוחות, על הורים לדבר עם בניהם, ובשעת הצורך גם עם בנותיהם, על אוננות.
- יש אסטרטגיות שונות להתמודדות עם אוננות.
- אין איסור לנשים לאונן. ספרות חז"ל תופסת אותה לרוב באופן שלילי, אבל יש פוסקים בני זמננו שנוקטים גישה מקלה יותר, ואינם רואים באוננות של נשים מעשה אסור.

10
הומוסקסואליות ויהדות

אם היית יודעת כמה היה לי קשה לקבל את עצמי עם הזהות הזאת, היית מבינה שאני לא יכולה לבוא למקום שבו לא מקבלים אותי.

(לסבית דתייה)

הצעד הראשון בהתמודדות הוא לקרוא את הספרות המקצועית ולהבין שכל מי שטוען שההתייחסות לנושא הזה דומה להתייחסות לכל איסור אחר בתורה, אינו מבין במה מדובר. אולי אחוז קטן [מאלו שחושבים שהם הומוסקסואלים] יוכלו, על ידי עזרה פסיכולוגית וכוח רצון עצום, להבין שהם בעצם אינם כאלו, אבל לרוב ההומוסקסואלים זו כלל איננה אפשרות. בהתחלה קשה מאוד לדבר על זה ישירות עם הילדים. לכן מומלץ לקרוא את המכתבים או את הספרים שהילדים נותנים לנו לקרוא; יש בהם תועלת. גם פגישות עם הורים אחרים חשובות, כי דרכן תלמדו שאינכם היחידים שמתמודדים עם הבעיה.

(אימא של לסבית דתייה)

בפרק זה אתמקד בהומוסקסואלים (המושג הומוסוקסואלים מתייחס להומוסקסואלים ולסביות). בפרק הבא אתמקד בנושא הטרנסג'נדר. הצורך ברגישות נכון לכל אלה שזהותם המינית או המגדרית אינה סטנדרטית.

מגדר

חמלה

ברצוני לפתוח את הדיון בהדגשת ערך החמלה כערך תורני עליון. בני ישראל היו עבדים במצרים 210 שנה. המטרה העיקרית של חוויה זו הייתה להנחיל לנו רגישות למנודים ולנמצאים בשולי החברה לצמיתות. התורה מסבירה לנו במפורש את חשיבותה של יציאת מצרים – דוגמה אחת מני רבות נמצאת בפסוק "וַאֲהַבְתֶּם אֶת הַגֵּר כִּי גֵרִים הֱיִיתֶם בְּאֶרֶץ מִצְרָיִם".[1] אנו נקראים 'עברים' משום שבאנו "מן העבר השני", וזאת כדי שנלמד על בשרנו איך מרגיש מי שנחשב לאחֵר – מי שאינו מוגדר 'נורמטיבי' מבחינת רוב בני האדם.

על החברה האורתודוקסית לגלות ככל האפשר הבנה ורגישות למאבקם ולקשייהם של בני אדם שאינם תואמים את קטגוריות המגדר הנפוצות ביותר, וזאת מפאת מחויבותנו לערכים, כגון: כבוד הבריות ומצוות "וְאָהַבְתָּ לְרֵעֲךָ כָּמוֹךָ".[2] חובת הרגישות הזאת אינה גורעת מהשמירה שלנו על התורה והמצוות בתור יהודים דתיים.

המגדר ומורכבויותיו

החברה המודרנית עברה תהפוכות דרמטיות בכל הנוגע להבנת מושג המגדר, על כל היבטיו והשלכותיו. הגישה הפוסט־מודרניסטית קוראת תיגר על החשיבה הקלאסית שלפיה היוֹת אדם זכר או נקבה הוא דבר המושרש במציאות החומרית האובייקטיבית של הגוף. התפיסה הפוסט־מודרניסטית רואה במגדר הבנְיָה, ולכן מבחינתה זהו מושג גמיש יותר. גישה זו שונה מאוד מהחשיבה המסורתית לגבי גברים ונשים. שינויי תפיסה אלה מאתגרים מוסכמות ותיקות ומושרשות מאוד. עצם היכולת שלנו לבחון את הסוגיות האלה, לגבש דעות לגביהן ולתאר אותן במילים אינה עניין פשוט בימינו. אפילו במילים שאנו משתמשים בהן טמונות כבר הנחות יסוד ברורות כל כך בנוגע למגדר, שמרגע שהתחלנו לתאר את המצב כבר תפסנו עמדה. כינויי גוף שהיו בעבר פשוטים, כמו 'הוא' ו'היא', הפכו למוקד של פולמוס נלהב על השיח המגדרי. רבים תומכים ביצירת מערכת שלמה של כינויי גוף חדשים, ובהתניית השימוש בהם בהסכמה מפורשת של הנמען. אעשה כמיטב יכולתי להציג באופן מדויק ורגיש היבטים שונים של סוגיה זו, ובמקביל להביא, למיטב הבנתי, את הגישה היהודית האותנטית בסוגיה זו.

מהו שהופך זכר לזכר ונקבה לנקבה? שאלה זו, שהתשובה עליה נחשבה בעבר לעובדה ביולוגית פשוטה, הפכה בעולמנו הפוסט־מודרני לשאלה פילוסופית ולסוגיה שנויה במחלוקת עמוקה. האם מין הוא מושג אובייקטיבי

שמהותו במציאות חומרית, כמו מבנהו הביולוגי של גוף מסוים, או שהוא הבניה חברתית, שהיא מטבעה סובייקטיבית, והוא תלוי בשיוך שאנחנו מייחסים לו? המודעות לבני אדם שאינם מזדהים לא כזכר ולא כנקבה היא פונקציה של דיון זה, ומגדר החל להיתפס לאחרונה כזהות שהיא תוצאה של הבניה חברתית יותר משהיא פונקציה של ביולוגיה.

אצל רוב־רובם של בני האדם יש לכידות ברורה בין המין הביולוגי של גופם לבין המגדר שהם תופסים עצמם כמשתייכים אליו (כלומר, הזדהותם כזכר או כנקבה), נטייתם המינית (משיכתם לזכרים או לנקבות) והתפקיד המגדרי שהם ממלאים בחברה. אולם אצל מיעוטם, שנראותו הולכת וגדלה, אין לכידות בין גורמים אלה. לחלקם, הפער בין המין הביולוגי של גופם לבין תפיסתם העצמית גורם סבל אמיתי. אחרים חווים פער בין זהותם המינית לבין ההזדהות הקלאסית כזכר או כנקבה. גם פער כזה עלול לגרום לניכור ולבידוד. מאמצי החברה להרחיב את הגדרות המין והמגדר כדי שבני אדם אלה יוכלו למצוא את מקומם, מביאים למורכבות גדלה והולכת של מונחי מין ומגדר. נפוץ לשייך אנשים שאינם תואמים את הקטגוריות המסורתיות של זכר ונקבה לקטגוריה הכללית של "לא־תואמי־מגדר".

מאחר שדיון במושגים בתחום המגדר הלא־בינארי עלול להיות מבלבל, וגם לגבי המונחים עצמם לא תמיד קיימת תמימות דעים, ברצוני להביא ראשית כול כמה הגדרות לצורך היכרות עם השפה. בפרק זה אתמקד בהומוסקסואלים ובפרק הבא בטרנסג'נדרים – שתי דוגמאות ספציפיות של אי־בינאריות הדורשות רגישות של החברה הדתית. בחרתי להתמקד בשתי סוגיות אלה משום שהן ככל הנראה הטעונות ביותר וזוקקות ביותר הבנה והתייחסות מתאימה ברוח היהדות.

הגדרות

(המונחים והגדרותיהם מופיעים בלשון זכר מטעמי נוחות, אך נכונים לכל המגדרים)

- **א־בינארי (Non binary)**: אדם שלא מזדהה כגבר או כאישה, או שמזדהה לא רק כגבר או כאישה. נפוץ כמונח כללי לכל הזהויות שאינן תואמות את החלוקה הבינארית לגברים ולנשים. לזהות א־בינארית יש משמעות שונה עבור אנשים שונים, ולכן המונח כוללני בכוונה תחילה.
- **א־מיני (Asexual)**: אדם שאינו חש משיכה מינית או תשוקה ליחסי מין עם אדם אחר. א־מיניות שונה בהגדרתה מהתנזרות מכוונת ממין.

- **אינטרסקס (Intersex)**: אדם שנולד עם איברי רבייה או מין שאינם תואמים במדויק את קטגוריות הזהות המינית הבינאריות הסטנדרטיות של זכר ונקבה.
- **גיי (Gay)**: אדם בעל נטייה ומשיכה לבני המגדר שלו.
- **ג׳נדר ניוטרל (Gender neutral)**: אדם שחש שהוא לא גבר ולא אישה עשוי להזדהות כג׳נדר ניוטרל.
- **ג׳נדרפלואיד (Gender fluid)**: אדם עשוי להזדהות כג׳נדרפלואיד אם הזהות המגדרית שלו משתנה.
- **ג׳נדרקוויר (Gender queer)**: אדם עשוי להזדהות כג׳נדרקוויר אם הזהות המגדרית שלו היא לא זכרית ולא נקבית, אם היא נמצאת בין מגדרים או מחוץ למגדר, או מורכבת מצירוף זה או אחר של מגדרים. במקרים רבים זהות זו קשורה, או באה בתגובה, להבניה החברתית של מגדר, סטריאוטיפים מגדריים, והמערכת המגדרית הבינארית.
- **דו־מיני/ביסקסואל (Bisexual)**: אדם שנטייתו ומשיכתו המינית העיקריות הן כלפי בני יותר ממין אחד, או שאינן תלויות במין.
- **דיספוריה מגדרית (Gender dysphoria)**: החוויה השלילית הנובעת מתחושתו של אדם שזהותו המגדרית שונה מהמין הביולוגי שלו בלידתו או מהמגדר שבו הוא נתפס על ידי אחרים.
- **הומו (homo)**: אדם בעל נטייה ומשיכה לבני המגדר שלו. לעיתים משמש כזהות וכדרך שבה גבר עם משיכה לבני מינו מתאר את עצמו.
- **הומוסקסואליות (Homosexuality)**: מונח כללי המתאר נטייה מינית שבה אדם נמשך גופנית ונפשית לבני אותו מגדר.
- **טרנסג׳נדר (Transgender)**: מונח כללי לכל אדם שהזהות המגדרית שלו אינה תואמת את המין הביולוגי ששויך לו בלידתו.[3]
- **טרנסקסואל (Transsexual)**: טרנסג׳נדר שפעל או פועל להתאים את מינו הביולוגי הגופני אל המגדר שאיתו הוא מזדהה באמצעות טיפול הורמונלי ו/או ניתוחים.
- **לא־תואם־מגדר (Gender nonconforming)**: מונח כללי המתאר בני אדם בעלי תכונות התנהגותיות, תרבותיות או פסיכולוגיות שאינן מתיישבות עם ההתנהגויות והתכונות המקושרות לרוב עם המין הביולוגי שלהם בלידתם.
- **להטב״ק+ (LGBTQ+)**: ראשי תיבות של ״לסביות, הומואים, טרנסג׳נדרים, ביסקסואלים, קווירים״. מטרת ה״פלוס״ היא לכלול את כל הזהויות האחרות. זהו מונח כללי המתייחס לקהילה הגאה כולה.

- **לסבית (Lesbian)**: אישה שנטייתה ומשיכתה המינית העיקריות הן כלפי בנות אותו מגדר.
- **מגדר (Gender)**: הבניה חברתית שבמסגרתה מקוטלג האדם כגבר, כאישה, או כבעל זהות אחרת. מגדר אינו מבוסס על מין ביולוגי אלא על מגוון תכונות חברתיות, פסיכולוגיות ורגשיות, המושפעות בדרך כלל מציפיות החברה.
- **מין (Sex)**: הגדרה המבוססת על איברי המין של האדם.
- **מיניות (Sexuality)**: המאפיינים הכוללים את מינו הביולוגי של אדם, זהותו המגדרית, נטייתו המינית, התנהגותו המינית וכו׳.
- **נטייה מינית (Sexual orientation)**: המשיכה הגופנית, הרומנטית ו/או הרגשית אל אדם אחר.
- **סיסג׳נדר (Cisgender)**: אדם שהמגדר שלו תואם את מינו הביולוגי. למשל, מי שיוחס לה בלידתה המגדר ׳אישה׳ משום שהיא בעלת איברי מין נקביים, והיא חשה עצמה כאישה.
- **תהליך התאמה מגדרית (Transition)**: תהליך המעבר לתפקיד מגדרי שונה מזה התואם את המין הביולוגי הגופני. המונח עשוי להתייחס לתהליך חברתי, הכולל למשל שינוי שם, כינוי גוף או בגדים, ו/או לתהליך רפואי הכולל למשל טיפול הורמונלי ו/או ניתוחים.

מהי הומוסקסואליות?

הומוסקסואליות היא משיכה מינית ורומנטית של גבר או אישה אל בני מינם, והעדפה לקיים יחסים מיניים או קשר רומנטי איתם. נשים הומוסקסואליות נקראות לסביות. אשתמש כאן במונח הומוסקסואליות לתיאור הומוסקסואלים ולסביות כאחת. הומוסקסואליות היא נושא מורכב עבור יהודים דתיים, והיא נוטה לעורר תחושות עזות. סביר להניח שהורים יצטרכו לברר לעצמם את עמדותיהם בנושא לפני שידברו על כך עם ילדיהם.

ישנו דיון עקרוני בשאלה אם הומוסקסואליות היא נטייה ביולוגית או התנהגות נרכשת. לכל אחת מן העמדות יש השלכות עצומות, המנוגדות מאוד זו לזו. לרוב, עמדה מסוימת נובעת מן השאיפה לקדם עיקרון מסוים, ובנושאים הקשורים להומוסקסואליות מעורבת גם לא מעט פוליטיקה. עם זאת, מחקר שפורסם בכתב העת המפורסם סיינס, מצא שיש תפקיד לגנטיקה כמו גם להשפעות חברתיות. לפי המחקר, לגנטיקה יש כרבע עד שליש השפעה

לעומת גורמים אחרים שלהם שאר ההשפעה. חשוב להדגיש שהמחקר התייחס להתנהגות חד־מינית ולא בהכרח לזהות מינית.[4]

מהי נטייה מינית?

האגודה האמריקאית לפסיכולוגיה (APA) הגדירה הומוסקסואליות ונטייה מינית כך:[5]

> נטייה מינית היא משיכה רגשית, רומנטית ומינית לאדם אחר או קשר של חיבה אליו הנמשך לאורך זמן [ולא רק תקרית או חוויית תשוקה בודדת – י"ד]. יש להבחין בינה לבין רכיבים אחרים של המיניות, ובכללם מין ביולוגי, זהות מגדרית (התחושה הפסיכולוגית של היותך זכר או נקבה) והתפקיד המגדרי החברתי (התנהגות נשית וגברית על פי נורמות תרבותיות מקובלות).
>
> נטייה מינית משליכה גם על תחושת הזהות של אדם המבוססת על אותה משיכה. במשך כמה עשורים הראה המחקר כי ישנו רצף של נטייה מינית הנע בין משיכה בלעדית למין השני למשיכה בלעדית לאותו המין. אולם נטייה מינית משויכת בדרך כלל לאחת משלוש קטגוריות: הטרוסקסואלית (משיכה רגשית, רומנטית או מינית למין השני), הומוסקסואלית (משיכה רגשית, רומנטית או מינית לאותו המין) וביסקסואלית (משיכה רגשית, רומנטית או מינית לגברים ולנשים כאחד). נושא הזהות המינית נמצא בדיון מתמיד בדורנו וישנה התפתחות של זהויות נוספות על הרצף של זהות מינית. יש מי שנכנס תחת הקטגוריה של א־מיני (מצב של חוסר מוטיבציה מינית), אינטרסקס (סממנים מיניים זכריים ונקביים), ג'נדרקווייר (זהות מגדרית שיש בה גם חלקים זכריים וגם נקביים במינונים שונים).
>
> אנשים בעלי נטייה הומוסקסואלית נקראים לפעמים גיי (גברים ונשים כאחד) או לסבית (נשים בלבד). נטייה מינית שונה מהתנהגות מינית בכך שהיא מתייחסת לרגשות ולתפיסה עצמית. אנשים עשויים לבטא או שלא לבטא בהתנהגותם את הנטייה המינית שלהם.

ישנה מגמה להתייחס לנטייה מינית כאל מאפיין אנושי, כדוגמת מין ביולוגי, זהות מגדרית או גיל. זווית ראייה זו אינה מציגה את התמונה המלאה, כי נטייה

מינית מוגדרת במונחים של מערכות יחסים עם אחרים. אנשים מבטאים את הנטייה המינית שלהם באמצעות התנהגויות עם אחרים. לפיכך, נטייה מינית אינה רק מאפיין אישי של אדם מסוים, אלא הנטייה המינית של אדם מגדירה את קבוצת האנשים שבהן עשוי אותו אדם למצוא את מערכות היחסים הרומנטיות המספקות, שלרבים הן מרכיב הכרחי בזהותם האישית.

איך נעשים הומוסקסואלים?

השאלה איך נעשים הומוסקסואלים הצליחה לעורר מחלוקות רבות. אין נתונים מדעיים החלטיים וברורים המקובלים חד־משמעית על כל החוקרים. לפי האגודה האמריקנית לפסיכולוגיה, "אין הסכמה כללית בקרב המדענים באשר לגורמים המדויקים לפיתוח נטייה הטרוסקסואלית, ביסקסואלית, הומוסקסואלית או לסבית. מחקרים רבים בחנו את ההשפעות הגנטיות, ההורמונליות, ההתפתחותיות, החברתיות והתרבותיות האפשריות על הנטייה המינית, אך לא נתגלו ממצאים המאפשרים למדענים להסיק כי נטייה מינית נקבעת על ידי גורם או גורמים מסוימים. רבים חושבים שלטבע ולטיפוח תפקיד חשוב; רוב האנשים אינם חווים תחושת בחירה באשר לנטייה המינית שלהם" (APA).

ישנן תיאוריות רבות באשר למקורה של נטייתם המינית של בני אדם: רוב המדענים מסכימים כיום כי סביר מאוד שנטייה מינית נקבעת כתוצאה מאינטראקציה מורכבת בין גורמים סביבתיים, קוגניטיביים וביולוגיים. נטייתם המינית של רוב האנשים מתעצבת בגיל צעיר. יש גם ראיות עדכניות ניכרות לכך שלביולוגיה, ובכלל זה גורמים גנטיים או הורמונליים מולדים, תפקיד משמעותי במיניותם של אנשים. לסיכום, חשוב להכיר בכך שכנראה ישנם גורמים רבים לנטייה המינית של אנשים המשתנים מאדם לאדם.[6] במחקר שפורסם בסיינס, שהשתתפו בו כמעט חצי מיליון גברים ונשים, מצאו השפעות גנטיות על התנהגות חד־מינית. לא מדובר בגן ספציפי אלא בהשפעה קטנה מאוד של הרבה גנים שונים. זהו מחקר משמעותי בדרך להבנת התנהגויות חד־מיניות, אף על פי שהוא מעלה שאלות יחד עם התשובות שהוא נותן. למרות זאת, הוא עדיין המחקר הגדול ביותר בנושא ומהבודדים שחקר גם נשים וגם גברים.[7]

דברי ה־APA מראים שאין הסכמה ברורה בנוגע למקורותיה של הנטייה המינית; נטייה מינית נובעת מגורמים רבים. לדברי האגודה, הנטייה המינית של בני אדם מתקיימת על רצף אשר בקצהו האחד נמצאים אנשים הטרוסקסואליים שאינם נמשכים לבני מינם, ובקצהו השני נמצאים הומוסקסואלים שתמיד תהיה

להם משיכה מינית רק לבני מינם, ואין שום דרך להשפיע עליהם להשתנות. אולם בהכרח יש אנשים גם על הרצף שבין שני הקצוות. אנשים אלו נמשכים לשני המינים, ויש להם משיכה חזקה במיוחד לבני ולבנות המין שלהם, או שהם נמשכים לשני המינים ויש להם משיכה חזקה לבני ולבנות המין השני. יש לשער שאפשר לגרום לחלקם לפנות לכל אחד מהכיוונים. לרוב, החברה והסביבה הן שמשפיעות על בחירת הכיוון שלהם. סביר להניח שחלקם מסוגלים להחליט, גם אם ההחלטה תהיה קשה, לחיות חיים הטרוסקסואליים על אף נטייה מסוימת לכיוון ההומוסקסואלי. חשוב להדגיש שזה נכון רק לחלק מהאנשים על הרצף, בעוד שחלק ניכר מהם מרגישים שהם אינם מסוגלים להשתנות לכיוון מסוים.

מספרים ואחוזים

קשה לקבוע את מספר האנשים באוכלוסייה המזדהים כלסביות או כהומוסקסואלים, וזאת מכמה סיבות. במדינות רבות נערכו מחקרים שביקשו לקבוע את שיעור ההומוסקסואלים באוכלוסייה, אבל התוצאות היו בעייתיות. המחקרים מבוססים בדרך כלל על סקרים בדיווח עצמי, ולכן התוצאות לא תמיד מהימנות מבחינה מדעית. יש חוסר אחידות בסוג הסקרים ובסוג השאלות שנשאלות בסקר בכל מה שקשור להתנהגויות. דברים אלו, יחד עם ההשפעה של המסגרת שבה היו הנבדקים בזמן הסקר, יכולים להשפיע על תשובותיהם. כמו כן, בסקרים מופיעות לרוב שתי סדרות של שאלות – סדרה אחת בוחנת נתונים בנוגע למשיכה ולחוויות מיניות עם בני אותו המין בדיווח עצמי, ואילו הסדרה השנייה בוחנת את הזדהותם של הנבדקים כהומוסקסואלים או ביסקסואלים בדיווח עצמי. פחות נבדקים מזדהים כהומוסקסואלים או ביסקסואלים מאלו המדווחים על משיכה לבני אותו המין או על חוויות מיניות איתם, דבר המוביל לרוב לתוצאות ולהגדרות שאינן חד־משמעיות.

נוסף על כך, הרבה פוליטיקה מעורבת בקביעת אחוז ההומוסקסואלים בחברה: הקהילה ההומו־לסבית נוטה להציג אחוזים גבוהים יותר, ואילו הקהילות הדתיות השמרניות נוטות להציג אחוזים נמוכים בהרבה. בסקר מקוון שנערך בקרב מדגם ארצי מייצג נמצא שמתוך היהודים בישראל בהתחשב בהסתייגויות אלו, 11.3 אחוז מהגברים ו־15.2 אחוז מהנשים נמשכים לאותו המין, 10.2 אחוז מהגברים ו־8.7 אחוזים מהנשים מדווחים על מפגשים עם בני אותו המין לאורך החיים, ואילו 8.2 אחוזים ו־4.8 אחוזים מזדהים כגברים הומוסקסואלים או ביסקסואלים וכנשים לסביות או ביסקסואליות, בהתאמה.[8]

האם אפשר ללמוד כיצד לא להיות הומוסקסואלים?

לדברי האגודה האמריקאית לפסיכולוגיה, "כל ארגוני בריאות הנפש המרכזיים במדינה הודיעו רשמית על חששם מטיפולים לשינוי הנטייה המינית. כיום אין מחקר מדעי מספק המוכיח כי טיפולים שמטרתם שינוי הנטייה המינית (המכונים לפעמים טיפולים מתקנים או טיפולי המרה) הם בטיחותיים או יעילים... מומלץ למטפלים שנתקלים במהלך עבודתם באנשים שמודאגים ממשיכתם לבני אותו המין, לעזור להם להתמודד עם דעות קדומות בכל הנוגע להומוסקסואליות, לפתור בעיות הנובעות מסכסוכים פנימיים, ולנהל חיים שיש בהם אושר וסיפוק. ארגונים מקצועיים העוסקים בבריאות הנפש קוראים לחבריהם לכבד את זכותם של בני אדם (של המטופלים) להגדרה עצמית; להפגין רגישות לגזע, תרבות, קבוצה אתנית, גיל, מגדר, זהות מגדרית, נטייה מינית, דת, מעמד סוציו־אקונומי, שפה ומצב נכות של המטופלים בעת העבודה איתם; ולחדול מלהעניק יחס מפלה המושפע מגורמים אלו".

ישנם טיפולים הידועים כ'טיפולי המרה' ומתיימרים לעזור למטופלים הומוסקסואלים 'להמיר' את נטייתם ולהפוך להטרוסקסואלים. הטיפולים הללו מעוררים מחלוקת רבה בזירה האקדמית, ולרוב מוסכם כי אין ראיות של ממש להצלחתם לאורך זמן.[9] רבים טוענים כי הטיפולים האלו אינם מוסריים, משום שהם משתמשים בשיטות מפוקפקות שלרוב גורמות למטופלים סבל רב.[10] כמו כן, הן עלולות להביא לכך שהומוסקסואלים יינשאו, ילדו ילדים, ובסופו של דבר יגרמו סבל וכאב רב לעצמם, לבני זוגם ולילדיהם, מכיוון שלא יצליחו לעמוד במערכת היחסים ההטרוסקסואלית. למרות זאת, יש ארגונים דתיים (יהודיים ונוצריים) המציעים טיפולים שונים לבעלי נטייה הומוסקסואלית וטוענים כי נחלו הצלחה רבה במאמציהם לעזור להומוסקסואלים להפוך להטרוסקסואלים, בסביבה טיפולית אינטנסיבית. חשוב לדעת שהדעות חלוקות בנוגע לארגונים האלו וליעילות הטיפולים שהם מציעים.[11]

גישה יהודית

מורכבות הנושא

עבור יהודים דתיים, הומוסקסואליות היא עניין מורכב ביותר. היא מייצגת את שדה הקרב שבין המוסר המיני החילוני לבין המוסר המיני התורני. בהעדר המטען של דת המבוססת על התגלות, החברה החילונית בת זמננו אינה רואה כל רע בהומוסקסואליות. בעבר נחשבה ההומוסקסואליות לסטייה, אך הספרות הרפואית

והפסיכולוגית היום אינה מביעה כל התנגדות להומוסקסואליות. לפי תפיסתה של החברה החילונית, הדת פוגעת בהומוסקסואלים ומדכאת אותם שלא לצורך. כך, ההשקפה המסורתית נתקלת בהתנגדות גדולה מצד החברה החילונית. במקרה של הומוסקסואליות, הקו המפריד בין מודרני לדתי הוא חד וברור.

חשוב להבין את הציפייה מההומוסקסואלים שומרי מצוות. על הומוסקסואלים דתיים נאסר לקיים מערכת יחסים מינית לאורך כל חייהם. זהו אתגר עצום בפני עצמו, אבל עלינו להבין שנוסף על כך נשללת מהם גם אפשרות של מערכת יחסים אינטימית, שהיא גם צורך אנושי חזק ואוניברסלי. החברה הדתית חייבת להיות רגישה ככל האפשר לגורלם של הומוסקסואלים ולהביע הבנה כלפי מצבם, בגלל המחויבות שלנו לערכים כמו "ואהבת לרעך כמוך" (ויקרא יט, יח) וכבוד הבריות. לרגישות זו אין כל קשר לעובדה שכיהודים דתיים, אנו מקבלים את האיסור מדאורייתא על התנהגות מינית הומוסקסואלית, ולפיכך איננו יכולים למחול עליה בשום אופן. אמונה זו יוצרת פער בינינו לבין החברה החילונית ומקשה עלינו לגשר בין העמדה הדתית בעניין לבין היחס המודרני. יותר מכל נושא אחר, הומוסקסואליות היא הנושא שמעמיד במבחן את הדואליות של הדת והמודרנה. כל פתרון פשטני מחייב אותנו להקריב ערך יסודי. ועדיין, עלינו לנסות להתמודד עם האתגר. פרק זה מנסה להציג גישה אפשרית לשאלה כיצד נוכל להסביר לילדינו על הומוסקסואליות.

השאלה של הומוסקסואליות וחיים דתיים מתחילה לעלות בחוגים דתיים. הספר המקיף ביותר בנושא הוא ספרו של חיים רפפורט Judaism and Homosexuality: An Authentic Orthodox View. בחודשים האחרונים חלו כמה התפתחויות בעולם הדתי־הישראלי־המודרני לגבי הומואים דתיים. הרב מרדכי ורדי הפיק סרט בשם "חתונה הפוכה", המספר את סיפורם של זוגות דתיים צעירים שהתחתנו למרות משיכת הגבר לבני מינו, בתקווה שיהיה בסדר. את חלקם הנחו הרבנים שיתחתנו ושהכול יסתדר. אותם זוגות גילו די מהר שאין הדבר כן. מדובר בסרט דוקומנטרי, המגולל את התמודדויותיהם של הזוגות, ומה שמייחד אותו הוא סיפור החוויה מצד בנות הזוג שבורות הלב.

בתגובה לסרט ולדיון שהתעורר בחברה הדתית המודרנית, הרב בני לאו יזם יוזמה. ברוח פרשת בראשית וההצהרה המופיעה בה ש"לא טוב היות האדם לבדו" (בראשית ב, יח), מסביר הרב לאו שזהו ה"לא טוב" היחיד בכל סיפור הבריאה. הוא מוציא 'קובץ המלצות לניהול חיי זוגיות ומשפחה של בני ובנות הקהילה הלהט"בית', במקום להגיד 'לא!' כל הזמן. לדבריו, המסמך נכתב

בהתייעצות עם רבנים רבים, מחנכות רבות ומנהיגים בחברה הדתית. המסמך אינו פסק הלכה אלא הצעה להכללה וקבלה. הרב לאו רואה בזה התחלת תהליך. הרב שמואל אליהו מתח ביקורת חריפה על גישתו של הרב לאו כפי שבאה לידי ביטוי במסמך ההמלצות, וראה בה גישה מנוגדת לדת. הדרך להכלה אינה פשוטה, אך העובדה שהנושא מצוי בשיח הדתי ויש קולות שונים, משקפת תנועה חיובית משמעותית.[12]

משפחת פיין חוזרת הביתה ממפגש משפחתי – דוד בן 10 ורחל בת 12:

דוד: מה הקשר המשפחתי שלנו לדוד מארק?

אימא: הוא בן דוד שני שלך. למה?

דוד: הוא חברותי מאוד, הוא תמיד מדבר איתי במסיבות המשפחתיות. וגם החבר שלו עוז. אולי נזמין אותם פעם אלינו?

אבא: אולי. אבל זה קצת מסובך.

רחל: בן כמה הוא, אבא? אין לו משפחה?

אבא: (מדבר לעצמו) טוב, הנה זה הגיע. טפלי בזה את, ליסה. זו המשפחה שלך.

אימא: דוד, רחל, שמעתם פעם את המילה הומוסקסואל, או הומו, או גיי?

רחל: בטח, ככה קוראים לך בהפסקה כשלא אוהבים אותך.

אימא: את יודעת מה המשמעות של זה באמת?

דוד: הכוונה היא שאתה מוזר, שמשהו לא בסדר איתך. כאילו שאתה מסריח או משהו כזה.

אימא: לא! ככה ילדים משתמשים במונח הזה במגרש המשחקים כשהם רוצים לפגוע אחד בשני. אבל המשמעות האמיתית די שונה.

רחל: זה אומר שבת רוצה לנשק בת, או שבן רוצה לנשק בן.

אימא: כן, זה מתקרב לפירוש של המילה. איך את יודעת את זה?

רחל: שמעתי כמה בנות מדברות על זה בבית הספר.

אימא: ה׳ ברא את העולם כך שגברים ונשים ירצו להתחתן ולהקים משפחות. הם נמשכים זה לזו. כשגברים נמשכים לנשים ונשים נמשכות לגברים, זה נקרא קשר הטרוסקסואלי. אבל יש אנשים שאצלם זה לא עובד ככה. מארק, בן הדוד שלכם, הוא הומוסקסואל. הוא נמשך לגברים, ולכן הוא בחר לחיות עם עוז.

דוד: אני לא נמשך לבנות, לדעתי הן מגעילות. זה אומר שאני הומוסקסואל?

אימא: לא, זה אומר שאתה עדיין צעיר. כשתתבגר תרגיש אחרת. אם עדיין תחשוב שבנות מגעילות כשתהיה בן 16, נדבר על זה שוב.

רחל: מארק כאילו נשוי לעוז?! חשבתי שהם רק חברים. זה ממש מוזר.

דוד: אבל זה לא מה שה׳ רוצה. ככה אמרת. ה׳ יעניש אותו? אבל הוא כל כך נחמד.

אימא: אני לא יודעת למה ה׳ החליט שמארק יהיה הומוסקסואל. יש הרבה דברים שה׳ עושה ואני לא מבינה אותם. אבל אני מסכימה איתך שמארק ועוז נחמדים מאוד, ואנחנו צריכים להיות נחמדים אליהם. אתם עדיין רוצים להזמין אותם אלינו?

רחל: כן. אה, אולי.

דוד: זה מוזר. אנשים קוראים לך הומו כעלבון. אני לא רוצה אנשים הומואים בבית שלי.

אימא: לדעתי לא צריך להשתמש בכינויים ׳הומו׳ ו׳גיי׳ כמילות גנאי. אני חושבת שממש חשוב שנהיה חברים של מארק ועוז, ואני יודעת שה׳ רוצה שנהיה נחמדים לכל אדם. אני אזמין אותם למנגל, ולפני שהם יבואו נדבר על זה כמה שאתם רוצים. בינתיים, בואו נפסיק להשתמש במילים ׳גיי׳ ו׳הומו׳ כדרך להעליב אנשים. זו תהיה התחלה טובה.

מה אומרת ההלכה?

להלן סיכום של הנושאים ההלכתיים המרכזיים.[13]

1. התורה מדברת על האיסור על גברים לקיים יחסי מין הומוסקסואליים (אנאליים). ההלכה אינה מגדירה אדם כ׳הומוסקסואל׳, אלא מתייחסת למעשים מיניים אסורים עם בן אותו המין. רבנים שעסקו ביהדות והומוסקסואליות (כגון הרב אהרון פלדמן והרב חיים רפפורט) מסבירים שלפי ההלכה, אנשים בעלי יצרים (נטיות) הומוסקסואליים שאינם מממשים את יצריהם אינם נחשבים חוטאים כלל. למעשה, יש גבורה ואומץ רב בבחירה לוותר על אינטימיות ועל מיניות כדי לשמור על ההלכה. זו בחירה מאתגרת.[14]
2. לפיכך, רבנים רבים מבחינים בין העמדה ההלכתית הברורה, האוסרת על יחסים הומוסקסואליים, לבין האופן שבו הם מתייחסים לכל אדם המבקש

את עצתם. כל אדם המתמודד עם הומוסקסואליות ראוי ליחס אכפתי ומכבד, ולמידת הרגישות הרבה ביותר. יהודים דתיים רבים, שההלכה והקשר שלהם עם הקב"ה חשובים להם מאוד, נאבקים עם ההיבט הזה של עצמיותם שאיננו תואם את ההלכה. לרוב זהו מאבק כואב ובודד מאוד, והם זקוקים לתמיכה ולא לדחייה.

3. התורה מתייחסת ליחסי מין בין גברים כאל 'תועבה'. פירוש המילה הוא 'דבר מתועב', אולם חכמי התלמוד[15] מפרשים את המונח באופן מתון יותר: "תועה אתה בה". התעייה נובעת מן העובדה שההומוסקסואליות מרחיקה את האדם ממטרה עיקרית שמציבה התורה בפני האנושות: להתרבות ולמלא את הארץ.[16] נושא זה נתפס בדרך כלל כרלוונטי יותר עבור גברים מאשר עבור נשים.

4. **ספר החינוך**[17] מסביר שאחת הסיבות לאיסור על יחסים הומוסקסואליים בין גברים היא שהם בהכרח מובילים להוצאת זרע לבטלה, ומשום שהצטווינו למלא את הארץ, דבר הדורש רבייה באמצעות מערכות יחסים בין גברים לנשים. כל התרחקות מן המודל הזה נחשבת להוצאת זרע לבטלה והיא אסורה.

5. בעיני ה', כל יהודי הוא חלק מעם ישראל. כל אחד מישראל נותר בנו של ה' בין אם חטא ובין אם לא. כל יהודי נדרש תמיד לקיים מצוות כמיטב יכולתו. העובדה שאדם מתקשה לקיים מצווה מסוימת אינה אמורה למנוע ממנו לראות את עצמו כחבר מלא בעם ישראל המבקש לעבוד את ה'. יש לעודד אנשים המזדהים כהומוסקסואלים להשתתף בכל חלק של החיים היהודים שהם יכולים להיות שותפים בו. היהדות אינה דוגלת בגישה של 'הכול או לא כלום'. צמיחה דתית היא מאמץ מתמשך לאורך החיים, ויש לתמוך בהתקדמות שכל אדם מתקדם כמיטב יכולתו.

6. על הומוסקסואליות נשית לא חל איסור מדאורייתא, אולי משום שאין עניין של הוצאת זרע לבטלה. ובכל זאת, הספרא[18] מציין כי הפסוק בספר ויקרא[19] האוסר התנהלות הדומה לזו של המצרים והכנענים ("ובחוקותיהם לא תלכו") מתייחס להומוסקסואליות של גברים ונשים שרווחה בתרבויות אלו, ולפיכך מצביע על איסור מדאורייתא. אולם חשוב להבין שגם אם האיסור איננו מדאורייתא, גם איסורים מדרבנן הם מחייבים.

7. מנקודת מבט הלכתית, מערכת היחסים המינית היחידה שזוכה להכרה היא זו שבין גבר לאישה הנשואים זה לזו.

הורות מעשית

מה לומר לילדינו?

הומוסקסואליות היא מושג המוכר לרוב הילדים כיום משום שהוא שכיח מאוד בתרבותנו, ומופיע באופן קבוע בתוכניות שילדינו צופים בהן. לצערנו, לפעמים ילדים מרבים להשתמש במילים כמו ׳הומו׳ כמונח משפיל, מבלי להבין את ההשלכות. מכיוון שאנחנו מהססים לדבר עם ילדינו על הומוסקסואליות, יחסם לנושא מבוסס לרוב על מידע שמתקבל מאמצעי התקשורת. בדרך כלל הם קולטים מידע שגוי, ולפני שמדברים איתם על הנושא, כדאי לזהות ולתקן עד כמה שאפשר את המידע שברשותם.

מומלץ שהורים יעזרו לילדיהם לפתח רגישות לגורלם של הומוסקסואלים דתיים, וייצרו סביבה של תקשורת גלויה. רגישות אינה מחייבת גישה ליברלית להומוסקסואליות, אלא תשומת לב להיבטים האנושיים המורכבים של הנושא. היהדות נוקטת עמדה ברורה בנוגע להתנהגות הומוסקסואלית, שהיא אסורה. ברור שאיננו רוצים שילדינו יחפשו הזדמנויות להתנסות בהתנהגות כזו, כמו בכל התנהגות מינית אחרת. אך חשוב להבין שאלו שמתקשים להתמודד עם הנטייה המינית שלהם נמצאים במאבק פנימי כואב.

הומוסקסואלים מכנים את עצמם ׳גיי׳, וזה הכינוי המועדף עליהם, אבל שימוש שלילי בכינוי זה כדי ללעוג לאחרים הוא פוגעני ומבטא חוסר כבוד. מגיע לאנשים שיכבדו אותם בלי קשר לנטייה המינית שלהם.

סביר להניח שבכיתתם של ילדיכם המתבגרים יש כמה תלמידים שנטייתם המינית אינה ברורה. מה שתבחרו לומר לילדיכם, וגם האופן שתבחרו לומר זאת, הם חלק חשוב מן המסר שאתם מעבירים להם. אנחנו רוצים לחנך את ילדינו שיהיו רגישים להומוסקסואלים ולהבין שהם מתמודדים עם יצר שבדרך כלל אינו נתון לבחירתם. אם ילדיכם מתחבטים בעצמם ברגשות ושאלות בדבר הנטייה המינית שלהם, תרצו שהם ירגישו בטוחים מספיק כדי לבקש את עזרתכם.

חשוב שהורים יאמרו לילדיהם שמתבגרים רבים (כמו גם מבוגרים) מדמיינים ואולי גם יש להם התנסויות הגורמות להם לתהות אם הם הומוסקסואלים. החוויות הללו הן בדרך כלל אירועים בודדים של דחפים ביולוגיים או תחושת חיבה כלפי בני אותו המין. למשל, נער שמתקלח ומדבר עם חבר אחרי משחק כדורסל מאומץ עשוי לחוות זקפה. ייתכן שנערה תחלום שהיא מנשקת את חברתה הטובה בשפתיה. אף אחת מן החוויות הללו, או אינספור חוויות דומות, אין פירושן שאלו שחווים אותן הם הומוסקסואלים.

לפעמים חיבה או אהבה לחבר או לחברה מאותו המין עשויות לבוא לידי ביטוי במחשבותינו, ובהחלט גם בפנטזיות שלנו, באופן יצרי ומיני. חשוב להדגיש שנטייה מינית קיימת על רצף. לאנשים רבים יש תחושות חולפות של תשוקה או סקרנות מינית כלפי בן אותו המין. הם מסוגלים להניח לרגשות האלו ולהמשיך הלאה, ואילו אנשים בעלי נטייה הומוסקסואלית מרגישים כי תחושות אלו משתלטות עליהם וכי הם משתוקקים – באופן חזק ויצרי – לבני אותו המין. זו תחושה מציפה. סקרנות או משיכה מינית חולפת אינן סיבה לחשש או לפחד מפני היותך הומוסקסואל.[20] זהו שלב נפוץ מאוד מההתפתחות האנושית שאותו חווים הטרוסקסואלים רבים. באופן כללי, עבור אנשים הומוסקסואלים, בן אותו המין הוא מושא לאהבה, לתשוקה, לפנטזיה ולתאווה, והמשיכה היא קבועה ורצופה.[21]

יש אנשים שעבורם התשוקה איננה מושא סקרנות חולף, והם מגיעים בהדרגה להכרה שהם באמת נמשכים לבני אותו המין. הגילוי הזה עלול להיות קשה מנשוא, במיוחד לבני נוער דתיים. לפי הסטטיסטיקה, בקרב האוכלוסייה הכללית הומוסקסואלים הם אחת הקבוצות הגדולות ביותר של בעלי נטייה לאובדנות.[22] אומנם לא קיימים נתונים סטטיסטיים, אך ידוע כי הומוסקסואלים דתיים הם הקבוצה המועדת ביותר לאובדנות, יותר מהומוסקסואלים שאינם דתיים, בשל הקושי הבסיסי וההתמודדות שהם חווים בהכרח. האופן שבו ההורים מגיבים לצעירים האלו שנמצאים בתחילת גיל הבגרות, במיוחד בשלבים הראשונים של השיתוף בידיעה, יקבע בדרך כלל אם הילד ירגיש בטוח להמשיך לשתף את הוריו ואחרים בקהילה על קשייו. עלינו לזכור שפיקוח נפש הוא ערך עליון ביהדות, ושילדינו המתמודדים עם שאלות של זהות מינית, נמצאים בסכנת נפשות.

כשילדיכם מתארים את עצמם כהומוסקסואלים

הורים רבים נכנסים להלם כתוצאה מן הגילוי הראשוני שילדיהם הם הומוסקסואלים. אך נורמלי שמצב כזה יהיה כרוך בכאב. רוב ההורים רואים בדמיונם את ילדיהם גדלים, מוצאים בן או בת זוג, נישאים ונעשים הורים לילדים. הגילוי שהתסריט שקיוו לו כבר איננו תקף עבור ילדיהם עלול להוביל למצוקה קשה. הורים רבים עוברים תהליך הדומה לאבל. הם מתחילים בדרך כלל בהכחשה, ומקווים שזהו רק שלב שאפשר לתקנו או לשנותו. ברגע שהם מגיעים להבנה שזו המציאות ושאי־אפשר להתכחש לה, הם עוברים תקופה של אבל כואב על אובדנם.

הצעד המכריע הוא להכיר בעובדה שברוב המקרים המצב אינו עומד להשתנות. מבחינה זו, יש דמיון להורים שכולים: לאחר ההבנה שהמצב לעולם לא ישתנה ושהילדים לעולם לא יחזרו, אפשר להתחיל את המסע בחזרה אל החיים. כאן המטרה היא לעזור להורים להבין שהם לא צריכים להתאבל כי ילדיהם לא מתו. כדאי לזכור את עצתו של הלל: "אל תדון את חברך עד שתגיע למקומו" (משנה, אבות ב, ה). עיקרון זה יכול לסייע בפיתוח יחס של קבלה כלפי ילדינו בנסיבות אלו.

הורים עלולים להיכנס להלם כתוצאה מגילוי ההומוסקסואליות של ילדיהם, אך עליהם גם להבין מה רב הסבל שעוברים הילדים. כשילדים דתיים מספרים להוריהם שלדעתם הם הומוסקסואלים, הם עושים זאת בדרך כלל אחרי תקופה ארוכה ומייסרת של סודיות וסבל. כשהורים דוחים את ילדיהם, הכאב מתעצם עוד יותר. גם כשקשה להורים, הם יעזרו לילדיהם במידה רבה מאוד אם יאמרו להם שאהבתם מובטחת בכל מצב. הם יכולים לעזור לילדיהם להבין שהידיעה היא מהלומה עבורם, אך גם לאשר את אהבתם ואת מחויבותם כהורים.

ייתכן שיקל על ההורים לקבל את הידיעה אם יזכרו שהתורה אינה מאשימה או מענישה אנשים על רגשות הומוסקסואליים; התורה אסרה לפעול על סמך הרגשות הללו. כאנשים שמפגינים רגישות כלפי גורלם של הסובלים, אנחנו מחויבים להימנע מהחרמה או מהרחקה של ילדינו, שבדרך כלל כבר מתמודדים עם בדידות ומצוקה רבה כמו גם עם תסכול מיני. ובכל זאת, גם אם אסור לנו לשפוט אדם "עד שנגיע למקומו", אסור לנו לנטוש לחלוטין את המוסריות האובייקטיבית ולאפשר כאוס בערכים היהודיים והמוסריים.[23]

הורים חייבים גם להבין, שאם ילדיהם היו מעורבים ביחסים הומוסקסואליים פעילים, והחליטו שזו רק התנסות והם מרגישים שאולי הם לא באמת כך, הרי שאם תהליך השינוי כלל אפשרי, הוא יהיה הדרגתי. לא מציאותי לצפות שהתנהגות אסורה תיפסק מיד. ההורים, כמו גם שאר המסגרות התומכות הקיימות לכל אדם, צריכים לעזור לילדיהם להימנע מנפילה למלכודות ההפקרות, הייאוש והחוליים השונים האורבים לפתחם בזמנים קשים אלו. דיכאון וניסיונות התאבדות בקרב הומוסקסואלים אינם נדירים. כל ההורים צריכים להיות ערים לנושאים הללו, ולקיים את הפסוק "לא תעמוד על דם רעך" (ויקרא יט, טז) בענייני פיקוח נפש, כשחיי ילדיהם עלולים להיות בסכנה.

במבט לעתיד, למרות שנישואים והולדה הם ערכים נעלים ביהדות, הרי שאין לעודד אנשים בעלי נטייה הומוסקסואלית להינשא לבן המגדר השני. זה יוביל כמעט תמיד לטרגדיה גדולה ולהרס. מי שאינם מסוגלים למצוא בן או בת

זוג מתאימים או שמוגבלים מפאת אי־יכולת נפשית או גופנית, פטורים מקיום מצוות פרו ורבו. כך גם אי־יכולת רגשית לקיים מערכת יחסים הטרוסקסואלית פוטרת לרוב מנישואים שעלולים לגרום לשני בני הזוג סבל בל יתואר.

הומוסקסואלים המבקשים להגיע לקשר של נישואים עם בן המגדר השני נדרשים מבחינה הלכתית ומוסרית ליידע באופן ברור את בן או את בת הזוג הפוטנציאליים באשר לנטייתם המינית. על ההורים לתמוך בדרך ההתנהלות הזו ולעודד אותה.

ישנם כמה ארגונים של לסביות והומוסקסואלים דתיים שנוצרו עם התפתחותו של דיון פתוח יותר בנושא. הארגונים האלו יכולים לסייע מאוד למתקשים להתמודד עם זהותם המינית, וגם לאלו שלא מתקשים אך מחפשים חברה תומכת ומבינה. "חברותא" לגברים ו"בת קול" לנשים – ארגונים אחים – שבהם גם הומואים וגם לסביות המתמצאים בדיונים על נטייה מינית וזהות מינית של יהודים דתיים, מציעים תמיכה, קבלה והבנה. ארגון שב"ל (שהכול ברא לכבודו) להסברה חינוכית, ארגון לא קהילתי, המנסה לשנות את התפיסה של הציבור ביחס לקהילה ההומוסקסואלית והלסבית הדתית. בנוסף לארגונים הדתיים ישנם ארגונים חילוניים שיש בהם קבוצות תמיכה לדתיים – ארגון "איגי" ו"הבית הפתוח".

אפשרויות עבור הומוסקסואלים דתיים

בעשור האחרון ניכר שינוי מהותי בהבנה, בהתייחסות, בתמיכה ובאפשרויות הזמינות עבור הומוסקסואלים דתיים. הצהרת עקרונות על מקומם של גברים הומוסקסואלים ונשים לסביות בקהילה הדתית האורתודוקסית, שעוצבה בהובלת הרב הלפגוט והרב יצחק בלאו, פורסמה בארצות הברית בשנת 2010 בחתימתם של רבנים ומנהיגים אורתודוקסים רבים.[24] ב־2016 פרסם גם בית הלל, ארגון של רבנים ורבניות בישראל, התייחסות לשאלת ההתמודדות הרצויה של הקהילה הדתית עם הומוסקסואלים כמו גם עם הקהילה הגאה הדתית כולה.[25] שתי ההצהרות הללו משקפות ניסיון כן של הקהילה הדתית לתמוך בהומוסקסואלים דתיים תוך שמירה על מחויבות לערכים דתיים ולהלכה. מבחינות רבות, ההצהרות הללו היוו תגובה לכך שכיום דתיים רבים שמזדהים כהומוסקסואלים בוחרים להישאר בתוך הקהילה הדתית ורוצים להרגיש חלק ממנה. הם מבינים את המורכבות הטמונה בחיים כהומוסקסואלים דתיים, אבל אינם רוצים לוותר על אף אחד משני החלקים המשמעותיים מאוד של זהותם. רבנים ומנהיגים דתיים שונים הציעו מגוון אפשרויות לגבי אורח החיים של הומוסקסואלים דתיים.

לכל אפשרות שהציעו יש מחיר כבד, ואין פתרון מושלם. כהומוסקסואל דתי, ההחלטה כיצד לחיות היא כבדת משקל, ויש לקבל אותה בליווי עזרה ותמיכה טיפולית. כדי לחיות ללא פשרות הלכתיות, יהיה על אדם כזה להתנזר מחיי מין. ברור שבחירה כזו בהכרח טומנת בחובה השלכות אנושיות מרחיקות לכת. ישנם רבנים הממליצים כי נשים לסביות יתחתנו עם גברים הומוסקסואלים במוצהר ובידיעה, וכך יוכלו להיות חלק מן הקהילה הדתית ולגדל משפחה יחד. בחירה כזו פירושה ויתור על חיים של אינטימיות ומיניות. באופן אינדיבידואלי, יש רבנים שעוזרים להומוסקסואלים להתמודד עם האתגרים ההלכתיים ולהגיע לפשרה המותאמת להם.

בסופו של דבר, אין זה מעניינו של אף אחד. מדובר בנושא אישי ומורכב מאוד שבין כל אדם דתי הומוסקסואל לבין הקדוש ברוך הוא. עלינו להפגין חמלה ולהכיר בכך שהבחירות שאדם כזה נאלץ לקבל הן קשות מנשוא.

רבים מבחינים בין התייחסות ליחיד המתמודד ובין היחס לקהילות של הומוסקסואלים. ובכל זאת, אנו מתחילים לראות ניצנים ראשונים של רבנים המציעים מענה גם ברמה הקהילתית. עלינו להתפלל שהמנהיגים הדתיים של דורנו ישכילו למצוא פתרונות אמפתיים ומכילים ככל האפשר, תוך שמירה על רוח ההלכה.

איתור מקורות תמיכה

צעד חשוב עבור הורים, שיכול לעזור להם להתמודד עם ההומוסקסואליות של ילדיהם, הוא לקרוא כמה שיותר ספרות מקצועית. הספרות עוזרת לפתח הבנה שלפיה האתגר של הומוסקסואליות שונה בתכלית השינוי משאר האתגרים הדתיים. אחוז מסוים של אלו המזדהים כהומוסקסואלים עשויים אומנם להגיע בסופו של דבר להכרה שהם לא כאלה, אבל כל מי שהוא אכן הומוסקסואל, לא יוכל כנראה להשתנות.

במהלך השלבים הראשונים, אחרי שילדים משתפים במידע הזה, בדרך כלל קשה להורים לדבר איתם על כך ישירות, משום שהנושא כאוב מאוד עבור שניהם. דרך אחת להמשיך לתקשר היא באמצעות קריאת חומר, מכתבים ומאמרים שעליהם ממליצים הילדים. זה עוזר להבין את נקודת המבט של הילדים על העניין ואת החוויה שלהם.[26] מציאת קבוצת תמיכה להורים דתיים לילדים הומוסקסואלים ולסביות יכולה לעזור מאוד להורים. מפגשים עם הורים אחרים עשויים למלא תפקיד חשוב משום שאולי הורים אחרים הגיעו

לשלב מתקדם יותר של קבלה, ושמיעת החוויות שלהם תעזור להתמודד עם המציאות החדשה, כמו גם להפחית מתחושת הבדידות. שימו לב שהאתגרים שבפניהם ניצבים הורים דתיים שונים לרוב מאלו של הורים שאינם דתיים, וייתכן שקבוצת תמיכה חילונית לא תצליח להכיל ולספק תמיכה נאותה לכל הנושאים הרלוונטיים להורים דתיים. שוב, ארגונים כמו 'בת קול' ו'חברותא' מספקים תמיכה וגם קבוצות תמיכה להורים.

על נזילות מינית

בעשור האחרון ישנם מחקרים העוסקים בשאלת הנזילות המינית. נזילות מינית מתבטאת בכך שתגובותיו המיניות של אדם משתנות בהתאם למקרה או לאווירה. פירוש הדבר שעבור אנשים מסוימים, משיכה מינית אינה תלויה במגדר, אלא בקשר רגשי ובחוויית קרבה – דבר שיכול להשתנות לאורך החיים מקשר עם גבר לקשר עם אישה.[27] אנשים שזהותם המינית נזילה אינם מעוניינים בקשר עם גבר ועם אישה בו־זמנית, אלא עשויים במהלך חייהם להתעניין לפעמים בגבר ולפעמים באישה, כאשר הבחירה מבוססת על המקרה או האווירה. המחקרים הקיימים מראים שרוב המצהירים על נזילות מינית הן מצהירות, כלומר, זו טריטוריה נשית בעיקרה. כמו כן, רוב המחקר נעשה ביחס לנשים המגדירות את עצמן כלא־הטרוסקסואליות. תחום המחקר בנושא נזילות מינית הוא די חדש, וכרגע ההתמקדות היא בחקירת הנזילות המינית של גברים, כאשר תוצאות ראשונות מראות שהתופעה קיימת גם אצלם. גם כאן נעשה רוב המחקר אצל גברים המגדירים את עצמם כלא־הטרוסקסואליים. במושג הנזילות המינית אין מתכוונים ליכולת בחירה לשנות באופן פעיל, רצוי או כפוי את הנטייה המינית או את הזהות המינית.[28] מדובר בתהליך אינטואיטיבי וספונטני של הפרט. למעשה, המשתתפות במחקרה של דיימונד טענו כי הרגישו חוסר שליטה בנוגע לשינויים שחלו בזהות המינית או בנטייה המינית שלהן.[29]

בפרק זה דיברנו על:

- התורה אינה מתירה התנהגות הומוסקסואלית, אך היא אינה דוחה את בעלי הנטייה ההומוסקסואלית.
- הקושי להיות הומוסקסואל דתי נובע מן האיסור ההלכתי של התנהגויות מיניות הומוסקסואליות.
- הגישה לאנשים דתיים בעלי נטייה הומוסקסואלית דורשת חמלה ורגישות לקשיים שלהם.
- הצורך של החברה הדתית להפגין רגישות כלפי מי שרואים את עצמם הומוסקסואלים ולא לדחות אותם.
- החשיבות בהבנת מהותה של ההומוסקסואליות, שכיחותה בקרב החברה וכיצד היא מובנת ומוצגת בספרות האקדמית.
- הגישות השונות להבנת שורשי ההומוסקסואליות.
- סיכום ההלכות המתייחסות לנושאים הקשורים להומוסקסואליות.
- דרכים לדבר עם ילדים על הומוסקסואליות.
- דרכים להתייחס לילדינו אם הם מתארים את עצמם כהומוסקסואלים.
- דרכים לתמוך בעצמנו כהורים אם גילינו שילדינו הומוסקסואלים.
- חשיבות ההכרה שכדי שהומוסקסואלים ינהגו על פי ההלכה, עליהם לשלוט בדחפיהם המיניים, דבר שהוא קשה לביצוע וכרוך בסבל רב.
- המושג נזילות מינית הוא מושג חדש בחקר המיניות. תוצאות ראשוניות אצל נשים המגדירות את עצמן כלא־הטרוסקסואליות מצביעות על כך שעבור אנשים מסוימים (בעיקר נשים כרגע), משיכה מינית אינה תלויה במגדר, אלא בקשר רגשי ובחוויית קרבה.

11

להבין את סוגיית המגדר – ג'נדר וטרנסג'נדר ביהדות

"אני בן 60. נולדתי גבר, אני אדם דתי ויש לי משפחה נהדרת. כל חיי השתדלתי להתאים את הנפש הנשית שלי לגופי הגברי. עשיתי כול שביכולתי לשנות את נשמתי ולהרגיש בנוח בגופי, אך ללא הצלחה. את נשמתי לא אוכל כנראה לשנות. הפתרון היחיד הוא לשנות את גופי. לא אוכל להמשיך לחיות כך יותר: אלו חיים בשקר. הייתי עושה הכול כדי שלא יהיה הכרח להשתנות, אבל הכאב וחוסר ההתאמה הפכו לבלתי־נסבלים".

- האם לטרנסג'נדרים שעברו תהליך שינוי מגדרי מותר להמשיך להתפלל בבית הכנסת?
- אם כן – האם בעזרת גברים או בעזרת נשים?

זהות מגדרית

מומחים רבים סבורים שגורמים ביולוגיים, כגון: השפעות גנטיות ורמות הורמונים במהלך ההיריון, וכן חוויות ילדות וחוויות נעורים, תורמים כולם להתפתחות הזהות המגדרית. עדיין אין תיאוריה מוכחת בעניין זה. הרושם המתקבל הוא שתתי־מערכות רבים תורמים לתהליך זה, ולכן הגיוני להניח שאין גורם יחיד האחראי להתגבשות זהות מגדרית מסוימת.[1] עד כה לא נמצא הסבר חד־משמעי להיותם של אנשים מסוימים טרנסג'נדרים.

להיות טרנסג׳נדר

כיום קשה מאוד להעריך במדויק נתונים בתחום הטרנסג׳נדר, מאחר שרבים עדיין מהססים לפנות לייעוץ בעניין. אבל לפי נתוני מדריך האגודה האמריקאית לפסיכיאטריה, DSM-5, השכיחות של דיספוריה מגדרית היא (באחוזים) 0.005-0.014 בקרב גברים ו־0.002-0.003 בקרב נשים.[2] על פי מחקר מסוים המצוטט במקומות רבים לגבי סטטיסטיקה של אנשים המזדהים כטרנסג׳נדר, בארה״ב הם מונים 0.6 אחוזים מהאוכלוסיה.[3] חשוב להדגיש שבקרב טרנסג׳נדרים קיים אחוז גבוה ביותר של ניסיונות התאבדות. במחקר על התנהגות התאבדותית בקרב מתבגרים טרנסג׳נדרים נמצא ש־50.8 אחוז של טרנסג׳נדרים מנקבה לזכר ניסו להתאבד, וכן גם 29.9 אחוז של טרנסג׳נדרים מזכר לנקבה.[4] לשם השוואה, בסקר ההתנהגויות המסוכנות בקרב תלמידים בכיתות ט־יב שנערך בארה״ב ב־2013, נמצא ש־10.6 אחוזים מהבנות ו־5.4 אחוזים מהבנים ניסו להתאבד.[5] מתבגרים המתמודדים עם שאלות של זהות מגדרית, ובייחוד אלו השוקלים שינוי מגדרי, נמצאים אפוא בסיכון גבוה בהרבה לניסיונות התאבדות מאשר מתבגרים אחרים.

חשוב להבהיר שאין קשר בין טרנסג׳נדריות לבין נטייה מינית. נטייה מינית פירושה משיכה גופנית, רומנטית ו/או רגשית אל אדם אחר. טרנסג׳נדרים יכולים להיות סטרייטים, לסביות, הומואים, דו־מיניים או א־מיניים, בדיוק כמו סיסג׳נדרים.

תהליכים של שינוי מגדרי

ההתפתחויות הטכנולוגיות המאפשרות לאנשים לשנות את גופם באמצעות הורמונים או ניתוחים חוללו אפשרויות שלא היו קיימות עד לאחרונה. הן פתחו פתח לאפשרות של שינוי פיזי בדרכים חדשות. טרנסג׳נדרים רבים משַנים או רוצים לשנות את גופם באמצעות הורמונים, ניתוחים ופעולות אחרות כדי להביא להלימה רבה ככל האפשר בינם לבין זהותם המגדרית. תהליך כזה של שינוי מגדרי באמצעות התערבות רפואית נקרא במקומות רבים ׳ניתוח לשינוי מין׳ או ׳ניתוח להתאמה מגדרית׳, אבל לאחרונה הוא נקרא גם GAS – ראשי תיבות של gender affirmation surgery, ׳ניתוח לאישור מגדר׳. שינויי המינוח האלה משקפים את השינויים המחשבתיים שחָלו בחברה לגבי השאלה אם מין הוא ביולוגי או מיוחס. המעבר ממגדר למגדר הוא תהליך מורכב. עדיין אין הסכמה חד־משמעית בקרב אנשי מקצוע בתחום בריאות הנפש על הטיפול המיטבי והתמיכה ההולמת באנשים המזדהים כטרנסג׳נדרים ומבקשים לעבור

שינוי מגדרי. השאלה אם מעבר כזה נחשב לפרקטיקה מיטבית נתונה במחלוקת סוערת, ועליה נשמעות דעות נחרצות לכאן ולכאן.

תהליכי שינוי מגדרי יכולים לבוא לידי ביטוי בצורות שונות.[6] אחת האפשרויות היא שינוי מגדרי־חברתי. מעבר כזה כולל החלפת שם, החלפת כינויי גוף, שינוי ההופעה החיצונית, שימוש בשירותים המתאימים, וכניסה לתפקידים חברתיים של המגדר החדש. אפשר להרחיק לכת עוד יותר ולבחור בשינוי מגדרי־רפואי, הכרוך בטיפול הורמונלי ו/או ניתוחי. לתהליך רפואי נדרש צוות מומחים מנוסה, הכולל בדרך כלל מומחים לבריאות הנפש, אנדוקרינולוג ומנתחים. בכפוף לאישור מפסיכיאטר אפשר להמשיך לטיפול הורמונלי בניהולו של אנדוקרינולוג, ובעקבותיו להתנסות ב׳חיים אמיתיים׳, משמע להתייצג במגדר המאושרר באופן מלא ולהתנהל בחיי היום־יום בזהות המגדרית החדשה. יש שבוחרים לסיים את הליך ההתאמה המגדרית לאחר שלב זה, בעוד אחרים ממשיכים ל׳ניתוחים להתאמה מגדרית׳. מונח זה מתייחס לכל הליך ניתוחי שברצונו של מטופל לעבור כדי להתאים את עצמו ככל האפשר למגדר המאושרר שלו.

מושג משלים שכדאי להכיר הוא ׳ניתוחים להשמה מגדרית׳ – סדרה של ניתוחים שמטרתם שינוי גופני המקדם את יכולתם של טרנסג׳נדרים ׳לעבור׳ בחברה אל המגדר החדש, ואת תחושת הנוחות שלהם בגופם. סדרת ניתוחים זו כוללת ניתוחים רבים לפנים, חזה וגם גניטליה.

בנוגע לאתיקה של ניתוחים להתאמה מגדרית – על המומחים המלווים את המטופל בתהליך זה, להבהיר לו באופן ברור וגלוי לחלוטין מהן האפשרויות הספציפיות, ומהם הסיכונים והיתרונות של טיפול רפואי, בייחוד בהתחשב בכך שניתוחים אלו בדרך כלל אינם הפיכים. כדי לצמצם את האפשרות שהמטופל יתחרט לאחר מעשה, יש צורך בהערכה טרום־ניתוחית יסודית על ידי אנשי מקצוע, פסיכולוגים ופסיכיאטרים.

הטיפול באנשים המעוניינים בשינוי מגדרי כרוך בשאלות אתיות ובאתגרים משמעותיים. אחת השאלות החשובות, לדוגמה, היא באיזה גיל ראוי ואחראי לאפשר לאדם לבחור במעבר. מצד אחד, תהליך שינוי מגדרי הוא אפקטיבי ביותר כשהוא נעשה בשנות ההתבגרות. מצד אחר, זהו גיל מוקדם מאוד לקבל החלטות גורליות כל כך. כשהילדים צעירים, האם ראוי שהורים יקבלו את ההחלטה בשם ילדיהם, או בשיתוף איתם? הרי מדובר בהחלטה בעלת השלכות משמעותיות לאין שיעור. מה קורה, למשל, אם המטופל מתחרט בשלב מאוחר יותר ורוצה לחזור למין הביולוגי המקורי? ברוב המקרים ניתוח לשינוי המין הביולוגי אינו הפיך.

על אף כל הנאמר לעיל, ברור משיחות עם טרנסג'נדרים רבים שהם אכן חשים נתק עמוק ממינם הגופני, והדבר גורם להם בדרך כלל סֵבל וכאב רגשי עצומים.[7] מעדויות אישיות של חלק מהמטופלים, ברור שהמעבר שינה את חייהם לטובה.[8] עם זאת, יש מקרים שבהם לא ברור לגמרי אם ניתוח לשינוי מין הוא הטיפול האנושי ביותר לפתרון קשייהם. הדיון על חרטה אחרי תהליך שינוי מגדרי הולך ומתפתח. מחקרים מראים שיש אחוז קטן של מתחרטים,[9] אבל אין הרבה מחקרים סטטיסטיים אמינים בעניין זה, ויש להמשיך ולחקור את הסוגיות הרבות בנושאים אלה, שעדיין לא נבדקו.

גישה יהודית למגדר ולשינוי מגדרי

עוד בשלב מוקדם ביותר בתולדותיה, הכירה היהדות במורכבותו של תחום המגדר. בתחילת ספר בראשית נאמר "זָכָר וּנְקֵבָה בָּרָא אֹתָם".[10] המדרש מסביר כי לאדם הראשון היו מאפיינים זכריים ונקביים, כדי להדגיש את הצורך השווה של האנושות בשניהם. במדרש בראשית רבה נאמר כי אדם הראשון היה אנדרוגינוס.[11] בפרק ב של ספר בראשית מתוארת בריאת האיש והאישה בשני מגדרים שונים כשתי בריות נבדלות אך בעלות חיבור עמוק.[12] עצם קיומם של שני מגדרים שונים – מבנה הגוף האנושי, השוני המגדרי והמשיכה בין זכרים לנקבות – הוא המאפשר לנו להתרבות ולהביא צאצאים לעולם.[13] מציאות זו נכונה אצל רוב בני האדם, אך ישנו מיעוט שאינו מסוגל להזדהות עם ציפייה זו או למלא אותה, מפני שחוויית המגדר ו/או הנטייה המינית של מיעוט זה אינה תואמת את אותו מודל. אם נתבונן בהגדרות ההלכתיות, נראה שחז"ל זיהו בשלב מוקדם מאוד בהיסטוריה שני מצבים יוצאי דופן בהתפתחות איברי המין, שאותם הגדירו 'אנדרוגינוס' ו'טומטום'. אנדרוגינוס הוא אדם בעל איברי מין זכריים ונקביים גם יחד, וטומטום הוא אדם החסר לכאורה איברי מין חיצוניים.[14] חז"ל דנו בהשלכות ההלכתיות של מין ביולוגי לא ברור, ופסקו כבר בימי המשנה מה מעמדם המגדרי של אנשים כאלה. התלמוד ופרשנים מאוחרים יותר המשיכו לדון במעמדם ההלכתי של בני אדם שנולדו עם איברי מין שאינם זכריים או נקביים במובהק, ואפילו העלו את האפשרות להגדיר קטגוריה מגדרית שלישית כדי להמשיג את התופעה. ההלכה, אם כן, מגדירה קטגוריות מגדריות שאינן קטגוריות הזכר והנקבה ומכירה בקיומן, אם גם כתופעות יוצאות דופן.

בנוסף לכך, היהדות מבינה כי האדם הוא ברייה המורכבת מגוף ומנשמה שקושרים אותה לעולם החומר כמו גם לעולם הרוח. ההבנה הזאת היא אחד

הכלים שבעזרתם אפשר להסביר את קיומם של טרנסג'נדרים, העשויים להיות בעלי גוף חומרי ממין אחד ונשמה ממין אחר. בקבלה מופיע הרעיון יוצא הדופן של קיום נשמה זכרית בגוף נקבי ולהפך.[15] נראה כי ההתייחסות למושג זה בספרות הרבנית של היהדות עצמה נותנת תוקף לרעיון שהוא אכן אפשרי. אומנם אין מדובר במקור הלכתי, אך מסתבר שמקורות יהודיים מוקדמים תיארו את החוויה של אי־הלימה בין הנשמה לבין הגוף שבו היא שוכנת – כפי שטרנסג'נדרים רבים מתארים את חווייתם האישית.

החברה היהודית היא חברה ממוגדרת מאוד. קיימת בה אמונה בסיסית שבני אדם יוצאים נשכרים מקיום הגדרות חד־משמעיות של זכר ונקבה ומוסכמות חברתיות המשמרות את הנבדלוּת, המובהקות, והחשיבות הייחודית של כל מגדר. התורה מצווה עלינו לקבל את החלוקה הבסיסית בין זכר לנקבה ולבנות את חברתנו סביבה.[16] יחידה משפחתית, על פי היהדות, היא יחידה שיש בה קשר זוגי חזק המושתת על אהבה וגם על מחויבות להלכה. להט רגשי, משפחתי והלכתי ביחד, בונים בית יהודי נאמן וחזק, וזה עובד. הבעיה מופיעה במקרים שבהם המודל הזה אינו מתאים לבני אדם מסוימים, ויחידים שאינם תואמי מגדר מתבקשים להתנהל על פי מודל זה. על החברה להכיר במחיר הכבד שישלם מי שאינו תואם מגדר ומתבקש להתנהל במסגרת החיים הזאת, ולהבין שאי־אפשר לדרוש אותה. דרישה לקיים יחסי מין הנוגדים את הנטייה המינית של אדם מסוים אינה ברוח התורה, ומספר גדל והולך של פוסקים פוטרים הומוסקסואלים ממצוות פרו ורבו, ונוטים לעודד אותם שלא להתחתן.[17] באורח מפתיע, היותו של אדם טרנסג'נדר אינה קוראת תיגר על מושגי המגדר שקובעת התורה וגם לא על ההגדרות המתייחסות לגברים ונשים ולצורך בהפרדה ביניהם. ההפך הוא הנכון. חוויית הטרנסג'נדר ממחישה את חשיבות נושא המגדר, משום שהיא מדגימה שחוסר הלימה בתחום זה עשוי לגרום למצוקה גדולה כל כך עד שהאדם ישאף לעבור תהליך של שינוי מגדרי. מבחינת טרנסג'נדר המבקש לפתור את הקונפליקט הפנימי שלו באמצעות אימוץ גורף של הגדרות המגדר המאושרר שלו, הגישה התורנית לנושא המגדר היא נוחה. הקושי מבחינתו, טמון בגישת ההלכה לאפשרויות שלו לסגור את הפער שהוא מרגיש בין הגוף לבין המגדר המאושרר.

הלכה וניתוחים לאשרור מגדרי

סביב נושא שינוי המגדר בכלל, וניתוחים לשינוי מין בפרט, קיימות סוגיות הלכתיות רבות הדורשות התייחסות, ואי־אפשר לדון בהן בהרחבה במסגרת

הפרק הזה. נכון לעכשיו, אף רב עדיין לא פסק פסיקה המתירה ניתוחים כאלה.[18] לכאורה, הם אסורים באיסורים שחלקם מדאורייתא וחלקם מדרבנן.[19] לאור שיעור ההתאבדות המבהיל בקרב טרנסג׳נדרים, יש רבנים הבוחנים את האפשרות להתיר ניתוחים לשינוי מין משום פיקוח נפש. בספרות המקצועית מודים כי בכל הנוגע לעזרה לטרנסג׳נדרים, עדיין לא נקבעו פרקטיקות מיטביות ברורות. ההלכה נוטה לרוב לשמרנות ולזהירות. בהכרעה בין דבר ודאי לשאינו ודאִי, היא תעדיף את הוודאי. למשל, אין ספק שבניתוחים לשינוי מין עוברים על הלכות, כמו כן, אין ספק שרבים מהם גורמים לעקרוּת. לעומת זאת, יש ספק אם הם מיטיבים עם טרנסג׳נדרים בטווח הארוך, ויש גם חוסר ודאות בנוגע לחרטה על ההחלטה לבצע את המעבר. עם פרסום תוצאות נוספות של מחקרים ארוכי טווח העוסקים ביתרונות של ניתוחים כאלה, ועם התגבשות הסכמות נרחבות באשר לפרקטיקה מיטבית בתחום, פוסקי ההלכה יוכלו לחשוב מחדש על העניין, כמו בכל תחום מתפתח ודינמי אחר.

מקומו של אדם שעבר שינוי מגדרי בחברה הדתית

אף שאין פסיקה הלכתית בכתב המתירה לאדם לעבור תהליך שינוי מגדרי, ישנם גברים ונשים מהחברה הדתית שחשים שאינם יכולים להמשיך לחיות כבני אדם בריאים בלי שינוי כזה, והם בוחרים לעבור אותו ולהמשיך להיות חלק מהחברה הדתית. לכן החברה הדתית נדרשת לדון בשאלה, כיצד עליה להתייחס לאדם שעבר תהליך שינוי מגדר.

ההתלבטות לגבי היחס הראוי מצד החברה הדתית למי שעוברים על חוקי ההלכה אינה מוגבלת לתחום הטרנסג׳נדר. הרבנים מתדיינים זה דורות בשאלה, איך יש להתייחס אל יהודים שידוע כי אינם שומרים שבת או כשרות, ואם מותר לצרפם למניין. יש מי שמהססים לקבל טרנסג׳נדרים בזרועות פתוחות. יש שמודאגים מההשלכות החברתיות של יחס מקבל כזה. ״אני לא אעודד אדם להזדהות עם מגדר אחר. הפסוק ׳לא ילבש גבר שמלת אִשה׳ איננו רק איסור נקודתי, אלא דרישה מהאדם לקבל את טבעו המולד. הרבה אנשים מרגישים אי־נוחות – לפעמים קיצונית – עם עצמם, ועם היבטים שונים של אישיותם ושל גופם, גם בלי קשר למין ולמגדר. את כולם נעודד לקבל את עצמם כפי שהם נולדו, ולא לדחות את ההיבטים הטבעיים המולדים שלהם״.[20] להיסוסים ולדאגות שהוא מביע שותפים רבנים נוספים.

אבל כיום יש גם רבנים רבים המציגים טיעונים משכנעים להשקפה שלפיה על בתי הכנסת שלנו להיות מקומות מכילים ובטוחים לטרנסג׳נדרים. אומנם

מי שעבר את התהליך עבר אותו בלי לקבל היתר רבני, ובכל זאת ישנם רבנים שאינם רואים בכך סיבה לנדות אותם מהקהילה הדתית. דיספוריה מגדרית כשלעצמה אינה קשורה כלל לרצונו הכן של אדם לדבוק באורח חיים דתי. ברבים מבתי הכנסת נהוגה גישה סובלנית כלפי מגוון רחב של התנהגויות שאינן מתיישבות עם ההלכה, ויש שאיפה לקבל ולעודד, ולא לדחות ולגנות. ברור לנו שטרנסג׳נדרים אינם נמצאים במצבם זה מתוך בחירה, ושהוא גורם לרבים מהם ייסורים קשים. אם הם עוברים את תהליך שינוי המגדר, הרי זה כדי להקל את ייסוריהם, ולכן יש לקדמם בברכה כשהם בוחרים להגיע לבית הכנסת ולהמשיך להיות חלק מהקהילה הדתית.

אבל לצד האידיאל של קבלת אדם טרנסג׳נדר לבית הכנסת בזרועות פתוחות, קיימים ללא ספק גם סיבוכים. אם נחזור לשאלה שבפתיחת הפרק: באיזה צד של המחיצה צריך אדם זה להתפלל? האם גבר שהיה בעבר אישה ועבר שינוי מגדרי יכול להצטרף למניין? אי־אפשר לקבל טרנסג׳נדר לבית הכנסת באמת ובתמים בלי לאפשר לו לנהוג בהתאם למגדר שבחר, ולכן הוא ישב בצד המחיצה התואם את הביטוי המגדרי החיצוני שלו. איסור הלבנת פנים הוא שמנחה אותנו ללכת בכיוון הזה. הסוגיה מסתבכת כשמעמדו ההלכתי של אותו אדם משפיע גם על זולתו. ישנו דיון הלכתי בשאלה אם מגדרו של האדם נקבע לפי הכרומוזומים שלו או לפי מבנה גופו. אומנם הסוגיות ההלכתיות הנידונות בדיון זה אינן קשורות בתהליך שינוי מגדרי, אבל יש תשובות העוסקות בסוגיות דומות, ויש פוסקים המקישים מהן על סוגיית הטרנסג׳נדרים. באופן כללי, כמעט כל הסמכויות הרבניות מגדירות את מגדר האדם הלכתית על פי הכרומוזומים שלו ומינו בלידתו.[21] במקרה מסוים אחד הגדיר הרב ולדנברג, ה"ציץ אליעזר", אדם לפי מבנה גופו ולא לפי ההרכב הכרומוזומלי שלו.[22] אף שמדובר במקרה יחיד ובדעה אחת, הוא מצוטט רבות מפני סמכותו המכובדת של הרב. תשובתו פותחת פתח לאפשרות שאדם יוגדר הלכתית על פי מבנה גופו הנוכחי (או אפילו המגדר שבחר ושבו הוא מתייצג). זוהי התשובה ההלכתית המצוטטת ביותר בדיונים העוסקים בהזמנת טרנסג׳נדרים להשתתף בטקסים הדתיים בתפקידים שונים המבוססים על המגדר שבו הם מתייצגים. אני סבורה שבעניין זה יש צורך ברגישות משני הצדדים. לאדם טרנסג׳נדר צריכה להיות הזכות להתפלל בצד המחיצה התואם את המגדר שבו בחר, אבל ראוי שגם הוא מצדו יגלה רגישות ויימנע מפגיעה במחויבות של שאר חברי הקהילה להלכה המסורתית. לדוגמה, אדם שעבר שינוי מגדר מנקבה לזכר יכול להתפלל בצד הגברים, אבל עליו לדאוג להימנע ממצבים שבהם הוא עשוי להתבקש להצטרף למניין.

בעולם ההלכה רק מתחילים לעסוק בסוגיות הסבוכות העולות ממאבקם של יחידים דתיים להתמודד עם האתגרים האישיים והדתיים העומדים בפניהם, כשהם מכירים בכך שהם רוצים להזדהות כטרנסג׳נדר ולהישאר חלק מן הציבור הדתי. ישנם מקורות נוספים לרשות מי שמעוניינים להמשיך ולהעמיק בהלכות בתחום זה.[23]

אתגרים

ההתמודדות עם אתגרי הדיספוריה המגדרית ותהליך שינוי המגדר קשה לכל אדם, ועלולה להיות מאתגרת עוד יותר לחברי קהילות דתיות שרבות מהן אינן מוכנות לקבל שינוי דרמטי כזה. יש שמוצאים את עצמם נקרעים בין המעשה שמבחינתם הם מוכרחים לעשות כדי להיות נאמנים לעצמם, לבין המשך השתייכות לקהילה היחידה שהם מכירים, ושברצונם להמשיך להיות חלק ממנה.[24] מדובר בבני אדם החווים קשיים גדולים ביותר. עלינו לקרב אותם ולהתייחס אליהם בחמלה, כבני אדם, כיהודים, כאנשים שהחברה הדתית אינה מעוניינת לאבד. יותר מכול הם זקוקים לחמלה, אהבה, תמיכה ונדיבות לב. למעשה, קהילות חזקות וחמות הן המקור השופע של אהבה ותמיכה, הנחוצות כל כך לאלה העושים מאמצים רבים להשתייך. רבותינו מלמדים אותנו "אל תדון את חברך עד שתגיע למקומו".[25] ראוי שעיקרון זה יהיה קרוב ללבנו כשאנחנו חושבים על הטרנסג׳נדר הדתי, כמו גם על כל בני האדם האחרים שאינם תואמים את זהויות הזכר והנקבה המסורתיות. עלינו לעשות כמיטב יכולתנו לקרב אותם ולגרום להם להרגיש רצויים בחברתנו, ולתמוך בהם ברגישות בשעה שהם עוברים דרך שהִנה, עבור רבים מהם, מורכבת וקשה ביותר.

הורים

הורים עלולים לחוש מצוקה גדולה כאשר מופיעים אצל אחד מילדיהם סימנים שאינם תואמים את המגדר של ילדם. ההתקוממות על המצב היא נורמלית ונובעת מכמה סיבות. רוב ההורים מדמיינים שילדיהם יגדלו, ימצאו בן או בת זוג, יתחתנו ויולידו ילדים. הרעיון שלבנם או לבתם צפוי עתיד אחר עלול לגרום להם דאגה רבה. רבים מההורים מקווים שמדובר בשלב זמני, הבא אולי בתגובה לחוויה כלשהי. הם מודאגים בגלל הקשיים שהדבר עלול לגרום לבנם או לבתם; אולי הם מודאגים גם בגלל ההשפעות האפשריות על בני משפחה אחרים או על ההורים עצמם. ייתכן שהם חוששים שבנם או בתם עושים טעות. יש ילדים ובני נוער המבטאים מצוקה גדולה באשר לזהותם המינית או לתפקידים המגדריים

שמצפים מהם למלא. להורים המקווים שזהו שלב חולף, יש לציין שבחלק מהמקרים אכן מדובר בשלב חולף בלבד, אבל כאשר מתברר שזה איננו המצב, אנחנו כהורים חייבים להתמודד עם המציאות העומדת בפני ילדינו. כדאי לשקול להיעזר באנשי מקצוע בתחום הבריאות ובריאות הנפש, הבקיאים בסוגיות מגדר בילדוּת ורגישים למוסכמות ולערכי היהדות הדתית. בעזרתם אפשר להחליט מהן הדרכים המיטביות לטפל בסוגיה זו כמו גם לתמוך בילדכם ובמשפחתכם. גם עצות ותמיכה מהורים אחרים שילדיהם עברו חוויות דומות יכולות לעזור. חשוב שתעשו כמיטב יכולתכם להעניק אהבה ותמיכה לילדכם, גם אם אתם מתקשים להתמודד עם המציאות החדשה שבה הוא נמצא.

על ההורים גם לדאוג לכך שלהם עצמם תהיה תמיכה, על מנת שיוכלו לעבד את רגשותיהם ותגובותיהם. לפעמים נדרש לא מעט זמן להסתגל לתהליך שינוי מגדרי של בן או בת. האתגר העומד בפני הורים, בני זוג, ילדים ואחים איננו פשוט, וגם הם זקוקים להכָלה.

כמה מחשבות לסיכום

כפי שראינו, קיים מתח בין המצווה החד־משמעית בתורה לנהוג בחמלה ו׳לאהוב לרעך כמוך׳, לבין הצורך העולה במקרים מסוימים להתנגד לערכים ולרעיונות המתפתחים בחברתנו ועומדים בניגוד למצוות התורה. חלק ממאמציה של חברתנו המודרנית, הפתוחה והמתירנית יותר, לקבל אנשים שאינם תואמי מגדר ולאפשר להם לחוש בנוח, באים על חשבון ערכים תורניים מסוימים. הדבר יכול ליצור דילמה לא קטנה לאדם אכפתי המכיר בכך שבמובנים מסוימים, סדר היום הליברלי־המודרני הרחיק לכת מדי מנקודת מבטה של התורה.

לדעתי, הגישה הליברלית והמתקדמת למגדר, המכירה בכך שאחוז מסוים מכל אוכלוסיה אינו תואם מגדר, סייעה לאין ערוך להעניק לאנשים אלה את החירות להפוך ממנודים לחברים מקובלים בקהילה. אני מציעה שנקבל בברכה את ההתקדמות שנעשתה בחברה הליברלית שלנו לשים קץ לסבל ולבושה העצומים ולצורך להסתתר, שנכפו בעבר על אנשים שאינם תואמי מגדר, ובמקומות רבים עדיין נכפים עליהם. יש לראות בדבר זה ערך תורני. אבל עלינו גם להכיר בכך שלהצלחות של החברה הליברלית שלנו יש מחיר. בקרב צעירים כיום יש בלבול רב יותר באשר למגדר ולנטייה המינית שלהם עצמם. הייתי שמחה לומר שאין בסיס מדעי לחשש שההומוסקסואליות או אי־תאימות מגדרית הן ״מידבקות״, אבל הבלבול והספקות בהחלט נפוצים יותר

בקרב צעירים בימינו. התפיסה העצמית בכל הנוגע למגדר ולנטייה מינית מושפעת מנורמות תרבותיות, ומכאן נובע ששינויים במוסכמות החברתיות שלנו ודאי משפיעים במידה מסוימת על ביטויי התנהגות לא־תואמת מגדר. הרחבת גבולותיהן של נורמות והנחות מסוימות אומנם שיפרה את מצבם של אנשים שאינם תואמי מגדר, אבל ייתכן שהשפיעה לרעה על אחרים, שנורמות חברתיות איתנות יותר של ערכי משפחה מסורתיים היו מיטיבות עימם. כחברה עלינו להתמיד במאמץ להפחית את סבלם של אלו שאינם תואמי מגדר, ולתמוך ביכולת שלהם ליצור מודלים משפחתיים המותאמים להם, ובמקביל להימנע מערעור התפיסה המסורתית של מושג המשפחה כאשר זה אפשרי. זהו המאזן המורכב שאנו בחברה הדתית בעלת הגישה החומלת שואפים לשמר.

בנוסף לכל זה, עלינו לשאוף לענווה. יש דברים רבים שאיננו יודעים על מגדר, טרנסג׳נדר ודרכי הפעולה המיטביות למי שאינם בטוחים בזהותם המגדרית. חשוב להיות קשובים לקולותיהם של מי שחווים את המאבק הזה, אנחנו יכולים להפיק מהם תובנות חשובות. עדיין ישנם סימני שאלה רבים בנוגע למה נכון עבור הטרנסג׳נדר וכיצד עליו לפעול. הנושא עדיין בחיתוליו, ויש דעות לכאן ולכאן, למשל, בנוגע לניתוחים להתאמה מגדרית – יש הטוענים שהם משנים לטובה את חייהם של הטרנסג׳דרים, ויש הטוענים להפך הגמור ומתנגדים לניתוחים – וקשה להכריע מה נכון. החברה כולה מפלסת את דרכה במציאות החדשה, וגם חבָרות דתיות חייבות לעשות כן. על הרבנים שלנו להיות בקיאים בנושא ככל האפשר ונכונים להטות אוזן קשבת ולתמוך באלה המתמודדים עם קשיים ועדיין רוצים להתקבל בזרועות פתוחות בחברה הדתית.

בפרק זה דיברנו על:

- העובדה שסוגיות מגדר וזהות מינית הפכו מורכבות הרבה יותר מבעבר.
- הציפייה מעם ישראל לגלות חמלה בכלל, ובפרט כלפי אלה המנודים או הנדחקים לשוליים.
- חובתה של החברה הדתית לגלות רגישות והבנה ככל האפשר למאבקם ולקשייהם של בני אדם שאינם תואמים במדויק את קטגוריות המגדר הנפוצות.
- העובדה שבעוד שאצל רוב רובם של בני האדם יש לכידות ברורה בין המין הביולוגי של גופם לבין המגדר שבו הם מתייצגים (כלומר, הזדהותם כזכר או כנקבה), נטייתם המינית (האם הם נמשכים לזכרים או לנקבות) והתפקיד המגדרי שהם ממלאים בחברה. אצל מיעוט שהנראות שלו הולכת וגדלה אין לכידות בין הגורמים האלה. לאנשים אלה, הפער בין המין הביולוגי של גופם לבין תפיסתם העצמית עשוי לגרום סבל אמיתי.
- כמה הגדרות של מונחי מגדר לא־בינארי ומגדר באופן כללי.
- תופעת הטרנסג׳נדר, שכיחותה באוכלוסייה, והחוויה שחווה מיעוט מצומצם מאוד של בני אדם, במקרים שבהם גופם הביולוגי אינו תואם את נשמתם או את זהותם.
- שינוי מגדרי, תהליך שרבים המזדהים כטרנסג׳נדר היו מעוניינים לעבור, משמעו קבלה עצמית של זהות המגדר האחר (מזכר לנקבה או מנקבה לזכר).
- הגישה היהודית לסוגיות מגדר אלה.
- הסוגיות ההלכתיות הכרוכות בטרנסג׳נדר ובשינוי מגדרי – מה יכול להיות מותר, ומה, ככל הנראה, אסור.
- ההתייחסות הראויה מצד הקהילה כלפי אדם שעבר שינוי מגדרי, אפילו בלי היתר רבני.
- הצורך לתמוך הן באלה שעברו שינוי מגדרי הן בהוריהם ובמשפחותיהם.
- הצורך, כחברה, להמשיך בעשייה כדי לצמצם את סבלם של אנשים לא־בינאריים ולתמוך ברצון שלהם לבנות משפחות, ובד בבד להימנע מערעור התפיסה המסורתית של המשפחה במקום שאפשר.

12
המדיה והאתגרים שהיא מזמנת

אני מרגישה שהרשת החברתית יכולה לגרום לאנשים בגילי להרגיש פחות בודדים או לבד. היא יוצרת מרחב שבו אדם יכול לתקשר עם אנשים. (מירי, 15)

אימא שלי הייתה צריכה לנסוע לספרייה כדי להשיג את מה שיש לי ביד כל הזמן. היא מזכירה לי את זה הרבה. (עדן, 14)

הרשת החברתית נותנת לילדים רבים בגילי בָּמָה להביע את דעותיהם ורגשותיהם ולהתחבר לאנשים שמרגישים כך. (איילה, בת 15)

היא מציגה תיאור מזויף של חיים של אנשים. לפעמים אני משתכנעת שהחיים שלהם מושלמים, כשבעצם הם לא. (נועה, 15)

אנשים יכולים להישאר בעילום שם ולומר כל מה שהם רוצים, ולדעתי יש לכך השפעה שלילית. (דב, 15)

שינויים בשימוש במדיה לאורך זמן[1]

מסוף שנות התשעים אנו יכולים להבחין בכוחו העולה של האינטרנט בעולם בכלל ובארץ בפרט. המקום שהאינטרנט הולך ותופס בחיינו כחברה וכבודדים רק גדל והולך. בעשור האחרון, עם צמיחתן של הרשתות החברתיות ועם כניסתם של מכשירי הטלפון החכם והטאבלטים לחיינו, עולה השאלה בדבר מרכזיותו של האינטרנט בחיינו ודפוסי השימוש בו. במחקר מ־2010 דווח:[2]

במהלך חמש השנים האחרונות גדלה כמות הזמן שצעירים מקדישים לצריכת מדיה בשעה ושבע עשרה דקות מדי יום, מ־6:21 ל־7:38 שעות – כמעט אותו זמן שמבלים רוב המבוגרים בעבודה בכל יום, אלא שצעירים משתמשים במדיה שבעה ימים בשבוע ולא חמישה ימים.

מעבר לכך, בהתחשב במשך הזמן המוקדש לשימוש בכמה אמצעים במקביל, בני הנוער של היום דוחסים ל־7 השעות היומיות האלו תוכן מדיה כולל השווה ל־10 שעות ו־45 דקות, עלייה של כמעט שעתיים של חשיפה למדיה ביום במהלך חמש השנים האחרונות.

הדו"ח מסביר שהשימוש בכל סוגי המדיה גדל במהלך עשר השנים האחרונות – מלבד השימוש בתוכן מודפס, שקטן בשנים אלו. העלייה בשימוש במדיה נובעת משינויים בטכנולוגיה, מה שהגדיל את הנגישות לצריכת מדיה.

מהפכת המדיה הניידת והמקוונת פלשה לחייהם – ולכיסיהם – של בני הנוער. אם תנסו להעיר בני נוער בבוקר, יש סיכוי טוב שתמצאו מתחת לכרית שלהם טלפון חכם – זה הדבר האחרון שהם רואים לפני שהם נרדמים, והראשון שאליו הם מושיטים את היד כשהם מתעוררים.[3]

הממצאים בדו"ח של מרכז המחקר פיו על בני נוער בארצות הברית, מדיה חברתית וטכנולוגיה, שפורסם ב־2015, מראים של־88 אחוז מבני הנוער האמריקאים בגיל 13-17 יש בעלות על טלפון חכם או גישה לטלפון כלשהו, ולרוב בני הנוער (73 אחוז) יש טלפון חכם.

נכון לשנת 2018 הבעלות על הטלפונים החכמים הפכה להיות חלק בלתי־נפרד מחיי בני העשרה: ל־95 אחוז מבני הנוער יש טלפון חכם או גישה לאחד כזה. חיבורים לאינטרנט מהנייד מאריכים את משך זמן הפעילויות המקוונות: 45 אחוז מבני הנוער אומרים שהם מקוונים באופן כמעט קבוע. על פי מחקר של המוסד לביטוח לאומי,[4] 99 אחוז מבני נוער בארץ משתמשים במחשב. 38 אחוז גולשים באינטרנט לפחות פעם ביום. מתוך אלו שיש להם טלפון חכם, 52 אחוז מעידים על עצמם שהם משתמשים בו יותר מחמש שעות ביום.

בעזרת היכולת המוגברת של הטלפון החכם להנגיש תוכן, ובכלל זה משחקים, מוזיקה, ובמקרים רבים חיבור לאינטרנט ולסרטים, לילדינו הגדלים יש לרוב גישה בלתי־מפוקחת לכל מה שיש לאינטרנט להציע לאורך כל שעות היממה. אחת התוצאות של הגישה הזו היא שבני הנוער נמצאים במגע מתמיד עם העולם החברתי הווירטואלי. נדיר לראות אותם מתנתקים מהמדיה

החברתית מרצונם החופשי. גם בזמנים הנדירים שבהם הם אינם מחוברים למדיה החברתית, הם עדיין מאזינים למוזיקה דרך אוזניות.

בני נוער גדלים ומתפתחים צריכים זמן שקט. כך, בין השאר, הם מעבדים את האינטראקציות שלהם במהלך היום ועובדים על רגשות חשובים. קורה לרוב שהכללים והחוקים שקובעים ההורים הם היחידים שמצליחים לנתק את בני הנוער מהמכשירים שבידיהם, גם אם רק לפרק זמן קצר וקבוע.

המדיה בחייהם של ילדינו

המדיה היא כיום הכוח החזק ביותר בחיי ילדינו. ילדים בגיל 8–18 מבלים יותר זמן בצריכת מדיה מאשר בכל פעילות אחרת, אפילו שינה. בחמש השנים האחרונות גדל הזמן שילדים מבלים עם מחשבים, משחקי וידאו ומוזיקה בכשעה וחצי ביום בממוצע. תוכניות הטלוויזיה שבהן צופים ילדינו, המוזיקה שהם מאזינים לה, אתרי האינטרנט שבהם הם מבקרים, כמו גם הספרים והעיתונים שהם קוראים משפיעים עליהם מאוד, משום שהם מעבירים מסרים הנוגעים להיבטים רבים בחייהם והתפתחותם, במיוחד בתחומים של מיניות ויחסים. נגישותם של אמצעי התקשורת, כמו גם דרכי הגישה החדשות והמשתנות, מציבות בפני מלאכת ההורות אתגרים חדשים. כהורים אחראים, עלינו להתאמץ ללמוד מה זמין עבור ילדינו, להתעדכן מדי פעם לגבי המדיה המתרחבת והמתפתחת. אז נוכל לקבוע מה עשוי להועיל לילדים, מה עלול להיות סיבה לדאגה, וכיצד אפשר להתמודד עם האתגרים.

מדיה בחדר השינה

נדמה כי יותר ויותר אמצעי מדיה חודרים לחדרי השינה של צעירים. לפי מחקר מ־2010, ל־71 אחוז מכל בני הנוער בגיל 8–18 יש טלוויזיה בחדר (החל מ־54 אחוז בגיל 8–10 ועד 76 אחוז בגיל 11–18). המספרים הללו מוסיפים לעלות, ואפשר לראות אותם בדו"ח ה־commonsensemedia האחרון מ־2015.[5] בנוסף, למחציתם יש בחדר משחקי וידאו (50 אחוז) או טלוויזיה בכבלים (49 אחוז), ולכמחציתם יש מחשב (50 אחוז) וגישה לאינטרנט. למען האמת, לבני הנוער כבר אין סיבה לצאת מחדר השינה, שכן הם יכולים להתחבר לכל מה שהם צריכים מתוך החדר.

הסטטיסטיקה הזו מציגה תמונה עגומה של המציאות שבה גדלים ילדינו. מופעל עליהם לחץ תמידי 'להיות מחוברים', וברמה החברתית הם מרגישים לרוב שהם קיימים רק אם הם מחוברים בזמן אמת לאתרי המדיה החברתית השונים שדרכם הם מתקשרים לחבריהם.

הערך של גידול ילדים 'לא מחוברים'

יש הורים שמחליטים שלחשיפת ילדיהם לטלוויזיה, מחשב ואינטרנט יש יותר חסרונות מאשר יתרונות, ולכן הם לא מרשים לילדיהם לצפות בטלוויזיה או להשתמש באינטרנט. החלטה כזו נדירה בדרך כלל בקהילות דתיות מודרניות, אולם אין לדחות אותה כלאחר יד. טלוויזיה, מחשב ואינטרנט הם פיתוי עצום לבזבוז זמן ניכר במקרה הטוב, ולחשיפה לחומרים פסולים לחלוטין במקרה הרע. הרב בלאו מיטיב לטעון בנושא:[6]

> הבעיות הכרוכות בחשיפתה המוגזמת של הקהילה הדתית המודרנית לתרבות זו נוגעות לא רק לתמונות של מין ואלימות המשוגרות ללא הפסקה; מדובר גם בתפריט קבוע של חוסר דעת, פסיביות וטווחי קשב קצרים. שימו לב, למשל, להבדל בין המדיום הספרותי למדיום הקולנועי, השולל כל אפשרות של שיחות ממושכות. המדיום הוויזואלי דורש תנועה, אך כשאנשים משוחחים ב'עולם האמיתי', הם עומדים במקום. כשמפיקי סרטים מעבדים ספרים כמו 'שר הטבעות' לפורמט של סרט, הם משמיטים דיאלוגים מעניינים לטובת סצנות אקשן ארוכות יותר. נוסף לכך, מתבגרים רבים נתפסים לתרבות פולחן הסלבריטאים ועוקבים אחר חייהם הפרטיים של כוכבי קולנוע – ובכלל זה משפחות הרוסות, שימוש בסמים, והתנהגויות מקוממות שמטרתן לשמור על נראות. במקום שהעולם הזה יעורר בהם סלידה, תלמידי התיכון משתתפים במעקב מציצני אחר העשירים והמפורסמים, דבר הסותר חיים על פי רוח התורה.

ראוי ליצור סביבה שבה הזמן מנוצל נכון, ללא התפשרות על ערכים דתיים לצורך תכנים חיצוניים. אפשר לעודד פעילויות משפחתיות חלופיות כמו משחקי שולחן, פעילות מחוץ לבית וקריאה. כדי להצליח בכך מבלי להרחיק את הילדים, יש להשקיע מחשבה במציאות שבה חיים הילדים. אם בתיכון של בנכם כל התלמידים נמצאים באינסטגרם או בסנאפצ'ט, הוא יתקשה להיות החריג היחיד. אם שיחת היום היא על הפרק האחרון בסדרה פופולרית, יהיה קשה יותר להישמע לכללי המשפחה שאינם מתירים כל צפייה. לפי blogsafety.org:

> עצירת כל פעילויות האינטרנט של ילדיכם בדרך כלל איננה תגובה טובה לבעיה – קל מאוד 'לרדת למחתרת' ולהיכנס לרשתות החברתיות בביתם של חברים או בשלל מקומות אחרים.

על קביעת גבולות

כהורים, אנו מנסים למצוא את האיזון שבין הענקת כלים שבהם ישתמשו ילדינו כדי לקבוע גבולות משל עצמם לבין ההחלטה לכפות עליהם גבולות מטעמנו. כך גם בנוגע למדיה: אנחנו רוצים לחנך ולהעצים את ילדינו להחליט החלטות נבונות, אבל עלינו גם להכיר בכך שלמדיה יש משיכה עצומה, ואיננו יכולים לצפות שהילדים יהיו חסינים בפניה. חשוב לקבוע גבולות ברורים שעדיין מאפשרים בחירה מסוימת. למשל, אפשר לתת לילדים קטנים רשימה של תוכניות ילדים שונות כדי שיבחרו מתוכה תוכנית אחת או שתיים. כשמדובר בבני נוער, אפשר להחליט שמותר להם לצפות בלי לבקש רשות בכל תוכנית המוגבלת לצפייה מגיל 12, אבל אם הם רוצים לצפות בתוכנית המוגבלת לצפייה מגיל 14, הם חייבים לקבל את אישורו של אחד ההורים.

בחירת תוכן

> פעם צפיתי בסרט ואני די בטוחה שהוא היה בדירוג מותר לגיל 13 ומעלה. הסיפור ממש עניין אותי, ולפני שידעתי מה קורה, הבחור והבחורה כבר היו במיטה. ואם זה לא היה מספיק גרוע, הם גם לא היו מכוסים לגמרי. עכשיו אני פשוט לא מצליחה להוציא את התמונה הזו מהראש. זה מגעיל, ואני לא רוצה לחשוב על דברים כאלו.
> (טלי, 15)

טבעי שאנשים יחוו מחשבות ופנטזיות מיניות שגורמות להם לתגובות פיזיות (מיניות). זה אופייני לבנים יותר מאשר לבנות. בנים נוטים במיוחד לחוש גירוי כתוצאה מדימוי ויזואלי. ההלכה מעודדת אנשים לשלוט בפנטזיות המיניות שלהם, וזה לא תמיד פשוט משום שפנטזיות נוצרות לעיתים קרובות יותר כשאדם נחשף לתמונות מיניות פרובוקטיביות. זו אולי סיבה נוספת להקפיד על התכנים שאנחנו מתירים לעצמנו ולילדינו לראות.

כדאי להורים לשקול היטב את הנורמות של הקהילה שבה גדלים ילדיהם כשהם מעצבים את כללי המשפחה ביחס למדיה. ברור שהורים מחליטים באופן עצמאי על הגבולות שהם מציבים, אבל רגישות ומודעות לטווח הנורמות בקהילה יכולות לעזור בבחינת האפשרויות השונות. הורים גם יכולים לקבוע גבולות שונים עבור צורות מדיה שונות. אבחן עתה את אמצעי התקשורת השונים שמעניינים ילדים ובני נוער וכיצד אפשר להתמודד עם האתגרים שהם מעוררים.

אתייחס להלן למסכים, לטלפון חכם ולאינטרנט.

טלוויזיה

אינו מתמצאים ברוב אמצעי המדיה שבהם משתמשים ילדינו, אבל את הטלוויזיה אנחנו מכירים. למען האמת, בגלל שהיא מוכרת לנו אנחנו פחות נוטים לראות בה סיבה לדאגה. רובנו זוכרים בחיבה את תוכניות הטלוויזיה של ילדותנו, שהיו תמימות בהרבה מאלו של היום ולפעמים אפילו חינוכיות. אכן, גם כיום יש עדיין כמה תוכניות טלוויזיה שאפשר ללמוד מהן מסרים חשובים, והן עשויות להיות דרך טובה להירגע ולקבל מידע. כשבוחרים בתוכניות הנכונות לפרק זמן מוגבל, טלוויזיה יכולה למלא מקום ראוי בחיינו. ב־2010 מצא מחקר קייזר כי מאז 1999 חלה ירידה בזמן שצעירים מבלים בצפייה בתוכניות טלוויזיה המשודרות בזמנים קבועים.[7] אולם קל לטעות בפירוש מגמה זו. למעשה, צריכת תוכניות טלוויזיה גדלה (ב־30 דקות ליום בממוצע), אלא שיש דרכים רבות אחרות לצרוך תוכן טלוויזיוני. ילדים צופים בתכנים באינטרנט כמו גם בטלפון הנייד בזמן שנוח להם, ובדרך כלל אין להם צורך למהר לחזור הביתה כדי לראות תוכנית מסוימת בזמן מסוים. רוב הילדים כיום כלל לא מבדילים בין המחשב לבין הטלוויזיה. בכל זאת אתייחס אליהם בנפרד, תוך הכרה בכך שבמקרים רבים, הצפייה בתוכניות טלוויזיה נעשית במחשב או בטלפון חכם.

תוכניות הטלוויזיה שילדינו צורכים השתנו באופן ניכר מאז שהיינו צעירים. שינוי דרמטי אחד הוא בתחום המיני. מחקר של קרן משפחת קייזר בוחן את העלייה בתוכן המיני בטלוויזיה.[8] ב־2005 מצאו החוקרים כי 70 אחוזים מתוכניות הפריים־טיים כללו תוכן מיני. פירוש הדבר הוא שיש חמש סצנות לשעה בממוצע מדי ערב. מבין 20 התוכניות הנצפות ביותר בקרב בני נוער, 70 אחוז הכילו תוכן מיני וכמעט מחצית (45 אחוז) הכילו התנהגות מינית. בנוסף, 95 אחוז מן הסיטקומים לא הזכירו אפילו בדרך אגב את הסיכונים ואת האחריות הכרוכים בפעילות מינית. המחקר ממחיש כי רמת החשיפה הבוטה למיניות עלתה בהתמדה בעשור האחרון. משמעותה של מציאות זו, בצירוף העובדה שאינספור ערוצים מספקים תוכניות טלוויזיה 24 שעות ביממה, היא שלרשותם של הילדים עומדות אינסוף הזדמנויות לצפות בתוכניות שתוכנן לרוב לא ייראה לנו בעל ערך.

מילה על נטפליקס

נטפליקס היא חברה המספקת שירות צפייה ישירה תמורת רכישת מינוי. היא מציעה ספרייה שלמה של סרטים וסדרות, לרבות אלו שהיא הפיקה בעצמה, והיא זמינה לכל האנשים בכל הגילים. נכון לאפריל 2020 לנטפליקס היו יותר מ־193 מיליון מינויים ברחבי העולם, מהם 73 מיליון מינויים בארצות הברית. בעת צפייה בסדרה, נטפליקס מציעה באופן אוטומטי פרקים נוספים לצפייה, כך שנדרשת מהצופה פעולה אקטיבית כדי להפסיק את הצפייה. לכאורה, פרט קטן ולא חשוב, אבל כאשר עוד ועוד הצעות ממשיכות להופיע על המסך, קשה יותר להפסיק את הכיף, וזמן הצפייה מתארך מאוד.

אך למרות המציאות הזאת, ואף על פי שהורים מתלוננים על רמת החשיפה הנוכחית בטלוויזיה, נראה כי מעט הורים קובעים כללים המגדירים מה מותר לילדיהם לראות או אוכפים הגבלת זמן על הרגלי הצפייה שלהם. ב־2010, לשני שליש מבני הנוער האמריקאים היה מכשיר טלוויזיה בחדר השינה, והם יכלו לבחור במה לצפות ומתי, מבלי לבקש רשות מאף אחד.[9] כלל נפוץ בבתים רבים הוא שהילדים צריכים לסיים את שיעורי הבית ולפעמים את מטלותיהם לפני שמותר להם לצפות בטלוויזיה. אבל הורים בדרך כלל לא מפקחים על כמות הצפייה ועל מה בדיוק מותר לילדים לראות. מחקר בריטי מצא כי לחשיפה רבה מדי לטלוויזיה יש השלכות רפואיות, פסיכולוגיות, התנהגותיות וחינוכיות שליליות.[10] האקדמיה האמריקנית לרופאי ילדים (AAP) קובעת בבירור שזמן מסך רב עלול לגרום לתופעות לוואי שליליות. מחקרים הראו כי צפייה רבה מדי בטלוויזיה תורמת להשמנת יתר של ילדים, ובהתאם לתוכן, עלולה לתרום לתוקפנות אצל ילדים. אחת התוצאות השליליות של צפייה רבה מדי בטלוויזיה היא שילדים נמנעים מלעסוק בפעילויות חשובות אחרות כמו קריאה, משחק עם חברים וספורט, שלכולן תפקיד חיוני בהתפתחותם הבריאה, וטלוויזיה זמינה נוטה להוביל להזנחתן. נוסף לכך, ילדים מתרגלים לבחור בפעילות נייחת על פני פעילות שדורשת מהם תנועה בריאה ועיסוק פעיל.

קווים מנחים

אני ממליצה על כמה קווים מנחים בנושא צפייה בטלוויזיה עבור ילדים.

- הרחיקו את הטלוויזיה ואת הצפייה בה מחדרם של ילדיכם לכמה שיותר שנים. כדי לעשות זאת, ייתכן שתצטרכו להגביל את השימוש במכשירים ניידים.

- אל תאפשרו לטלוויזיה לפעול בשעת הארוחות.
- התייחסו לצפייה בטלוויזיה כאל תגמול מותנה, ולא כזכות טבעית של הילדים. כדאי להתנות את הצפייה בטלוויזיה בביצוע שיעורי הבית והמטלות.
- למדו את ילדיכם לבחור תוכניות מסוימות שבהן הם רוצים לצפות, במקום לדפדף באקראי בין ערוצים עד שהם מוצאים תוכנית שמעניינת אותם. צפייה בטלוויזיה צריכה להיות מתוכננת ומותנית בקבלת אישור.
- נסו לצפות בטלוויזיה יחד עם ילדיכם. מפתה להשתמש בטלוויזיה כבייביסיטר בזמן שאתם עסוקים בדברים אחרים, אבל השתדלו להקדיש פרק זמן מסוים לצפייה בתוכניות יחד עם ילדיכם, כדי שתדעו במה הם צופים ותוכלו לשוחח איתם על התוכנית אחר כך.
- הציעו חלופות מהנות לטלוויזיה. הראו לילדיכם שמשחקים משפחתיים יכולים להיות הרבה יותר מהנים מאשר בהייה בטלוויזיה.

גם עם כל העקרונות המנחים הללו, חשוב להציב גבולות בנוגע לכמות הזמן המוקצבת לצפייה בטלוויזיה.

גבולות

לפי המחקר של קרן משפחת קייזר,[11] ילדים שהוריהם מתאמצים להגביל את השימוש שלהם במדיה משקיעים פחות זמן באמצעי תקשורת לעומת שאר בני גילם. הם גם נוטים לקרוא יותר. האקדמיה האמריקנית לרופאי ילדים ממליצה שילדים עד גיל שנתיים לא יצפו כלל במסך, ושילדים מעל גיל שנתיים, ובכלל זה בני נוער, יצפו בתוכניות איכות במשך שעה או שעתיים ביום לכל היותר. נוסף לכך, חשוב שהתוכניות לא תהיינה אלימות, ותצגנה דמויות מופת חיוביות ומסרים חינוכיים מועילים. כשהילדים מתבגרים, יש להכיר בכך שגם אם לטענתם המציאות שבה הם צופים בטלוויזיה אינה משפיעה עליהם, היא אכן משפיעה. חשיפה לנורמות שונות מאוד של התנהגות מינית מאפשרת להם לכל הפחות לדמיין התנהגויות שונות מאלו המקובלות בקהילה הדתית.[12] מחקרים מראים כי ילדים שצופים בתוכן מיני בטלוויזיה נוטים להיות פעילים מינית בשלב מוקדם יותר מבני גילם שאינם צופים בתוכן כזה.[13] להיות הורה פירושו לעזור לילדינו להחליט החלטות נבונות לגבי התכנים שאליהם הם נחשפים וללמד אותם שטלוויזיה טובה מדי פעם למטרות בידור, אבל היא לא צריכה להפוך לדרך קבועה לבריחה מהמציאות.

אימא: במה אתה צופה?

אלעד: יש לי עוד 20 דקות. ראיתי רק 40 דקות היום.

אימא: אבל לא עשית את המטלות שלך או את שיעורי הבית ולא התאמנת בפסנתר. מתי תגיע לדברים האלו?

אלעד: אימא, אל תדאגי. הכול בשליטה.

אימא: מותר לך לצפות רק אחרי שאתה מכין את שיעורי הבית.

אלעד: זה כלל חדש? כי זה ממש לא הוגן. את לא יכולה פשוט לשנות את הכללים איך שבא לך...

אימא: במה אתה צופה? התוכנית הזו נראית מאוד אלימה.

אלעד: זה סרט והוא מותר לצפייה מגיל 12 וכל החברים שלי ראו אותו. עכשיו זה כבר ייקח יותר מ־20 דקות ובאמת לא יהיה לי זמן לשיעורי הבית.

אימא: לדעתי יש עירום בסרט הזה. אני חושבת שלא כדאי שתצפה בו.

אלעד: אימא, זה סרט שמתאים מגיל 12. אם אסור לי לצפות בזה, יישארו לי רק סרטי דיסני. זה מה שאת אומרת? אני אמור לצפות רק בשלגייה? ודרך אגב, יש אלימות גם בשלגייה, את יודעת. ונשיקות. אולי לא כדאי שאני אצפה בשום דבר.

אימא: זה מספיק, אלעד! לא מוצא חן בעיניי איך שאתה מדבר אליי. כבה את הסרט ולך להכין שיעורים.

אלעד: אימא! זה פשוט לא הוגן.

הדיאלוג הזה חושף חלק מן המלכודות והתסכולים שעלולים לצוץ כשאנו מציבים גבולות לילדינו. יש כאן כמה נושאים שלגביהם ניסתה האם לשנות הסכמות שהיו צריכות להיכלל בשיחה קודמת על גבולות עם אלעד. אם מלכתחילה הייתה יותר בהירות, חלק מן הוויכוחים כאן היו נפתרים. כדאי לאפשר לילדים אוטונומיה מסוימת בגבולות שקובעים להם. אם מותר להם לצפות בטלוויזיה רק שעה אחת, יש לאפשר להם שיקול דעת מסוים בבחירת התוכן של השעה הזו, מבלי להעביר עליהם ביקורת. לעומת זה, אם אימא מרגישה שחשוב כי מטלות מסוימות יבוצעו קודם הצפייה, זהו תנאי לגיטימי שיש לשלב אותו בקביעת הגבולות. אולם אימא צריכה להיות הוגנת וגלויה כשהיא מחליטה לשקול מחדש את הכללים. את הגבולות יש לקבוע באופן שיכבד את שני הצדדים. לבסוף, יש לציין כי גם תוכניות המוגבלות לצפייה מגיל 12 עלולות להכיל תכנים רבים

שלא ייראו לנו ראויים. כדאי להבהיר שלהורים יש זכות וטו, ושסרטים זקוקים לאישור מראש. בפרק הזה תוכלו לקבל עצות כיצד לעשות זאת.

שימוש בסדרות כמקור ל'רגעים נלמדים'

הסדרות ותוכניות הטלוויזיה כיום מלאות תוכן מיני. יש הבוחרים בקפידה מה להתיר לילדיהם לראות. כשהילדים שלנו צעירים, קל יחסית לפקח על תכנים ולמצוא תוכניות עם מסרים המתאימים לגילם. כשהילדים מגיעים לגיל הנעורים, נצטרך למנוע מהם לצפות ברוב התוכניות אם נרצה לגונן עליהם מפני תוכן מיני. אם אתם מרגישים שאינכם מסוגלים למנוע מילדיכם לצפות בחלק מן התוכניות הפחות בוטות, תוכלו להשתמש בתוכניות ככלים לשיחה על רגעים נלמדים. מצאו זמן לצפות בכמה תוכניות יחד עם ילדיכם ושוחחו איתם עליהן. למשל, אפשר לדבר על החלטות של הדמויות בתוכנית, וכיצד אנשים שערכים דתיים חשובים להם יותר יכולים להגיב במצבים דומים. לפעמים קל יותר לשוחח על דמויות בסדרות מאשר על ילדיכם וחבריהם. כשהילדים מתבגרים ומגיעים לגיל תיכון, הגישה הזו כבר פחות מקובלת, וייתכן שיהיה קשה יותר לשכנע את בני הנוער להצטרף אליהם לצפייה בסדרה. ובכל זאת, אתם עדיין ההורים שלהם, ואתם יכולים להבהיר להם שתוכניות מסוימות חורגות מן המקובל בשל הדגש המוגזם על מיניות או טיבן הבוטה מדי. נוסף לכך, תוכלו לבחור לצפות בעצמכם בתוכניות שבהן ילדיכם צופים, ולמצוא הזדמנויות ליזום שיחה על נושאים שלדעתכם כדאי לדבר עליהם.

טלפון חכם

על פי סקר שערכה היחידה לאפידמיולוגיה של סרטן וקרינה במכון גרטנר בתל השומר בקרב 1,686 נערים ונערות בכיתות ז' ו־ט', ל־94 אחוז מהנערים יש טלפון חכם ברשותם הבלעדית. 2 אחוזים מאותם ילדים התחילו להשתמש בטלפון חכם לפני גיל 6. כלומר, יש בישראל עשרות אלפי ילדים שעדיין לא הגיעו לגיל בית ספר וכבר מתפעלים טלפון חכם באופן שוטף. עד גיל 12, 81 אחוז מהילדים כבר משתמשים בסלולרי.[14]

בקהילה הדתית המודרנית האחוזים דומים. רוב תלמידי החטיבה וכמעט כל תלמידי התיכון מחזיקים טלפון חכם. לחלק מהילדים יש טלפון כבר מגיל 10. גם כשילדים מסתובבים עם חברים, הם מבלים חלק גדול מזמנם בדיבור או במשלוח וואטסאפ בטלפון (זה נכון גם לגבי מבוגרים, אבל זה עניין אחר). שוב,

לשכיחותו של הטלפון הנייד היום יש היבטים חיוביים ושליליים. יש טלפונים ניידים מיוחדים עבור ילדים קטנים, שאפשר לתכנת אותם כך שהשיחות היוצאות והנכנסות יוגבלו למספרים מוגדרים מראש. אבל רוב הילדים אינם מוכנים להשתמש ב׳טלפון לילדים׳. הם רוצים אפשרויות של רינגטון לבחירה, מצלמה, מצלמת וידאו, מוזיקה, וכמובן מסרונים וואטסאפ. רוב בני הנוער מחזיקים טלפונים עם חיבור לאינטרנט.

אם ילדיכם לומדים בבית ספר מרוחק, נוסעים באוטובוס, או משתתפים בפעילות אחרי הלימודים, היכולת לשמור איתם על קשר ולקבל מהם שיחות עשויה להיות חשובה מאוד, ואף מצילת חיים. וככל שבני נוער מתבגרים ונעשים עצמאיים יותר, במיוחד כשהם כבר נוהגים ברכב, טלפון חכם הוא אמצעי בטיחות הכרחי. היכולת לשלוח מסרון או וואטסאפ מאפשרת תקשורת מהירה שאינה דורשת מהילדים לענות לטלפון, והם יכולים לתקשר אתכם גם בנוכחות חבריהם. תוכלו ללמד אותם שאם הם יהיו אי פעם במסיבה ויזדקקו לעזרה, הם יוכלו לשלוח לכם וואטסאפ או מסרון גם בלי לדבר בטלפון (״אימא, שותים כאן הרבה. לא טוב. בואי לקחת אותי״).

אבל יש גם חסרונות. בעבר הורים ידעו מי מתקשר לילדיהם כי השיחות הגיעו דרך קו טלפון ביתי; כיום ילדים יכולים לנהל מערכת יחסים עם כל אחד מבלי שתדעו על כך דבר. כל התקשורת עוברת דרך הטלפון הנייד שלהם ואינה מפוקחת. כשהטלפון גם מחובר לאינטרנט, הוא בהחלט עשוי להסיח את הדעת ממה שקורה מסביבם ולשמש מקור חלופי לתקשורת באינטרנט.

בכבל הפיתוחים הטכנולוגיים הללו, חלק הכרחי מתפקודנו כהורים הוא ללמד את הילדים על הסכנות והבעיות הכרוכות בשימוש בטלפון הנייד, נוסף לקביעת כללים והגבלות. כדי לעשות זאת, חשוב לדעת באילו רשתות הילדים שלנו גולשים.

כללי יסוד לשימוש בטלפון חכם

- מסרו את מספר הטלפון שלכם רק לאנשים שאתם מכירים ושאתם סומכים עליהם.
- אל תענו לשיחה או לוואטסאפ מאנשים שאינכם מכירים.
- חסמו שיחות לא רצויות.
- לעולם אל תדברו בטלפון ואל תשלחו מסרונים בשעת נהיגה; זהו הגורם הנפוץ ביותר לתאונות דרכים בקרב נהגים צעירים היום.

הצבת גבולות והשלכות

הטלפון הנייד הוא כלי רב־עוצמה שאנחנו מתירים לילדינו להשתמש בו. להורים יש הזכות ואולי גם החובה לקבוע הוראות וציפיות ברורות בנוגע לשימוש בטלפון. הגיעו להסכמה לגבי תוכנית השימוש, כמו גם מי אחראי לתשלום החשבון ושאר החיובים. הגדירו מתי השימוש בטלפון הנייד אסור, כולל מסרונים וואטסאפ. זמני ארוחות, למשל, צריכים להיות 'ללא התחברות' – זמן חופשי עבור כל בני המשפחה, כולל ההורים. ילדים בגיל תיכון בדרך כלל אינם מסוגלים להציב לעצמם גבולות בגלל ההשפעה הפוטנציאלית על חייהם החברתיים. אם ההורים לא יציבו להם גבולות, רבים הסיכויים כי הילדים ישתמשו בטלפון בכל שעות היום והלילה. גם כשהילדים הולכים לישון, הם עלולים לבלות שעות בתקשורת שקטה עם חבריהם עד לשעות הקטנות של הלילה בעזרת שימוש בוואטסאפ. כוחו של הוואטסאפ טמון באפשרות שהוא נותן לקבוצת אנשים לנהל שיחה בו־זמנית. אבל הוא גם מקשה על הילדים שלנו (ולפעמים גם עלינו) להשתחרר מן הצורך להיות בקשר מתמיד עם הקבוצה כדי לוודא שהם תמיד בעניינים. שוחחו עם ילדיכם ושאלו אותם מה לדעתם צריך להיות בגדר המותר, והבהירו את ציפיותיכם מהם תוך קביעת קווים אדומים, כדי שגם הם יוכלו ליידע אתכם בקווים האדומים ובצרכים החיוניים שלהם. הזדמנויות אלו לשיחה ולהצבת גבולות הן חלק חשוב ממערכת היחסים שלנו עם ילדינו, וביכולתן להגביר את הרגישות של הורים וילדים כאחד לצרכים ולדאגות של השני.

הורים צריכים להיות ערים גם לשימוש שהם עושים בטלפון החכם, ולדוגמה שהם נותנים לילדיהם. מבוגרים רבים משתמשים בטלפון חכם ככלי עבודה, אבל הם גם מבזבזים עליו זמן רב ויכולים להיבלע לתוכו בקלות. סרט עוצמתי שהופק על ידי נטפליקס, "מסכי עשן: המלכודת הדיגיטלית", דן בנושאים אלו ביחס למבוגרים וביחס לבני נוער. זהו סרט חשוב לצפייה וכדאי לדון עליו עם ילדינו.

שליחת תוכן מיני באמצעות הטלפון

ישנה תופעה של צילום תמונות פרובוקטיביות או חושפניות, עצמיות או של אחרים, ושליחתן בטלפון, או העברת הודעות מיניות בוטות ללא תמונות.[15] התנהגות כזו נובעת מרצונם של ילדים להצטייר כ'סקסיים' או מגניבים, לעורר תשומת לב או להוכיח מחויבות לחבר או לחברה. זו דרך לפלרטט, דרך שהם ככל הנראה לא היו מאמצים במפגש פנים אל פנים. טיבה העקיף של התקשרות

באמצעות טקסט נוטה לעודד תקשורת נועזת יותר משל שיחה אישית. באופן כללי, קל יותר לבני נוער לפגוע ולהעליב אחרים באמצעות כלי זה והם לא נוטים לשקול את הסיכון הכרוך במעשיהם. אולם ברגע שתמונות כאלו מגיעות למרחב הציבורי, קל להפיצן למאות ואלפי נמענים.

לעיתים קרובות בני נוער מתקשים לחשוב במונחים של זמן שאינו הרגע הנוכחי. לכן, כשהם מגלים שמסתובב צילום שלהם באקט מיני מפתה או בתנוחה אחרת שהם מתביישים בפרסומה בקרב קבוצה גדולה של אנשים, למשל כל נבחרת הכדורגל או כל המחזור בבית הספר, הם נכנסים להלם. צילומים כאלו יכולים בקלות להפוך לוויראליים ואף להגיע לאתרים פורנוגרפיים. הבושה, המבוכה ואובדן המוניטין יכולים להביא בני נוער רבים למצבים נוראיים, כולל ניסיונות התאבדות.

הורים אחראים לדבר עם ילדיהם ולהזהיר אותם מפני מעשים כאלו. שיחה ראשונית יכולה לעסוק בעצם הנכונות לחשוף כך את עצמם או אנשים אחרים. אחת התוצאות החשובות של שיחה כזו היא היכולת לעזור להם לחקור מה לדעתם מקובל, ואילו גבולות כדאי שהם יציבו לעצמם. הזכירו להם כי צילומים שנשלחים אפילו לאדם אחד עשויים להפוך בלחיצת כפתור לנחלת הציבור. הזכירו להם גם שמערכות יחסים בגיל הנעורים יכולות להשתנות באופן פתאומי ודרמטי, וצילומים לא ראויים עלולים לשמש תחמושת בידיהם של ידידים או חברים פגועים או כועסים הפועלים לפעמים מבלי לחשוב. גם אם חברים כאלו יתחרטו בהמשך על מעשיהם, תוכן שנשלח אי־אפשר להשיבו.

עודדו אותם לחשוב איך הם ירגישו אם צילומים כאלו יגיעו לידיהם של מורים, מנהלים או חברים, כי זה אכן מה שקורה. הביעו הזדהות עם הלחץ החברתי שעלול להיות מופעל עליהם להיות חלק מהתערבויות בתחום הזה, וחזקו את נחישותם להתנגד לכך. אנחנו מקווים, כמובן, שהם לא עוסקים בפעילות מינית, אבל אולי כדאי שנלמד אותם שגם אם כן – אל להם לצלם תמונות בטלפון או לאפשר צילומים כאלו באותם רגעים פרטיים ואינטימיים. הזכירו להם שבעלות על כלי כדוגמת טלפון חכם דורשת מהם להפגין שליטה עצמית. אם יישלח אליהם מסר לא ראוי, תנו להם לנהוג בצורה מוסרית ולמחוק אותו כדי לעצור את תהליך ההפצה. באתר "מידע אמין על מין" יש מידע רב למתבגרים ולהורים. הזכירו להם שבסופו של דבר, עליהם לקבל אחריות על מעשיהם.

הסלפי ואנחנו

צילומי סלפי הפכו לצורת ביטוי של הנוער, ולפעמים גם שלנו. אולם להזדקקות אליהם יש גם השלכות. באופן טבעי בני נוער עסוקים בעצמם, וכשמדובר בתהליך בריא זה יכול להיות חלק חשוב מהתפתחותם כמתבגרים. צילומי סלפי, כמו גם הצורך לעדכן את הצילומים בטלפון הנייד על בסיס יומיומי, משפיעים על הנוער. רבים נעשים מעורבים מדי ומתאהבים בתמונות של עצמם. יש גם נטייה לעיסוק אובססיבי בתמונות באופן כללי, ולעריכת השוואות עם אחרים כמו גם בין צילומים שלהם לשל אחרים.[16]

בנסיבות קיצוניות, צילומי סלפי עלולים לגרור את הנוער למצב קשה של חוסר שביעות רצון מעצמם. גם כשהם מצליחים לצלם סלפי נפלא, הם מודדים את ערכם לפי כמות הלייקים או התגובות שהם מקבלים. זה יכול להפוך את הסלפי להתמכרות לעיסוק במדידת היופי, הערך העצמי והפופולריות של אנשים. אם סלפי מקבל מעט לייקים או תגובה שלילית, בני נוער רבים יסיקו מכך שהם אינם אטרקטיביים ואינם ראויים לתשומת לב של אחרים, או שאנשים לא אוהבים אותם.

כהורים, עלינו לחנך את ילדינו ולהזכיר להם שערכם אינו נמדד בלייקים וירטואליים, אלא בעבודה קשה ובהישגים בחיים האמיתיים, בהיותם אנשי אמת אדיבים ומעניקים ובעלי יופי פנימי. המסר הזה היה חשוב מאז ומעולם, אבל הוא הפך הכרחי עוד יותר בימינו, כשבני נוער מעורבים כל כך בעולם המדיה החברתית, עולם שיוצר ציפייה לעיסוק תמידי בקידום עצמי ובמעורבות עצמית.

כוחו של האינטרנט

האינטרנט הוא אמצעי תקשורת רב־עוצמה ששינה את דרכי התקשורת שלנו במאה ה־21. הוא גלובלי, הוא מהיר והוא גדל כל הזמן. האינטרנט, שמגיע עד קצוות תבל, משדר מידע ברגע אחד והופך את העולם לקטן ולמחובר יותר. ההערכה היא כי ברחבי העולם יש 400 מיליון משתמשים באינטרנט. הרשת חוללה שינוי מהיר וקיצוני בחיינו – החל מתועלת עצומה ונפלאה ועד תסבוכות איומות.[17] כמו כל כלי רב־עוצמה, גם באינטרנט אפשר להשתמש לטוב ולרע. הוא אומנם מספק גישה מידית לכמות אדירה של מידע, אבל הוא גם מאפשר גישה לתכנים המשפיעים לרעה על לבם, מחשבותיהם ונפשם של ילדים ומבוגרים, תכנים בעלי פוטנציאל הרסני ביותר.

השימוש באינטרנט הפך בשנים האחרונות לחלק בלתי־נפרד מחיינו, ובפרט מחייהם של בני הנוער. האינטרנט טומן בחובו סכנות כמו גם הבטחות. השאלה שעליה צריכים הורים אחראים לענות היא, כיצד לאפשר לילדינו לנצל את כוחו החיובי מבלי להיפגע מהשפעותיו השליליות. אחריות זו מאתגרת עוד יותר, משום שילדינו בדרך כלל מתמצאים בטכנולוגיה הרבה יותר מאיתנו. במחקר שבו השתתפו 1094 תלמידים בישראל – ילדים ובני נוער – דיווחו 99 אחוז מהם כי הם משתמשים במחשב, ו־83 אחוז מהם גולשים באינטרנט לפחות פעם ביום. ממוצע השימוש במחשב בקרב המשתתפים עמד על 2.8 שעות ביום.[18] בסקר אחר נמצא כי ל־83 אחוז מהנשאלים (בני 8–15) יש טלפון חכם. כ־25 אחוז מבני נוער אלו משתמשים בטלפון הנייד יותר מ־5 שעות ביום.[19]

כמה מן הנקודות המרכזיות שאותן כדאי לנו כהורים לשקול מוצגות בהמשך. הן מתייחסות להיקף, לאנונימיות ולנגישות של הרשת, וכן למקומם המרכזי של מחשבים בחייהם של ילדינו.

היקף חובק עולם

לעובדה שהאינטרנט מחבר בין אנשים מכל קצוות תבל יש השלכות, חיוביות ושליליות.

יתרונות

- האינטרנט הוא מקור מידע ישיר ורב־עוצמה הזמין לאנשים בכל הגילים.
- האינטרנט מאפשר לאנשים להימצא בתקשורת ישירה לצורך העברת מידע, במקום שדעות או רעיונות יסוננו בידי עורך חדשות או צד שלישי אחר.
- האינטרנט מאפשר לאנשים מכל העולם להיפגש, ומה שבעבר היה אולי זר לחלוטין הופך למוכר.
- החיים בכפר גלובלי מעודדים תחושה שהעולם גדול ורחב יותר מכפי שהוא היה כשנחשפנו רק לאנשים שפגשנו סביבנו.
- האינטרנט מאפשר לאנשים במקומות מרוחקים להיות בקשר עם שאר העולם.
- האינטרנט והיכולת שלו להגיע לכל העולם מאפשרים לאנשים רבים יותר לעבוד מהבית או להימצא בקשרי עבודה עם מדינות רבות ללא צורך בנסיעות.
- האינטרנט מאפשר לאנשים בעלי תחומי עניין דומים, שלרוב מבודדים למדי בתוך הקהילה שלהם, ליצור קבוצות ולהימצא בקשר תדיר.

חסרונות

- האינטרנט מעניק לכל המשתמשים קול שווה. כך, קבוצות שוליים מצליחות להפיץ את דעותיהן באופן נרחב, ועשויות להצטייר כיותר מייצגות ומרכזיות ממעמדן בפועל.
- המידע באינטרנט אינו נמצא תחת פיקוח; כך ייתכן שהוא יהיה מקור מידע מהימן מאוד או לא מהימן כלל, ואנשים לא יוכלו בהכרח להבחין בין השניים.
- האינטרנט מעניק לכל אחד גישה לכל אדם אחר. במקרים רבים, אנשים רעים מצאו דרכים לנצל לרעה את הנגישות העוצמתית הזו, ולגרום נזק בקנה מידה גדול בהרבה ממה שהיה מתאפשר להם לפני עידן האינטרנט.
- האינטרנט עלול להיות מושפע לפעמים מ'תגובת ההמון'. למשל, ישראל היא מוקד לכמות עצומה של תקשורת שלילית שמופצת ברחבי העולם, וניזונה מעצמה באופן הרבה יותר עוצמתי מאשר בכל פורום אחר.

אנונימיות

העובדה שתקשורת מקוונת יכולה להיות אנונימית, כפי שאכן קורה לרוב, נושאת מספר השלכות, חיוביות ושליליות כאחת.

יתרונות

- האנונימיות של האינטרנט מאפשרת לאנשים לדבר על נושאים מטרידים מבלי להרגיש מאוימים. אפשר ליצור קבוצות תמיכה שעוזרות לאנשים בבעיות שלהם ללא צורך להזדהות.
- האנונימיות של האינטרנט מאפשרת לאנשים ביישנים או מאותגרים חברתית לפעול ללא הגבלה הנובעת מן העכבות הללו, ולהתחבר ולתקשר באופן רחב הרבה יותר.

חסרונות

- האנונימיות של האינטרנט משחררת אנשים מעכבות חברתיות שהיו להם לולא האנונימיות. קל להם יותר להתנהג בבריונות ובאכזריות מבלי לחשוש מההשלכות. לפעמים העדר המגע האישי הישיר מאפשר בקלות אמירות מרושעות ומעשים רעים.
- האנונימיות של האינטרנט מאפשרת לאנשים להחפיץ התנהגויות, ובכלל זה, למשל, מין ומיניות. באינטרנט יש פחות חשיפה אישית, והתחושה היא של גבולות פרוצים יותר, לעומת מציאות שבה אנשים מזוהים כחברי קהילה.

- האנונימיות של האינטרנט פותחת פתח לחוסר נאמנות רגשית ופיזית. אין צורך להזדהות כדי לקיים מערכות יחסים אינטנסיביות עם אחרים.
- האנונימיות של האינטרנט והתקשורת הקלה מאפשרות לעברייני מין גישה נוחה יותר לילדים ולמבוגרים פגיעים, ללא צורך לצאת מהבית.

נגישות מידית

לעובדה שהאינטרנט נגיש כל כך יש כמה השלכות, חיוביות ושליליות.

יתרון

- בעזרת אינטרנט אלחוטי, הגישה לרשת אפשרית כמעט מכל מקום בעולם. לפיכך, אפשר לספק ולקבל מידע בכל זמן מכל מקום ולהרחיב את טווח המידע הנגיש.

חיסרון

- דרוש רק קליק אחד על העכבר כדי לקבל גישה לחומרים פורנוגרפיים. התמכרות לפורנוגרפיה באינטרנט היא רק אחת הדוגמאות למחיר שמשלמת החברה על כוחו של האינטרנט.

תקשורת באמצעות המחשב

אחת המשמעויות של האינטרנט היא שתקשורת מתרחשת באמצעות מחשבים, ולכך יש כמה השלכות, חיוביות ושליליות כאחד.

יתרונות

- עבור אנשים מאותגרים חברתית, האינטרנט הוא דרך להכיר חברים בלי לתפקד באופן חברתי במובן הרגיל. העובדה שמגע אנושי ישיר איננו תנאי מוקדם הכרחי ליצירת קשרים עמוקים ומשמעותיים יכולה לסייע למתקשים באינטראקציות אנושיות סטנדרטיות.

חסרונות

- מכיוון שקל ליצור קשרים באמצעות המחשב, יש שמאבדים עניין ויכולת ליצור קשרים חברתיים פנים אל פנים. מכיוון שהם מתקשרים רק באינטרנט, הם לא מפתחים את המיומנויות הדרושות על מנת לצאת ולפגוש חברים. הטכנולוגיה אומנם מקדמת אותנו, אך אנשים צריכים להיות מסוגלים ליצור

ולקיים קשרים עם אחרים בחיים האמיתיים. מערכות היחסים שנוצרות באמצעות האינטרנט מקדמות את התחושה שאינטראקציות אמיתיות כבר אינן הכרחיות.

לסיכום

כפי שאפשר לראות, אפשר לרתום הרבה מכוחו של האינטרנט למטרות חיוביות או שליליות, ולכן עלינו למצוא דרכים להתמודד עם הכלי העוצמתי הזה וללמד את ילדינו להשתמש בו נכון, מבלי לנצלו לרעה או ליפול קרבן למנצלים. בשיחה על הסכנות של האינטרנט, חשוב להבחין בין מה שמזיק לילדינו מעצם מהותו לבין מה שמזיק פשוט בגלל הסכנה של שימוש פוגעני. למשל, אין שום בעיה עקרונית למסור לאחרים את הכתובת שלכם. אבל מכיוון שאנחנו חוששים שאנשים רעים ישתמשו במידע הזה למטרות פסולות, ומכיוון שאנחנו מודעים לכך שיש הרבה אנשים באינטרנט המעוניינים במידע כזה כדי לנצל אותו לרעה, נלמד את ילדינו לנקוט אמצעי זהירות. לעומת זאת, פרסום תמונות מביכות של אחרים הוא דבר פסול, משום שזו התנהגות אכזרית. אין לצפות בפורנוגרפיה באינטרנט כיוון שפורנוגרפיה משפיעה לרעה על מי שנחשף אליה. כשאנחנו מחנכים את ילדינו, עלינו להדגיש את ההבדלים הללו. החששות הגדולים ביותר בשעת התמודדות עם שימוש באינטרנט הם חשיפה לתוכן מיני ולניסיונות פיתוי, בריונות ברשת וכן הרשתות החברתיות.

חשיפה לתוכן מיני

> בקהילות דתיות מגזימים עם זה [פחד ממיניות]. הפכו את המיניות למפלצת אימתנית. הבעיה היא שכיום הגישה למיניות היא כמעט בלתי־מוגבלת. מספיקה הקשה אחת על המקלדת כדי לקבל גישה למיניות כמעט בכל מדיה. במשך השנים עבדתי באופן די נרחב עם בנים דתיים בגיל הנעורים, ונוסף לכל הסערות והמתח של גיל ההתבגרות, הם אומרים שמיניות היא נושא לוהט לשיחה עבורם. הבעיה היא שהם מקבלים גישה לתוכן מיני מבלי לפתח כלים רגשיים כדי לעבד את מה שהם רואים. מישהו צריך להסביר להם [על הדברים האלו] לפני שהם רואים אותם... (ד"ר צמח אסיף)[20]

70 אחוז מבני הנוער מדווחים כי נחשפו לחומרים בוטים מינית באופן מזדמן בזמן גלישה באינטרנט. כמעט כל מתבגר מדווח כי נחשף לחומר בוטה מינית גם אם לא חיפש אותו.[21] מספיקה כתובת מייל על מנת לקבל דואר זבל לא רצוי בעל תוכן מיני, המציע קשרים מיניים או תרופות שונות להגברת התפקוד המיני. כך, ילדים ובני נוער נחשפים למידע מיני הרבה יותר בוטה, ובדרך כלל לא מדויק, מאשר בדורות קודמים.

בריונות ברשת

בריונות ברשת מתרחשת כשילדים משתמשים באינטרנט, או אפילו בטלפון הנייד, כדי לשלוח מסרים מטרידים או משפילים או תמונות מיניות של עצמם או של אנשים אחרים. ההשפעה ההרסנית של הערות פוגעניות ותמונות מביכות גדלה עשרות מונים כשהן מופצות באינטרנט, משום שמדובר לרוב בחשיפה בפני מספר רב של אנשים. בני נוער הם פגיעים, והשפלה פומבית מזיקה מאוד לביטחון העצמי, לרוב בתוספת השפעות רגשיות חמורות לטווח הארוך. מסתבר שטיבם האנונימי לכאורה של הפוסטים הללו פותח פתח להעזה מוגברת מצד ילדים שלעולם לא היו מתנהגים ברשעות במפגש פנים מול פנים.

כהורים אנו עדים למקרי התאבדות שמתפרסמים ביוטיוב, בפייסבוק, בטוויטר וכדומה, מקרים המיוחסים לבריונות ברשת. בריונות מופיעה גם בצורות פחות ישירות, כדוגמת 'הציוץ העקיף' (sub-tweeting), דרך פסיבית אך פומבית להעביר ביקורת על חברים או אנשים שמרגיזים אותך בקרב העוקבים במדיה החברתית. הציוץ העקיף החליף את העימותים הישירים פנים אל פנים, והוא מצית בקלות עימותים שמגיעים לחוגים רחבים יותר ומרחיבים את מעגל הנפגעים.

כהורים, אנו יכולים לומר לעצמנו שדברים כאלו קרו גם לנו כבני נוער, כשכתבו עלינו פתקים בכיתה, אבל חשוב שנביע בפני ילדינו את ההכרה שהחוויה שלהם היא אינטנסיבית בהרבה משום שהיא פומבית מאוד, ושזה אכן יכול להיות להם קשה במיוחד. עלינו ללמד אותם לבחור בדרך האומץ ולא בדרך הפחד, ולומר את מה שיש להם לומר במפגש אישי.

נדמה כי תופעת בריונות הרשת נמצאת בעלייה מתמדת. במחקר מ־2014 על בריונות רשת, הממצא המשמעותי ביותר חשף כי 87 אחוז מהנוער היו עדים לבריונות רשת, לעומת 27 אחוז מהנוער שהיו עדים להתנהגות אכזרית ברשת

בשנה הקודמת.[22] מתוך אלו שענו כי נפלו קורבן לבריונות רשת, 72 אחוז אמרו שהיא נבעה מן המראה החיצוני שלהם, 26 אחוז אמרו שהגורם היה גזע או דת ו־22 אחוז ציינו מיניות כגורם מניע. מקרב אלו שהיו עדים לבריונות רשת, 53 אחוז אמרו שהקורבנות הגיבו בהתגוננות או בכעס, ואילו 47 אחוז אמרו שהקורבנות מחקו את החשבון שלהם ברשת החברתית, וכך הדגישו את השפעתה הרגשית המשמעותית של הרשת. בסקר של המשרד לביטחון פנים בקרב בני נוער בארץ 18 אחוז מהנשאלים דיווחו על ביוש, השפלה או הבכה; 11 אחוז נפגעו באיום או באלימות מילולית; ו־3 אחוזים הוטרדו מינית.[23] מחקרים אלו מגלים כי בריונות רשת מוסיפה להיות בעיה קשה עבור הנוער, אף על פי ש־24 אחוז מהנוער דיווחו כי לא היו יודעים מה לעשות אם היו סובלים מהטרדות או בריונות ברשת. חשוב שנחנך את ילדינו בנושאים הללו וניתן להם כלים, וכן שנעצים אותם להגיב בשעת הצורך. נוסף לכך, עלינו להבטיח שהם עצמם לא יבחרו להשתמש בבריונות רשת.

רשתות חברתיות

אף שפייסבוק עצמה בירידה והיא נמצאת במקום השלישי ברשימת הרשתות החברתיות הפופולריות בקרב הנוער, שתי השחקניות במקום הראשון שייכות גם הן לפייסבוק: ווטסאפ עם שיעור משתמשים של 95 אחוז (לעומת 93 אחוז ב־2017) ואינסטגרם עם 88 אחוז (לעומת 72 אחוז ב־2017). ייתכן שלזינוק בפופולריות של אינסטגרם תרם פורמט הסטוריז: 61 אחוז מהנוער מעלים סטורי לפחות פעם בשבוע, ו־21 אחוז לפחות פעם ביום.

בצפייה מקוונת בתוכן וידאו חל השנה מהפך לטובת הסמארטפון בקרב בני נוער: 46 אחוז אמרו שזהו האמצעי המועדף עליהם לצפייה, ואילו 30 אחוז בלבד בחרו במחשב (זאת, לעומת 30 אחוז לסמארטפון ו־54 אחוז למחשב ב־2017).

המדיה החברתית הפכה לכוח דומיננטי בחייהם של בני הנוער. הם מבלים יותר זמן בתקשורת מקוונת מאשר בתקשורת בין־אישית. הנוער צורך מדיה חברתית ללא הפסקה משום שהטלפון הנייד הפך להיות כמעט חלק מגופם. התנתקות מהטלפון או מהמחשב פירושה התנתקות מכל עולמם. זהו חלק הכרחי מחייהם החברתיים, ומעטים מסוגלים לשמור מרחק מכל הרשתות החברתיות. חלקם עשויים לחוש שזו חובה שעליהם לעמוד בה, אך היא דורשת זמן רב, ועלולה למנוע מהם לקבל אחריות על דברים חשובים יותר בחיים שהיו

יכולים לעזור להם לגדול ולהתפתח. כהורים, עלינו לעזור לבני הנוער לאזן בין האתגרים שמביאה איתה המדיה החברתית למה שנדרש מהם בעולם האמיתי.

כהורים, עלינו להבין שהמדיה החברתית היא חלק נורמלי ואינטגרלי מחיי הנוער, העולם שבו הם חיים שהוא הכרחי עתה עבור התפתחותם. לכן עלינו להפעיל את כישורי ההורות שלנו באופן פעיל יותר וליזום שיחות שיעזרו לילדינו להבין שהרגשה עצמית טובה והערכה עצמית צריכות להתבסס על הישגים, התנהגות ראויה, השקעה, קיום תקשורת אישית והתמקדות במה שחשוב באמת בחיים האמיתיים, אלה שמחוץ לאינטרנט.

יותר מאחד מכל עשרה בני נוער פרסמו באינטרנט תמונה שלהם או של אחרים בעירום מלא או חלקי, וזאת מבלי לצאת מהחדר. בלי קשר לעירום, 25 אחוז מהצעירים אומרים שהם פרסמו משהו שאחר כך הצטערו עליו, לעגו לאחרים או יצרו זהות בדויה באינטרנט. בני נוער מבלים יותר ויותר זמן ברשתות החברתיות. ל־55 אחוז מהנוער האמריקאי יש פרופיל ברשת חברתית כמו טוויטר, סנאפצ׳ט או פייסבוק. רשמית, האתרים האלו מקבלים חברים רק מגיל 14, אבל בפועל אין להם אפשרות לבדוק את גילם של המשתתפים. 22 אחוז מבני הנוער ברשתות החברתיות אומרים שהם בודקים את הדף שלהם יותר מעשר פעמים ביום. למעשה, רק 4 אחוזים מההורים חושבים שילדיהם בודקים את הדף שלהם יותר מעשר פעמים ביום. אפשר בהחלט לומר שלהורים רבים אין מושג שזה מה שהילדים שלהם עושים.[24]

היתרונות והחסרונות של האינטרנט, המפורטים לעיל, הם חלק אינטגרלי מהרשתות החברתיות. רשתות חברתיות דומות לכל מקום מפגש או מועדון, אך מפני שהן וירטואליות, מספר האנשים שאיתם אפשר לתקשר בו־זמנית הוא עצום והמשתתפים יכולים לשמור על אנונימיות או לעטות זהות בדויה. רוב הרשתות החברתיות פועלות באופן די פשוט. כל הנרשמים מקבלים דף ללא תשלום ויכולים לפרסם בו כל מידע שירצו, וכך ליצור לעצמם פרופיל אישי שאותו הם יכולים לעדכן באופן קבוע. פייסבוק וטוויטר פופולריים בקרב מבוגרים, ואילו בני נוער מעדיפים לתקשר עם בני גילם באמצעות אינסטגרם, טמבלר, סנאפצ׳ט וואטסאפ. המשתתפים משתפים תמונות של עצמם, מעלים עדכונים על עצמם, מפרסמים קישורים לשירים שהם אוהבים, כמו גם יצירות אומנות או קישורים לכל מה שמעניין אותם ברשת. הרשתות הללו מאפשרות לשלוח דואר והודעות טקסט, וכן לנהל שיחה מקוונת עם אחרים. רשתות חברתיות עלולות להיות מסוכנות, שכן הן מאפשרות לעבריינים לאמץ זהות

בדויה ולארוב לילדים תמימים. הן גם עשויות להועיל ולאפשר קשר עם אנשים מכל העולם. במיוחד במקרה של ילדים ביישנים או ילדים שמתמודדים עם אתגרים שגורמים להם להרגיש בודדים, חברות ברשת חברתית מאפשרת להם להיות חלק מקהילה של אחרים בעלי תחומי עניין דומים. עבור אנשים חולים או מרותקים לבית זה יכול להיות מקור נפלא לנחמה ולהפיג את הבדידות שאופפת לרוב חולים כרוניים.

החשש הגדול ביותר הוא, אולי, שאם אין לילדיכם בקרת פרטיות, כל מה שהם מספרים על עצמם באמצעות תמונות או מילים יהיה נגיש לכל 400 מיליון משתמשי האינטרנט, כנראה לעד! אנשים, ובמיוחד בני נוער, נוטים לשכוח שכל מה שהם מעלים לאינטרנט חשוף לעין כול. מעסיקים פוטנציאליים, כמו גם המופקדים על קבלה למוסדות השכלה גבוהה, מעיינים בדפי הפייסבוק והטוויטר של הפונים אליהם, כמו גם בחשבונות אינסטגרם, סנאפצ׳ט ואחרים. אומנם הילדים שלנו למדו כמה מיומנויות מחשב מתוחכמות למדי על מנת לפרסם ולקשר סוגים שונים של מידע לדף שלהם, אבל הם לא תמיד חכמים מספיק להבין את ההשלכות הפוטנציאליות לטווח הארוך. גם כשמשתמשים בבקרת פרטיות, רבים מסוגלים למצוא את המידע שהם מחפשים על ידי תמרון הבקרות הללו. מבלי להתכוון, ילדינו מעבירים מידע שעדיף שיישאר חסוי, ובכלל זה את כתובתם ומספר הטלפון שלהם, כמו גם מתי המשפחה עתידה לצאת לחופש. נוסף לכך, הם עלולים לפתח מערכות יחסים עם אנשים שאינם מי שהם מתיימרים להיות. בתסריט הגרוע ביותר, מערכות היחסים הללו עלולות להתפתח לכדי קשרים אמיתיים במציאות שיש לו השלכות מסוכנות. בנסיבות אחרות, ילדינו עלולים להיפגע כשיבינו שהם גילו את לבם לגבר סוטה בן 50 במקום לנער סימפטי בן 18. גם יוטיוב, שמאפשר לפרסם כל קליפ ביתי, פתח אפשרויות בפני אלו המבקשים תשומת לב, חיובית ושלילית כאחת. בני נוער ידועים בנטייתם להתנהגות פזיזה ובלתי־מחושבת, ובכך שהם לא תמיד משקיעים מחשבה באפשרויות העומדות בפניהם. עכשיו הם יכולים להפיץ את התנהגותם הפזיזה והבלתי־מחושבת לכל העולם כולו, דבר שיגרום להם הרבה יותר כאב לב כשהם יבינו את מרחב הפרסום של מעלליהם.

מיכאל קליין: היי חבר׳ה, תראו את התמונות האלו מהסופ״ש. מדהימות.
שלומי לוי: אני לא מאמין שנתנו לנו להיכנס. הכול תודות לאחי.10 לייקים.
מיכאל קליין: הכול תודות לאח של שלומי – הבחור הכי גזעי בעולם.
ג׳ניס קליין (אימא של מיכאל) – 1 דיסלייק.

מיכאל קליין: היי אימא. מה את עושה כאן? זו שיחה פרטית.
ג'ניס קליין: שום דבר לא פרטי בפייסבוק. כדאי שתתרגל לזה.
מיכאל קליין: אימא, אבל את לא שייכת לכאן. אין כאן אף אחד בגיל שלך.
ג'ניס קליין: אבל מיכאל יקירי, אנחנו 'חברים', לא?
מיכאל קליין: כן, אבל אולי בקרוב כבר לא נהיה.

בני נוער ברשתות החברתיות

האתר Commonsensemedia.org, המציע תמיכה ועצות בנוגע לשימוש במדיה, פרסם דו"ח שכולל את הנתונים הבאים:

51 אחוז מבני הנוער בודקים את הדף שלהם יותר מפעם אחת ביום.
22 אחוז מבני הנוער בודקים את הדף שלהם יותר מעשר פעמים ביום.
39 אחוז מבני הנוער פרסמו משהו שהצטערו עליו אחר כך.
37 אחוז מבני הנוער השתמשו ברשתות חברתיות כדי ללעוג לבני נוער אחרים.
25 אחוז מבני הנוער יצרו פרופיל בזהות בדויה.
24 אחוז מבני הנוער פרצו לדף של מישהו אחר ברשת חברתית.
13 אחוז מבני הנוער פרסמו באינטרנט תמונות או סרטי וידאו שלהם או של אחרים בעירום מלא או חלקי.

כפי שכתבתי, לכלים העוצמתיים הזמינים היום לילדינו יש יתרונות וחסרונות. אבל חשוב לציין שלמרות שכל אחד יכול ליצור תוכן, לא רבים עושים זאת. רוב העיסוק של ילדים במדיה מתרכז בצריכת מדיה, ורק חלק קטן מוקדש ליצירת תוכן. מספרים אלו מדגישים את הצורך לפתח עקרונות שיעזרו לילדים לשמור על עצמם, ובשעת הצורך להימצא תחת השגחה בכל מה שקשור לשימוש באינטרנט וברשתות החברתיות. להלן הצעה לכמה עקרונות מנחים שלוקטו מהספרות הקיימת בנושא.

טיק טוק

טיק טוק היא רשת חברתית שבה משתפים קטעי וידיאו, בעיקר של אנשים שעושים סנכרון שפתיים (ליפ־סינק) לשירים פופולריים. משתמשים יכולים ליצור ולהעלות סרטונים משלהם שבהם הם מסנכרנים שפתיים, שרים, רוקדים או סתם מדברים. אפשר גם לגלוש ולתקשר עם תוכן של משתמשים אחרים במגוון

רחב של נושאים, שירים וסגנונות. מכיוון שהדגש בטיק טוק הוא על מוזיקה פופולרית, בסרטונים רבים מופיעים קללות וטקסטים מיניים, כך שהשימוש ללא פיקוח של מבוגר אינו מתאים לילדים. אפשר למצוא בה בקלות אנשים בלבוש חושפני וסרטוני ריקודים בעלי אופי מיני מאוד. למרות כל זאת, יש בה גם הרבה סרטונים יצירתיים, מצחיקים המתאימים לכל הגילים.

כדאי ללמד את ילדינו ולהדגים להם כיצד להשתמש במדיה חברתית באופן הולם, כי היא בהחלט תמשיך להיות חלק מחיינו. כנראה, עדיף שילדינו יצפו בסרטונים וייצרו סרטונים משלהם בסלון הבית שלנו, שבו אנחנו יכולים לראות מה הם עושים, במקום לאסור עליהם להוריד את האפליקציה וליצור מצב שהם יורידו אותה מאחורי הגב שלנו. עדיף ללמד אותם להתמודד עם האתגר בבטחה ובאחריות (כמובן, בהגבלות התואמות את גיל הילד) ולא לאסור אותו לחלוטין.

אתגרי טיק טוק

אתגרי הטיק טוק הם רעיונות שהופכים לוויראליים. הם יכולים להיות שירים, פעילויות או ריקודים שצוברים עניין ואז מועתקים על ידי משתמשים אחרים בפלטפורמה. לפעמים הם ספונטניים, אבל לפעמים הם מתוכננים על ידי מותגים, אומנים מוזיקליים או משווקים. האתגרים הפופולריים ביותר, כמו: ריקוד כוריאוגרפי מסובך שנקרא "רנגייד", או תעלול כמו backwards hoodie או fridge mix up, אינם מזיקים. אבל חלקם, כמו שובר הגולגולת, באמת מסוכנים. חשוב להתעדכן מפעם לפעם באתגרים ויראליים באינטרנט ולדבר עליהם עם ילדיכם.

המלצות לעקרונות מנחים עבור ילדים צעירים (עד גיל 11)

- השתמשו במסננים או בבקרת הורים. חשוב לדעת שזה לא בהכרח יעבוד וחשוב גם לשוחח עם ילדינו על שימוש נכון ברשת. חשוב גם להגיע להסכם עם הילדים שההורים יכולים מפעם לפעם להיכנס ולבדוק את הפעילות של ילדיהם ברשת.
- הכניסו את האתרים האהובים על ילדיכם לרשימת המועדפים, כדי שהם לא יגיעו לאתר לא רצוי בגלל טעות באיות.

- אם אתם מרשים לילדיכם לנהל חשבון דואר אלקטרוני או להשתמש במסרים מידיים, אפשרו תקשורת רק עם אנשי קשר שאישרתם מראש. אלו צריכים להיות רק אנשים המוכרים לכם.
- הגבילו את זמן השהייה באינטרנט, אלא אם כן הם זקוקים לאינטרנט כדי להכין שיעורי בית.
- השתמשו במנועי חיפוש לילדים (לדוגמה: Kiddle).
- עמדו על כך שהם יבקשו את רשותכם לפני כל העלאה או הורדה של תכנים.
- כשהילדים מגיעים לתחילת גיל ההתבגרות, יש להגמיש את הכללים.

הצעה לעקרונות מנחים

למרות המודעות הגוברת לחששות הנובעים מן השימוש באינטרנט, רוב ההורים עדיין ממעיטים בהצבת גבולות. בסקרים של הורים וילדים בדבר כללי האינטרנט הנהוגים בביתם, ציינו הילדים פעמים רבות כי אין כללים לגבי שימוש באינטרנט, בעוד הוריהם של אותם ילדים סברו שישנם כללים ברורים. לפעמים אנחנו מדברים והילדים שלנו לא ממש מקשיבים, כך שגם כשאנחנו חושבים שניהלנו שיחה החלטית בנושא מסוים, הילדים כלל לא מבינים איזה מסר ניסינו להעביר. לחלופין, ייתכן שהורים רוצים להאמין שהם טיפלו בנושא בכך שדיברו עליו, אבל ילדים לא תופסים את הדיבורים של הוריהם כמשפיעים בהכרח על התנהגותם. אם אנחנו רוצים שישמעו אותנו ושתהיה לנו השפעה חינוכית על ילדינו, עלינו להתבטא באופן מאוד מוחשי בתחום זה, עם ציפיות מוגדרות מאוד ועקרונות מנחים להתנהגות. הביצוע האפקטיבי ביותר של עקרונות מנחים כאלו נובע מהצגתם בפני הילדים בכתב. לכל הפרה צריכה להיות השלכה. הפועל היוצא הפשוט ביותר של חציית גבולות לגבי שימוש במחשב הוא מניעת הגישה למחשב לפרק זמן מסוים. אולם אם ההפרות נוגעות לתוכן או להתנהגויות שפוגעות פגיעה עמוקה בהסכם האמון ביניכם, אולי תצטרכו להסיק שהם לא מפנימים את מה שאתם מנסים ללמד אותם, ואז חשוב לטפל בנושא יחד איתם. תמיד כדאי לקבוע את ההשלכות הפוטנציאליות בשעת הגדרת הציפיות והסטנדרטים לשימוש במחשב בביתכם.

בשעת התייחסות לאינטרנט ולרשתות החברתיות, כדאי להתבסס על כמה עקרונות חשובים.

המלצות לעקרונות מנחים עבור ילדים בוגרים יותר (מעל גיל 11)

- הימנעו משיתוף של מידע מסוים.
- מזערו התנהגויות מסוימות והציבו גבולות. למשל: בלי תוכניות בעלות תוכן מיני; הגבלת המידע שמותר לכתוב או לשלוח; הגבלת זמן מסך.
- הורים צריכים להכיר את האינטרנט, ובפרט את הרשתות החברתיות.
- קבעו כללים לשימוש ברשתות חברתיות.

---

1. **פעם היו מדריכים הורים להציב את המחשב במקום גלוי לעין כול.**[25] ברוח זו, הרב שרלו הציע ליישם את הלכות ייחוד על אופן השימוש במחשב.[26] ההמלצה הייתה שלא לאפשר לילדים להכניס מחשב לחדרם, מאחורי דלת סגורה, ששם אין להורים מושג מה הילדים עושים. כיום, כשטלפונים חכמים משמשים לרוב ממש כמו מחשב, ואי־אפשר לדרוש 'איסור ייחוד' במקרה של טלפון חכם, דרושה גישה קצת אחרת. מלבד החוקים, חשוב מאוד לחנך להבנה שמגדירה מה ראוי ומה לא ראוי לעשות במחשב ובטלפון הנייד. לכן, ברור שהחלק החשוב ביותר באחריות שלנו בנושא זה הוא לדבר עם ילדינו על הסכנות של האינטרנט ולקבוע סדרה של עקרונות מנחים התנהגותיים. מסננים יכולים לסייע במקרה של ילדים צעירים, אבל עם הגיל, מסננים רבים עלולים, למשל, למנוע גישה לאתרים שאמורים לשמש אותם לצורך הכנת שיעורי בית. עם העלייה בגיל, ניכרת ירידה ביעילות של מסננים למיניהם. רוב המתבגרים יכולים גם בקלות לפרוץ מסננים. חשוב ללמד את ילדינו לספר לכם אם הם נתקלים במשהו מטריד באינטרנט. קל כל כך להגיע לאתרים לא ראויים, וחשוב להכין את ילדינו לאפשרות הזו ולהקנות להם כלים להתמודד ות, למשל, לסגור מיד את העמוד ולהמשיך הלאה. בסופו של דבר, אנחנו רוצים שילדינו יבחרו בתכנים ובהתנהגויות נכונים כי הם עצמם רוצים לנהוג כך, ולא רק כי ההורים מחייבים אותם להתנהג בצורה מסוימת.
2. **הימנעו משיתוף מידע מסוים.** למדו את ילדיכם שיש מידע שאסור להם לשתף באינטרנט:

* לעולם אל תמסרו שמות, בתי ספר, גילים, מספרי טלפון או כתובות.
* לעולם אל תשלחו תמונות לאנשים זרים.
* שמרו סיסמאות לעצמכם (אפשר לשתף הורים ואולי חבר/ה שאתם בוטחים בו/ה).
* לעולם אל תשתפו מידע בנוגע לתוכניות נסיעה של מישהו או של המשפחה.

3. **מזערו התנהגויות מסוימות.** השתדלו להמעיט בשיחות צ'אט עם זרים. אנשים רבים באינטרנט אינם באמת מי שהם מתיימרים להיות, וקל להזדהות כחבר של חבר. בשעת משחקים באינטרנט, למדו את ילדיכם לא למסור מידע אישי על עצמם. כלל אצבע טוב הוא שכל דבר שלא הייתם מרגישים בנוח לעשות באופן אישי, מומלץ שלא לעשות גם באינטרנט. דברו על מה מותר ומה אסור להוריד מהרשת, למשל איזה מוזיקה או סרטים. אם הם צריכים לבקש מכם פרטי אשראי בכל פעם שהם רוצים להוריד משהו, הדבר יכול לעזור לכם לפקח על הרגליהם בתחומים אלו.
4. **הציבו גבולות.** הציבו גבולות ביחס למה מותר ומה אסור לילדיכם להעביר, לשחק ולפרסם באינטרנט. ילדים, ממש כמו מבוגרים, מסוגלים לבלות שעות רבות באינטרנט וברשתות החברתיות. זה פיתוי עצום, ולעיתים קרובות הם יתקשו להציב לעצמם גבולות. חובתם של ההורים להגביל את הזמן שהם מרשים לילדיהם לבלות באינטרנט. התירו שימוש במחשב, מלבד לעבודות לצורך הלימודים, רק לאחר הכנת שיעורי הבית וביצוע מטלות בבית. גם את כמות הזמן שהם מבלים מדי יום ברשתות החברתיות יש להגביל. הנה הזדמנות נוספת להטיל עליהם חלק מן האחריות. אם הגדרת הזמן המותר היא גבול שאותו אמורים ההורים לקבוע, הרי שעם העלייה בגיל, ילדים ובני נוער יכולים להשתתף בקביעת הזמן.

   גם במשחקים באינטרנט יש פיתוי גדול, ועל ההורים לדעת באילו משחקים מעורבים ילדיהם, כמו גם סוג האנשים שאיתם הם נמצאים בקשר, משום שמשחקים באינטרנט קשורים לרוב לקהילות מקוונות. גם כאן, יש להגביל את כמות הזמן למשחק.
5. **הכירו את האינטרנט.** האינטרנט, כמו גם הרשתות החברתיות, הופכים לצורת תקשורת בעלת חשיבות הולכת וגדלה. זו שיטת התקשורת של המאה ה־21, ואם אתם עדיין לא יודעים איך היא פועלת, מומלץ מאוד להרחיב את ידיעותיכם בתחום. אולי תוכלו לבקש מילדיכם ללמד אתכם, אבל אם אתם לא מרגישים בנוח, מצאו דרך אחרת ללמוד. אפשרות אחת היא לפתוח עמוד

פייסבוק, אינסטגרם, או סנאפצ'ט משלכם, ולהצטרף לקהילה המקוונת. טוב שילדיכם ידעו שגם אתם מרגישים בנוח ומיומנים בשימוש באינטרנט, ושזה לא 'עולם ילדים' פרטי שלמבוגרים אין גישה אליו. גם כשילדינו יודעים שאתרי המדיה החברתית אינם פרטיים, הם נוטים לפרסם תמונות על הקיר שלהם ולומר דברים שמשתמע מהם שהם בין חברים. כשבני נוער רואים את ההורים שלהם בפייסבוק, הם מבינים שהמידע שהם מוסרים שם גלוי לכול באמת.

6. **קבעו כללים לשימוש ברשתות החברתיות.** בדרך כלל, קשה יותר לומר לאנשים דברים מרושעים פנים אל פנים. דרך טובה לקבוע מה נחשב ראוי היא לכתוב רק את מה שהייתם מוכנים לומר לאחרים באופן אישי. למדו את ילדיכם כמה חשוב להתייחס כיאות לאנשים גם כשאיננו רואים אותם. מומלץ להיצמד לעקרונות המנחים הבאים:

* זכרו שרשתות חברתיות הן מקומות פומביים מאוד. פרסמו רק מידע שאתם מוכנים לשתף עם העולם.
* אל תוסיפו זרים לרשימה של חברים.
* אל תאשרו 'חברות' לאנשים ברשתות חברתיות אלא אם כן אתם יודעים מי הם.[27] בקשת 'חברות' היא דרך מצוינת לזכות בגישה למידע לצורך שימוש בעייתי.
* אל תתחזו למישהו אחר.
* דווחו על הטרדה להורים או למישהו שמוכן לנקוט פעולה בנושא.
* אל תעשו באינטרנט דבר שלא הייתם עושים באופן אישי. כולנו צריכים להתייחס לבני אדם באנושיות ובחמלה, גם אם הם לא עומדים מולנו.
* לעולם אל תהיו מעורבים בשום צורה של בריונות ברשת.
* לעולם אל תיפגשו עם אנשים לבד, חשוב ליידע את ההורים ולקבל את הסכמתם למפגש. כל מפגש כזה צריך תמיד להתקיים במקום פומבי ובנוכחות אדם נוסף.
* השתמשו בהגדרות פרטיות כצעד ראשון לצורך הגנה על עצמכם.
* חפשו את שמכם בגוגל מדי פעם כדי לבדוק איזה מידע מופיע עליכם באינטרנט.
* היזהרו שלא לפרסם תמונות מביכות; טווח ההישרדות שלהן באינטרנט עלול להיות הרבה יותר ממה שאתם מעלים בדעתכם, ובכוחן לפגוע במאמצים עתידיים שלכם להתקבל ללימודים גבוהים או למצוא עבודה. בנוסף, ודאו שהתמונות לא מסגירות מידע אישי ולא פוגעות בחברים.

* בכל בעיה או חשש הקשורים לאינטרנט, פנו להורים או למבוגרים אחרים שאתם סומכים עליהם.

מהי פורנוגרפיה?

> זה אתגר קשה והרבה פעמים אני נכנע לפיתוי לצפות בפורנוגרפיה. ואז אני מסתובב עם תחושה איומה של אשמה; עם הזמן אתה מתחיל ממש לשנוא את עצמך. (שלמה, 17)[28]

קל לזהות פורנוגרפיה, אבל לעיתים קרובות קשה להגדיר אותה באופן ממצה. כפי שהעיר שופט בית המשפט העליון של ארצות הברית פוטר סטיוארט לגבי פורנוגרפיה כבר ב־1964, "אני מזהה את זה כשאני רואה את זה". הגדרה מדויקת יותר מופיעה ב**אנציקלופדיה של האתיקה:**

> הצגה מינית בוטה של אנשים, באמצעות מילים או תמונות, שנוצרה במטרה העיקרית ובתקווה סבירה ליצור גירוי מיני משמעותי של צרכני החומרים הללו.[29]

חשוב לי להדגיש שתכנים של תוכניות וסדרות של היום, נחשבו פורנוגרפיים לפני עשר שנים. כחברה, הסף שלנו לתוכן מיני ואפילו פורנוגרפי משתנה כל הזמן. תוכניות כמו משחקי הכס, לדוגמה, שהתקבלה בחברת המתבגרים וגם המבוגרים כתוכנית מיינסטרים, יש בה תכנים מיניים מדאיגים מאוד. אבל ככל שבתוכניות וסדרות יראו תכנים מיניים שפעם נחשבו פורנוגרפיים, הסף ימשיך להשתנות, ויכולת השיפוט של ילדינו מה נורמטיבי ומה לא – תמשיך להשתנות לרעה.

הנה כמה נתונים סטטיסטיים:

- 370,000,000 – אתרים פורנוגרפיים באינטרנט
- כשליש מהתוכן ברשת הוא פורנוגרפיה[30]
- 25 אחוז – מכלל החיפושים עוסקים במין
- 100,000 – אתרי פורנוגרפיה שכוללים ילדים

- מנתונים שנאספו עולה שבכל שנייה ביממה 3,075.64 דולרים מושקעים (או מבוזבזים) בפורנוגרפיה מקוונת
- 57,000,000,000$ – רווחי התעשייה בשנה

למרות שיש גם פורנוגרפיה שעוסקת בגוף הגברי, היא מהווה חלק קטן מאוד מן התעשייה. פורנוגרפיה שעוסקת בגוף הנשי היא שוק גדול הרבה יותר; היא מיועדת בעיקר לגברים, אבל מסתבר שגם קהל הצרכנים הנשי גדל בהתמדה. נתמקד כאן בתחום הזה, בגלל השכיחות שלו. הוא בעייתי מכמה סיבות, ואדגיש את אלו שלדעתי הן המשמעותיות ביותר מבחינה חינוכית. אבל חשוב להבין שפורנוגרפיה היא תעשייה שגברים ונשים כאחד צורכים אותה. אומנם גברים צורכים פורנוגרפיה יותר מנשים, אך ההתעניינות של נשים בפורנוגרפיה גדלה:

- 17 אחוז מהנשים מכורות לפורנוגרפיה
- שליש מהמבקרים באתרים פורנוגרפיים הן נשים

החפצה

פורנוגרפיה היא הצגה מעוותת של המיניות האנושית. ככלל, היא מציגה נשים כחפצים שברצונם לספק שירותי מין לגברים. מבחינה זו, הפורנוגרפיה מעלה על נס את הדחפים החייתיים של הגבר. בפורנוגרפיה, נשים ממלאות בדרך כלל תפקידים כנועים המביעים באופן ויזואלי את הרעיון שתמצית העונג של נשים היא לספק את היצרים המיניים של הגברים. לפעמים יש להחפצתן של נשים גם היבטים אלימים, והעונג נובע מתחושת הכוח של הגבר השולט על האישה. פורנוגרפיה מרגילה גברים לחשוב על נשים כעל חפצים שאפשר להשתמש בהם ולא כעל בני אדם הראויים לאהבה. היא מרגילה את הגבר להעריך את האישה רק לצורך העונג המיני שהוא יכול לקבל ממנה, ולא כאדם. לא מדובר במערכת יחסים שמתפתחת, אלא בניצול נשים לסיפוק רעב מיני ללא כל מחשבה על הצד שכנגד. בפורנוגרפיה בהחלט אין שום תפיסה של מיניות כאחד המרכיבים של קשר עמוק ואינטימי.

לא דומה למציאות

פורנוגרפיה מתארת מערכות יחסים מיניות שאין בינן לבין המציאות דבר. נשים בעלות מראה מושלם, שתמונתן מרוטשת, מוצגות כמי שמסורות לסיפוק הדחפים החייתיים של הגברים. חומרים פורנוגרפיים מעבירים בדרך כלל את

המסר שנשים תמיד שואפות לספק את התיאבון המיני של הגבר ואת כל בקשותיו. בכך מבטלת הפורנוגרפיה את הייחודיות והאנושיות שבמערכת יחסים אינטימית אמיתית בין שני בני אדם. היא גם מציבה ציפיות חסרות קשר למציאות ביחס לגוף ולסיפוק מיני. נשים אמיתיות לעולם לא תוכלנה להתחרות בתמונות השקריות של הגוף הנשי המוצגות באתרים הפורנוגרפיים. נוסף לכך, ההתנהגויות המיניות שמצפים מנשים לבצע בסרטי פורנוגרפיה הן לרוב משפילות, לא כאלה שנשים בעולם האמיתי תופסות כאטרקטיביות או ככאלה שהן מוכנות לעשות. גברים רבים שנחשפים לפורנוגרפיה מתקשים מאוד לחוש משיכה לנשים אמיתיות, או להיות מרוצים ממערכות יחסים מיניות אמיתיות האופייניות לרוב קשרי האהבה האינטימיים.

> אבל אם פורנוגרפיה באינטרנט הדביקה רבים במחלה, הרי שמדובר במחלה הדומה פחות לאבולה ויותר להצטננות. מסתבר שהסימפטום הראשוני של גברים רבים אשר מוצאים עצמם מסמנים את הקליפים האסורים האהובים עליהם הוא ירידה בתחושת המשיכה לבנות זוגם.[31]

סיפוק מהיר

הסכנה הטמונה בפורנוגרפיה היא הריגוש המידי שהיא מייצרת. בטווח הקצר, הסכנה הכרוכה בעונג מהיר היא הנזק הפוטנציאלי ליכולתו של אדם להשקיע בפיתוח טבעי של מערכת יחסים אינטימית משמעותית ארוכת טווח. אדם עלול להתרגל לסיפוק המהיר שהפורנוגרפיה מציעה, עד כדי כך שהוא לא יהיה מסוגל לשאוף למערכת יחסים מספקת אמיתית.[32] סכנה נוספת היא שבני אדם מטבעם נוטים להסתגל לדברים שהם נחשפים אליהם, כך שאלו כבר לא מעוררים את אותה תגובה כמו בעבר. כך, למשל, אנשים שחושבים שהם לא באמת צרכני פורנוגרפיה מגלים מהר מאוד כי חומרים ארוטיים קלים כבר לא מספיק מגרים אותם. כמו כן, ישנם דיווחים רבים על גברים שלאחר חשיפה ממושכת לפורנוגרפיה התקשו להגיע לתגובה מינית ביחסים אמיתיים, משום שגוף אנושי אמיתי, לא מושלם, כבר לא מגרה אותם. כך, יש צורך מתמיד בחשיפה לחומרים קשים יותר, משום שרק כך יוכל להגיע לגירוי.

> ...אני לא דוגל בחזרה לימים של הסתרת המיניות הנשית, אבל אני אומר שהעוצמה והמטען של יחסי המין נשמרים כשיש בהם קדושה מסוימת, כשהם לא זמינים ללא הפסק. בתרבויות מסורתיות רבות, הסיבה לאיסור

הצפייה בפורנוגרפיה איננה התחסדות. אלא התרבויות הללו הגיעו להבנה של המיניות הגברית ומה דרוש על מנת לשמר את המשיכה ההדדית בין גברים לנשים לאורך זמן.[33]

ערכים אנטי־דתיים

היהדות מתנגדת להחפצה של אנשים. השאיפה של חז״ל הייתה שאנשים יקיימו קשרים של 'אני־אתה' ולא קשרים של 'אני־לז' (I–it לעומת I–thou), כהגדרתו של מרטין בובר.[34] במילים אחרות, המטרה של ניהול מערכת יחסים צריכה להיות לא רק קבלה, אלא גם קשר הדדי ומלא שיש בו נתינה וקבלה כאחד. בני אדם וגופם הם מקודשים, ולפי היהדות כל גוף מכיל גם נשמה. לעולם אין להשתמש באדם אחר לטובת רווח אישי. העניין הזה בא לידי ביטוי היטב בציפיות שיצרו חז״ל לגבי טיבה של אינטימיות בין גבר לאישה. מערכות יחסים צריכות לכלול את הפנים והחוץ כאחד, את הנשמה והגוף, הרגשות כמו גם החיבורים הפיזיים, שכן קשר אמיתי המתנהל על פי ההלכה הוא קשר המאחד בין גוף לנפש. הפורנוגרפיה עומדת בסתירה לכך, שכן בפורנוגרפיה שני אנשים מקיימים מפגש מיני פיזי בלבד, ובדרך כלל כל אחד מעוניין לספק רק את צרכיו הוא. זוהי סטייה, משום שיש בכך הכחשה של ייחודיותם של בני האדם, ולא תפיסה שלפיה בני אדם נבראו בצלם אלוקים.

פורנוגרפיה מבטלת את הייחודיות והאנושיות שבמערכת יחסים אינטימית אמיתית בין שני בני אדם. לפי היהדות, מיניות היא מתנה מאלוקים. לפיכך, יש לזהות את ההיבטים האנושיים שלה באמצעות הכרה בכוח ובאטרקטיביות שלה, והגבלת העיסוק בה לדרכים המותרות והרצויות על פי ההלכה.

גישת ד״ר יניב אפרתי

ד״ר יניב אפרתי, מייסד המרכז הישראלי לקידום מיניות בריאה ועמית מחקר במרכז לפסיכולוגיה של האינטרנט במרכז הבינתחומי בהרצליה, רואה אחרת את הצורך לצפות בפורנוגרפיה. לדעתו, שימוש בפורנוגרפיה נובע מאשליה של אינטימיות. בריאיון בעיתון מעריב לאחר מחקר שיצא בעניין, אמר:[35]

זה כמו סוכר. עוררות מינית גבוהה אבל ריקה. הצורך הבסיסי של האדם באשר הוא, זה קשר. הצורך של המתבגר המשתמש לרעה וההיפר־מיני בפורנוגרפיה, הוא באופן פרדוקסלי צורך בקשר, שהוא מחפש במקום שיש

בו הכי פחות קשר. אז המענה החינוכי והטיפולי הוא חיזוק הקשר עם ההורים, עם מערכת החינוך והמטפל. אם אראה קשיים בקשר ובדידות, אראה יותר צפייה בפורנוגרפיה. תמיד יש יחס ישר. היה לי מתבגר שהגיע למרכז לפגישת ייעוץ. הוא היה שבור. דיבר במונחים של נפילות. צפה כל הזמן, היה אחוז בושה וייאוש. אמרתי לו: תקשיב, כל מה שאתה מחפש זה קשר. את יודעת מה קרה באותו רגע? הוא קם, נתן לי חיבוק ואמר לי: תודה. הורדת מעליי עשרה טון. אסביר לך למה: כשאנחנו חושבים על יצר המין, מדברים בדרך כלל במונחים של ניצחונות וכישלונות. ישות דמונית חיצונית לאדם שצריך לנצח. מתבגר דתי קם בוקר־בוקר, שם עליו צבעי מלחמה ומתחיל להילחם. חוזר הביתה, היה לו יום קשה, צפה בפורנו, ויש עוד מלחמה. אני רוצה להגיד: בואו נשתמש במושגים של צורך וקשר.

גישה יהודית

פורנוגרפיה מלמדת גברים להתייחס לערכן המיני של נשים ותו לא. היא גורמת לגברים להאמין שנשים אמורות להיות בעלות גוף מושלם וזמינות מינית בכל עת. היא גורמת לאדם להתמקד רק בסיפוק העצמי שלו ולא בנתינה עצמית הדדית, ובאושר הנובע מסיפוק בן או בת הזוג. ככל שאנשים נחשפים יותר לתפיסה המעוותת הזו של מיניות, המעבר למציאות יקשה עליהם.

הרב יובל שרלו דיבר על ההשפעה של הפורנוגרפיה:

> הפורנו הוא ענף בסיפור הזה [של האינטרנט והשפעותיו] משתי סיבות. האחת – ההתמכרות. השנייה – המיניות הלא־בריאה מעבר להתמכרות. הנוער, המתבגרים והמבוגרים שנחשפים לפורנוגרפיה מגלים מיניות על הפן השטחי, האלים, הסטריאוטיפי והמנותק מרגשות ומרומנטיקה שלה. התשתית לבניין חיי משפחה, זוגיות ומיניות בריאה נמצאת תחת מתקפה קשה.[36]

היהדות מלמדת אותנו שבני אדם נבראו בצלם אלוקים, ופירוש הדבר שבכל אחד מאיתנו יש ניצוץ אלוקי. בני אדם הם יצורים ייחודיים – היצירה היחידה המשלבת גוף ונפש. אם כן, מטרה מרכזית של קיומנו היא לחוות את הגוף ואף להתענג ממנו, אבל תמיד לרומם אותו מעבר לתחום הגופני גרידא. בהקשר של מיניות אנחנו למדים מבריאת האדם, כמתואר בבראשית ב, כד: "ודבק באשתו,

והיו לבשר אחד". אינטימיות היא חלק חשוב בקשר בין בני זוג. אבל משום שהיא עמוקה כל כך ויוצרת בין בני הזוג חיבור בכל רובדי הקיום שלהם, היא נתפסת כחיובית רק כשהיא חלק מקשר ארוך טווח ומחייב – קשר הנישואים. תפקידה של הצניעות, על כלליה העוסקים בבגדים ובהתנהגות של נשים וגברים כאחד, למנוע מגברים ונשים לראות זה בזו חפצים מיניים בעלמא. צניעות מעודדת קשר זוגי המבוסס על התייחסות זה לזו כפרטים אנושיים ייחודיים שניחנו בניצוץ אלוקי. צניעות עוזרת לנו לראות את השילוב בין הרוחני לגופני שיוצר את האדם השלם. נוסף לכך, הצניעות גם מעודדת אותנו לשקול היטב למה אנחנו חושפים את עצמנו. אנחנו מצווים להתרחק מ'דבר זנות', כלומר מכל דבר שעלול להוביל אותנו למחשבות ולתפיסות מיניות לא בריאות. פורנוגרפיה בהחלט מתאימה להגדרה הזו.

תרבות המושפעת מפורנוגרפיה

ד"ר גייל דיינס עוסקת בניתוח המחקר על השפעתה של פורנוגרפיה על אנשים במהלך 40 השנים האחרונות. מעבר להשפעה של הפורנוגרפיה על הפרט, חשוב לשמור על מודעות להשפעה של התפשטות הפורנוגרפיה על נורמות וציפיות חברתיות ביחס לגוף הגבר והאישה, כמו גם על ציפיות במסגרת קשרים אינטימיים.[37] למשל, הרף שאישה מציבה לעצמה כדי להרגיש ולהיראות טוב מבוסס על גוף לא מציאותי, מרוטש וחלק. כך נוצרות ציפיות ביחס לגברים ולנשים כאחד. הסקסואליזציה המוגזמת של הדמות הנשית, עם הדגש המופלג על מיניות בפרסומות, היא תוצאה של תעשיית הפורנו והחשיפה העצומה למיניות דרך פורנוגרפיה. דיינס מדברת על נשים צעירות שכבר מגיל צעיר עוברות תהליך של סקסואליזציה עצמית, משום שזה מה שהן רואות סביבן.

ברמה הפרטנית, המחקר מראה כי ככל שילד נחשף לפורנו בגיל צעיר יותר, כך הוא נפגע יותר. היכולת שלו לחוות אינטימיות עם בת זוג פוחתת, הוא מרגיש פחות אמפתיה לקורבנות אונס, מועד יותר לדיכאון ולחרדה ונוטה יותר להסתכן בהתנהגויותיו המיניות.

הדרך להיאבק בתופעה, אומרת דיינס, היא לנקוט בגישה של בריאות הציבור, בדומה למסעות פרסום נגד נהיגה בשכרות. אם נתאחד ונגרום לציבור להבין כמה חשובים החיים התקינים של הדור הבא, נוכל להיאבק במידע המוטעה שתעשיית הפורנו מפיצה.

התייחסות לנושא

ברצוני להמליץ על פועלו של רן גבריאלי, ישראלי שהקדיש את עבודתו לחינוך בנוגע להשפעות ההרסניות של תעשיית הפורנו ושל החשיפה לפורנוגרפיה.[38] הוא פונה ברהיטות לנוער ומסביר למה צריך להפסיק לצפות בפורנוגרפיה. דבריו שימושיים מאוד לילדים ולבני נוער. כדי שנוכל להביא טיעונים אפקטיביים נגד הפורנוגרפיה, עלינו להבין איזו מטרה היא משרתת עבור הצופים בה. אחד הטיעונים החשובים שלו הוא העובדה שפורנוגרפיה מבססת תעשיית מין, ומנציחה את תעשיית הזנות והסחר בנשים. כאשר צורכים פורנוגרפיה תומכים בתעשייה הזו, וכאנשים מוסריים עלינו לחשוב גם על האחריות בתחום הזה כאשר בוחרים לצפות בפורנוגרפיה.

פורנוגרפיה היא פיתוי גדול, במיוחד לגברים ולבנים בגיל הנעורים. זו אומנם לא תופעה חדשה, אבל הגישה הקלה באינטרנט מגבירה מאוד את הקושי לעמוד בפיתוי. פורנוגרפיה נמצאת במרחק של שני קליקים באינטרנט, דבר שהוביל לגידול בפעילות פורנוגרפית מצדם של נוער ומבוגרים, ובמיוחד נוער ומבוגרים דתיים שיכולים עתה לעקוף את המגבלות הקהילתיות שמנעו מהם עד כה, לפחות ברמה מסוימת, את הגישה.

עלינו להתמודד בכנות עם הפיתוי החזק של הפורנוגרפיה. עבור בני נוער רבים, מיניות היא לא בהכרח מעשה שמתרחש בין זכר לנקבה. עבור בנים דתיים רבים בגיל הנעורים, שמבקשים להישאר מחויבים לדת ולפיכך לא עולה בדעתם ליצור קשר מיני עם נערה, המיניות נחווית בינם לבין עצמם, באמצעות שימוש במחשב לשם יצירת ריגוש (הסטטיסטיקה הלא רשמית מדברת על כ־65 אחוז מהנוער הדתי). הם לא תמיד מבינים עד כמה החשיפה לתמונות האלו מזיקה לנפש שלהם ולהתפתחות שלהם כגברים דתיים בריאים מינית. חשוב שהורים ידברו עם בניהם על ההשפעות המזיקות של פורנוגרפיה, ולמה אנחנו בוחרים לשלול אותה מכול וכול. הורים שמרגישים כי בניהם כבר צופים או קוראים חומרים פורנוגרפיים צריכים לבקש תמיכה וייעוץ. פורנוגרפיה ממכרת, ולאחר שנוצר עניין בפורנוגרפיה, קשה לפרוש ממנה.

כמה אתרי אינטרנט עם נקודת מבט יהודית נבנו כדי לעזור לאנשים להתגבר על התמודדות עם פורנוגרפיה, והידוע ביניהם הוא "שמור עיניך" gye.org.il, המציג את עצמו כ"אתר ליהודים שנאבקים לשמור על טהרתם המוסרית בעולם מודרני". כמו כן יש אתר המתאים למתבגרים הנקרא "עבודה בעיניים" mitbagrim.org.il.

פורנוגרפיה בקהילה הדתית

במחקר שפורסם ב־2017 מצא יניב אפרתי כי "במובנים רבים, הציבור הדתי כבר מזמן לא משתרך מאחורי הציבור החילוני בכל הנוגע לצריכת פורנו". ובמספרים: 14 אחוז מהנערים החילונים בכלל לא נחשפו לפורנוגרפיה לעומת 38 אחוז מהדתיים, 20 אחוז מהחילונים נחשפים פעם או פעמיים בחודש לעומת 25 אחוז מהדתיים.

נערות דתיות מדווחות, בפער קטן מאוד לעומת החילוניות, שמעולם לא נחשפו לפורנוגרפיה (82 אחוז אצל דתיות מול 78 אחוז אצל חילוניות). כאשר מדברים על חשיפה של פעם או פעמיים בחודש, הפער מזערי: 12 אחוז מהדתיות מול 14 אחוז מהחילוניות.[39]

עזרה למתמודדים

- חשוב להכיר בכך שעבור אנשים רבים, פורנוגרפיה עלולה להפוך להתמכרות. לא קל לרפא התמכרות, וההתגברות עליה דורשת מאמצים ממושכים, הכוללים לרוב טיפול מקצועי.
- חשוב לדעת אילו מצבים עלולים לפתות אדם לצפות בפורנוגרפיה, ולנסות להקדים רפואה למכה ולהימנע מהם.
- הורידו למחשב תוכנה שחוסמת אתרים פורנוגרפיים. התקינו במחשב מסננים שאינם בשליטתם של בני הנוער. אי אפשר להסתמך עליהם, אבל הם יכולים להוות עוד נקודה שבה אדם יעצור ואולי יחליט שלא כדאי להיכנס לאתר.
- על הורים להיות מודעים למה שילדיהם עושים במחשב ובטלפון.
- יש להציב את המחשבים במקומות גלויים בבית. עם זאת, עלינו להיות מודעים לכך שלרוב בני הנוער יש טלפון חכם ללא סינון שאפשר להשתמש בו בכל מקום.
- לכן חשוב לפתח דיבור פתוח וכן, אם אפשר, עם הילדים שלנו.
- הצעד החשוב הראשון במאבק במשיכה לצפות בפורנוגרפיה הוא להודות בבעיה, ולא להמשיך לתרץ תירוצים. לפורנוגרפיה תהיה בסופו של דבר השפעה שלילית על הצופים בה. מי שמסוגל להודות בבעיה, יוכל להתחיל להתמודד איתה ולפתוח בתהליך שיקום.
- אנשים רבים מתמודדים עם רגשות אשם כתוצאה מן הכניעה לפיתוי. עדיף לא לשקוע ברגשות כאלו. רבים מתפתים; חשוב יותר לברר כיצד להתגבר על קולות הפיתוי השונים ולעמוד בפרץ.

- ארגונים רבים הפועלים לעזור למתמודדים עם משיכה לפורנוגרפיה ממליצים למצוא ׳שותף למחויבות׳. זהו אדם נוסף המחויב גם הוא למאמץ להתגבר על המשיכה לפורנוגרפיה. שותפים תומכים זה בזה במאבקם ההדדי. שותפים למחויבות מתעניינים זה בזה מדי יום, לפעמים כמה פעמים ביום, ומשתפים זה את זה באסטרטגיות ובהצלחות, ברגעים קשים ובמאבקים. לפי העדויות, ׳חברותא רוחנית׳ כזו עשויה להיות מנגנון אפקטיבי לשמירה על כוח ומחויבות.

ריגול אחר ילדינו

מאז ומעולם התמודדו הורים עם הפיתוי להציץ ביומנים האישיים ובמכתבים של ילדיהם המתבגרים. הסיכונים והסכנות של השימוש באינטרנט וההזדמנויות הפתוחות בפני ילדים להתנהג בצורה שעלולה לסכן אותם מעודדים הורים לרגל אחר ילדיהם באינטרנט. למרות שכיום הסכנות הפוטנציאליות נגישות יותר, אין לפגוע באמון הבסיסי שהורים מפתחים עם ילדיהם. ממש כמו שאנחנו נמנעים מלקרוא את מכתביהם ואת יומניהם הפרטיים, עלינו לנסות להימנע מלפלוש לתחומם הפרטי באינטרנט, במיוחד ללא ידיעתם ורשותם.

ניהול מערכת יחסים של אמון עם ילדינו מסתבכת מאוד אם אנחנו מרגישים צורך לעקוב אחריהם. ובכל זאת, חלק מן האחריות שלנו בחינוך ילדינו היא ללמד אותם שכל דבר שנגיש בקלות להורה, נגיש גם למעסיקים פוטנציאליים. הורים צריכים לומר לילדיהם שהם לא יהיו יותר פולשניים – אבל גם לא פחות – מכל אדם ממוצע באינטרנט. ״אם אני יכולה לראות בדף הפייסבוק שלך תמונות שגלויות לכולם, זה לא נקרא לחטט. היסטוריית החיפוש במחשב המשפחתי היא מידע ציבורי ממש כפי שעלולים לעקוב אחרי ה׳היסטוריה׳ שלך במחשב בעבודה״. החינוך הטוב ביותר לגבי אופן ההתנהלות באינטרנט הוא להראות לילדיכם באיזו קלות אפשר להגיע למידע עליהם, לפעמים אפילו מידע מביך. אם ההורים מנהלים שיחה כזו עם ילדיהם כשהם מתחילים לפעול במחשב, כל מה שהם יגלו בהמשך בעזרת השיטות הללו יהיה לגיטימי.

לאחר שבונים מערכת יחסים של אמון לאורך זמן, ולאחר שמשוחחים על טיבו המורכב של האינטרנט, ברוב המקרים אנחנו יכולים להיות בטוחים שקביעת עקרונות, גבולות והשלכות תהיה אפקטיבית. לצערנו, העקרונות המנחים לא תמיד מועילים; אנשים, גם מבוגרים, עלולים להתפתות להתנהגויות מזיקות באינטרנט, וחובתנו כהורים להגן על ילדינו. אם אתם חושדים שילדיכם מתנהגים באופן מסוכן, כל ההסכמים מבוטלים ועליכם לבדוק מה קורה להם

(אני עדיין ממליצה לא לעשות זאת מאחורי גבם. יַדעו אותם שאתם מתכוונים לפקח על השימוש שלהם במחשב). אם אתם חושדים שילדיכם עוסקים בפעילויות לא ראויות באינטרנט, יש תוכנות שיכולות לעקוב אחרי כל תנועה במקלדת וכל אתר שהם מבקרים בו, ולשלוח את המידע לנמען אנונימי. אחת האפשרויות היא להתקין מוצר ניטור כזה ולשכוח ממנו. אם אתם חושדים או מגלים שילדיכם מעורבים בפעילויות בעייתיות באינטרנט, המידע שאתם צריכים כבר יעמוד לרשותכם.

האינטרנט נגיש מכל מקום. גם אם תחסמו את הגישה של ילדיכם לאינטרנט בבית, עומדות לרשותם דרכים חלופיות רבות. בסופו של דבר, מערכת יחסים חזקה של אמון ותחושה מושרשת של התנהגות מוסרית הן מנגנון הבטיחות האפקטיבי ביותר.

בפרק זה דיברנו על:

- העובדה שהמדיה הפכה למקור המידע העוצמתי ביותר בחייהם של ילדינו כיום, ושהם מבלים פרקי זמן ממושכים בצפייה בה.
- יש חסרונות לזמן הרב שמבלים בצמוד לצורות שונות של מדיה, וחשוב להציב גבולות.
- הצורך לקבוע עקרונות מנחים והמלצות עבור ילדים בנוגע לשימוש שלהם בטלוויזיה, במחשב ובאינטרנט.
- כיצד העקרונות המנחים משתנים לפי הגיל, והורים וילדים צריכים לדבר עליהם ולהגיע להסכמה.
- כיצד רשתות חברתיות הפכו למרכזיות בחייהם החברתיים של בני נוער, ועלולות להזיק אם אין משתמשים בהן כיאות או אם מגזימים בשימוש בהן.
- גם הטלפון הנייד הפך לפלטפורמה חלופית של מדיה, וטלפונים רבים מספקים גישה לאינטרנט. כתוצאה מכך, שאלת אופן הניטור של תכנים היא מורכבת הרבה יותר.
- עד כמה שאפשר, עלינו לנסות לבנות מערכת יחסים של אמון עם ילדינו ולחנך אותם לבחור בפעילויות ובאתרים ראויים.
- חשוב להכיר בכך שהפיתויים שמציב האינטרנט בפני ילדינו עלולים להיות עצומים וקשים להתמודדות. כל התנהגות חריגה, במיוחד כזו הנוגעת לשימוש במחשב, היא סיבה לדאגה.
- פורנוגרפיה היא ייצוג מעוות של המיניות האנושית, והיא בעייתית מסיבות רבות. כיום, יותר מאי פעם, גדלה בהרבה הנגישות לכמויות גדולות של פורנוגרפיה בוטה.
- ריבוי החומרים הפורנוגרפיים וקלות הגישה אליהם הובילו לפיתוח מקורות תמיכה רבים לאלו שמנסים להתגבר ולהתמודד, כמו האתר mitbagrim.org.il.

13

הטרדה ופגיעה מינית

למה לא סיפרתי?[1] כי היו מאשימים אותי. כן, הוא היה מבוגר ואני הייתי ילד. והוא היה רב נערץ. למי לדעתך היו מאמינים?
(גבר שנפגע)[2]

מה המסר שלי לאחרים? זה כן קורה בקהילה הדתית! זה יכול לקרות גם בבית שלך – ממש מתחת לאף שלך! הפוגע יכול אפילו להיות מישהו שאת מכירה ואוהבת! שמרו על קשר תמידי עם כל אחד מהילדים. אם מתעורר אפילו חשש קל, אל תהססו... דאגו לעזרה מקצועית עבור ילדיכם... והמשיכו לאהוב אותם. (אישה שנפגעה)[3]

הטרדה ופגיעה מינית

כל בני האדם, ללא הבדל גזע, מעמד סוציו־אקונומי, דת, עיסוק ומראה חיצוני, יכולים להיות קורבנות של תקיפה מינית. אחוז הנפגעים הגבוה ביותר נמצא בקרב ילדים ונוער, כאשר בראש הרשימה נמצאים צעירים בני 14 עד 24.[4] אחת מכל שלוש נשים עוברת פגיעה מינית במהלך חייה. אחת מכל חמש נשים עוברת אונס. אחת מכל חמש ילדות עוברת פגיעה מינית. עד גיל 12, שיעור הבנים הנפגעים מינית זהה לשיעור הבנות. אחד מתוך שבעה גברים עובר פגיעה מינית. רק שישה אחוזים מהפגיעות המיניות מדווחים לרשויות.[5] ייתכן שפגיעה מינית מעלה בדמיונכם תמונה של אדם בגיל העמידה המסתובב במקומות הומי ילדים, מזהה קורבנות ותוקף אותם. אבל המציאות שונה לחלוטין. ברוב המקרים של

פגיעה מינית (שמונה מתוך עשרה),[6] הפוגעים הם אנשים שמוכרים לילדים או לבני הנוער: קרובי משפחה, חברים של המשפחה, שכנים או מורים. אנחנו וגם ילדינו רוצים להאמין שפוגע מינית אינו נראה כמונו, אבל, לפי הסטטיסטיקה, רוב הפוגעים מינית בקהילה הדתית הם דתיים שנראים ממש כמונו. חשוב להזהיר מפני זרים, אבל הסבירות שהסכנה אורבת דווקא במקומות שנחשבים לבטוחים ביותר – גבוהה.

תקיפה מינית היא פשע אלים הקשור לכוח ולתוקפנות יותר מאשר לתשוקה מינית. תקיפה מינית היא בדרך כלל פשע מתוכנן. כ־80 אחוז ממקרי התקיפה המינית מתוכננים מראש. מעטים משתמשים בנשק לביצוע הפשע,[7] אבל התוקף עשוי להשתמש בשוחד, בתכסיסים, באיומים ובכוח פיזי. מעבר לפגיעה הפיזית כתוצאה מן התקיפה המינית, דווקא להשלכות הרגשיות ארוכות הטווח עלולה להיות ההשפעה ההרסנית ביותר. תקיפה מינית לא אלימה גורמת נזק עמוק. גם אם לא נעשה שימוש באלימות או בנשק, תמיד ישנם נזקים רגשיים.

ילדים שנפגעו מינית ממשיכים לסבול רגשית שנים לאחר האירוע. לרוב הם מתמודדים עם דיכאון ועם קשיים בתחומים של אינטימיות ומיניות במערכות היחסים שלהם כמבוגרים. ילדים בדרך כלל לא מדווחים על הפגיעה, מפחד מפני ההשלכות. אולם ילדים שחוו פגיעה מינית ולא דיווחו עליה סובלים הרבה יותר מבחינה רגשית מאלו שמצליחים לדווח ולזכות בתמיכה ובסיוע.[8]

הגדרת המונחים

1. **פגיעה מינית**

ניצול מיני או פגיעה בילד על ידי מבוגר, מתבגר או ילד בוגר יותר. עשויים לכלול מגע פיזי ממשי, כמו ליטוף או אונס, אך גם כפיית צפייה במעשים מיניים או פורנוגרפיה, שימוש כלשהו בילד לשם יצירת פורנוגרפיה, וכפייה על ילד להסתכל על איברי מין של מבוגר. פגיעה מינית עשויה להתבצע גם על ידי אדם מתחת לגיל 18 אם הפוגע מבוגר מהנפגע בהרבה או אם הפוגע נמצא בעמדת כוח או שליטה על הילד או המתבגר הנפגעים.

2. **תקיפה מינית**

כל פעילות מינית לא רצויה הנכפית על אדם על ידי זר או אדם מוכר. תקיפה מינית יכולה ללבוש צורות שונות, ובכלל זה הטרדה, אלימות בפגישה רומנטית, אונס וניצול מיני.

3. **הטרדה**
התנהגות לא רצויה בעלת אופי מיני הגורמת למישהו להרגיש שלא בנוח.
4. **אלימות בפגישה רומנטית**
שימוש בהתעללות רגשית, פיזית או מינית כדי להפחיד, להכאיב ולהפעיל שליטה על חבר או חברה. אונס בפגישה רומנטית מתרחש כשהאלימות מסתיימת ביחסי מין כפויים.
5. **אונס**
החדרה של איבר או חפץ לאיבר המין של האישה. יחסי מין כפויים (לפעמים תוך שימוש בסמים או אלכוהול).
6. **מעשה סדום**
החדרה של איבר או חפץ לפי הטבעת או החדרת איבר המין הגברי לפה של אדם אחר. יכול להיעשות לגבר או לאישה.
7. **מעשה מגונה**
מעשה שנעשה לשם גירוי, סיפוק או ביזוי מיני הנעשה ללא הסכמה של אחד מהצדדים.
8. **ניצול מיני**
שימוש באדם למטרות מיניות בתמורה לתשלום או טובות הנאה בין הלקוח לילד או לצד שלישי (הורה, חבר של המשפחה, חבר רומנטי, אדם זר).

גישה יהודית

יש מחקרים מעטים על פגיעה מינית בקהילה הדתית. מהמחקרים הקיימים נראה ששיעור הפגיעות המיניות בחברה הדתית דומה לזה של האוכלוסייה הכללית.[9] בשנים האחרונות נפגעים בחברה הדתית לסוגיה מתחילים לדבר יותר ויותר על פגיעות שהם חוו, ונראה שישנם נפגעים רבים.[10] על פי מחקר שנערך בארה"ב נמצא כי הסיכוי לפגיעה מינית אצל חוזרים בשאלה גדול פי ארבעה מהממוצע.[11] גוברת המודעות לכך שפגיעות בקהילה הדתית הן מציאות שיש להתמודד איתה ולטפל בה באופן נרחב, כולל חינוך וטיפול בפוגעים, טיפול בנפגעים, כמו גם תוכניות מניעה בבתי הספר כדי להגן על ילדינו ולהקנות להם כלים עוד לפני שתתרחש פגיעה פוטנציאלית, כדי שאולי יהיה להם סיכוי טוב יותר להגן על עצמם וידעו גם מתי לפנות לעזרה.

אחד האתגרים המיוחדים לקהילה הדתית הוא הרצון הטבוע בנו להכחיש את קיומה של תופעת הפגיעה ב'קהילה', בין אנשים שכולם אזרחים למופת.

לצערנו, למדנו מהניסיון שבקהילה שלנו יש עבריינים, ממש כמו בכל קהילה. ההכרה הזו מתחילה להתפשט בקהילות הדתיות, והיא דורשת מאיתנו להתייחס לנושא כמיטב יכולתנו.

מקרי הפגיעה יתחילו להיעלם כשנפסיק לתת להם לקרות. פירוש הדבר שיש להכיר בבעיה בגלוי, לספק לנפגעים תמיכה ממשית ורגשית וליידע את הקהילה שאפשר להתלונן ושהתלונות יטופלו ברצינות. חשוב ליצור הרגשה של תמיכה וביטחון לאלו שפוחדים לספר. חשוב גם שנדווח על הפוגעים, נציע לעבריינים עזרה אם הם ירצו בכך, ונעודד אותם לבקש סיוע, וכן נערב את שירותי החוק אם הם מסרבים לקבל טיפול. פגיעה מינית היא לא עניין פרטי. היא משפיעה על דורות העתיד, ואם לא מטפלים בה היא עלולה להתגלגל מדור לדור בתוך המשפחה. כאשר פגיעה מינית קורית בתוך קהילה דתית ואין תמיכה הולמת לנפגע, ובמיוחד כשלא מטפלים בה או כשמתכחשים לקיומה, קשה לנפגעים ולילדיהם להרגיש מוגנים בתוך הקהילה, ולעיתים הדבר גם מרחיק אותם מהדת. כאשר הם נוכחים בפגיעה שמתרחשת בתוך קהילה שומרת מצוות ללא כל השלכות על הפוגע, כאשר הקהילה לא יוצאת בזעקה פומבית – המסר הוא ששומרי מצוות לא תמיד מגינים על האנשים הנכונים. לצד החובה האנושית לטפל בפגיעות מיניות בתקיפות, פגיעה מינית בקהילות שלנו היא חילול ה׳, ועלינו לעשות כל שביכולתנו כדי להיאבק בה. כקהילה, אנו אחראים לשים לה קץ בראש ובראשונה כדי להשמיע מסר בלתי־מתפשר נגד הפגיעה המינית, וכדי לבער את הרעה הזו מקרבנו.

הורות מעשית

איך להכין ילדים בגיל צעיר

קשה לשוחח עם ילדים על פגיעה מינית או הטרדה מינית, משום שאנחנו לא רוצים להפחיד אותם ללא צורך. לא תמיד קל למצוא את האיזון בין עידוד הרגשה בטוחה לבין הכנה לזהירות ומודעות. כשאני משוחחת עם ילדים, אני משתדלת להתחיל בהצגת העולם שבו הם חיים כמקום ידידותי ובטוח. הנה דוגמה לשיחה שעוזרת לילדינו לפתח מודעות לנושאים האלו מבלי להפחיד אותם יותר מדי.

אימא: היי מותק, אני רוצה לדבר איתך על משהו חשוב שאני חושבת שאת כבר מספיק בוגרת לדעת.

רחל: טוב, אימא, מה זה?

אימא: אז כמו שאת יודעת, אני אוהבת לומר לך שרוב האנשים בעולם טובים.

רחל: כן, אמרת לי את זה פעם.

אימא: אז זה דבר טוב, כי חשוב שנוכל לבטוח באנשים ולהאמין שהם דוברים אמת – ורוב הזמן באמת אפשר. את יודעת שתמיד לימדתי אותך שצריך לכבד מבוגרים.

רחל: כן. אבל לפעמים זה ממש מעצבן.

אימא: טוב, אני עדיין חושבת שזה נכון, אבל אני רוצה להוסיף משהו לכלל שלי. לפעמים, אבל לעיתים רחוקות, יש מבוגרים שלא מתייחסים יפה לילדים. אם זה יקרה לך אני רוצה שתרגישי בנוח לספר לי, או לאבא, או לכל מבוגר אחר שאת בוטחת בו, אם קשה לך לדבר איתנו.

רחל: למה את מתכוונת? זה מפחיד.

אימא: אל תפחדי, כבר אמרתי לך שרוב האנשים טובים. אבל את גם צריכה לדעת שיש כמה אנשים רעים בעולם. באופן כללי, את לא צריכה לדאוג שתפגשי אנשים רעים. אבל יש זמנים, במיוחד כשמבוגר מתנהג בצורה מוזרה או מבקש ממך לעשות דברים שאת יודעת שהם לא ממש בסדר, שהייתי רוצה שתפני אליי ותתני לי לעזור לך.

רחל: כמו מה?

אימא: יש אנשים רעים שהם לא ממש אמיצים; במקום להתנהג לא יפה למבוגרים שיכולים להגן על עצמם, הם בוחרים להיות רעים לילדים. לפעמים המבוגרים האלו מעמידים פנים שהם טובים או נחמדים, נותנים ממתקים או מזמינים ילדים לבית שלהם, אבל זו רק דרך להכיר, כדי שאחר כך הם יוכלו לעשות דברים לא נחמדים.

רחל: אה, כבר למדתי על זה – אסור לדבר עם זרים.

אימא: נכון, את צודקת וזה נכון, אבל אולי זה לא מספיק. אנשים רעים הם לא תמיד זרים. לפעמים אנשים שאנחנו חושבים שהם חברים שלנו, או חברים של המשפחה, או אנשים שעובדים איתי או עם אבא, יכולים לומר או לעשות דברים שגורמים לנו להרגיש שלא בנוח. אני רוצה שתדעי שתמיד תוכלי לבוא אליי כדי שנחליט ביחד אם ההתנהגות שלהם מדאיגה או לא.

רחל: אבל איך אני ארע?

אימא: שאלה טובה. יש כל מיני דרכים להיות לא נחמדים, אבל הרבה פעמים האנשים האלו בוחרים להיות לא נחמדים לילדים על ידי נגיעה בדרכים לא מקובלות. לפעמים הם ממש פוגעים בילדים, אבל

זה לא קורה הרבה. לעיתים קרובות יותר האנשים האלו, והם יכולים להיות גברים או נשים, בנים גדולים או בנות גדולות, מנסים להיות חברותיים כדי שהם יוכלו לגעת לילדים באיברים המוצנעים.

רחל: אוי... זה ממש מגעיל.

אימא: כן, זה באמת דבר נורא. הגוף שלך שייך רק לך, ואסור לאף אחד לגעת בו, אלא אם כן את מרשה לו. אם מישהו ינסה פעם לגעת בך באופן שגורם לך להרגיש שלא בנוח, או אומר משהו עלייך או על הגוף שלך שגורם לך להרגיש לא בנוח, תבואי אליי בבקשה ותספרי לי כדי שאוכל לעזור לך. זה חשוב לא רק כדי שאת תהיי בטוחה, אלא גם כדי שהמבוגר שמתנהג לא יפה יקבל עזרה. ככה תוכלי למנוע ממנו לפגוע בילדים אחרים. כילדה, הדרך הטובה ביותר להגן על עצמך היא לעזור לי, או לכל מבוגר אחר שאת בוטחת בו, לעזור לך.

רחל: טוב, אימא, אבל אני ממש מקווה שאף פעם לא אצטרך לעשות את זה.

אימא: גם אני, חמודה. אני ממש מקווה שלעולם לא תצטרכי לעשות את זה, אבל אני רוצה שתדעי איך לשמור על עצמך, למקרה הצורך. הרבה פעמים האנשים הרעים האלו אומרים לך להבטיח לשמור את ההתנהגות הרעה שלהם בסוד. יכול להיות שהם אפילו יפחידו אותך ויגידו לך שזה הכול באשמתך, ושתסתבכי אם תאמרי משהו, או אולי יאמרו לך שהם יפגעו בך אם תספרי את הסוד. ככה האנשים הרעים מנסים להגן על עצמם. את תמיד צריכה לבוא ולספר לנו ואנחנו תמיד נעזור לך ונשמור עלייך.

אני מוצאת ששיחה כזו עם ילדים מתחת לגיל 10 נותנת להם מספיק מידע מבלי להלחיץ אותם. לאחר שיחה כזו אני מדברת עם הילדים שוב כעבור שבוע, כדי לבדוק שלא התפתחו אצלם חרדות מוגזמות. אם הם עדיין חוששים, אני ממשיכה את השיחה ומסבירה דברים מזווית אחרת כדי להרגיע אותם. אם הם ממשיכים לחשוש, כדאי לנסות להבין יותר את מקור החשש ולטפל בו. לפעמים אנחנו אלו שמשדרים מידה רבה של חרדה, ואז עלינו לבדוק את עצמנו. אם שום דבר מאלו לא עוזר, הייתי מציעה להתייעץ עם בעל מקצוע.

שיחה עם ילדים בוגרים יותר

גם במקרה של ילדים גדולים יותר אנחנו לא רוצים לעורר פחדים, אך חשוב להכין אותם בצורה קצת יותר מעמיקה לכך שישנם אנשים שמתנהגים בדרכים

לא ראויות ואף פוגעניות כלפי בני אדם בכלל וכלפי ילדים בפרט. ילדים בוגרים יותר ובני נוער צריכים לדעת שפגיעות מיניות מתרחשות לפעמים בבית הספר; קורה שתלמידים בוחרים לעצמם קורבנות צעירים מהם. פגיעות עלולות להתרחש גם בין תלמידים בני אותו הגיל.

מה עוד אוכל לעשות?

יש כמה פעולות מניעה שהורים יכולים לעשות, פעולות שגם האקדמיה האמריקנית לרופאי ילדים ממליצה עליהן, כדי להגן על ילדים. נוסף לכך, ד"ר סוזן שולמן חיברה מדריך להורים למניעת מגע לא רצוי, וחלקו משולב בדברים שלהלן.[12]

את הילדים בגיל יסודי וגן יש ללמד:

- שהוריהם אוהבים אותם ושום דבר שיעשו לא יגרע מהאהבה הזאת. גם אם הילדים עושים משהו רע או שגוי, ההורים אולי יתרגזו, אך ימשיכו לאהוב אותם.
- את שמות האיברים המוצנעים או השמות הנהוגים במשפחה עבור האיברים המוצנעים.
- שרק להורים, לרופאים, למורים, ואולי גם לבייביסיטר בשעת הצורך, מותר לגעת באיברים האלו. לפעמים גננת או בייביסיטר עוזרים לילדים בשירותים, וזה בסדר. אבל לאף אחד אחר אסור לגעת באזור בגופם שמכוסה בדרך כלל על ידי בגד, וגם להם אסור לגעת באזור הזה אצל ילדים אחרים. גם לאנשים שהוזכרו כאן מותר לגעת רק כדי לנחם או לעזור בטיפול (למשל, ניקוי או טיפול בפצע).
- שיש שלושה סוגים של מגע:
  מגע של כן (חיבוק או נשיקה שנותנת אימא, שגורמים לתחושה טובה).
  מגע של לא (למשל, כשמישהו מכה או צובט).
  מגע של לא ברור (כשמישהו נוגע וזה לא כואב, אבל גורם לתחושה מוזרה).
- אפשר ללמד ילדים בגיל צעיר שאם מישהו מנסה לגעת באיברי הגוף המכוסים בדרך כלל על ידי בגד, עליהם לצעוק 'לא!' ולנסות לפנות לעזרה של מבוגר.
- יש ללמד ילדים מגיל צעיר שהגוף שלהם שייך רק להם, וזכותם להחליט מי נוגע בו ואיך נוגעים בו.
- יש ללמד ילדים על סודות רעים. רוב הפוגעים אומרים לקורבנותיהם שעליהם לשמור את מה שקורה להם בסוד. למדו את ילדיכם שכל סוד

שגורם להם להרגיש שלא בנוח או לפחד הוא סוד רע, וגם אם הם הבטיחו שלא לספר – מותר להם לספר להורים. למדו אותם שכל סוד שאסור לספר לכם הוא סוד רע. עזרו להם להבין את ההבדל בין הפתעה, שהיא סוד לזמן מוגבל, לבין סוד שמצפים מהם לשמור לתמיד.

את אותם כללי יסוד יש ללמד גם לבני 6–11, אך באופן בוגר יותר.

- מגע טוב הוא בדרך כלל מגע שגורם לנו להרגיש בנוח, ושנותן תחושה שמטפלים בנו. לפעמים מגע טוב יכול לגרום לתחושה לא כל כך טובה, אבל הוא הכרחי כדי לעזור לנו להרגיש טוב יותר, כמו זריקה של רופא או טיפול אצל רופא השיניים.
- מגע רע הוא מגע שפוגע בגוף או ברגשות. למשל, בעיטה ומכה הן מגע רע.
- מגע פסול הוא סוג אחר לחלוטין של מגע, שעלול לגרום לכם להרגיש מפוחדים או חרדים. זהו מגע בחלקים של הגוף המכוסים בדרך כלל, במיוחד האיברים המוצנעים. יכול להיות מצב שאחרים יבקשו מכם לגעת בגוף שלהם במקומות שבדרך כלל מכוסים, או באיברים המוצנעים. אולי המגע הזה יגרום לכם להתרגשות, אבל הוא גם יכול לגרום להרגשה מוזרה, ועל כל פנים – זהו מגע פסול. אם אנשים שנוגעים בכם אומרים לכם לא לספר לאף אחד על המגע הזה, זו בדרך כלל נגיעה לא ראויה. יש לומר לילדים לבוא ולדווח להורה או למבוגר מיד כשהם חווים נגיעה לא ראויה כזו.
- בגיל הזה יש ללמד ילדים שגם אם אנחנו מחנכים לכבד מבוגרים ולהקשיב להם, יש זמנים שמותר לילדים לומר 'לא!'. הם זכאים לומר 'לא!' במיוחד למי שמבקש או מנסה לגעת באיברי הגוף המוצנעים שלהם, או שמבקש מילדים לגעת באיברים שלהם עצמם. חשוב לעודד ילדים לסמוך על האינסטינקטים שלהם מבחינה זו ולהתרחק מן המקום אם הם נקלעים למצב שגורם להם מבוכה ואי־נוחות, גם אם לא מעורבת בו פגיעה של ממש. כדאי לתרגל עם ילדים מתי הם יכולים או לא יכולים לשחק את 'משחק הלא', דבר שנותן להם הזדמנות לתרגל מתי ולמי אפשר ואי אפשר לומר 'לא'. למשל, ההורה משחק בחור צעיר ונחמד שרואה ילדה שאיחרה להסעה ומציע לה טרמפ לבית הספר.
- צריך גם ללמד ילדים בגיל הזה להיזהר מזרים. אפשר להסביר את הזהירות הזו ולומר שרוב האנשים בעולם הם טובים, ורוב המבוגרים לעולם לא יפגעו בילדים, אבל בכל זאת לא כדאי לבטוח בזרים באופן אוטומטי. חנכו את ילדיכם לוודא קודם איתכם, או עם מבוגר אחר שהם סומכים עליו, לפני

שהם נפגשים עם מישהו, הולכים למקום כלשהו או נכנסים לרכב של מישהו. אם אדם זר ניגש אליהם ומבקש מהם לבוא איתו, למדו את ילדיכם 'לצעוק, לברוח, לספר'. עליהם לצעוק ולעשות הרבה רעש ובלגן, לברוח מהמקום מהר, ולספר למבוגר שהם סומכים עליו ויוכל להגן עליהם. חשוב לומר להם שגם אם הם לא מצליחים לעשות זאת, כי לא תמיד קל לבצע את זה בזמן אמת – ואפילו קשה מאוד, עדיין חשוב לבוא למבוגר שסומכים עליו ולספר מה קרה, מבלי לחשוש שמא הם לא נהגו כשורה.

- יש ללמד ילדים בגיל הזה על בטיחות אישית. המחקרים מראים שרוב הילדים ובני הנוער לא מספרים שפגעו בהם מינית.[13] חשוב לעודד ילדים להיות מודעים לעצמם ולמצבים שבהם הם עלולים למצוא את עצמם לא לגמרי בטוחים. צריך גם להבהיר להם שכשאנשים נוגעים בהם בצורה פסולה, אין זו אשמתם, ושלפעמים עליהם להלשין על אדם מבוגר יותר שמתייחס אליהם בדרכים שגורמות להם אי־נוחות או בלבול.
- ילדים בגיל הזה צריכים לדעת שאף אחד אינו רשאי לאיים עליהם; אם מישהו עושה זאת, עליהם לספר להורים, כדי שההורים יוכלו להגן עליהם.
- חזרו והדגישו את העובדה שגם אם הם חושבים שהם הסתבכו ושאתם תתרגזו על משהו שהם עשו, תמיד תאהבו אותם ותעזרו להם.

לבני 13–18 צריך להזכיר את כל הכללים שהובאו עד כה. זה כולל נושאים של מגע פסול, את החשיבות של תקשורת עם מבוגרים שהילדים בוטחים בהם ואת העובדה שבכל מקרה, ההורים שלהם ימשיכו לאהוב אותם. נוסף לכך, יש ללמד אותם גם:

- לשמור על סטנדרטים נאותים כשמבלים יחד עם חברים, ולחשוב טוב על כל שהייה במקומות שבהם קשה להחליט בשיקול דעת.
- לא להשתכנע לעסוק בפעילויות שגורמות להם אי־נוחות בעקבות דבריהם של זרים או חברים. ללמד אותם את הלכות ייחוד – האיסור לשהות ביחידות עם בן המגדר השני.[14] בנות בפרט צריכות לקבוע לעצמן כלל: לעולם לא לשהות ביחידות עם בן/גבר.
- בנים צריכים לדעת שלפעמים חברים או תוקפים עלולים להראות להם תמונות לא צנועות ולא ראויות. הדבר דומה למגע לא ראוי, ועליהם להתרחק מאותו אדם ולדווח על התקרית למבוגר שהם בוטחים בו. פורנוגרפיה עלולה להיות ממכרת, ולכן יש להורות להם להתרחק מכל מקום שבו יש אנשים שעוסקים בפורנוגרפיה.

- חשוב ללמד בנות שאסור להן לשתות מכוס שמישהו שהן אינן מכירות הביא להן, במיוחד אם מדובר במשקה אלכוהולי. באופן כללי זהו אמצעי בטיחות שכדאי לנהוג בו. נוסף על כך, אם בבילוי במסיבה או בבר הן התרחקו מהמשקה שלהן והשאירו אותו בלי השגחה – כדאי שלא לשתות ממנו עוד. יש סיפורים רבים על גברים שמכניסים למשקאות של נשים חומרים, שיכולים להשפיע לרעה על יכולתן לתפקד ולהיות מודעות למה שקורה להן.

איך אדע?

כולנו מקווים שאם נחנך את ילדינו בנושאים הללו, אזי אם הם חס וחלילה ייפלו קורבן לפגיעה מינית, הם יהיו מסוגלים לבוא ולספר על הפגיעה לנו או למבוגר אחר שהם בוטחים בו. אולם תוקפים משתמשים באמצעי שכנוע ובאיומים רבי־עוצמה כדי לשכנע את קורבנותיהם לא לספר. על הורים להיות מודעים לשינויים התנהגותיים אצל ילדיהם שאולי מעידים על בעיה. התסמינים הבאים עלולים להיות מדאיגים:

- פחד עז וחריג מאדם או ממקום מסוים.
- פחד או אי־נוחות לא סבירים ממגע פיזי רגיל; ציורים מפחידים בשחור ובאדום, או כאלה שכוללים איברי מין.
- כל שינוי פתאומי בהתנהגות.
- התעניינות פתאומית במעשים מיניים, מודעות אליהם או ניסיונות לגרום לילדים אחרים לבצע אותם.
- סימנים גופניים של פגיעה מינית, כולל מחלות מין כמו זיבה או הרפס. בשעת בדיקה גופנית, ייתכן שרופא ישים לב לשינויים באיברי המין או בפי הטבעת המעידים על פגיעה מינית.

כאשר ילדיי מספרים לי שפגעו בהם

כאשר ילדיכם מספרים לכם שפגעו בהם מינית, התגובה המידית שלכם חשובה מאוד. גם אם זה קשה, חשוב מאוד להתייחס לנאמר ברצינות ולהישאר רגועים. לרוב קורה שילדים שמדווחים על פגיעה נתקלים בחוסר אמון. התגובה הזו מתוארת כמקור לסבל משמעותי ביותר; גם כשהם אזרו סוף סוף אומץ לספר למישהו, המבוגר שהם בטחו בו לא האמין להם.[15] כשילד פונה למבוגר והוא מתעלם ממנו, ייתכן שהילד לא יסתכן שוב בחשיפה כזו ועלול להמשיך להיפגע ולסבול גם שנים אחרי הפגיעה. הרגיעו את ילדיכם מיד ואמרו להם שהפגיעה איננה באשמתם. הרעיפו עליהם אהבה ומילים מנחמות. בשלב הזה, נסו להסתיר

מהם את הכעס שלפי תחושתכם הם עלולים לחשוב שמופנה נגדם. עזרו לילדיכם להרגיש שמעשה החשיפה הוא מעשה של גבורה, והבטיחו להם שתשמרו עליהם ושלא יקרה להם שום דבר רע בגלל שסיפרו לכם; להפך, תגידו להם שאתם גאים בהם מאוד על שהצליחו לספר. ואז ספרו אתם למישהו אחר וקבלו עזרה מבעלי מקצוע שידריכו אתכם כיצד להיטיב לתמוך בילדיכם, ואף לספק לכם את התמיכה הרגשית שגם אתם זקוקים לה.

עוד כמה אסטרטגיות כלליות

אין אומנם שיטה בדוקה להימנע מפגיעה מינית, אבל יש כמה קווים מנחים שתוכלו להציע לילדיכם כאמצעי בטיחות נבונים.

- בטחו באינסטינקטים שלכם. היו ערים לכל תחושת סכנה והתרחקו ממה שנראה לכם מצב מסוכן אם אתם מרגישים שמשהו איננו כשורה.
- ספרו תמיד למישהו איפה אתם נמצאים, עם מי אתם ולאן אתם הולכים.
- נשיאת טלפון חכם היא אמצעי בטיחות נבון.
- תרגלו עמידה על זכויותיכם והיו אסרטיבים בשעת הצורך. חינוך ילדיכם לדעת לעמוד על שלהם ולהיות אסרטיבים הוא מיומנות חשובה בתחומים רבים, ובמיוחד כשהם מרגישים מאוימים. עליהם לתרגל דיבור אסרטיבי; לומר, למשל: "תוריד ממני את הידיים", "אני רוצה שתלך עכשיו. אני רצינית!".
- העובדה החשובה ביותר שבני נוער צריכים להיות מודעים לה היא שאלכוהול וסמים הופכים אותם לפגיעים, ומצמצמים מאוד את היכולת שלהם לפעול בשיקול דעת. ככלל, עליהם להימנע משתייה חריפה ומעישון, אבל בכל אופן עליהם להיזהר במיוחד בחברת אנשים שלא מוכרים להם היטב, או שהם לא בוטחים בהם לחלוטין. אונס במהלך פגישה, למשל, מתרחש לפעמים בעזרת סם שמוחדר למשקה ומונע מן השותה לקבל החלטות בשיקול דעת.
- חשוב ללמד את הבנות שלנו לא לשתות שום דבר שמישהו שהן לא מכירות נתן להן. ואם הן היו באירוע והשאירו את השתייה שלהן ללא השגחה – שייקחו לעצמן שתייה חדשה. ילדים צריכים לשים לב איפה ועם מי הם נמצאים ביחידות, במיוחד במקומות מרוחקים או לא בטוחים. נוסף לכך, עזרו לילדיכם להיות מודעים לסכנות הכרוכות במסירת מידע אישי לאנשים שהם פוגשים באינטרנט. עברייני מין רבים משתמשים כיום באינטרנט כזירת פעולה חלופית (ראו מידע מפורט יותר בפרק 12).

בסופו של דבר, לא תמיד נוכל להגן על ילדינו, אבל נוכל לעשות את מרב המאמצים להכין אותם על ידי הגברת המודעות שלהם לסימני סכנה אפשריים, וכיצד הם יכולים להיחלץ ממצבים המחייבים זהירות. עלינו לזכור גם שהכלי החשוב ביותר במניעת פגיעה בילדינו האהובים הוא שמירה על ערוצי תקשורת פתוחים איתם לכל אורך ילדותם, דבר הדורש מאתנו להשקיע זמן איכות בקשרינו איתם.

#MeToo

לאורך השנים נהגו נשים וגברים רבים שחוו הטרדה או תקיפה על רקע מיני להסתיר את החוויה מאחרים. מעט מאוד סיפרו על כך או דיווחו למשטרה או לרשויות. ב־2017, לאחר שהתגלתה פרשת תקיפה מינית קשה מאוד בהוליווד של מספר גדול מאוד של נשים, חלק ניכר מהן מפורסמות, עלה רעיון להתחיל קמפיין ברשתות החברתיות. הרעיון היה לעודד נשים שהוטרדו או הותקפו מינית לחשוף את שעברו, ולתייג את שיתופיהן באמצעות תג ההקבצה (ההאשטאג) MeToo.

"אם הוטרדת מינית או הותקפת – כתבי #MeToo כתשובה לציוץ זה", כתבה יוזמת הקמפיין. תוך 24 שעות כבר היו אלפי מגיבות, ועם הזמן נוצר קמפיין שהראה עד כמה נפוצות ההטרדות והתקיפות המיניות. הכוח של הקמפיין היה ביכולת שלו להציג תופעה שנשים שמרו עליה זמן רב בסודי סודות ולהפוך אותה לתנועה של ממש, שכל מטרתה היא להראות עד כמה הטרדות מיניות ותקיפות מיניות שכיחות בחברה.

בעקבות הקמפיין הבינו נפגעים ונפגעות רבים שהם לא לבד, ושהם יכולים לספר את הסיפור שלהם. היו חברות ששינו את התקנונים שלהן בעקבות הקמפיין, ובעולם המערבי הייתה התעוררות לנושא. גם בישראל השתתפו נשים וגברים בקמפיין, וחשפו את סיפורם. יש לקוות שהקמפיין וההתפתחויות החברתיות שבאו בעקבותיו יחוללו שינויים משמעותיים וחשובים בחברה.

בפרק זה דיברנו על:

- כל בני האדם הם קורבנות פוטנציאליים של תקיפה מינית, ללא הבדל גזע, מצב סוציו־אקונומי, דת, עיסוק או מראה חיצוני.
- את רוב הפגיעות המיניות מבצעים אנשים המוכרים לילדים או לבני הנוער: קרובי משפחה, חברים של המשפחה, שכנים, מורים.
- אנחנו מלמדים להיזהר מזרים, אבל אנחנו צריכים גם להיות מודעים לכך שלפעמים הסכנה נמצאת דווקא במקום שנחשב לבטוח ביותר.
- יש דרכים להסביר לילדים בגיל צעיר ולילדים בוגרים יותר על פגיעות מיניות כדי ללמד אותם להיזהר ולשמור על מודעות מבלי להפחיד אותם.
- ישנם כמה קווים מנחים מומלצים עבור הורים להדרכת ילדים בגילים שונים, כדי שהם יהיו פחות פגיעים בקשריהם עם אחרים.
- לצערנו, למרות כל המאמצים שלנו, לפעמים אנחנו לא יכולים להגן על הקרובים לנו מפני פגיעה מינית. על הורים להיות מודעים לשינויים התנהגותיים אצל ילדיהם, העלולים להעיד על קיומה של בעיה.
- אם ילדים מספרים שהם נפגעו מינית, התייחסו אליהם ברצינות, עשו את מרב המאמצים להישאר רגועים, ופנו לקבלת עזרה מקצועית. הבטיחו לילדים שאתם אוהבים אותם ושתגנו עליהם, ושהם אינם אחראים למה שקרה להם.
- קורבנות של פגיעה מינית מדווחים שלפעמים, כשהם סוף סוף אוזרים אומץ לספר את הסיפור שלהם, הם נתקלים בחוסר אמון. לפעמים הטראומה שנוצרת שווה בעוצמתה לפגיעה עצמה.
- למדו את ילדיכם ששימוש באלכוהול ובסמים יכול לגרום להם להיות פגיעים הרבה יותר, ולפגוע בשיקול דעתם.

14

משמעת עצמית כדרך להגיע לקדושה

ניהול אפקטיבי של התנהגות – שהוא מטרתו העיקרית של החינוך לערכים – פירושו לא רק הבנה, כלומר היכולת לדבר בשפת המוסר ולהצביע על צורת ההתנהגות הראויה. חינוך לערכים קשור להתאמה נרכשת של העצמי, שבאמצעותה מגיעים לשליטה של שפת המוסר בהתנהגות באופן שניתן לאבחנה, גם כשההתנהגות עצמה לא מצליחה להגיע למצב הראוי לדעתנו.

(ת' גרין, Voices)[1]

כוחה של משמעת עצמית

אלוקים ברא את האדם בצלמו. בני אדם מגיעים למימוש מלא כשהם מצליחים לחיות חיים המגשימים את הפוטנציאל האלוקי הזה. חיים שמוקדשים לעיסוקים גופניים מבזבזים את הפוטנציאל שניתן לנו משמיים, להיות "ממלכת כוהנים וגוי קדוש" (שמות יט, יז). אנחנו רוצים להנחיל את המשימה הכבירה הזו לילדינו, ושהיא תהווה השראה והשפעה על החלטותיהם. אני רוצה להציע שהכלי העיקרי למימוש המשימה הזו טמון בפיתוח הכושר להפעיל משמעת עצמית.

הספר הזה עוסק ברובו בערכים שאנחנו קושרים לנושאים של אינטימיות ומיניות, וכיצד להעביר את הערכים האלו לילדינו. גם אם נחליט לשוחח עם ילדינו על ערכים לבלי קץ, אם לא ניתן להם את הכלים לחיות לפי הערכים

שלהם, כל השיחות יהיו לשווא. אם לא נוכל לעזור לילדינו ללמוד להתגבר על הצורך בסיפוק מידי ולהעדיף את הערכים שלהם על פני היצרים שלהם, לשיחות שלנו לא תהיה השפעה רבה על חייהם. כדי שנצליח לחנך את ילדינו לפי הערכים שלנו, לא מספיק לתת להם את היכולת לבטא את הערכים הללו בקול רם. הצלחה בחינוך לערכים נמדדת ביכולתם של ילדינו לעמוד בפיתויים ולדחות סיפוקים במפגש עם יצר או קונפליקט. לפיכך, אנו מבקשים לפתח בילדינו את היכולת להפעיל משמעת עצמית כתנאי מוקדם והכרחי לחיים של קדושה.

פיתוח משמעת עצמית הוא מטלה שדורשת תעצומות נפש. האתגר מורכב עוד יותר בשל המסרים הסותרים הנפוצים כל כך בתרבות של זמננו. התרבות המודרנית הממוקדת בצרכנות מחנכת לסיפוק מידי; לעשות מה שרוצים בזמן שרוצים, לקבל את מה שרוצים ולהיפטר ממנו ברגע שכבר לא רוצים אותו. כדי לחנך למשמעת עצמית, עלינו להיאבק במסרים השכיחים הללו.

חשיבותה של שליטה עצמית

> בספר **הכוזרי** כותב רבי יהודה הלוי שמטרת ההלכה היא להפוך כל יהודי ל'מושל בארצו'.[2] כלומר, עלינו לנסות לשלוט בדחפינו כפי שמורה ההלכה.

תרבות הצריכה מלמדת אותנו שככל שיש לנו יותר – כך אנחנו שווים יותר. מיליארדי שקלים מושקעים בפרסום כדי לשכנע אותנו שאם רק נרכוש עוד פריט אחד נכסף, ההצלחה שלנו מובטחת. עצם הרעיון שאפשר עכשיו לדחות סיפוק לצורך מטרה ארוכת טווח סותר את המסרים המפורשים המופצים חדשים לבקרים באמצעי התקשורת. "עשו מה שבא לכם!" או "האם כיף לנו עכשיו?" הם שני ביטויים שחוזרים בפרסומות ומעודדים אותנו לממש את רצונותינו במקום לשלוט בהם.

השוו את המסר הזה לתפיסתם של יהודים שומרי מצוות כלפי החיים. אם נפנה למקורות, בתלמוד הבבלי מציע רבי יוחנן גישה שונה בתכלית להתמודדות עם היצר.

> אמר רבי יוחנן: אבר קטן יש לו לאדם; מרעיבו – שבע, משביעו – רעב.
>
> (סוכה נב ע"א)

לדברי רבי יוחנן, ככל שננסה להשביע את התיאבון שלנו – נהיה רעבים יותר. כל פריט שאנחנו צורכים מצית את התשוקה שלנו לעוד. לעומת זאת, אם אנחנו מרעיבים את התשוקה, היא מאבדת את כוחה מהר מאוד. נוכל לספק אותה בזמן ובמקום שנבחר. כך גם נוכל לדחות את מטח התשוקות הקטנות והבלתי־נגמרות שאותן מקדמת תרבות הצריכה, דבר שיאפשר לנו להשקיע בעיסוקים רוחניים משמעותיים יותר. תובנה זו על מהותה של התשוקה מבהירה את האתגר. אם נשקיע מאמצים להימנע מלרדוף אחר התאוות, נהיה מסוגלים במהרה להיות מסופקים גם בלי מה שנראה לנו חיוני ביותר. המאמץ להתאפק הוא הקשה ביותר, אבל אם נמצא בתוכנו את הכוח להתאפק, נלמד להיות מרוצים גם בהעדר. חשוב לעזור לילדינו לא רק להעריך אלא גם ליישם איפוק עצמי, כדי לגדל נוער המחויב לשמירת מצוות בכל התחומים, ובמיוחד ביחס למיניות.

במחקר על ויסות עצמי מצאו החוקרים כי שליטה עצמית פועלת כמו שריר.[3] כשאנחנו מרסנים את עצמנו, פוחתת הנטייה לבצע פעולה. ולעומת זאת, כמו שריר, גם שליטה עצמית עלולה לאבד מכוחה בעקבות מאמץ גדול, ואז תקטן היכולת שלה לפעול באופן אפקטיבי. לכולנו יש כושר מוגבל להפעיל שליטה עצמית, וכשאנחנו משתמשים ביכולת הזו בתחום אחד אנחנו מגבילים את האפשרות להשתמש בה לצורך מאמצים אחרים. כך, עלינו לשקול היטב איפה למקד את האנרגיות שלנו. נוסף לכך, כמו שריר, בטווח הקצר המאמץ מתיש את יכולת השליטה העצמית ומפחית את כוחה. אולם בטווח הארוך, אפשר לחזק את היכולת הזו ולהגביר את כוחה באמצעות אימון. כדאי להפעיל שליטה עצמית בקביעות, משום שבטווח הארוך היכולת להפעיל שליטה עצמית מתחזקת וקטן הסיכוי שכל מאמץ יגרום תחושת ריקון.

בספר בראשית מצווה אדם לאכול מכל פירות גן עדן, ליהנות מכל מה שאלוקים ברא. משם אנו למדים שהנאה בעולם הזה היא מצווה, ואפילו חשובה. אבל מיד לאחר מכן ישנה הגבלה של היכולת ליהנות. הציווי לא לאכול מאחד העצים מייצג את הצורך להתאפק, לא לחשוב רק על האני הגופני וההנאה אלא לפתח תחושה של ערך גבוה יותר. ייתכן שהגבולות האלו מגבירים את ההנאה, שכן באמצעות האיפוק אנחנו נהנים עוד יותר ממה שמותר לנו. הרעבה שיוצרת שובע. את התפיסה ששליטה עצמית מחזקת הנאה אפשר להעביר לילדינו. יש לציין שאין הכוונה לבודד את עצמנו או למנוע מעצמנו לחלוטין כל הנאה מהעולם הפיזי. אדם הראשון הצטווה לאכול מכל פירות גן עדן מלבד הפירות של עץ הדעת. באופן דומה, אנחנו מצווים לקיים יחסי מין אך רק בתוך מסגרות מסוימות. הימנעות מיחסים אסורים מאפשרת לנו ליהנות

עוד יותר מהיחסים המותרים. בחינוך ילדינו, אנחנו מבקשים להעניק להם את היכולת לשלוט ביצריהם על מנת שיוכלו להעריך את העולם וליהנות ממנו במקום לחוות הצפה יצרית.

במחקר מעניין הוצע לילדי גן לבחור בין תגמול קטן ומידי לבין תגמול דחוי גדול יותר. נמצא כי את הילדים שהצליחו לחכות לתגמול הדחוי דירגו הוריהם, כבני נוער וכמבוגרים צעירים, ככשירים יותר מבחינה אקדמית וחברתית, רהוטים יותר בדיבורם, רציונלים, קשובים, מתוכננים ומסוגלים להתמודד היטב עם לחץ.[4]

הגדרה חדשה לאדם מוסרי

חינוך ילדינו למשמעת עצמית ולשליטה עצמית חייב להתחיל בכך שנעזור להם להבין שההגדרה העצמית של האדם אינה נמדדת לפי מה שהוא צבר. להפך: אנחנו מאמינים שכוח הרצון לחיות על פי הערכים שלנו ולפעמים לדחות את מטרות תשוקתנו הוא עדות לאופי חזק. היכולת הזו מאפשרת לנו להגיע להחלטות משמעותיות יותר במקום להיות עבדים לרצונותינו וליצרינו. שליטה עצמית מפותחת פירושה היכולת לרסן את ההתנהגות שלנו ברגע של תשוקה עזה, ולהפעיל שיקול דעת על מנת להחליט אם כניעה ליצר היא המעשה הכדאי. תומס גרין, פילוסוף שעסק בחינוך לערכים, דיבר על שיקול הדעת כתחילתה של מוסריות.[5] חינוך לקבלת החלטות שקולות הוא אבן דרך בתהליך העיצוב שלנו כאנשים מוסריים. פנייה לשיקול הדעת היא תנאי מוקדם חשוב לפיתוחו של מצפון. למשל, למרות שכנות היא תכונה חשובה ביותר, יש הבוחרים להיות כנים משום שזוהי ברירת המחדל השקולה ביותר שתוביל אותם להצלחה. חינוך לקבלת החלטות הגיוניות המשרתות את האינטרסים שלנו מאפשר לנו לפתח את היכולת לקבל החלטות המבוססות על חשיבה הגיונית. הצעד הבא יהיה לחנך לקבלת החלטות מסיבות מוסריות יותר.

כמובן, קל יותר לדבר מאשר לעשות, אבל חינוך לשליטה עצמית חייב להתחיל מגיל צעיר. כשאנחנו מקדימים ברכה לאכילה, אנחנו מפתחים שליטה עצמית. כשאנחנו מתאפקים ולא אוכלים מאכל חלבי אחרי ארוחה בשרית, אנחנו מחזקים את השליטה העצמית. כשאנחנו נמנעים מלשחק במשחקים אלקטרוניים בשבת, אנחנו מראים שיש ערך שנעלה על פני הרצונות האישיים שלנו, ואנחנו ממשיכים לפתח את כושר השליטה העצמית. כשאנחנו מפנים מקום באוטובוס

לאדם מבוגר גם כשאנחנו עייפים וממש היינו רוצים לשבת, אנחנו מלמדים שלפעמים הצרכים של אחרים קודמים לצרכים שלנו. גידול ילדים במערכת ערכים הדורשת מידה של הקרבה אישית משפיע רבות על פיתוח היכולת שלהם להפגין משמעת עצמית. ההכרה שישנה מטרה עליונה מקנה לילדינו שיעור עקרוני ויסודי בשליטה עצמית. נוסף על כך, היא מספקת להם חוויות חיוביות רבות של הפגנת שליטה עצמית. כשהילדים שלנו מגיעים למצב של קושי אישי וזקוקים לעידוד נוסף כדי להצליח, נוכל להשתמש בדוגמאות האלו כדי לשקף להם עד כמה הם חזקים ומוכשרים בהפגנת שליטה עצמית.

פיתוח שריר השליטה העצמית

בגיל צעיר, אנחנו שולטים בהתנהגותם של ילדינו באמצעות החלטות לגבי מה שמותר ואסור להם לעשות. לעיתים הם מביעים רצון עז לקבל או לעשות משהו, אבל אנחנו כהוריהם בוחרים אם לאפשר להם לקבל או לעשות את מה שהם רוצים. התפרצויות זעם של ילדים בגיל הרך הן בדרך כלל תגובה לרצון שלא בא על סיפוקו בגלל ריסון ההתנהגות. עם הזמן, עלינו למצוא דרכים לעזור לילדינו להפעיל משמעת עצמית ולפתח יכולת לשלוט בעצמם בשעת הצורך. התלמוד מלמד אותנו ש"הרהורי עבירה קשו (קשים, גרועים) מעבירה".[6] זה לא נשמע הגיוני. הרמב"ם בספרו **מורה הנבוכים** מציע פירוש שנון:[7]

> כאשר אדם עובר עבירה, הוא חוטא מבחינת המקרים הנספחים לחומר שלו כמו שהבהרתי. כוונתי שהוא חוטא בבהמיותו. אבל המחשבה היא ממה שמיוחד לאדם ונספח לצורתו. וכאשר הוא מהרהר במחשבתו בעבירה הוא חוטא בנכבד יותר מבין שני חלקיו... כי אין ראוי להשתמש בצורה האנושית הזאת ובכל סגולותיה הנספחות לה אלא לְָאֵה לה, לדבקות בנעלה ביותר, ולא להידרדרות אל שפל המדרגה.

השכל שלנו מייצג את החלק האלוקי שבנו, אותו חלק שאמור לשאוף תמיד אל המשמעות והרוחניות. כשאנחנו מאפשרים לשכל להיות מעורב בתהליך של סיפוק היצר, אנחנו נכשלים דווקא בחלק שאמור להישאר קדוש. כשאנחנו לא מצליחים להטיל משמעת על השכל, אנחנו מאפשרים לצלם אלוקים שבנו לסטות מדרכו.

יצר הוא טוב. כשאנחנו מחנכים את ילדינו למשמעת עצמית, חשוב להכיר במהותו החיובית של היצר. מדרש ידוע מדבר על היצר:

> וירא אלוהים את כל אשר עשה; והנה טוב מאוד.. (בראשית א, לא). "הנה טוב מאד" – זה יצר טוב, "והנה טוב מאד" – זה יצר רע, וכי יצר הרע טוב מאד? אתמהא! אלא שאילולי יצר הרע לא בנה אדם בית, ולא נשא אשה, ולא הוליד, ולא נשא ונתן.
>
> (בראשית רבה ט)

ליצר חשיבות עליונה לצורך הישרדותה של האנושות. זהו כוח חיובי שנתן לנו אלוקים כדי שיהיו לנו הדחף והתשוקה להקים משפחה וכן לשאוף להצליח, כמו גם לגייס את היצירתיות שלנו לשם שיפור העולם.

עלינו לחנך את ילדינו מגיל צעיר להוקיר את הצדדים החיוביים של הדחפים שלהם ולכבד את תשוקותיהם ואת יצריהם, ולראות אותם כתכונות המאפשרות להם להמשיך להשתדל להצליח. בכך אנחנו מבקשים לעזור לילדינו לפתח את היכולת לשלוט בעצמם ולא להיות נשלטים. אנחנו עוזרים לילדינו כשאנחנו מכירים בכוח העצום של היצרים שלהם, ובו בזמן מביעים אמון ביכולת שלהם לשלוט ביצרים.

יצירת סביבה של ריסון עצמי

> כוחה של תרבות אנושית טמון לא רק ביכולת שלה לגבור על התנגדות, אלא גם ביכולת שלה להפעיל ריסון עצמי: כלפי מה שהיא מסוגלת לעשות אבל בוחרת לא לעשות, מסיבות אתיות.[8]

ניטיב לחנך את ילדינו לשליטה עצמית אם ניצור סביבה ביתית שמונחית על ידי עקרונות ודוגמה אישית. למשל:

- בבית שלנו מקפידים על אכילה בריאה, ולכן אנחנו לא אוכלים מזון מהיר.
- אנחנו מאמינים בהקצאת זמן קבוע למשפחה, ולכן מצפים שכולם יהיו בבית לארוחת ערב משותפת, נניח בימי ראשון, שלישי ורביעי, בשעה 18:30 בדיוק. כך נוכל להיות כולנו ביחד.
- אנחנו מאמינים בחשיבות שבלהרוויח את לחמנו ביושר, ולכן אנחנו לא מוציאים כסף בדחף רגעי בחנות צעצועים, אלא נותנים לילדינו הזדמנויות

להרוויח כסף ואז מאפשרים להם לבחור להשתמש בו לקניית צעצועים שהם רוצים או לחסוך אותו למטרות אחרות.

- אנחנו מאמינים בערך של קביעת עיתים לתורה, ולכן כל אחד מההורים מקיים לימוד קצר עם כל אחד מהילדים פעם בשבוע.
- ילדים שרואים את הוריהם מפגינים משמעת עצמית למען עקרונות שהצהירו עליהם לומדים שיעור חשוב במשמעת עצמית. ישנן הזדמנויות רבות לעידוד משמעת עצמית, אם רק נבחר לחפש אותן ולהשתמש בהן. נידרש לכוחות פנימיים כדי להחזיק מעמד כנגד התלונות של ילדינו. אם נבין שבטווח הארוך אנחנו מעניקים להם מתנה משמעותית ומעצימים אותם כך שלא יהיו כפופים ליצרים שלהם, או שיהיו כפופים פחות, נוכל לחזק את היכולת שלנו לחנך אותם בתחום הזה. אם נעזור לילדינו לפתח את שריר השליטה העצמית, נכין אותם להצלחה עתידית וגם נפתח את היכולת שלהם להיות אנשים מוסריים. כמובן, הציפיות שלנו מיכולת השליטה העצמית של ילדינו חייבות להיות תואמות לגילם. דרישותינו מילדים בני 6 צריכות להיות שונות מהדרישות מבני 12, והן יהיו שונות מהדרישות מבני 17. העובדה שלא הרשינו לבן 4 לאכול קינוח לפני ארוחת הערב למרות התפרצות הזעם שלו, ושהתעקשנו שבת ה־12 תסדר את חדרה כתנאי לשימוש במחשב, עוזרת לפתח יכולת שליטה עצמית המותאמת לגיל הילד. קביעת ציפיות עבור ילדינו החל מגיל צעיר תעזור להם לפתח יכולת שליטה עצמית שתגבר עם הזמן.

משמעת עצמית במערכות יחסים עם בני המגדר השני

מתבגרים נמצאים בצומת דרכים מורכב ומסובך בחייהם. חלק מהעבודה הפסיכולוגית שעליהם לעשות הוא להתקדם לקראת התרחקות מהוריהם ועצמאות וכניסה לקבוצת בני ובנות גילם, עוד לפני שיוכלו לפתח זהות אישית והבנה של מי הם רוצים להיות. זה כמובן תהליך ארוך ולפעמים מפרך, הן עבור בני הנוער והן עבור הוריהם.

כמה מן השינויים המשמעותיים ביותר שאותם חווים בני נוער הם בתחום ההתפתחות המינית. התבגרות מינית מביאה עימה סקרנות מינית והתעניינות בבני המגדר השני, כמו גם תחושות של תשוקה כלפיהם. עבור נוער שומר מצוות, הציפייה להמתין עם קשרים אינטימיים עד לחתונה עלולה להיות אתגר עצום בפני המשמעת העצמית האישית. רק אלו שרכשו משמעת עצמית איתנה יצליחו לשמור על איפוק. בהתמודדות עם החלטות קשות כאלו אנו

מביאים לידי ביטוי לא רק עקרונות מוצהרים, אלא גם את החיים שמתנהלים על פיהם.

כהורים, מוטלת עלינו אחריות כפולה. עקרונית, היינו רוצים שילדינו יקבלו החלטות מתוך תחושה של מחויבות להלכה. אולם יש מקרים שבהם ילדינו המתבגרים עדיין לא הגיעו לרמת מחויבות כזו. נוכל להמשיך לחנך אותם לקבל החלטות על פי ההלכה וגם לעודד אותם לחיות על פי המסורת מתוך תחושה שזו ההחלטה המושכלת.

כשילדינו מעורבים במערכת יחסים רומנטית, אנחנו רוצים שהם יקבלו החלטות נבונות ובטוחות. עניין זה צריך להיות חלק מהשיחה שלנו עם ילדינו על ההתנהגות שלהם בתחום הזה. עליהם לדעת שגם אם נחנך אותם באמצעות אספקת שפע של עובדות על בטיחותם ועל ההשלכות האפשריות של ההחלטות שלהם, הרי שהעובדות האלו לבדן לא ישמשו להם מגן. בסופו של דבר, רק יכולת השליטה העצמית שלהם, יחד עם המידע שאנחנו מוסרים להם, ואנו מקווים שגם מחויבות גדלה להלכה, הם שיאפשרו להם לקבל החלטות נבונות לפי ההלכה.

השפעתם של סמים ואלכוהול על משמעת עצמית

אנחנו יכולים לעזור לילדינו לפתח משמעת עצמית לאורך תקופת הילדות, אולם בסופו של דבר, יגיע הזמן שבו הם יצטרכו לקבל החלטות בעצמם. החלטות אלו יהיו תוצאה של גורמים רבים, כשהתקווה היא שהם יכללו את הערכים שעבדנו קשה כדי להקנות להם. לפעמים הם שוגים, ואין זה נדיר שדווקא מן הטעויות נלמדים הלקחים החשובים ביותר. אולם כשיש צורך לקבל החלטות מידיות, הדבר תלוי בדרך כלל ביכולתו של המוח לקלוט מידע ולעבד אותו. כל דבר שעלול להשפיע לשלילה על כושר השיפוט של ילדינו יכול להשפיע לרעה על ההחלטות שלהם. לכן הם חייבים להימנע מקבלת החלטות בזמן שהם נתונים תחת השפעה של אלכוהול או סמים, וזו אחת הסיבות הרבות להימנע מצריכה שלהם.

הכרחי להעביר את המידע הזה לילדינו ולעזור להם להבין שהשילוב של אלכוהול או סמים עם קבלת החלטות כלשהי, ובמיוחד קבלת החלטות בתחום המיני, הוא מסוכן. הסיכוי להחליט החלטות שגויות בנסיבות כאלו כפול ומכופל, משום שאלכוהול וסמים במקרה הטוב מאיטים את פעילות המוח,

ולרוב חוסמים את יכולת החשיבה ההגיונית וכושר השיפוט המושכל. ילדינו חייבים להבין היטב שאלכוהול ומיניות יוצרים שילוב שהם לעולם לא יכולים להרשות לעצמם. אם מסיבה כלשהי הם מוצאים את עצמם במצב שבו הם צרכו אלכוהול, או שאחרים סביבם שתויים, או שהנהג שמסיע אותם שתה, עליהם לדעת שהם תמיד יכולים להתקשר אליכם או לשלוח לכם הודעה ואתם תבואו לאסוף אותם. לחלופין, עליהם למצוא חבר או חברה אמינים שיסיעו אותם מיד הביתה. אם הם נמצאים במסיבה מעורבת, רוב הסיכויים שהם יתנהגו באופן שיגרום להם להצטער על כך לאחר מכן. משמעת עצמית נקבעת בסופו של דבר על ידי המוח; ההחלטה לעצור ולא לספק יצר מידי מגיעה ממרכז הפיקוד של המוח. כשתפקודו של המוח מצטמצם באופן דרמטי כתוצאה מאלכוהול או מחומרים חזקים יותר, נגוזה כל תקווה להחלטה נבונה.

החלטות גם מזינות זו את זו. החלטה אחת תוביל לרוב לאחרת. החלטות מינוריות בנושאים חשובים שמתקבלות בשלב מוקדם (נראה לי שהמסיבה הזו הולכת להיות ממש פרועה; אני חושב שכדאי שאעזוב מיד) יכולות למנוע החלטות גרועות בהמשך.

ריסון במהלך החיים

לא רק נוער מחויב לשמור על ריסון במערכות יחסים זוגיות. היהדות מאמינה בבניית 'מחנה קדוש', קהילה שחיה על פי מערכת ערכים וציפיות שנקבעה משמיים. משמעת עצמית היא אמצעי שיאפשר לנו לחיות תוך מחויבות למערכת ערכים ולאמות מידה הנוספות על חיי הפרט. אמות המידה הללו מחייבות לא רק את הנוער. הן גם חלק מהחיים של שומרי מצוות נשואים. גברים ונשים נשואים חייבים להפגין ריסון במשך כשבועיים בכל חודש למשך רוב חייהם המשותפים. כמו כן, כל איש ואישה עלולים להיות נתונים לפיתויים מיניים במקום עבודתם.[9] רוב מערכות היחסים מחוץ לנישואים מתחילות בקשרים שהתפתחו במקום העבודה. היהדות מצפה מכולנו להפגין שליטה עצמית במצבים כאלו; להתרחק מפיתויים, להתאפק, להתגבר על הדחפים הפיזיים (ולפעמים אף הרגשיים) החזקים ביותר, ולהישאר נאמנים להלכה ולבני ובנות הזוג שלנו. אנחנו נקראים לבנות קהילה קדושה, ולכן כפרטים וכחברי קהילה בעלי ערכים משותפים אנחנו מפגינים משמעת עצמית, שהיא פעמים רבות מאתגרת מאוד, אבל מייצרת נורמות חשובות עבור משפחות וקהילות.

ערכה של התמודדות דתית

סגרנו מעגל וחזרנו לערכה של התמודדות דתית. לפי הגאון מווילנה, התהליך של צמיחה אישית מתמדת הוא ממהות קיומו של האדם. צמיחה מיטיבה להופיע מתוך מקום של קונפליקט וקושי, מתוך אתגר שדורש התמודדות. בספר משלי (כד, טז) כתוב שצדיק הוא לא בהכרח מי שנולד צדיק, אלא מי שנמצא בתהליך של צמיחה: "כי שבע יפול צדיק וקם". דווקא מי שמוכן להיאבק, לעבוד על עצמו, להודות ביצר מבלי לוותר על הנחישות להמשיך להשתדל להתעלות לגבהים רוחניים, נחשב צדיק. זהו חלק חיוני ממהות האדם.

מתנת התשובה

אלוקים, שברא אותנו עם יצרים פיזיים כמו גם עם נשמה רוחנית, יודע שלפעמים שתי הבחינות הללו של בני האדם מתנגשים, ושאנחנו לא תמיד מצליחים להתגבר על היצר ולקיים את מצוותיו. התשובה היא מתנה שאלוקים נתן לבני האדם, כדי לעזור לנו בדרכנו לחיים רוחניים נכונים. תשובה מאפשרת לנו לעשות מאמץ אמיתי להשתפר וגם להודות כשאנחנו 'מפספסים', להתכוונן ולחזור לדרך הנכונה. לכן לתשובה חלק חשוב כל כך במסורת שלנו. התהליך של התפתחות לכדי אנשים בעלי משמעת עצמית, הנאמנים לאמונותיהם ומסוגלים לנהוג כפי שאנחנו אמורים לנהוג ולא לעשות את מה שההלכה היהודית אוסרת, הוא מסע שנמשך לאורך כל החיים, וכולל עליות ומורדות. התשובה מזכירה לנו שאנחנו יכולים תמיד לנסות להשתפר, ושאלוקים מוכן תמיד להיענות למאמצינו המחודשים. זוהי משימתם של יהודים שומרי מצוות.

קדושים תהיו

בספר ויקרא אנחנו מצווים:

> וידבר ה' אל משה לאמר: דבר אל כל עדת בני ישראל ואמרת אלהם:
> קדשים תהיו, כי קדוש אני ה' אלקיכם.

(ויקרא יט, א-ב)

מה הכוונה להיות קדוש? רש"י[10] רואה באמירה זו משפט מסכם לפרק הקודם בחומש, הדן ביחסי מין אסורים. כך, הוא מסביר, כל עוד תקיימו את מצוות התורה ותישמרו מחטא, תמלאו את הציווי "קדושים תהיו".

הרמב"ן[11] חולק על רש"י ובוחר להרחיב את טווח המצווה. הוא אומר שזו אינה מצווה הקשורה לפעולות מסוימות, אלא עיקרון מקיף הדורש מאיתנו לנהוג כראוי על פי התורה בכל רגע נתון. לדבריו, לולא המצווה הזו עלולים אנשים להתנהג באופן שהוא מתועב, אך מבלי לעבור על ההלכה. הוא מציין כמה דוגמאות להמחשת העניין. הדוגמאות הן של אדם שמשקיע את כל כולו ברדיפה גרגרנית אחר אוכל, אבל אוכל רק מזון כשר, או אדם שמקיים יחסי מין ללא הגבלה, אבל רק עם אשתו. בשני המקרים אין עבירה על איסור הלכתי, אבל ההתמסרות למימוש תאוות פיזיות איננה התנהגות ראויה לאדם יהודי. הרמב"ן מפרש את המצווה להיות קדושים כחזון מקיף הכולל את כל ההתנהגויות. מכיוון שאי אפשר לציין את כל ההתנהגויות הבעייתיות האפשריות, ההוראה "קדושים תהיו" היא קו מנחה למימוש חיים של קדושה. כדי ליצור עידוד וציפייה לחשיבה דתית כזו, חשיבה מאוזנת ובעלת משמעת עצמית, אומר הרמב"ן, נצטווינו "להיות קדושים".

הלורד הרב ד"ר יונתן זקס, הרב הראשי של בריטניה לשעבר, מסביר את משמעותה הבסיסית של המילה 'קודש' על ידי השוואתה למילה שמשמעותה הפוכה, 'חול'. המילה 'חול', הוא מסביר, מציינת הן את המובן 'חולין' והן את 'חול הים'. חול הים, לדבריו, מטבעו איננו יציב. הוא נע ונד; הוא נסחף על ידי הים וכל משב רוח משנה את מקומו. כדי שחול יהיה יציב, הוא זקוק לצמחים ששורשיהם מעמיקים אל תוך האדמה ועליהם יונקים אנרגיה מהשמש. זו המשמעות של 'קדוש': להיות מחוברים היטב למה שהיה לפנינו ולשאוף כלפי מעלה לאלוקים. את השורשיות והשאיפה הרוחנית הזו אנו מבקשים להעביר לילדינו. היהדות מאמינה שכל אדם צריך לחיות באופן המשקף מחויבות מושרשת למערכת ערכים וציפיות בעלת השראה אלוקית. משמעת עצמית היא דרך לחיות חיים שיש בהם מחויבות למערכת ערכים ולאמות מידה בעלות ערך עליון. אלו הם החיים שכל יהודי שומר מצוות שואף להם.

גאוות יחידה

לפעמים אנחנו כל כך עסוקים בכל האיסורים, עד שאנחנו שוכחים ללמד את ילדינו על היופי הטמון בדרך החיים שלנו. אני אוהבת להשתמש בדוגמה של הצבא. כל יחידה בצבא עובדת קשה כדי לפתח גאוות יחידה, לתת לחיילים ביחידה להרגיש שהתפקיד שלהם הוא החשוב ביותר בצבא. זה נותן כוחות לעשות דברים קשים מאוד. מאחר שחיילים צריכים לעבור אימונים קשים ביותר

ולעיתים גם חוויות קשות מאוד במהלך השירות שלהם – האמונה שתפקידם משמעותי וחשוב לביטחון עם ישראל מעניקה להם את הכוח להמשיך לתפקד בתנאים קשים. להבדיל, דרך החיים שלנו כיהודים שומרי הלכה דורשת מחויבות ומוכנות להימנע מהרבה דברים שרוב האנשים בעולם עושים, והם נראים נעימים מאוד. ומכיוון שאנחנו מגדלים את ילדינו בעולם פתוח, הם ערים לכל מה שמתרחש בחוץ, ומה הם 'בוחרים' שלא לעשות. לעיתים אנחנו שקועים כל כך ב'לא' עד שאנחנו שוכחים להסביר מה 'כן'. חשוב שכהורים נעזור לילדינו להבין מדוע אנחנו בוחרים לחיות כדתיים מודרנים. אנחנו רואים בדרך הזו אידיאל. יש בה בחירה בטוב של היהדות ושל העולם המודרני גם יחד, ואנחנו מאמינים שהחיבור הזה הוא טוב עבורנו, ומסייע לנו לתרום לעולם בצורה המשמעותית ביותר. הדת מוסיפה ערך לחיים שלנו, ובזכות הבחירה בה אנחנו מתחברים לעולם הרוח והקדושה. וגם כאשר היא דורשת מאיתנו התאפקות או מחויבות מסוימת, אנחנו בוחרים בה מתוך הבנה שנבראנו בצלם אלוקים, ונכון לנו לחיות לפי דרכה של תורה.

סיום

> ולמצוות חינוך הבנים שהוא מצווה גדולה צריכין לזה חכמה רבה ונפלאה וסייעתא דשמיא רבתי. ואל ימתין האדם לחנך את הבנים עד אשר יגדלו, אלא מעת צאתם מרחם אמם בעוד נשמתם נקיה וטהורה שלא טעמו טעם חטא, אז יתחילו האבות והאמהות לחנכם בדברי תורה ומילי דשמיא יכניסו בלבם.

(ישעיה א"ז מרגליות, **דעת הקדושה** לרמב"ן, עמ' יד)

הורות היא מלאכה מספקת מאוד וגם מאתגרת ביותר, לעיתים קרובות בו־זמנית. זו בוודאי המשימה הקשה ביותר שלנו, כמו גם החשובה ביותר. מדהים לחשוב שאנו מבקשים הכשרה מקצועית בתחומים רבים של חיינו, אך רובנו מניחים שאין צורך בהכנה מיוחדת כדי להיות הורים.

חוויית ההורות עשויה להיות אחד התחומים המשמעותיים ביותר שבהם אנו חווים צמיחה, מבחינה רוחנית ורגשית. כשאנחנו לומדים מתי להגיב ואיך להגיב, ואולי עוד יותר חשוב – מתי לא להגיב, אלא להסתפק בצפייה ובתמיכה, אנחנו גדלים ומשתנים בכל מפגש עם ילדינו. מבט לאחור על העניינים ששיגעו אותנו כשגידלנו את הילד הראשון ונראים משעשעים להורים ותיקים יעזור לנו

להבין כיצד השתנינו, למדנו וגדלנו מהחוויה הזו. אחד מאתגרי ההורות הוא הצורך להשתנות ולהתפתח כל הזמן, ממש כשם שילדינו משתנים ומתפתחים. אנחנו נותרים אומנם מבוגרים במהלך חוויותינו כהורים, אך עלינו לחזור ולהתאים את עצמנו, מהורות לבן שנתיים להורות לבן 10 ולהורות למבוגר. לפעמים אנחנו מוצאים את עצמנו במצב של הורות לבן 5 ולבן 15 בו־זמנית, ועלינו להיות הורים שונים לכל אחד מהילדים הללו, לטפל באחד בזמן שאנחנו נותנים עצמאות לשני. ההורות מלאה אתגרים והרפתקאות, אך היא בהחלט אחד מן החלקים המשמעותיים ביותר של החיים.

למרות שלרוב איננו מקבלים הכשרה רשמית, חשוב שנמצא זמן ומקום רגשי לחשוב על ילדינו ועל הצרכים שלהם, וכיצד ניטיב להיענות להם. אני רוצה לחזור לרעיון שהצעתי קודם לכן. קבוצות בנושא הורות או אפילו קבוצות הורים שבהן מדברים על נושאים שונים הקשורים להורות עשויות להועיל מאוד, בפרט כשהילדים גדלים. כשילדינו צעירים, אנחנו נוטים לבלות זמן עם הורים אחרים, לשוחח ולהביא את הילדים לשחק זה אצל זה, להתייעץ לגבי גמילה מחיתולים וממוצץ. אבל כשהילדים מתבגרים, נוצר מרחק ממקורות התמיכה הללו. לא נוח לנו לשוחח על נושאים מטרידים בגלל הצורך לשתף אחרים במידע שעלול לפגוע בפרטיותם של ילדינו. כשהנושאים נעשים מורכבים יותר, וכשאנחנו מתקשים לעזור לילדינו להתמודד עם הדינמיקה החברתית של החיים וההתבגרות, אנחנו נוטים להרגיש בודדים במערכה. דווקא כשהנושאים נעשים מורכבים, עלינו לפנות לקבלת עצות ותמיכה.

כידוע, רוב הילדים הדתיים גדלים בקהילה, ולפעמים יצירת מגע עם הורים אחרים בקהילה יכולה להפוך את תהליך ההורות למאמץ משותף. בסופו של דבר, תפילותינו תמיד מכוונות כלפי מעלה, כי רק עם המון סייעתא דשמיא נוכל להצליח במשימה הזו, שהיא ללא ספק המשימה האנושית החשובה ביותר.

בפרק זה דיברנו על:

- כדי לחיות חיים של קדושה, אנחנו נדרשים לעמוד איתן במחויבות שלנו לאמונה למרות האתגרים.
- חשוב ללמד את ילדינו את ההלכות, אך עלינו גם להקנות להם את הכלים להיות חזקים ולהגשים את הערכים הללו, למרות הקשיים.
- שליטה עצמית ומשמעת עצמית הם מאפיינים חשובים שיש לטפח בקרב ילדינו כדי לעזור להם לשמור על מחויבות ליהדות ולמצוותיה.
- אנחנו עוזרים לילדינו כשאנחנו מלמדים אותם לראות את עצמם בהקשר רחב יותר. לפיכך, החלטות לא תמיד צריכות להתבסס על מה שאנחנו רוצים, אלא להביא בחשבון גם את המחויבות שלנו ואת הצרכים של אחרים.
- שליטה עצמית מגיבה כמו שריר: ככל שמאמנים אותה, כך היא פועלת טוב יותר. אולם, כמו שריר, כשמגזימים בשימוש, יש ירידה באפקטיביות. לא רצוי להגביל באופן מוגזם. יש להגיע לאיזון עדין ומותאם לגיל הילד.
- ריסון ומשמעת עצמית חשובים במיוחד במצבים של עירוב בין בנים לבנות.
- סמים ואלכוהול בכל צורה שהיא משפיעים לרעה על תפקוד המוח. לפיכך, שילוב של שתייה חריפה או שימוש בסמים עם קבלת החלטות חשובות הוא מתכון לאסון.
- היהדות מעריכה ריסון כמו גם התמודדות דתית, משום שהם מובילים בדרך כלל לצמיחה דתית.
- ביהדות יש לתשובה מקום מרכזי, דבר המעיד על הבנה של הטבע האנושי – לפעמים אדם נכנע לפיתוי, אבל תמיד אפשר לשאוף להשתפר ולצמוח מבחינה רוחנית, ולדעת גם שתמיד יש הזדמנות נוספת להצלחה.
- האתגר הטמון בבריאתנו בצלם אלוקים הוא להתעלות ולחיות חיים המכבדים ומגשימים את הפוטנציאל של האדם.
- גאוות יחידה – טוב לנו כבני אדם לחיות על פי 'המתכון' של הקב"ה.
- משמעת עצמית היא אמצעי לחיים שיש בהם מחויבות למערכת ערכים ולאמות מידה החורגות מהעצמי. זוהי מטרתו של יהודי שומר מצוות והדרך שאליה אנו שואפים.

מדריך קצר להתבגרות עבור הנערה הדתית

מבוסס על דבריו של הרב שמואל יבלון

מבוא

שנות ההתבגרות הן תקופה מרגשת בחייה של כל בת – מרגשת ומפחידה. גם אם לא משוחחים על הנושא בגלוי, כל אחת יודעת שגם הנשים סביבה עברו את זה – אימא, סבתא, והאחות הגדולה. למרות שזה קצת מפחיד, חשוב לדבר על כך כדי שתהיי מוכנה.

ברכת 'אשר יצר' מבטאת הודיה לקב"ה שיצר את הגוף האנושי בשלמות. אם לא הייתה לנו דרך להיפטר מן הפסולת שהגוף שלנו מייצר, לא היינו יכולים לחיות. אנחנו מעריכים ומכבדים כל חלק בגופנו.

בדומה לכך, הקב"ה ברא את הגוף בשלמות המאפשרת את קיומו של המין האנושי. אחד הניסים המדהימים הוא האפשרות ליצור בני אדם נוספים. איש ואישה נעשים שותפים של הקב"ה במלאכת הבריאה על ידי יצירת חיים חדשים. כדי שייוולד תינוק חדש, יש צורך בתפקוד תקין של גוף האישה ושל גוף הגבר. התקינות הזו היא חלק מהנס. לנשים יש זכות מיוחדת המוקנית להן על ידי האפשרות להיכנס להיריון, להזין עובר ולהביאו לעולם.

כשילדים מתחילים להתפתח לקראת הבגרות, הם עוברים בין היתר תהליך של התבגרות מינית. בתהליך הזה הגוף גדל ומשתנה, הן בתוכו והן כלפי חוץ, באופן שמאפשר בסופו של דבר גם הולדת ילדים. מלבד המטרה הסופית הזו, הגוף גם גדל ומתחזק.

רוב הבנות עוברות את תהליך ההתבגרות בטווח גילים מסוים. יש בנות שאצלן התהליך מתחיל כבר בגיל 9-10. אצל אחרות ההתחלה מאוחרת יותר,

אפילו בגיל 16. הגיל הממוצע הוא בערך 12, וזו כנראה הסיבה לתחילת החיוב במצוות בגיל זה. עבור בנים, הטווח הטבעי הוא בין הגילים 11-18. אצל רוב הבנים, ההתחלה היא סביב גיל 13, וזו כנראה הסיבה לתחילת החיוב שלהם במצוות בגיל זה.

הגיל שבו מתחיל תהליך ההתבגרות איננו משמעותי. כל גיל בתוך הטווח הוא טבעי, ובסופו של דבר, כל אדם עובר את התהליך. אולי התהליך כבר החל אצלך ואולי יתחיל בשנה הקרובה, ולכן זה זמן טוב ללמוד על תהליך ההתבגרות ולהבין אותו טוב יותר.

מה קורה לגוף שלי???

בתהליך ההתבגרות, כל נערה עוברת את אותן התפתחויות. בפרק הזמן הזה כל הגוף שלך גדל. בגופך ישנם חומרים מיוחדים, הורמונים, שיעזרו לך לעבור את תהליך ההתבגרות. הורמונים שונים גורמים לפעולות שונות – עוזרים לך לגבוה, עוזרים לחלקי הגוף הנשיים להתפתח ועוזרים לצמיחת שיער הגוף. עם השינוי ברמות ההורמונים, השדיים יגדלו, תתחילי לקבל מחזור חודשי ותגבהי. אלו שינויים טבעיים ובריאים, וכולם יחד הופכים אותך לאישה.

שמירה על ניקיון הגוף

כשהשינויים הללו מתרחשים בגוף שלך, חשוב להתחיל להקפיד יותר על ניקיון הגוף. השינויים ההורמונליים גורמים להזעה מוגברת המלווה בריחות לא נעימים. בתקופה הזו, אם לא התחלת כבר לעשות את זה בגיל צעיר יותר, מומלץ להתחיל להתקלח כל יום ולהשתמש בדיאודורנט בבית השחי.

בתקופה זו העור הופך לשמנוני יותר, ולכן בני נוער רבים מפתחים פצעי בגרות. רחיצת פנים לעיתים קרובות והקפדה על מקלחת בכל יום יכולות לצמצם את הופעתם של פצעי הבגרות. עם זאת, כמעט לכל מתבגר יש פצעונים, ואי אפשר למנוע אותם לחלוטין. גם פצעי בגרות הם חלק טבעי מתהליך ההתבגרות.

צניעות, בנים ובנות

בזמן תהליך ההתבגרות מתחילים לגלות עניין בבני המין השני. תחושות אלו טבעיות לחלוטין. אם צעירים וצעירות לא היו נמשכים אלו לאלו, הם לא היו מתחתנים ומולידים ילדים. עם זאת, למרות שהמשיכה ההדדית היא טבעית וטובה, היהדות אוסרת לממש משיכה זו עד לאחר החתונה. קונפליקט זה מציב

בפנינו אתגר גדול. זו הסיבה שההלכה קובעת כללי התנהגות בסביבת בני המין השני, כדי למנוע עבירה. זו גם הסיבה להלכות העוסקות בקשר או במגע בין בנים לבנות ובין גברים לנשים ובצורך לנהוג בצניעות (אגב, המונח צניעות לא מתייחס רק לאופן הלבוש של בנות, אלא גם של בנים! יתרה מזו: ערך הצניעות צריך לבוא לידי ביטוי באופן שבו אנו מדברים, בדברים שאליהם אנו נחשפים ועוד. חשוב להדגיש שהגוף איננו דוחה או סודי, אלא הוא דבר פרטי ומתנה מהקב"ה. הקב"ה מצפה שנשתמש במתנה זו על פי הוראותיו).

לפי ההלכה, מותר לאישה ולגבר להתחבק, להתנשק ולקיים יחסי מין רק אחרי שהם מתחתנים. קרבה זו אמורה לבטא אך ורק קשר שבין איש לאשתו. למרות שפיזיולוגית אנשים מסוגלים לקיים יחסי מין גם לפני החתונה, אין זה רצון ה'. הגוף שניתן לנו הוא מתנה, והיכולת ללדת גם היא מתנה. בידינו לבחור אם לנצל מתנות אלו לרעה או לטובה. אנו רוצים להשתמש במתנה לטובה, ולכן אנו משתמשים בה כפי שנצטווינו.

לשאול שאלות

לבנות יש בדרך כלל שאלות רבות ביחס להתבגרות וליחסי מין. סקרנות זו היא טבעית לחלוטין. טבעי גם להתבייש בעיסוק במיניות ובהתבגרות. עם זאת, חשוב לזכור שיש הבדל בין 'סודי' ל'פרטי'. הגוף שלנו איננו סודי, וודאי שאיננו רע ומשהו שצריך להתבייש בו. חלילה וחס! הגוף שלנו הוא קדוש והוא יציר כפיו של הקב"ה עצמו. עם זאת, הגוף הוא דבר פרטי. לכן אנו מתלבשות כפי שאנחנו מתלבשות ומתנהגות כפי שאנחנו מתנהגות. חשוב להרגיש בנוח להפנות שאלות אישיות להורים, לרב, לרופא, למורה, ליועצת, לאחות גדולה או לכל אישה בוגרת אחרת. כל אחת מהנשים הבוגרות שאת מכירה עברה את תהליך ההתבגרות ומן הסתם התמודדה עם אותן שאלות!

"ברוך... אשר יצר את האדם בחכמה". הקב"ה ברא אותנו באופן שמאפשר לנו לחיות ולהמשיך את קיום המין האנושי!

מה קורה לגוף שלי?

(לבנות בכיתה ד׳, ה׳ או ו׳ הלומדות על התבגרות)

איורים של הגוף ומערכת הרבייה של הגבר ושל האישה אפשר למצוא באתר .http://science.cet.ac.il/science/reproduction/repro1.asp

איברי הרבייה

איברי הרבייה של האישה נמצאים בתוך גופה. גם אם אינך יכולה לראות אותם, חשוב להכיר את הגוף שלך על ידי למידה על איברי הרבייה וכיצד הם פועלים.

איברי הרבייה הפנימיים כוללים את השחלות, הרחם, החצוצרות, צוואר הרחם והנרתיק. איבר המין החיצוני נקרא פות. להלן תיאור תפקידו של כל אחד מאיברים אלו.

השחלות

לכל אישה יש שתי שחלות, אחת בכל צד של הרחם. השחלות הן בצורת אליפסה ובהן מאוחסנים תאי הרבייה הנקביים, שנקראים ביציות. בכל שחלה יש מאות אלפי ביציות שנמצאות שם מזמן הלידה, אבל רק בגיל ההתבגרות הן מבשילות ואפשר להפרות אותן.

החצוצרות

כדי להגיע לרחם, הביציות עוברות דרך צינורות שנקראים חצוצרות.

הרחם

הרחם הוא המקום שבו נמצא התינוק במשך תשעת חודשי ההיריון. זהו איבר חלול, לא גדול, בצורת אגס הפוך, המתרחב ונמתח בזמן ההיריון. בתקופת ההתבגרות הוא גדל.

צוואר הרחם

צוואר הרחם הוא החלק התחתון של הרחם המוביל מהרחם לנרתיק.

הנרתיק

הנרתיק הוא צינור שרירי בגוף המחבר בין צוואר הרחם והרחם אל מחוץ לגוף.

מדריך קצר להתבגרות עבור הנערה הדתית

הפות

שמו של איבר המין של בנות הוא פות. רבים טועים ומשתמשים במילה נרתיק במקום פות. הנרתיק נמצא בתוך הגוף, והפות הוא האיבר החיצוני. לפות יש חלקים שונים: במבט מלמעלה למטה, הדגדגן נמצא בחלק העליון ולאחריו שלושה פתחים: פתח לשתן, המכונה שופכה; פתח הנרתיק, שבו יוצא דם הווסת, בו מקיימים יחסי מין וממנו יוצא התינוק בשעת הלידה; ופי הטבעת, המשמש לפעולת המעיים.

מה הקשר בין הורמונים להתבגרות?

בזמן ההתבגרות, בלוטת יותרת המוח, הנמצאת במוח, משחררת הורמונים. הורמונים הם חומרים כימיים המיוצרים בחלקים מסוימים של הגוף שלך, ומעבירים מסרים לאיברי גוף שונים דרך מחזור הדם. ההורמונים המופקים על ידי בלוטת יותרת המוח גורמים לשחלות לייצר הורמונים נוספים הנקראים אסטרוגן ופרוגסטרון. הורמון הטסטוסטרון נמצא גם הוא אצל נשים. לגברים ולנשים יש צורות וכמויות שונות של החומרים הללו. להורמונים השפעות רבות על גופן של בנות, ואלו כוללות הבשלה גופנית, גדילה ורגשות.

מהו הווסת?

בערך פעם בחודש יוצאת ביצית מאחת השחלות – תהליך הנקרא ביוץ – ועוברת דרך אחת החצוצרות לכיוון הרחם. בימים שלפני הביוץ, ההורמון אסטרוגן מגרה את הרחם לעבות ולרפד את רירית הרחם בעזרת דם נוסף ורקמות, לחיזוק דפנות הרחם. כך מתכונן הרחם להיריון: אם הביצית מופרית על ידי תא זכרי, היא מגיעה לרחם, מתחברת לדופן המרופד של הרחם ומתפתחת בהדרגה לתינוק. אם הביצית אינה מופרית, כפי שקורה ברוב המחזורים החודשיים, היא לא נצמדת לדופן הרחם. במקרה כזה, הרחם צריך להשיל את הרקמות הנוספות שהצטברו בו. הדם, הרקמות והביצית הלא־מופרית יוצאים מהרחם ועוברים דרך הנרתיק אל מחוץ לגוף. זה נקרא וסת או מחזור. מחזור זה מתרחש כמעט בכל חודש במשך שנים רבות, עד שאישה מגיעה לגיל שבין 45 ל־55 (מלבד, כמובן, בזמן היריון). ברגע שאישה מגיעה לגיל המעבר, השחלות מפסיקות לשחרר ביציות והמחזור נפסק.

במה אשתמש כדי לספוג את הדם?

ישנם סוגים רבים של מוצרים הסופגים את דם המחזור – ובעיקר תחבושות,

טמפונים חד־פעמיים וטמפון רב־פעמי (גביעונית). לתחבושות יש בדרך כלל רצועה דביקה בחלקן התחתון שנצמדת לתחתונים (בחלק הפנימי); טמפונים מוחדרים לתוך הנרתיק וסופגים את הדם בתוך הגוף, לפני שהוא מופרש; גביעונית מוחדרת לתוך הנרתיק ואפשר לנקות אותה ולהשתמש שוב ושוב. גם תחבושות וגם טמפונים וגם גביעוניות מגיעים במגוון רחב של גדלים, צורות ורמות ספיגה. תוכלי להתנסות במוצרים השונים כדי להחליט מה את מעדיפה. יש להחליף תחבושות, טמפונים וגביעוניות אחת לכמה שעות, בהתאם לזרימת הדם.

כל כמה זמן צפוי שאקבל מחזור?

לאחר קבלת הווסת, רירית חדשה גדלה ברחם, מתרחש ביוץ ואז אותה רירית מופרשת. זוהי הווסת הבאה. לכן הווסת מכונה מחזור חודשי. זה קורה פעם אחר פעם. כל מחזור נע לרוב בין 21 ל־35 ימים, והממוצע הוא 28 ימים. בדרך כלל, עם ההתבגרות, המחזור הופך לסדיר, אבל בהתחלה הוא יכול להיות מאוד לא סדיר. אל תדאגי – זה תקין לגמרי.

האם יש דרך לדעת מראש שהמחזור עומד להגיע?

עם הכרת השינויים בגוף שלך, תלמדי לזהות סימנים לתחילת המחזור. לפעמים השדיים כואבים, ולנשים רבות יש התכווצויות בבטן או בגב. כל זה בגלל העבודה הקשה של שרירי הרחם.

מה יקרה אם אקבל מחזור בזמן שאני בבית הספר?

לפעמים נערות אינן מוכנות לקבלת הווסת, במיוחד בפעם הראשונה. אם את מקבלת מחזור בבית הספר ואין לך ציוד מתאים, אחות בית הספר תוכל בדרך כלל לעזור לך. אם אין אחות בבית הספר, מצאי מורה שנוח לך לפנות אליה. לפעמים בת אחרת בכיתה תוכל לתת לך את מה שאת צריכה. גם אם זה קצת מביך, זה קורה לנשים רבות, ואת לא צריכה להתבייש לבקש עזרה. אם את חוששת לקבל את הווסת הראשונה שלך בזמן הלימודים, בקשי מאימא שלך לקנות לך תחבושות או טמפונים עוד קודם לכן ושמרי אותם בתיק.

ממה אצטרך להימנע בזמן שאני במחזור?

קבלת הווסת אין פירושה שאת צריכה להימנע מן הפעילויות הרגילות שלך, כמו שחייה או שיעורי התעמלות. למעשה, פעילות גופנית יכולה אפילו לעזור להפיג כאבים ואי־נוחות בזמן הווסת.

יש לי שינויים במצב רוח. מה לא בסדר איתי?

השינויים החיצוניים אומנם בולטים יותר לעין, אבל מתרחשים גם שינויים רבים בתוכך. אותם הורמונים שהם חלק חשוב של תהליך ההתבגרות משפיעים גם על הרגשות שלך. טבעי לגמרי להיות רגשנית יותר או לחוות רגשות חזקים שאת לא תמיד מבינה, או להיות רגע אחד שמחה וברגע הבא עצובה. זה תקין לחלוטין בגיל ההתבגרות, ובמיוחד סביב קבלת המחזור. אל תדאגי – זה יתאזן עם הזמן.

לא נראה לי שקיבלתי מחזור, אבל משהו קורה שם למטה.

רוב הבנות רואות על התחתונים כתם צהוב או לבן בתקופת ההתבגרות. זה טבעי. אלו הן הפרשות מהנרתיק שעוזרות לנקות ולהרטיב את הנרתיק. אם מופיע גירוד, ריח או גירוי סביב הפות, יכול להיות שאת צריכה להקפיד יותר על היגיינה, או אולי יש לך דלקת ואת זקוקה לייעוץ רפואי מקצועי.

אני רואה שהשדיים שלי משתנים. למה עליי לצפות?

צמיחת שדיים מתחילה ב'ניצנים', בליטות קטנות שנוצרות מתחת לפטמה, ועטרה (העטרה היא האזור הכהה סביב הפטמה). ייתכן ששד אחד יתחיל לגדול לפני השני, לפעמים אפילו בהפרש של 6 חודשים, אבל אל תדאגי – זה טבעי. בהתחלה, השדיים עלולים לכאוב לעיתים, ולהיות רגישים למגע. אבל זה ייעלם כשהם יתעגלו ויתמלאו. הפטמה והעטרה גם יתכהו, והפטמה תגדל. גם במצבם הסופי, שד אחד יהיה מעט גדול יותר מהשני, אבל הם ייראו די שווים. לרוב הבנות לוקח שלוש עד ארבע שנים עד לצמיחה מלאה של השדיים.

מה לגבי שיער? שמעתי שיצמח לי שיער באזורים שונים של הגוף.

במהלך ההתבגרות, שיער מתחיל לצמוח באזור הערווה (סביב הפות) ובבית השחי. זה יכול לקרות אחרי שהשדיים מתחילים להתפתח, אבל אצל בנות רבות שיער הערווה מתחיל לצמוח עוד קודם. שיער בבית השחי מופיע בדרך כלל בסוף תהליך ההתבגרות. בהתחלה יצמחו כמה שערות דקות באזור הערווה ובבית השחי. מאוחר יותר השיער יהפוך לעבה ומסולסל. נוסף לכך, עם ההתבגרות, שיער הערווה עשוי להגיע עד לפנים הירכיים. יש נשים שמפתחות גם קו דק של שיער שנמשך עד לטבור.

החברות שלי כל כך גבוהות פתאום. למה זה?

רוב הבנות חוות גדילה פתאומית בשנה שלפני קבלת המחזור החודשי. קצב

הגדילה במהלך התקופה הזו יכול להיות כפול מהקצב הרגיל. באופן כללי, בהתחלה גדלות כפות הרגליים והידיים, ולאחר מכן שאר הגוף. בדרך כלל, לאחר קבלת המחזור הראשון מתמתן קצב הגדילה.

הגוף שלי כבר לא נראה כמו פעם. למה אני משתנה כל כך הרבה?

במהלך ההתבגרות, צורת הגוף שלך משתנה קצת, הירכיים מתרחבות והמותן נהיה יותר צר. זה טבעי וכך הגוף מקבל את צורתו הנשית.

מדריך קצר להתבגרות עבור הנער הדתי

מבוסס על דבריו של הרב שמואל יבלון

מבוא

ברכת 'אשר יצר' מבטאת הודיה לקב"ה על שיצר את הגוף האנושי בשלמות. לולא הייתה לנו דרך להיפטר מהפסולת שהגוף שלנו מייצר, לא היינו יכולים לחיות. אנחנו מעריכים ומכבדים כל חלק בגופנו.

בדומה לכך, הקב"ה גם ברא את הגוף בשלמות המאפשרת את קיומו של המין האנושי. אחד הניסים המדהימים במלאכת הבריאה הוא האפשרות ליצור בני אדם נוספים. איש ואישה הופכים לשותפים של הקב"ה בבריאה בכך שהם יוצרים חיים חדשים. כדי שתינוק חדש ייוולד, יש צורך בתפקוד תקין של גוף האישה ושל גוף הגבר. התקינות הזו היא חלק מהנס.

כאשר ילדים מתחילים להתפתח לקראת הבגרות, הם עוברים בין היתר תהליך של התבגרות מינית. בתהליך הזה הגוף גדל ומשתנה, הן בתוכו והן כלפי חוץ, באופן שיאפשר בסופו של דבר גם ללדת ילדים. נוסף למטרה סופית זו, הגוף גדל ומתחזק – זו הסיבה שבחור בן 17 הוא בדרך כלל שחקן כדורסל טוב יותר מילד בן 10!

ישנו טווח גילים טבעי שבו עוברים רוב הבנים את תהליך ההתבגרות. אצל חלקם מתחיל התהליך כבר בגיל 10-11. אצל אחרים מאוחר יותר, אפילו בגיל 18. הגיל הממוצע הוא בערך 13, וזו כנראה הסיבה לתחילת החיוב במצוות בגיל זה. טווח הגילים הטבעי עבור בנות הוא 9-16. רוב הבנות מתחילות סביב גיל 12, וזו כנראה הסיבה לתחילת החיוב שלהן במצוות בגיל זה.

הגיל שבו מתחיל תהליך ההתבגרות איננו משמעותי. כל גיל בתוך הטווח הוא טבעי, ובסופו של דבר כל אדם עובר את התהליך. ייתכן שאצלך התהליך

כבר התחיל, או יתחיל בשנה הקרובה, ולכן זהו זמן טוב ללמוד על תהליך ההתבגרות ולהבין אותו טוב יותר.

מה קורה לגוף שלי???

בתקופה זו הגוף כולו מתחיל לגדול ולגבוה בקצב מואץ. אצל הבנים שיא הגדילה הוא כ־12 ס"מ (!) בשנה. גם חלקים שונים של הגוף – כולל איברי המין – עוברים תהליך של גדילה מואצת.

דבר ראשון שאולי תשימו לב אליו הוא שהאשכים גדלים. זה נורמלי לגמרי! לאחר מכן, שיער מתחיל לצמוח בבית השחי, על הפנים, ובמקום הערווה (סביב איבר המין). לפעמים רואים בתחילה בלוטות קטנות במקום שבו השיער עתיד לגדול. בלוטות אלו נקראות זקיקי שיער. לגברים צומח שיער גם על הזרועות ועל הרגליים ובחלקים נוספים של הגוף. יש שעירים יותר ויש פחות. כמו כל חלק בגוף, יש גברים שיש להם איברי מין גדולים יותר, ואצל אחרים איברי המין קטנים יותר. הטווח הוא טבעי ונורמלי, והגודל אינו משפיע בסופו של דבר על היכולת ללדת ילדים.

יש גם שינויים נוספים. לדוגמה, הגוף מתחזק ומיתרי הקול מתרחבים, ולכן הקול 'משתנה' ונעשה עמוק יותר. תהליך זה עשוי להימשך מספר שנים, שבהן הקול לעיתים 'נשבר' ומפיק טונים שנשמעים גבוהים מהרגיל. תהליך זה עלול להיות מביך. חשוב לא ללעוג לאחרים שעוברים את התהליך, בתקווה שגם עליך לא יצחקו. זהו שלב שעובר כל נער. נוסף לשינויים הללו, שנראים לעין, הגוף מתחיל לייצר הורמונים שבסופו של דבר יאפשרו לידת ילדים.

שמירה על ניקיון הגוף

כאשר השינויים הללו מתרחשים, חשוב להתחיל להקפיד יותר על ניקיון הגוף. השינויים ההורמונליים גורמים להזעה מוגברת המלווה בריחות לא נעימים. בתקופה זו מומלץ להתחיל להתקלח בכל יום ולהשתמש בדיאודורנט בבית השחי.

בתקופה זו העור הופך שמנוני יותר, ולכן בני נוער רבים מפתחים פצעי בגרות. אם תרחץ פנים לעיתים קרובות ותקפיד על מקלחת בכל יום, ייתכן שיהיו לך פחות פצעי בגרות. עם זאת, כמעט לכל מתבגר יש פצעונים, ואי אפשר למנוע אותם לחלוטין. פצעי בגרות גם הם חלק טבעי מתהליך ההתבגרות.

בזמן משחקי ספורט, יש סיכוי לפגיעה באזור האשכים. לכן מומלץ ללבוש מגן אשכים. אזור האשכים רגיש מאוד ומומלץ להגן עליו היטב. לאחר כל פעילות ספורטיבית כדאי להתקלח, אפילו מספר פעמים ביום.

צניעות, בנים ובנות

בזמן תהליך ההתבגרות, בנים ובנות מתחילים לגלות עניין בבני המין השני. התחושות האלה טבעיות לגמרי. אם צעירים וצעירות לא היו נמשכים זה לזו, הם לא היו מתחתנים ומולידים ילדים. עם זאת, למרות שהמשיכה ההדדית בין בנים לבנות היא טבעית וטובה, היהדות אוסרת לממש משיכה זו עד לאחר החתונה. קונפליקט זה מציב בפנינו אתגר גדול. זו הסיבה שההלכה קובעת כללי התנהגות בסביבת בני המין השני, כדי למנוע התנהגות אסורה בתחום זה. זו גם הסיבה לכל ההלכות שיש על התנהגויות בין בנים לבנות ובין גברים לנשים ולצורך לנהוג בצניעות (דרך אגב, מושג הצניעות לא מתייחס דווקא לאופן הלבוש של בנות... אלא גם של בנים! יתרה מזו: ערך הצניעות צריך לבוא לידי ביטוי גם באופן שבו אנו מדברים, בדברים שאליהם אנו נחשפים ועוד. חשוב להדגיש שהגוף איננו דוחה או סודי, אלא דבר פרטי ומתנה מהקב"ה. הקב"ה מצפה שנשתמש במתנה שהוא נתן לנו באופן שהוא התכוון).

לפי ההלכה, לאישה ולגבר מותר להתחבק, להתנשק ולקיים יחסי מין רק אחרי שהם מתחתנים. קרבה זו אמורה לבטא אך ורק קשר שבין איש לאשתו. למרות שפיזיולוגית אפשר לקיים יחסי מין גם לפני החתונה, זהו לא רצון ה'. הגוף שניתן לנו הוא מתנה, והיכולת ללדת היא מתנה. הבחירה בידינו אם לנצל את המתנות האלה לרעה או לטובה. אנו רוצים לנצל את המתנה לטובה, ולכן אנו משתמשים בה באופן שנצטווינו.

לשאול שאלות

אצל בנים מתעוררות בדרך כלל שאלות רבות ביחס להתבגרות ויחסי מין. סקרנות זו טבעית בהחלט. טבעי גם להתבייש מהעיסוק במיניות ובהתבגרות. עם זאת, חשוב לזכור שיש הבדל בין 'סודי' לבין 'פרטי'. הגוף שלנו הוא לא סודי, ובוודאי איננו דבר רע שצריך להתבייש בו, חס וחלילה! הגוף שלנו הוא קדוש, והוא נוצר על ידי הקב"ה בעצמו. עם זאת, הגוף הוא דבר פרטי. לכן אנו מתלבשים באופן שאנו מתלבשים ומתנהגים באופן שאנו מתנהגים. חשוב להרגיש בנוח להפנות שאלות להורים, לרב, לרופא, למורה, ליועץ או

למבוגר אחר שבו אתה בוטח. כל אחד מהמבוגרים שאתה מכיר עבר את תהליך ההתבגרות ומן הסתם התמודד עם אותן שאלות!

"ברוך... אשר יצר את האדם בחכמה", הקב"ה ברא אותנו באופן שמאפשר לנו לחיות ולהמשיך את קיום המין האנושי!

מה קורה לגוף שלי?

(לבנים בכיתה ה׳-ו׳ הלומדים על התפתחות הגוף)

להלן סקירה של איברי הרבייה הזכריים והשינויים שעוברים עליהם בתקופת ההתבגרות.

מהם תאי זרע?

תאי זרע הם תאי הרבייה הזכריים.

מהו זרע?

הזרע נשפך מתוך איבר המין בצורת נוזל סמיך, דביק ולבן. הזרע הוא תא הרבייה הזכרית שיש בו פוטנציאל של חיים. הוא מהווה את הפוטנציאל המבורך שהקב״ה שם בנו, ללדת ילדים.

מהם אשכים ומהו שק האשכים?

שק האשכים (הנקרא גם כיס האשכים) הוא שק העור שמתחת לאיבר המין. שק האשכים מכיל שני אשכים, שבתוכם נוצרים ההורמון הזכרי טסטוסטרון ותאי הזרע. כאשר תא זרע מפרה את הביצית שבגוף האישה, נוצר היריון. מטרתו של שק האשכים היא להגן על האשכים, כדי שיוכלו ליצור תאי זרע. שק האשכים תלוי מחוץ לגוף, מכיוון שכדי לייצר תאי זרע, האשכים זקוקים לטמפרטורה נמוכה מטמפרטורת הגוף. אולי שמת לב שלפעמים שק האשכים תלוי קרוב יותר לגוף ולפעמים רחוק יותר מהגוף. כך שומר שק האשכים על הטמפרטורה הרצויה ליצירת זרע.

ממה עשוי הפין?

הפין בנוי מרקמה ספוגית מלאה בכלי דם. הפין הוא לרוב רך ורפוי.

מה קורה לגוף שלי בתהליך ההתבגרות המינית?

בתהליך ההתבגרות, השינוי הראשון באיברי המין מתרחש בפין והוא מתחיל לגדול. לאחר מכן מתרחבים האשכים ושק האשכים. הפין בדרך כלל מתארך ומתעבה. נוסף לכך, שיער ערווה מתחיל לגדול סביב שק האשכים והפין.

האם יכול להיות שהפין שלי קטן מדי?

בנים נוטים לדאוג לגבי גודל הפין שלהם, ולכן חשוב לדעת שלגודל הפין אין כל השפעה על תפקודו התקין. אין צורך לדאוג!

מהי זקפה?

עוררות מינית היא מחשבה מינית אינטנסיבית (לא בהכרח רומנטית) המלווה במרכיב פיזי. כאשר בן חווה עוררות מינית מסוג זה, היא מלווה לפעמים בתגובות פיזיות שונות, כמו יובש בפה, פרפרים בבטן וקישוי ורטיבות של איבר המין, שנקרא 'זקפה' או 'קישוי'. זקפה נגרמת על ידי זרימה של דם לתוך הפין. הדם ממלא את כלי הדם ברקמת הפין. זרימת הדם גורמת לפין להתארך, להתעבות ולהתקשות. כאשר מצב הזקפה מסתיים, הדם זורם מהפין, והפין חוזר למצבו הרפוי הטבעי. עוררות עלולה להתרחש גם בלי תחושות מיניות, כתגובה למצב של לחץ או התרגשות מהתרחשויות אחרות, אפילו דברים פעוטים כמו גלידה או משחק כדורגל. חשוב לדעת שהתגובה היא לעיתים קרובות רפלקסיבית (בלתי־רצונית), כלומר, לא תמיד אפשר לשלוט בה.

מה גורם לזקפה, ומה עוד עליי לדעת?

בתקופת תהליך ההתבגרות, בנים מתחילים לחוות זקפה לעיתים קרובות יותר. תופעה זו היא חלק מתהליך ההכנה של הגוף לקראת שלב הילודה בבגרות. לזקפה יש כמה גורמים. בנים חווים זקפה כאשר הם מתרגשים, לחוצים או מגורים מינית, אבל אלו לא הסיבות היחידות לזקפה. לפעמים זקפה היא גם ספונטנית. אדם יכול להתעורר עם זקפה או לחוות לפתע זקפה באמצע שיעור. תופעה זו נפוצה במיוחד בשנים הראשונות של ההתבגרות. התופעה עלולה להוביל למצבים מביכים, למרות שהיא נורמלית לגמרי. אחרים בדרך כלל לא ישימו לב לזקפה, למרות שהתחושה היא שכולם רואים. זקפה ספונטנית נעלמת לרוב במהירות, במיוחד אם מנסים להתרכז במשהו אחר.

מהי שפיכה?

שפיכה היא הפעולה שבה נפלט זרע מתוך הפין. התכווצויות חזקות של שרירים בפין נגרמות כתוצאה מעוררות מינית אינטנסיבית. השרירים המתכווצים דוחפים את נוזל הזרע, שמכיל גם תאי זרע, דרך השופכה. נוזל הזרע יוצא מקצה הפין.

מתי אחווה שפיכה בפעם הראשונה?

בנים חווים שפיכה בפעם הראשונה לאחר שגופם מתחיל ליצור זרע. זהו חלק מתהליך ההתבגרות. תהליך זה מתרחש בדרך כלל בין הגילים 11-15. השפיכה עשויה להתרחש בזמן השינה.

מהו 'חלום רטוב'?

רוב הבנים חווים בשלב כלשהו שפיכה בלתי־רצונית בזמן השינה. שפיכה זו נקראת 'פליטה לילית' או 'חלום רטוב', או בלשון ההלכה: 'קרי לילה'. לעיתים פליטה כזו היא תוצאה של חלום שהיו בו תכנים מיניים, שבהם עשויים להופיע אנשים מוכרים או זרים. אין כל אפשרות לשלוט בתכנים של חלומות כאלו. מחשבות תת־מודעות כאלו עלולות להוביל לשפיכה בזמן השינה. עם זאת, פליטת לילה עלולה גם להיגרם על ידי שלפוחית מלאה, או על ידי גירוי פיזי של המיטה או השמיכה. חלומות רטובים הם חלק טבעי מן ההתפתחות המינית, והם אינם צריכים להיות מלווים ברגשות אשמה כלשהם. חשוב להבין שהם מרכיב חשוב בהתפתחות המינית של הגוף, צעד הכרחי לקראת הבגרות. לעיתים קרובות בנים מתעוררים בלי כל מודעות לכך שקרה משהו בלילה, אך הפיג'מה שלהם רטובה ודביקה.

התמודדות עם הוצאת זרע בגיל ההתבגרות

נכתב בסיוע ד"ר יצחק שכטר

מהי אוננות?

אוננות היא נגיעה וחיכוך עצמי באיברי המין לשם הנאה. הרצון לאונן הוא טבעי. אוננות היא אחת הדרכים להתמודד עם רגשות מיניים. יש אנשים שלעולם לא מאוננים, אבל לעיתים קרובות האוננות היא הדרך הראשונה שבה האדם חווה הנאה מינית פיזית. רוב הבנים וחלק מהבנות מרגישים צורך לאונן לשם הנאה מינית במהלך גיל ההתבגרות. האוננות יכולה לכלול מגוון פעולות, החל ממגע קל וחיכוך של איבר המין ועד גירוי מועצם שגורם לאיבר המין להתקשות (מצב שנקרא קישוי או זקפה), ובסופו של התהליך לפלוט זרע (אורגזמה). אחרי האורגזמה חוזר הגוף למצבו הטבעי.

ישנם שני סוגים של אוננות.

אוננות בלי כוונה

אוננות בלי כוונה היא גירוי לא מכוון של איברי המין. גירוי כזה עלול להיגרם, בין היתר, על ידי בגדים הדוקים, רטט של אוטובוס, רכבת או סירה, ואפילו מחשבה חולפת או תמונה מזדמנת.

אוננות מכוונת

אוננות מכוונת היא גירוי מכוון של איברי המין למטרת הנאה.

מה יש לרפואה לומר בנושא? האם האוננות מסוכנת?

אוננות היא נטייה טבעית ואוניברסלית. בדרך כלל היא לא גורמת לנזק פיזי או רגשי. יש אומנם מיתוסים שליליים רבים הקשורים באוננות, אך לדעת הקהילה הרפואית היום, אוננות היא דרך בטוחה לשחרר מתח מיני.

אוננות נחשבת מזיקה רק כשאדם מאונן באופן מוגזם, עד כדי העדפת האוננות על כל פעילות אחרת. בחברה החילונית האוננות נחשבת לשגרתית ובריאה, והצורך לאונן הוא מקובל; לעומת זאת, ההלכה היהודית אינה מקבלת את הצורך לאונן, ואוננות אסורה ברוב המקרים על פי ההלכה.

מה יש להלכה לומר בנושא?

התורה מעודדת את האדם למשמעת בכל הנוגע ליצר המיני, ולכן מרתיעה מפני אוננות. מלבד מקרים מיוחדים, אוננות אסורה על פי ההלכה. הסיבה לאיסור היא שגירוי עצמי עלול להוביל להוצאת זרע לבטלה כתוצאה מהגעה לאורגזמה, שבה מתרחשת פליטת זרע. כמו כן, אוננות אסורה משום שההלכה מתנגדת לעיסוק יתר במיניות. אף שאוננות אסורה על פי ההלכה, ההלכה מכירה באתגר הגדול שהיא מציבה בפני האדם בתחום הזה.

מדוע אוננות אסורה על פי ההלכה?

חכמים התריעו מפני עיסוק אובססיבי בפנטזיות מיניות. התלמוד במסכת יומא כט ע"א קובע: "הרהורי עבירה קשו (קשים, גרועים) מעבירה". בהקשר זה מתייחס התלמוד לאוננות כמעשה בעייתי, כיוון שהיא עלולה לפתח עיסוק מוגזם במיניות ולהביא גם לפעילות מינית אסורה. השולחן ערוך מצטט את ספר הזוהר, הקובע כי אוננות היא העבירה החמורה ביותר בתורה (אבן העזר כג, א). אך שני הפוסקים המרכזיים שכתבו פירושים על חלק זה של השולחן ערוך, ה'חלקת מחוקק' וה'בית שמואל', חלקו על השולחן ערוך, והעירו שבעל **ספר חסידים** מציע לאונן כמפלט אחרון במקרים שבהם אדם חושש שיתפתה לעבור עבירה מינית מסוג חמור יותר, כמו קיום יחסי מין מחוץ למסגרת הנישואין. משום כך הם טוענים שהוצאת זרע לבטלה אינה יכולה להיות העבירה החמורה ביותר.

אפשרות נוספת להבנת הבעיה ההלכתית הכרוכה בהוצאת זרע היא שאוננות מעוותת את החוויה המינית האידיאלית. אדם שנמצא במצב מיני מבודד, ממוקד אך ורק בעצמו ובהנאה של עצמו. האדם מורכב מגוף ונפש, והיהדות מעודדת אותנו לשלב בין שני המרכיבים עד כמה שאפשר בכל מצב. אוננות היא מעשה פיזי אנוכי. היהדות אינה מונעת מאדם הנאה, ואפילו הנאה

אנוכית: מותר ליהנות מיום בספא או מאכילת גלידה טעימה, ואין צורך לשתף אדם אחר בחוויות האלו. ההבדל הבסיסי בין פעולות כאלו לבין אוננות הוא שיחסי מין אמורים להיות מעשה שמחבר בין שני בני אדם, והאוננות הופכת את המיניות למעשה אנוכי.

מטרת המיניות היא לקרב בין אנשים ולהעניק להם חוויה מחברת ומחזקת לבניית קשר ארוך טווח ומחויב. יחסי מין יכולים ליצור קשר אמיץ בין בני זוג ולהפוך אותם "לבשר אחד". אוננות כלל לא תורמת לכך. אין בה שיתוף או נתינה. אין חיבור של גוף ונפש, ולכן אוננות איננה מעשה קדוש שמקרב את האדם לקב"ה. אוננות היא סיפוק עצמי ללא מרכיב רוחני. ההלכה נרתעת מהפיכה של מעשה שאמור להיות הביטוי לקרבה הגדולה ביותר בין בני אדם למעשה אנוכי לחלוטין.

על כל אדם מוטלת האחריות לנסות ולפעול על פי חוקי התורה, למרות האתגר. תחושה זו של אחריות עלולה להוביל לקושי בהקשר של אוננות, כיוון שהמעשה יכול להוביל לרגשות אשמה קשים. חשוב לא לאפשר לתחושות השליליות לגבור, אלא להבין שהאתגר ההלכתי בתחום זה הוא עצום וקשה.

איך אפשר להימנע מאוננות?

מכיוון שהדחף לאונן עלול להיות חזק מאוד, עם השנים פותחו טכניקות שונות שנועדו לסייע למי שבוחר להיאבק בו. חשוב לקבל את העובדה שהמאבק איננו פשוט, והוא יכול להימשך שנים רבות; כישלון חד־פעמי אינו תבוסה! כהקדמה להימנעות מאוננות, חשוב לפתח קודם כול רצון פנימי לא לאונן.

אפשר להתמודד עם מתחים מיניים דרך מיקוד האנרגיה בתחומים אחרים, למשל:

- לימודים,
- ספורט,
- התעמלות,
- קשרי ידידות,
- תחביבים,
- התנדבויות,
- פעילות בתנועת נוער.

התנהגויות שמסייעות להימנע מאוננות:

- שמירה על רמה נאותה של צניעות,
- הימנעות מצפייה בסרטים או מקריאה בספרים שיש להם השפעה מינית, במיוחד לא לפני השינה,
- שכיבה במיטה רק כאשר עייפים,
- במקרים קשים, ניהול הדרגתי דרך משמעת עצמית הכוללת הגדרת מטרות,
- נסה לנתח דפוסי התנהגות קיימים ולברר מה מוביל לאוננות, וחשוב על פעילויות שיסייעו לך להימנע מאותם מצבים.

האם ההלכה מתייחסת באותו אופן לאוננות של גברים ושל נשים?

באשר לאוננות של נשים, ההלכה ברורה מעט פחות. האיסור ההלכתי מבוסס על הוצאת זרע לבטלה, ואוננות של נשים אינה מובילה להוצאת זרע. אין איסור מהתורה ביחס לאוננות של נשים.

מדוע הקב"ה כל כך מקשה עלינו?

הקב"ה יודע שאנחנו בני אדם, ולכן אנו מתמודדים עם סוגיות המשלבות גוף ונפש, בייחוד בנושא המיניות. היהדות רואה ערך פנימי בהתמודדות הדתית עצמה, כחלק חשוב והכרחי מההתבגרות הדתית. "שבע יפול צדיק וקם" (משלי כד, טז): אפילו אדם שנופל שוב ושוב נקרא "צדיק", כל עוד הוא מרים את עצמו אחרי כל נפילה. המספר "שבע" מבטא לעיתים מחזוריות ביהדות, ובמקרה זה אפשר להתעודד מכך שההתמודדות גורמת לתחושה מעגלית, כיוון שהוא חוזר על עצמו שוב ושוב, לעיתים ברמות שונות ולעיתים באותה רמה.

מהי מטרת ההתמודדות? התורה לא ניתנה למלאכי השרת, אלא לבני אדם. אין ציפייה שבני אדם יהיו מושלמים, ועם זאת, עלינו לשאוף תמיד לרמות גבוהות יותר של קדושה. החיים הם תהליך. בתהליך של התקרבות לקב"ה אסור לעצור; צריך תמיד לשאוף ליותר. לפעמים הנפילה עצמה מביאה את האדם להתרומם למקום גבוה יותר ממה שהיה מגיע לולא היה נופל, כיוון שהנפילה מאלצת אותו לשקול את מעשיו.

אנו חוזרים לרעיון של יצירת האדם בצלם אלוקים. מיניות היא, אולי יותר מכל תחום אחר, התחום שבו אנו מעלים את ההנאה הגופנית לרמה גבוהה יותר של קדושה, על ידי שילובה עם רוחניות. העבודה הקשה הזו מזככת את הנפש.

כיצד עושים תשובה?

חכמים הבינו שהוצאת זרע לבטלה היא פעולה שקשה להימנע ממנה. חזרה בתשובה ושיפור עצמי הם ערכים חשובים ביהדות. הקב"ה ברא אותנו כשילוב של גוף ונפש, והוא יודע שההתמודדות עם היצר אינה פשוטה. הוא גם מודע לכך שלפעמים נדרשים מאמצים כבירים כדי לגבור על היצר ושישנם כאלו המתקשים לעמוד מול היצר מדי פעם וכאלו המתקשים לעמוד מול היצר אף יותר, למרות שהם רוצים להיות חזקים ולהתגבר. אין ציפייה מבני אדם שיהיו מושלמים, אלא שיתמודדו עם האתגר, שיתאמצו לעמוד בדרישותיה של היהדות ושיפגינו הבנה וסליחה עצמית כשהם אינם מצליחים לעמוד בדרישות, יחד עם ניסיון תמידי להשתפר. זו הסיבה שתשובה היא חלק חשוב כל כך מן המסורת היהודית – זוהי העבודה שעליה הנאמנים להלכה צריכים לשקוד.

קיצורים ביבליוגרפיים

אייזנר, דמיון = E. Eisner, *The Educational Imagination: On the Design and Evaluation of School Programs*, New York 1994.

אין להחמיר, כמוך = הרב י' מדן, "אין להחמיר עם מי שאין פורקן כשר לכוחותיו המיניים", אתר כמוך.

אין מקום, AfY = *There's No Place Like Home...for Sex Education*, Advocates for Youth, https://www.advocatesforyouth.org/wp-content/uploads/storage/advfy/documents/noplacelikehome.pdf.

אינטרנט, כלכליסט = "אינטרנט 2018: הישראלים מכורים לווטסאפ מתרחקים מהביטקוין וגולשים מגיל אפס", כלכליסט, https://www.calcalist.co.il/conference/articles/0,7340,L-3752896,00.html.

אלינסון, הצנע = הרב א"ג אלינסון, הצנע לכת: האשה והמצוות, ספר שני, המחלקה לחינוך ולתרבות תורניים בגולה, ספריית אלינר, ירושלים 1983.

אני המכוערת, אש התורה = Aliza Stareshefsky, "Ugly Me," https://www.aish.com/ci/s/Ugly-Me.html.

אנדרסון ואחרים, דפוסים = R. E. Anderson, S. J. Barlett, G. D. Morgan, et al., "Weight Loss, Psychological, and Nutritional Patterns in Competitive Male Body Builders," *International Journal of Eating Disorders 18*, 1995. pp. 49–57.

אנורקסיה, מאיו־קליניק = Anorexia nervosa, MAYO CLINIC, https://www.mayoclinic.org/diseases-conditions/anorexia-nervosa/symptoms-causes/syc-20353591.

אנורקסיה, UPMC = Anorexia Nervosa Criteria for Diagnosing Anorexia Nervosa, UPMC, https://www.upmc.com/services/behavioral-health/eating-disorders/disorder-types/anorexia.

אנשים, יוטיוב = סליחה על השאלה, עונה 2, אנשים שהותקפו מינית, יוטיוב, https://www.youtube.com/watch?v=p4tiyxrKvlo.

אפיפי ואחרים, לדבר על זה = T.D. Afifi, A. Joseph & A. Abeis, "Why Can't We Just Talk About It?" *Journal of Adolescent Research* 23, 2008, pp. 689–721.

אריאל, חיים = הרב י' אריאל, "חיים של צניעות", בתוך: שירת עלמות: פרקי הגות והלכה, י' ארזוני (עורך), קריית ארבע, חברון 2004, עמ' 145–151.

אריקסון, ילדות = E.H. Erikson, *Childhood and Society*, New York 1950.

אשרף ומוראי, מדברים = A.M. Ashcraft & P.J. Murray, "Talking to Parents about Adolescent Sexuality." *Pediatric Clinic North Am.* Apr 64(2) 2017, pp. 305–320.

בובר, אני ואתה = מ"מ בובר, אני ואתה, ירושלים תשע"ג.

ביבליוגרפיה, עתיד = Bibliography of Contemporary Orthodox Responses to Homosexuality, ATID, http://www.atid.org/resources/homosexuality.asp.

ביקורות, מדיה = Reviews for what your kids want to watch (before they watch it), commonsensemedia, www.commonsensemedia.org.

בלאו, אתגרים = Rabbi Y. Blau, "Contemprary Challenges for Modern Orthodoxy," in S. Hain (ed.), *The Next Generation of Modern Orthodoxy*, New York 2012, pp. 299–317.

בן אפרים, דור = הרב ע' בן אפרים, דור תהפוכות, ירושלים 2004.

בסון, תגובה = R. Basson, "The Female Sexual Response: A Different Model," *The Journal of Sex and Marital Therapy* 26, 2000, pp. 51–65.

בראון, חינוך מיני = E. Brown, "The Broken Hedge of Roses: Sex Education and the Jewish Teenager," *Le'ela* 37, 1994, pp. 22–25.

ברוקנר וברמן, אחרי ההבטחה = H. Bruckner & P. Bearman, "After the

Promise: The STD Consequences of Adolescent Virginity Pledges," *Journal of Adolescent Health* 36, 2005, pp. 271–278.

ברזון, סוגיות = Rabbi A. Berzon, "Contemporary Issues in the Laws of Yichud," *Tradition*, 1987, pp. 79–112.

בריונות, McAfee = 2014 Teens and the Screen Study: Exploring Online Privacy, Social Networking and Cyberbullying, cited in www.businesswire.com, "Cyberbullying Triples According to New McAfee '2014 Teens and the Screen Study'".

ברקוביץ, ברכת הבנים = הרב ד' ברקוביץ, ברכת הבנים: התבגרות מינית של בנים – הלכה, מחשבה, חינוך, ירושלים 2018.

ברקוביץ, משבר ואמונה = Rabbi E. Berkovits, *Crisis and Faith*, New York 1976.

גוטליב, קולות = E. Gottlieb, "Voices of Female Survivors of Sexual Abuse," in Mandel, D., & Pelcovitz, D. (eds), *Breaking the Silence: Sexual Abuse in the Jewish Community*. Jersey City, N.J.: KTAV Publishing House, 2011.

ג'נוס וג'נוס, דוח = S. Janus & C. Janus, *The Janus Report on Sexual Behavior*, New York 1993.

גנטיקה, Sciencemag = Genetics may explain up to 25% of same-sex behavior, giant analysis reveals, Sciencemag, https://www.sciencemag.org/news/2019/08/genetics-may-explain-25-same-sex-behavior-giant-analysis-reveals.

גרומט, מגדר = N. Marmon Grumet, "Gender Differences in Messages About Sexuality in Religious Education," *Jewish Educational Leadership* 6, 2008, pp. 15–17.

גרוסמן, ללא הגנה = M. Grossman, *Unprotected*, New York 2006.

גרוסמן ואחרים, נקודת מבט = J. Grossman, L. Jenkins, & A. Richer, "Parents' perspectives on family sexuality communication from middle school to high school." *Int. J. Environ. Res. Public Health* 2018, 15, pp. 107–115.

גרין, הקולות = T. Green, *Voices: The Educational Formation of Conscience*. Notre Dame, Ind.: University of Notre Dame Press, 1999.

גרסו ואחרים, שכיחות = M. Gerresu, C. H. Mercer, C. A. Graham, K. Wellings, & A. M. Johnson, "Prevalence of Masturbation and Associated Factors in a British National Probability Survey," *Archives of Sexual Behavior* 37, 2008, pp. 266–278.

דאב, הגדרות = www.dove.us או https://www.dove.com/us/en/stories/campaigns.html.

דאום, אלוהים = ח' דאום, **אלוהים לא מרשה**, תל אביב 2007.

דג'ן, ניתוח = C. Djen et al., "An Analysis of All Applications for Sex Reassignment Surgery in Sweden, 1960–2010: Prevalence, Incidence, and Regrets." *Archives of Sexual Behavior*. 2014. 43, 1535–1545.

דוח, commonsensemedia = The Common Sense Census: Media, Use by Tweens and Teens, commonsensemedia, https://www.commonsensemedia.org/sites/default/files/uploads/research/census_executivesummary.pdf.

דונלדסון ואחרים, מידע = A. A. Donaldson, L. D. Lindberg, J. M. Ellen, & A. v. Marcell, "Receipt of sexual health information from parents, teachers, and healthcare providers by sexually experienced U.S. adolescents." *J Adolesc Health*. 2013; 53(2):235–240 pmid:23743003

דור KFF, M = Generation M: Media in the Lives of 8–18 Year-Olds, Kaiser Family Foundation, http://www.kff.org/entmedia/entmedia030905pkg.cfm.

דור KFF M2, = Generation M2: Media in the Lives of Eight to 18-Year-Olds, Kaiser Family Foundation, https://www.kff.org/wp-content/uploads/2013/04/8010.pdf

דיאמונד, נזילות = L. M. Diamond, *Sexual fluidity: Understanding women's love and desire*. Cambridge, MA: Harvard University Press, 2008.

דיבו, מיניות = Y. Debow, *Sexuality Among Modern Orthodox Teenage Girls in Israel*, Unpublished Doctoral Dissertation, Bar Ilan University, 2009.

דיון, יוטיוב = A Discussion about Judaism and Transgender, יוטיוב, https://www.youtube.com/watch?v=strxY1ywbAs&feature=youtu.be.

דייטים, לוקשטיין = Challenges presented by the contemporary dating scene, The Lookstein Center, https://www.lookstein.org/resource/lookjed_archive/read.php?1,4733.

דסלה, מכתב מאליהו = הרב א"א דסלה, מכתב מאליהו, חלק א, ירושלים תשט"ו.

האמת, דאב = The Real Truth about Beauty: Revisited (2016), https://www.dove.com/us/en/stories/about-dove/our-research.html

האמת, CoA = The Real Truth about Beauty: A Global Report, Club of Amsterdam, http://www.clubofamsterdam.com/contentarticles/52%20Beauty/dove_white_paper_final.pdf.

האפנר, כל הורה = D. Haffner *What Every 21st Century Parent Needs to Know.* New York: Newmarket Press, 2008.

האפנר, מחיתולים לדייטים = D. Haffner, *From Diapers to Dating,* New York 1999.

האצ'יסון וקוני, תבניות = M. K. Hutchison & T. M. Cooney, "Patterns of Parent-Teen Sexual Risk Communication: Implications for Intervention," *Family Relations, 47,* 1998, pp. 185–194.

הדר, Forward = "Hadar's Popular Egalitarian Yeshiva Grapples with Sex Before Marriage," *Forward,* http://forward.com/articles/137147/.

הומו, ynet יהדות = הרב אליעזר מלמד: הומו שמתאפק – קידוש השם, ynet יהדות, https://www.ynet.co.il/articles/0,7340,L-3665612,00.html.

הומוסקסואלים, על כלל ופרט = הומוסקסואלים בקהילה אורתודוקסית, על כלל ופרט, 9.9.2012 zeeviksh.wordpress.com.

היימן ואחרים, אלימות = ט' היימן, ש' אולניק שמש וס' עדן, אלימות ופגיעות ברשת האינטרנט: מאפיינים, דפוסים, גורמי סיכון וגורמים מגנים בקרב ילדים ובני נוער, האוניברסיטה הפתוחה ואוניברסיטת בר אילן, 2014.

היסטוריה, AJP = *History of Past Sexual Abuse in Married Observant Jewish Women,* The American Journal of Psychiatry, https://doi.org/10.1176/appi.ajp.2007.06122030.

הירש, אוסף כתבים = Rabbi S. R. Hirsch, *Collected Writings 7,* New York 1997.

המלצות, עמותה = לקט המלצות – כנס הפרעות אכילה בישראל – נובמבר 2011, העמותה הישראלית למניעה, טיפול ומחקר בהפרעות אכילה, http://www.iaed.org.il/wp/wp-content/uploads/7911n49r.pdf.

הנקין, לחיצת יד = Rabbi Y.H. Henkin, "Is Handshaking a Torah Violation?" *Hakirah* vol. 4 (2007), pp. 115–120.

הנקין, צניעות = Rabbi Y. H. Henkin, "Contemporary Tseni'ut," *Tradition* 37, 2003, pp. 1–48.

הפרעות אכילה, אלטמן = E. Altmann, Adolescent Girls at Risk for Eating Disorders: How educators can help, *Jewish Educational Leadership*, Lookstein Center (2008).

הצהרות, בלוגספוט = statementofprinciplesnya, blogspot, http://statementofprinciplesnya.blogspot.com/.

הקב"ה, וודג' = הקב"ה מעדיף אותי כאדם חי ושמח, WDG, https://www.wdg.co.il/הקבה-מעדיף-אותי-כאדם-חי-ושמח.

הקהילה, בית הלל = הקהילה ואנשים בעלי נטייה חד מינית, בית הלל, https://www.beithillel.org.il/post-114/.

הרטמן, פמיניזם = T. Hartman, *Feminism Encounters Traditional Judaism*, Waltham, Mass.: Brandeis University Press 2007.

הרמן־גידנס ואחרים, מחקר = M.E. Herman-Giddens, E.J. Slora, R.C. Wasserman, et al., "Secondary Sexual Characteristics and Menses in Young Girls Seen in Office Practice: A Study from the Pediatric Research in Office Settings Network," *Pediatric* 99, 1997, pp. 505–512.

התפתחות, ejhs = Child Sexual Development, *Electronic Journal of Human Sexuality*, http://www.ejhs.org/volume3/Haroian/references.htm.

ואן דה ביר, פורנוגרפיה = D. VanDeBeer, "Pornography." *Encyclopedia of Ethics*. New York: Garland Publishing, 1992, p. 991.

וולבה, זריעה = הרב שלמה וולבה, זריעה ובניין בחינוך, ירושלים תשנ"ו.

וולף, מיתוס הפורנוגרפיה = N. Wolf, "The Porn Myth," *The New York Times*, October 20, 2003.

ויז'ניצר, תורה = אוליביה ויז'ניצר, "גם זו תורה ועליי ללומדה", *The Observer*, עיתון הסטודנטים של סטרן קולג', 30 בדצמבר 2008.

ויטאקר ומילר, שיחות = D. Whitaker & K. S. Miller, "Parent-Adolescent Discussions about Sex and Condoms: Impact on Peer Influences of Sexual Risk Behavior," *Journal of Adolescent Research* 15, 2000, pp. 251–252.

וייס, איסורים = ת' וייס, "איסורים וייסורים: על תמורות בחינוך מיני לבנים", **דעות** 1999, עמ' 7, 21-51.

ויפג'ס, מחקר = C. M. Wiepjes, et al., The Amsterdam Cohort of Gender Dysphoria Study (1972–2015): Trends in Prevalence, Treatment, and Regrets. *The Journal of Sexual Medicine*, 2018, pp. 582–590.

זקס, הסוד = Rabbi J. Sacks. "The Secret of Jewish Continuity," from *Studies in Renewal*. London: Continuum, 1993.

טוני ואחרים, טרנסג'נדר = R.B. Tooney, M. Syvertsen & K.O. Shram "Transgender Adolescent Suicide Behavior," *Pediatrics*, 142, 4 (2018).

טיגמן, דימוי גוף = M. Tiggemann, "Children's Body Image: It Starts Sooner Than You Think," *Virtually Healthy 19*, 2001.

טרנסג'נדר דתי, הארץ = האם קל יותר להיות טרנסג'נדר דתי מהומו שומר מצוות, הארץ -https://www.haaretz.co.il/gallery/.premium MAGAZINE-1.3073364.

טרנסג'נדריות, בת קול = טרנסג'נדרימות וההלכה היהודית, בת קול – ארגון לסביות דתיות, http://www.bat-kol.org/.

יהודייה, שומר נגיעה = Nice Jewish Girl, Shomer Negiah, http://shomernegiah.blogspot.com/.

ייחוד, VBM = הרב ש' לוי, הלכות ייחוד, VBM – בית המדרש הווירטואלי, www.etzion.org.il.

ילדות, ScienceDirect = Childhood Sexual Abuse, Mental Health and Religion Across the Jewish Community, ScienceDirect, https://doi.org/10.1016/j.chiabu.2018.04.011.

כמה, UCLA = How Many Adults Identify as Transgender in the United States?, UCLA, https://williamsinstitute.law.ucla.edu/wp-content/uploads/How-Many-Adults-Identify-as-Transgender-in-the-United-States.pdf.

כץ, תנועת המוסר = הרב ד' כץ, תנועת המוסר כרך א', תל אביב תשי"ב.

לאומן ואחרים, ארגון = E.O. Laumann, J.H. Gagnon, R.T. Michael & S. Michaels, *The Social Organization of Sexuality*, Chicago 1994.

לאם, צניעות, = Rabbi N. Lamm, "Tzniut: A Universal Concept," in *Haham Gaon Memorial Volume*, M. Angel (ed.), Jerusalem 1997.

להחרים, מייל אונליין = "Ban TV to protect your child's health, top psychologist urges European politicians," Daily Mail Online 31.08.2010.

לובסטין ואחרים, השמנה = T. Lobstein, L. Baur & R. Uaug, "Obesity in Children and Young People: A Crisis in Public Health," *Obesity Reviews* 5, 2004, pp. 4–85.

לווין, פיתוח = L. Levin, *Towards Developing a Sexuality and Personal Relationships Curriculum in a Jewish Orthodox Secondary School* (Unpublished Master of Arts dissertation), London 1994.

לוור ואחרים, גודל = J. Lever, D. Frederick & L.A. Peplau, "Does size matter? Men's and women's views on penis size across the lifespan," *Psychology of Men & Masculinity* 7, 2006, pp. 129–143.

ליצר ואחרים, אכילה = Y. Latzer, E. Witztum & D. Stein, "Eating Disorders and Disordered Eating in Israel: An Updated Review," *European Eating Disorder Review* 5, 2008, pp. 361–374.

למה הפסקתי, יוטיוב = Why I stopped watching porn, יוטיוב, https://www.youtube.com/watch?v=gRJ_QfP2mhU.

לנדרי ואחרים, חינוך למיניות = D. J. Landry, S. Singh & J. E. Darroch, "Sexuality Education in Fifth and Sixth Grades in US Public Schools," *Family Planning Perspectives* 32, 2000, pp. 212–219.

מאיזה גיל, שריד = מאיזה גיל הילדים בישראל מחזיקים סמארטפון?, SARID, sarid-ins.co.il.

מאייר, יחסים = E. Mayer, *How Tzniut Makes Inter-Gender Relationships Possible*, Unpublished Lecture, 2009.

מאמצים, PubMed = "Parent-Initiated Sexual Orientation change Efforts with LGBT Adolescents: Implications for Young Adult Mental Health and Adjustment," https://pubmed.ncbi.nlm.nih.gov/30403564/

מבורך, מה = א' מבורך, מה את מבקשת, ירושלים 2020.

מבט, מרכז יהל = אוננות נשית: מבט חינוכי – ערכי, http://merkazyahel.org.il.

מגדה, Hindawi = M. R. Bizic, et al., "Gender Dysphoria: Bioethical Aspects of Medical Treatment," *Biomed Research International* (2018 https://www.hindawi.com/journals/bmri/2018/9652305/.

מדיה חברתית, בא־במייל = כיצד המדיה החברתית משפיעה על ילדים ונוער? http://www.baba-mail.co.il/content.aspx?emailid=15183.

מדיה מינית, pediatrics = R. L. Collins, et al., "Sexual Media & Child

Wellbeing and Health," *Pediatrics* 140:2 (2017), https://pediatrics.aappublications.org/content/140/Supplement_2/S162?utm_source=TrendMD&utm_medium=TrendMD&utm_campaign=Pediatrics_TrendMD_0.

מדרשת, ספריא = מדרשת, ספריא, מדרשת https://www.sefaria.org.il/collections/

מוני, מדריך = J. Money, *The Lovemap Guidebook: A Definitive Statement*, New York 1999.

מור ודוידוביץ', נטייה = Z. Mor & U. Davidovich, "Sexual Orientation and Behavior of Adult Jews in Israel and the Association With Risk Behavior," *Archives of Sexual Behavior*, 2016, pp. 1–9.

מורבן ובאומייסטר, ויסות = M. Muraven & R. F. Baumeister, "Self-Regulation and Depletion of Limited Resources: Does Self-Control Resemble a Muscle?" *Psychological Bulletin*. 126, 2000, pp. 247–259.

מוריס, יודעים = Morris, A. "They Know What Boys Want." *New York Magazine*, Jan. 30, 2011.

מוריס ואחרים, קונקורדנציה = D.H. Morris, M.E. Jones, M.J. Schoemaker, A. Ashworth & A.J. Swerdlow, "Familial Concordance for Age at Menarche: Analyses from the Breakthrough Generations Study," *Paediatric and Perinatal Epidemiology* 25, 2011, pp. 306–311.

מחלקת הבריאות, מחקר = United States Department of Human Health and Human Services, 2008.

מחקר, Quick time = מחקר: כשליש מהתוכן ברשת הוא פורנו, Quick time, https://www.geektime.co.il/study-shows-porn-is-third-of-online-content/.

מישל ואחרים, אופי = W. Mischel, Y. Shuda, & P. K. Padoe, "The Nature of Adolescent Competencies Predicted by Pre-school Delay of Gratification." *Journal of Personality and Social Psychology*, 54, 1988, p. 687–696.

מיתוסים, מרכז יהל = אוננות נשית: מיתוסים נפוצים בשיח הדתי, מרכז יהל, (merkazyahel.org.il).

מכורים, ynet הורים = מכורים: ילדים בסמארטפון יותר מ־4 שעות ביום, ynet הורים, http:///www.ynet.co.il/articles/0,7340,L-4574176,00.htm.

מלמד, פניני הלכה = הרב א' מלמד, פניני הלכה: שמחת הבית וברכתו – הרחבות פרק ב, א אותיות ב–ג, מצוטט אצל הרבנים ד' סתיו וא' סתיו, אבוא ביתך, ירושלים 2017.

מנדל, שוברים שתיקה = D. Mandel & D. Pelkovitz, *Breaking the Silence: Sexual Abuse in the Jewish Community*. Jersey City, N.J.: KTAV Publishing House, 2011.

מנולסון, מגע = G. Manolson, *The Magic Touch*. New York 1992.

מנולסון, ראש = G. Manolson, *Head to Heart*, Jerusalem 2002.

מסוכנות, המוסד לביטוח לאומי = בני נוער ברשת – מסוכנות והזדמנויות לטיפול, המוסד לביטוח לאומי, https://www.btl.gov.il/Publications/Kranot/Pages/kranot_5.aspx.

מעקב, CDC = Youth Risk Behavior Surveillance – United States, 2013, Centers for Disease Control and Prevention (CDC), https://www.cdc.gov/mmwr/preview/mmwr html/ss6304a1.htm

מק'אילהני ובוש, מכור = J. S. McIlhaney & F. Bush, *Hooked: New Science on How Casual Sex is Affecting our Children*, Chicago 2008.

מקסוול, השיחה = S. Maxwell, *The Talk: What Your Kids Need to Hear From You about Sex*, New York 2008.

מרטינסון, חיי המין = F. M. Martinson, *The Sexual Life of Children*, Westport, Conneticut. 1994.

מרשל וטאנר, שינויים = W.A. Marshall & J.M. Tanner, "Variations in the Pattern of Pubertal Changes in Girls," *Archives of Disease in Childhood* 44, 1969, pp. 291–303.

מתמכרים, מעריב = מתמכרים ומסתירים: בני נוער דתי נחשפים לפורנו לא פחות מהחילונים, מעריב, http://www.maariv.co.il/news/israel/Article-575604.

נטייה מינית, APA = Sexual orientation and gender identity , American Psychological Association, https://www.apa.org/topics/sexual-orientation.

סולובייצ'יק, על התשובה = הרב י"ד סולובייצ'יק, על התשובה, ערך פ' פלאי, ירושלים תשל"ד.

סטולפר, השקפה = Rabbi P. Stolper, *The Sacred Trust: Love, Dating and Marriage: The Jewish View*, OU NCSY 1999.

סטטיסטיקה, איגוד = סטטיסטיקה, איגוד מרכזי הסיוע לנפגעות תקיפה מינית ולנפגעי תקיפה מינית בישראל, https://www.1202.org.il/centers-union/info/statistics.

סטרלינג, ההתפתחות = A.F. Sterling, "The Dynamic Development of Gender Variability" in A. Slomowitz & A. Feit (eds.), *Homosexuality, Transsexuality, Psychoanalysis & Traditional Judaism*, Routledge, NY, 2019. pp. 155–182.

סמולק ולוין, מעברים = L. Smolak & M.P. Levine, "Developmental transitions at middle school and college," in L. Smolak, M.P. Levine & R.H. Striegel-Moore (eds.), *The developmental psychopathology of eating disorders: Implications for research, prevention, and treatment*, Hillsdale New Jersey, 1996, pp. 207–233.

סמט, תפיסות = ב' סמט, תפיסותיהם של מחנכים דתיים בנושא "חינוך לחיי משפחה", חיבור לשם קבלת תואר דוקטור, האוניברסיטה העברית, ירושלים 2005.

סנדרס, צניעות = E. Sanders, "Be Not Overly Modest: Tseniut and the Inability to Speak About Sex," *Commentator* (Yeshiva University student newspaper), November 6, 2009.

סקסואליזציה, APA = Sexualization of Girls, American Psychological Association, www.apa.org/pi/wpo/sexualization.html.

סתיו וסתיו, אבוא = הרב א' סתיו והרב ד' סתיו, אבוא ביתך, ירושלים 2017, עמ' 447–472.

ערך עצמי, דאב = *Real Girls, Real Pressure: A National Report on the State of Self Esteem*, 2008, https://www.google.com/search?q=a+national+report+on+the+state+of+self+esteem&rlz=1C1EJFA_enIL730IL730&oq=a+national+report+on+the+state+of+self+esteem&aqs=chrome..69i57j69i64l3.10303j0j7&sourceid=chrome&ie=UTF-.

פארוט, גילוי עריות = A. Parrot, "Incest, Infertility, Infant Sexuality," In V. Bullough & B. Bullough (Eds.), *Human Sexuality Encyclopedia*, New York 1994, pp. 289–310.

פורנו, FIGHT = Dr. Gail Dines: Porn Is A Public Health Issue, And It's Time We Address It, FIGHT THE NEW DRUG, https://fightthenewdrug.org/dr-gail-dines-why-porn-is-a-public-health-issue/.

פורנו, ynet יהדות = מחקר על פורנו: בנים דתיים צופים – ובוכים, ynet יהדות, http://www.ynet.co.il/articles/0,7340,L-4005524,00.html.

פיגס, הלבבות = K. Figes, *Our Cheating Hearts: Love and Loyalty, Lust and Lies*. Virago Publishing House, London, UK, 2013.

פינחס ואחרים, הפרעת אכילה = L. Pinhas, M. Heinman, P. Bryden, S. Bradley & B. Toner, "Disordered Eating in Jewish Adolescent Girls," *Canadian Journal of Psychiatry* 53, 2008, pp. 601–608.

פרום, אומנות = אריך פרום, אמנות האהבה, תרגמה ד' לוי, תל אביב 2001.

פרידמן, אינטימיות זוגית = A. P. Friedman, *Marital Intimacy*, Northvale 1996.

פרידמן ודוני, הומוסקסואליות = R. C. Friedman, & J. I. Downey, "Homosexuality." *New England Journal of Medicine, 331*, 1994. pp. 923–930.

פרימן־לונגו וריבאק, מיתוסים = R. Freeman-Longo, & D. Reback, *Myths and Facts about Sex Offenders*. Center for Sex Offender Management, Silver Spring, MD, 2000.

פרינס, פשוט לרצות = מ' פרינס, פשוט לרצות: הדרכה לחיי אישות, ירושלים 2021.

פרנסס, מחקר איכותני = K. Frances, *A Qualitative Study of Sexual-Religious Conflict in Single Orthodox Jewish Males*, Unpublished doctoral thesis for City University, New York 2008.

פרנסס ורוזנפלד, קטעים = K. Frances, & J. Rosenfeld, "Excerpts from Interviews with Orthodox Singles," in *Gender Relationships in Marriage and Out*, R. Blau (ed.), Jersey City 2007.

ציגלר, הקונפליקט הלא מודע = Y. Ziegler, *The Unconscious Conflict: The Collision of the Values of Popular Culture and Judaism in the Lives of the Contemporary Orthodox Teenager*, Unpublished Manuscript, ATID, 2000.

קארי, עדות = B. Carey, "Evidence That Little Touches Do Mean So Much," *The New York Times*, February 23, 2010.

קולינס ואחרים, צפייה = R. L. Collins, M. N. Elliot, S. H. Berry, et al., "Watching Sex on Television Predicts Adolescent Initiation of Sexual Behavior." *Pediatrics*, 114, 2004, pp. 280–289.

קוף ורײרדן, מחזור חודשי = E. Koff & J. Rierdan, "Preparing Girls for Menstruation: Recommendations from Adolescent Girls," *Adolescence 30*, 1995, pp. 795–811.

קיי ושטרובר, סרוטונין = W. H. Kaye & M. Strober, "Serotonin: Implications for the Etiology and Treatment of Eating Disorders Review, March 10, 1999.

קייזר, מבט מבפנים = Kaiser Family Foundation, *Sex Education in America: A View from Inside the Nation's Classrooms*, Menlo Park, CA. The https://www.kff.org/hivaids/report/sex-education-in-america-a-view-from/ Kaiser Family Foundation, 2000

קירבי, השפעה = D. Kirby. "The impact of abstinence and comprehensive sex and STD/HIV education programs on adolescent sexual behavior," *Sexuality Research and Social Policy*, 2008;5 (3):18–27.

קלטנר, נולד = D. Keltner, *Born to Be Good: The Science of a Meaningful Life*, New York, 2009.

קליין, מחקר = J. D. Klein, "National Longitudinal Study on Adolescent Health," *Journal of the American Medical Association 10*, 1997, pp. 823–832.

קניבסקי, עצות = הרב י״י קניבסקי, עצות והדרכות מיוסד על מכתבי מרן בעל הקהילות יעקב, ערך י״מ גרינוואלד, מאנסי תשנ״א.

קפלוביץ' ואחרים, התבגרות = P.B. Kaplowitz et al., "Earlier Onset of Puberty in Girls: Relation to Increased Body-Mass Index and Race," *Pediatrics 108*, 2001, pp. 347–353.

קרוסקו וצל, מגע = A.H. Crusco & C.G. Wetzel, "The Midas Touch: The Effects of Interpersonal Touch on Restaurant Tipping," *Society for Personality and Social Psychology 10*, 1984, pp. 512–517.

קרפנטר, עמימות = L.M. Carpenter, "The Ambiguity of 'Having Sex': The Subjective Experience of Virginity Loss in the United States," *Journal of Sex Research 38*, 2001, pp.127–139.

רבין, רבנים = R.C. Rabyn, "Rabbis Sound Alarm over Eating Disorders," *New York Times*, April 29, 2011.

רגנרוס, פרי אסור = M. Regnerus, *Forbidden Fruit*, New York 2007.

רגנרוס ויוקר, סקס = M. Regnerus & J. Uecker, *PreMarital Sex in America: How Young Americans Meet, Mate and Think About Marrying*, New York 2011.

רובינס, אוננות = C. L. Robbins, V. Schick, M. Reece, "Prevalence, Frequency and Associations of Masturbation with Partnered Sexual Behaviors Among US Adolescents," *Arch Pediatr Adolesc Med.* 2011; 165(12):1087–1093

רוזנפלד, קריאות מחודשות = J. Rosenfeld, *Talmudic Re-readings: Toward a Modern Orthodox Sexual Ethic*, Unpublished Doctoral Dissertation, City University, New York 2008.

רופמן, מין ורגישות = D.M. Roffman, *Sex and Sensibility: The Thinking Parents Guide to Talking Sense About Sex*, Cambridge 2001.

רות'ברט, לא בעניין = D. Rothbart, "He's Just Not That into Anyone." *New York Magazine*, Jan. 30, 2011.

רחם, ejhs = "It Starts in the Womb: Helping Parents Understand Infant Sexuality," *Electronic Journal of Human Sexuality*, http://www.ejhs.org/volume11/Newman.htm.

ריצ'רדסון ושוסטר, כל מה שלא רצית = J. Richardson & M. A. Schuster, *Everything You Never Wanted Your Kids to Know about Sex (but were afraid they'd ask): The Secrets to Surviving Your Child's Sexual Development from Birth to the Teens*, New York 2003.

רפפורט, יהדות = C. Rapoport, *Judaism and Homosexuality: An Authentic Orthodox View*. London: Vallentine Mitchell, 2004.

שגר, צניעות ובושה = ש' שגר, "צניעות ובושה", כתנות אור: בירור אמוני בסוגיית הצניעות, א' שוורצבוים, ע' סדן (עורכים), נחלים מכון מופת, 2000.

שולמן, מגע = S. Schulman, "Unwanted Touch: A Preventive Approach for Parents." In Mandel, D., & Pelkovitz, D. (eds)., *Breaking the Silence: Sexual Abuse in the Jewish Community*. Jersey City, N.J.: KTAV Publishing House, 2011.

שומר נגיעה, לוקג'ד = The term "Shomer Negiya," LookJED,Re: The term "Shomer Negiya" (lookstein.org).

שטרקשל, אבני דרך = R. A. Shtarkshall, S. Carmel, A. Wruble, D. Hirschfield,

& Woloski–Jaffe, “Sexual Milestones and Factors Associated with Coitus initiation Among Israeli High School Students.” *Archives of Sexual Behavior*, Dec 18 2008.

שידלו ואחרים, טיפול = A. Shidlo, M. Schroeder, & J. Drescher, *Sexual Conversion Therapy: Ethical, Clinical and Research Perspectives.* Binghamton, New York: Haworth Medical Press, 2001.

שיימינג, gov = תופעת השיימינג והאלימות ברשת בקרב בני הנוער בישראל, המשרד לביטחון הפנים, https://www.gov.il/he/Departments/publications/reports/report_shaming_youth_acc_2016.

שינוי, mako = דרוש שינוי: 65 אחוז מהנשים בישראל מאמינות שהן סובלות מעודף משקל, mako everybody/ https://www.mako.co.il/women-Article-1534b0b1b5c3c61026.htm.

שינוי מין, מכון שלזינגר = הרב משה שטינברג, שינוי מין באנדרוגינוס, מכון שלזינגר לחקר הרפואה על פי ההלכה, https://medethics.org.il/wp-content/uploads/202/02/R0011142a.html.

שכטר, התעללות = I. Schechter. “Sexual Abuse in the Religious Community: Systems, Experience and Repair.” In Mandel, D., & Pelkovitz (eds.), D., *Breaking the Silence: Sexual Abuse in the Jewish Community.* Jersey City, N.J.: KTAV Publishing House, 2011.

שלג, מפחיד = י' שלג, "מפחיד אבל משחרר", הארץ, נובמבר 2006.

שלומוביץ ופייט, האם = A. Slomowitz & A. Feit, “Does God Make Referrals? Orthodox Judaism and Homosexuality,” in Slomowitz & Feit (eds.), *Homosexuality,Transsexuality, Psychoanalysis and Traditional Judaism*, NY: Routledge (2019).

שלומוביץ ופייט, הומוסקסואליות = A. Slomowitz & A. Feit, *Homosexuality, Transsexuality, Psychoanalysis and Traditional Judaism*, NY: Routledge Press, 2019.

שליט, בחזרה לצניעות = W. Shalit, *A Return to Modesty: Discovering the Lost Virtue*, New York 1999.

שלנגר, משכן ישראל = הרב ר"מ שלנגר, משכן ישראל, ירושלים תשנ"א.

שפיצר ואחרים, אימות = R. L. Spitzer, S. Yanovski, T. Wadden, R. Wing, M.D. Marcus, A. Stunkard, M.J. Devlin, J. Mitchell, D. Hasin & R.L. Horne, “Binge Eating Disorder: Its Further Validation in a

Multiple Study," *International Journal of Eating Disorders* 13, 1993, pp. 137–154.

שרלו, הדרכה = Y. Cherlow, "Premarital Guidance Literature in the Internet Age," in *Gender Relationships in Marriage and Out*, R. Blau (ed.), Jersey City, New Jersey 2007.

שרלו, רשו"ת = הרב י' שרלו, רשו"ת היחיד, פתח תקווה 2003.

תקשורת, JAMA = L. Widman, et al., "Parent-Adolescent Sexual Communication and Adolescent Safer Sex Behavior: A Meta-Analysis," *JAMA Pediatrics* 2016; 170(1):52-61.

APA, זהות = Transgender People, Gender Identity and Gender Expression, American Psychiatric Association, https://www.apa.org/topics/lgbt/transgender.

APA, מדריך = American Psychiatric Association, *Diagnostic and Statistical Manual of Mental Disorders*, Fifth Edition, Arlington, Va, USA: American Psychiatric Association, 2013.

SIECUS, הנחיות = Sexuality Information and Education Council of the United States [SIECUS], *Guidelines for Comprehensive Sexuality Education, Kindergarten-12th Grade*, New York 2001.

הערות

מבוא

1. קייזר, מבט מבפנים.
2. האצ'יסון וקוני, תבניות, עמ' 185–194; ויטאקר ומילר, שיחות, עמ' 251–252.
3. חסרונו החריף של קול זה בחינוך הדתי המודרני בא לידי ביטוי במאמרה של ויז'ניצר, תורה.

פרק 1

1. בראון, חינוך מיני, עמ' 22–25.
2. לווין, פיתוח.
3. יומא מב ע"ב.
4. המאירי, אבות ד, כה.
5. לנדרי ואחרים, חינוך למיניות, עמ' 212–219.
6. בראון, חינוך מיני, עמ' 22–25.
7. סמט, תפיסות.
8. וולבה, זריעה, עמ' 12.
9. ההגדרות נלקחו מ־oxforddictionaries.com.
10. קייזר, מבט מבפנים.
11. בלאו, אתגרים.
12. "יש חכמה בגויים", איכה רבה ב, יג.
13. דיבו, מיניות.
14. ציגלר, הקונפליקט הלא מודע.
15. רגנרוס, פרי אסור, עמ' 157.

16. הירש, אוסף כתבים, עמ' 286.
17. בלאו, אתגרים.
18. משלי ד, יג.
19. חז"ל על משלי כד, טז.
20. סולובייצ'יק, על התשובה.

פרק 2

1. רופמן, מין ורגישות.
2. פרידמן, אינטימיות זוגית.
3. משך חכמה, בראשית ב, טז.
4. חלקת מחוקק, ירושלמי קידושין ד, יב.
5. מהר"ל, גור אריה, בראשית פרק ב.
6. רמב"ן, איגרת הקודש, יצירה מהמאה ה־13 על מיניות.
7. רש"י, סנהדרין נח ע"א.
8. בפסוק כתוב, למעשה, שאדם אינו יכול לצמצם את הזכויות המיניות של אשתו הראשונה כשהוא נושא אישה שנייה. נוכל להסיק מכך שהבטחת העונג המיני של האישה היא אחת מן החובות הבסיסיות של האיש כלפי אשתו.
9. וולף, מיתוס הפורנוגרפיה.
10. לדיון מקיף על האינטרנט ועל השפעתו, לרבות פורנוגרפיה, ראו פרק 12.
11. וולף, מיתוס הפורנוגרפיה.
12. בסון, תגובה, עמ' 51-65.
13. ספר הרוקח, הלכות תשובה יד.
14. מלמד, פניני הלכה.
15. כתובות סא ע"ב.
16. שלנגר, משכן ישראל, עמ' 45.
17. כץ, תנועת המוסר, כרך א.
18. בפרק 8 (יחסים בין המינים) אתייחס בפרוטרוט לשאלה איך לדבר על כך עם ילדים.
19. ראו בסוף פרק זה, מנחות מד ע"א.
20. פרידמן, אינטימיות זוגית.
21. מנחות מד ע"א.
22. ברקוביץ, משבר ואמונה.

פרק 3

1. אפיפי ואחרים, לדבר על זה, עמ' 689-721.

2. SIECUS, הנחיות.
3. אשרף ומוראי, מדברים, עמ' 305-320; ויטאקר ומילר, שיחות, עמ' 251-273.
4. קייזר, מבט מבפנים.
5. תקשורת, JAMA.
6. לפי התרגום של הרב עדין אבן־ישראל (שטיינזלץ) לתלמוד הבבלי.
7. קייזר, מבט מבפנים.
8. גרוסמן ואחרים, נקודת מבט.
9. בראון, חינוך מיני, עמ' 22-25.
10. קירבי, השפעה, עמ' 18-27; דונלדסון ואחרים, מידע, עמ' 235-240.
11. רופמן, מין ורגישות.
12. האפנר, מחיתולים לדייטים.
13. מדובר בסיפור ידוע המופיע בספרים רבים, ומספרים אותו גם בהרצאות על חינוך ילדים למיניות. אינני בטוחה מהו המקור לסיפור, אבל כאן אני מציעה את הגרסה שלי.
14. האפנר, מחיתולים לדייטים.

פרק 4

1. האפנר, מחיתולים לדייטים; מרטינסון, חיי המין; פארוט, גילוי עריות, עמ' 289-310.
2. מוני, מדריך.
3. ריצ'רדסון ושוסטר, כל מה שלא רצית.
4. התפתחות, ejhs.
5. אין מקום, AfY.
6. אריקסון, ילדות.
7. 'גורם מזמן' הוא מושג מעולם החינוך. זוהי הזדמנות לדבר על מיניות המזדמנת במהלך חיי היום־יום, כגון: בעקבות פרשת השבוע, חדשות, אירוע ברחוב, פרסומת, ספר. השיח בין הורים לילדים יכול לקרות גם באופן רשמי: "בוא נדבר על השינויים שיקרו לך עוד מעט בגוף לקראת ההתבגרות", לעומת: "שמעת מה אמרו בחדשות? מה את חושבת שהיא מרגישה?". מומלץ ליצור סוגים שונים של שיח.
8. רמב"ם, הלכות איסורי ביאה כא, ז.
9. האפנר, מחיתולים לדייטים; מרטינסון, חיי המין, עמ' 289-310.
10. אין מקום, AfY.
11. רחם, ejhs.
12. שם.
13. נגיעה באיברי המין ואוננות שכיחות יותר אצל בנים מאשר אצל בנות. לפיכך, היחידה הזו מתייחסת לבנים. חשוב לציין שיש גם בנות שנוטות לגעת באיברי המין ולאונן כצורה של גירוי עצמי ונחמה עצמית. יש להתייחס אליהן באופן דומה לבנים בגילים האלה.

14. אומנם היום דיסני ודרימוורקס מפיקים סרטים עם עלילות קצת יותר מגוונות, אבל הסיפורים הקלאסיים שהילדים ממשיכים לקרוא ולראות עדיין מפתחים סטריאוטיפים ופנטזיות בעייתיים.
15. דור M, KFF.
16. אצל הבנות בתחילת ההתבגרות המינית מתחילים להופיע 'ניצנים' קטנים המבליטים את הפטמות. ניצנים אלה הם בעצם שומן, רקמה ובלוטות חלב.
17. הרמן־גידנס ואחרים, מחקר, עמ' 505-512.
18. לובסטין ואחרים, השמנה, עמ' 4-85.
19. קפלוביץ' ואחרים, התבגרות, עמ' 347-353.
20. מרשל וטאנר, שינויים, עמ' 291-303.
21. מוריס ואחרים, קונקורדנציה, עמ' 306-311.
22. קוף וריירדן, מחזור חודשי, עמ' 795-811.
23. מרשל וטאנר, שינויים, עמ' 13-23.
24. לוור ואחרים, גודל, עמ' 129-143.
25. סקסואליזציה, APA.

פרק 5

1. ערך עצמי, דאב.
2. טיגמן, דימוי גוף.
3. שם.
4. מחלקת הבריאות, מחקר.
5. סמולק ולוין, מעברים.
6. האמת, CoA, וההמשך: האמת, דאב.
7. שינוי, mako.
8. האמת, CoA , וההמשך: האמת, דאב.
9. אני מתייחסת כאן דווקא לבנות, משום שלרוב התופעה מצויה יותר אצל נשים. אך ישנם גם מקרים שבהם בנים בגיל העשרה מוטרדים מהמראה שלהם ועסוקים בו יותר על המידה.
10. מקסוול, השיחה.
11. ברכה מברכות השחר.
12. דאב, הגדרות.
13. אומנם קיימים לא מעט סרטונים חדשים יותר מאלה, גם של דאב. ובכל זאת אני עדיין חושבת שאלה מדגישים את המניפולציות של התקשורת באופן היעיל ביותר.
14. נדפס שוב באישור מ־ www.BodyImageHealth.org, קתי קייטר LICSW.
15. ערך עצמי, דאב.

פרק 6

1. אני המכוערת, אש התורה; עליזה סטרשפסקי מופיעה בסרט הדוקומנטרי Hungry to Be Heard, העוסק בהפרעות אכילה בקהילה הדתית, בהפקת אלישבע דיימונד ובחסות ועדת הנוער של קבינט המנהיגות הצעירה באיגוד הקהילות האורתודוקסיות של ארצות הברית.
2. טיגמן, דימוי גוף.
3. הפרעות אכילה, אלטמן.
4. פרק זה מתמקד בבעיה כפי שהיא מופיעה אצל בנות, משום שהיא הרבה יותר שכיחה אצלן מאשר אצל בנים. אולם חשוב לציין שגם בנים עלולים לסבול מהפרעות אכילה, ואם הם מפגינים תסמינים דומים לאלו המתוארים כאן, יש לטפל בהם כפי שמטפלים בבנות.
5. אלטמן, הפרעות אכילה.
6. אנדרסון ואחרים, דפוסים, עמ' 49–57.
7. שפיצר ואחרים, אימות, עמ' 137–154.
8. המלצות, עמותה.
9. ה־DSM-5 הוא המדריך האבחוני שיוצא לאור על ידי האגודה הפסיכיאטרית האמריקנית, ומספק קריטריונים סטנדרטיים לסיווג הפרעות נפשיות.
10. אנורקסיה, UPMC.
11. קיי ושטרובר, סרוטונין.
12. רמב"ם, הלכות רוצח ושמירת הנפש יא, ד.
13. רייבן, רבנים.
14. פינחס ואחרים, הפרעת אכילה, עמ' 601–608.
15. ליצר ואחרים, אכילה, עמ' 361–374.
16. אנורקסיה, מאיו־קליניק.

פרק 7

1. דיבו, מיניות.
2. שליט, בחזרה לצניעות; גרוסמן, ללא הגנה; רגנרוס ויוקר, סקס.
3. סקסואליזציה, APA.
4. שם.
5. את הגרסה האחרונה של הסרט התיעודי Killing us Softly, אפשר למצוא ביוטיוב.
6. סטולפר, השקפה.
7. לאם, צניעות.
8. שג"ר, צניעות ובושה; מבורך, מה.
9. דיבו, מיניות.

10. הרטמן, פמיניזם, עמ' 55.
11. אלינסון, הצנע.
12. הנקין, צניעות, עמ' 1-48.

פרק 8

1. פרנסס, מחקר איכותני.
2. שם.
ב־Lookjed Forum, קבוצות דיון של מחנכים יהודים, עלתה לדיון שאלה של סטודנט בעניין איסור נגיעה והקושי להתמודד איתו. דייטים, לוקשטיין; ויז'ניצר, תורה.
3. בחורה דתייה רווקה מביעה את תסכולה מן החובה להתנזר ממין: יהודייה, שומר נגיעה. פרנסס ורוזנפלד, קטעים. עבודות הדוקטורט של שניהם עוסקות בנושאים הללו באופן מקיף יותר. ראו: פרנסס, מחקר איכותני; רוזנפלד, קריאות מחודשות; הדר, Forward.
4. הערה זו היא של יוכבד לינדנבאום, ומובאת כאן ברשותה.
5. דיבו, מיניות.
6. שומר נגיעה, לוקשטיין.
7. מנולסון, מגע.
8. ראו, למשל, אתר כיפה, שאל את הרב.
9. ויז'ניצר, תורה; סנדרס, צניעות.
10. אייזנר, דמיון.
11. קליין, מחקר, עמ' 823-832.
12. ראו: אריאל, חיים, עמ' 145-151; שרלו, רשו"ת.
13. מאייר, יחסים.
14. שליט, בחזרה לצניעות; גרוסמן, ללא הגנה; מק'אילהני ובוש, מכור.
15. קרוסקו וצל, מגע, עמ' 512-517.
16. קלטנר, נולד.
17. קארי, עדות.
18. הסיבה שנשים שאינן נשואות הן נידות כיום קשורה להוראתו של פוסק בן המאה ה־14, רבי יצחק בר ששת (הריב"ש), והיא הבסיס לאיסור טבילת נשים שאינן נשואות. ריב"ש מסביר שהתרת הטבילה תגרום לגברים לראות את הנשים כזמינות יותר מבחינה מינית, ותוביל אותם לעבור על ההלכות הנוגעות ליחסים בין גברים ונשים. היתר זה עלול למוטט את הרעיון הרווח והמקובל שהמקום לאינטימיות מינית הוא בתוך מסגרת הנישואים.
19. ברזון, סוגיות, עמ' 79-112.
20. ש"ך, יורה דעה קנז, י.
21. הרב משה פיינשטיין, אגרות משה, אבן העזר ב, יד.
22. הנקין, לחיצת יד.

23. ש"ך, שם.
24. שם.
25. הנקין, שם.
26. רגנרוס, פרי אסור.
27. שטרקשל, בני דרך.
28. מתמכרים, מעריב.
29. גרומט, מגדר, עמ' 15-17.
30. רמב"ם, הלכות איסורי ביאה כב, יח.
31. מקסוול, השיחה; גרוסמן, ללא הגנה; רגנרוס, פרי אסור; קרפנטר, עמימות, עמ' 127-139.
32. ברוקנר וברמן, אחרי ההבטחה, עמ' 271-278.
33. המלצה זו קיבלה את אישורם של הרב אסף בדנרש, ראש הישיבה בכולל גרוס של ישיבה־יוניברסיטי בישראל, והרב יוסף צבי רימון, ר"מ בישיבת הר עציון ורב קהילת אלון שבות דרום.
34. מנולסון, ראש.
35. פרום, אומנות.
36. דסלר, מכתב מאליהו, חלק א, קונטרס החסד פרק ד.
37. פרינס, פשוט לרצות.

פרק 9

1. שרלו, הדרכה.
2. ברקוביץ, ברכת הבנים.
3. מבוסס על דברי הרב אילעאי עופרן בהרצאותיו בנושא. אפשר לעיין גם בגישתו של רבי צדוק הכהן מלובלין, צדקת הצדיק רנד, צה, קיא, קכא.
4. ראו הרב שמשון רפאל הירש לוויקרא יא, מו-מז. הוא מסביר שככלל, מצבים של טומאה בתורה נובעים מאובדן חיים. לפיכך, פליטת זרע, שמעצם הגדרתה כרוכה באובדן חיים פוטנציאליים בזרע שהושחת, מובילה לטומאה.
5. חלום רטוב יכול להתרחש בעקבות צפייה בתכנים מיניים לפני השינה ובעקבות גירוי מיני עצמי. במקרים כאלה, התגובה היא מינית וכנראה נגרמת בשל התנהגותו של אותו אדם. אבל אם לא היה גירוי מיני אקטיבי ובכל זאת הוא חלם חלום רטוב, חשוב להבין שאין לו שליטה על תגובה פיזיולוגית זו. היא טבעית, ואין כל סיבה לחוש אשמה בעקבותיה.
6. ג'נוס וג'נוס, דוח.
7. רובינס אוננות.
8. גרסו ואחרים, שכיחות, עמ' 266-278.
9. וייס, איסורים, עמ' 7, 12-15.
10. דאום, אלוהים.

11. שולחן ערוך, אבן העזר כ, ג.
12. ויקרא יט, א.
13. רמב"ם, הלכות יחסים אסורים כב, יח.
14. לדוגמה, במדבר טו, לט.
15. בראשית לח, ט.
16. במדבר יא.
17. יומא כט ע"א.
18. שולחן ערוך, אבן העזר כג, א.
19. חלקת מחוקק לשולחן ערוך, אבן העזר, כג. הוא מצטט את ספר חסידים קעו.
20. קניבסקי, עצות, עמ' 88.
21. עלי שור א, מכתב שני.
22. הדברים עלו בשיחה עם ד"ר ג'ני רוזנפלד, כאשר הוצאתי לאור תוכנית לימודים לבתי ספר דתיים ב־2007.
23. בבא מציעא נח ע"ב.
24. שם.
25. על ההורים לוודא באילו גישות ורעיונות נוקט המדריך או היועץ שהם בוחרים לילדיהם, ושאלו אכן תואמים את הגישה הדתית שלהם בעניינים אלו ומצמיחים ומיטיבים עם ילדם.
26. רגנרוס, פרי אסור.
27. לאומן ואחרים, ארגון.
28. נראה כי התוספות מתירים זאת (יבמות יב ע"ב), בעוד אחרים, לרבות הרמב"ן, אינם מתירים. ראו: נידה יג. פרק בנושא בספרם של הרבנים סתיו: סתיו וסתיו, אבוא, עמ' 472-442; מאמרים של אוריה מבורך בנושא באתר של מרכז יה"ל: מבט, מרכז יהל; מיתוסים, מרכז יהל.
29. ויקרא יט, א.
30. שם יח, ג.
31. התכתבות אישית.
32. מבט, מרכז יהל.
33. דברים י, יט. ובמקומות רבים התורה מזכירה לנו שגלות מצרים הייתה כדי שנבין כמה קשה להיות אחר, לא אהוב, מי שבא מבחוץ, לא מקובל, ומתוך חוויית הקושי להיות עם של רחמנים לכל מי שזקוק לחמלה.
34. ויקרא יט, יח.
35. רוב ההגדרות בעמוד זה לקוחות מהאגודה האמריקאית לפסיכולוגיה: APA, זהות.
36. מבט, מרכז יהל.

פרק 10

1. גנטיקה, Sciencemag.

הערות

2. נטייה מינית, APA.
3. שם.
4. גנטיקה, Sciencemag.
5. מור ודוידוביץ', נטייה, עמ' 1-9.
6. שידלו ואחרים, טיפול.
7. מאמצים, PubMed.
8. חשוב לי להדגיש שעדיין לא פגשתי גבר או אישה הומוסקסואלים שחוו הצלחה בטיפולים לשינוי נטייתם המינית, גם כאשר הם מאוד רצו להצליח. בהרצאה של ד"ר טוביה פרי באלון שבות (יוני 2019) הוא אמר שבשלושים שנות עבודתו הטיפולית בתחום הוא לא פגש אדם ששינה את העדפתו המינית בטיפול. מהניסיון שלי, ראיתי שינויים רק אצל גברים ונשים שההומוסקסואליות שלהם הייתה כנראה תגובה לפגיעה מינית. טיפול נכון בחוויה של הפגיעה המינית יכול להביא לפעמים לקיום יחסים הטרוסקסואליים רגשיים ואינטימיים.
9. רפפורט, יהדות.
10. רשימה מקיפה אך לא מעודכנת לחלוטין של הבנות שונות באשר לגישה ההלכתית להומוסקסואליות הכין הרב אורי כהן עבור עמותת "עתיד": ביבליוגרפיה, עתיד.
11. הרהורי עבירה אינם זוכים כאן להתייחסות. קטגוריה הלכתית זו חורגת מתחום הרגשות, והיא מתייחסת לכל הצורות המיניות ודורשת הגדרה הלכתית מדויקת יותר.
12. נדרים נא ע"א.
13. בראשית א, כח.
14. מצווה רט.
15. ספרא לוויקרא ט, ג.
16. ויקרא יח, ג.
17. כל הסטטיסטיקות מראות שאחוז ההומוסקסואלים לא עלה מאז המחקרים של קינזי בשנות החמישים. מה שכן השתנה הוא ההתנסות. בחברה המתירנית של היום יש בהחלט יותר התנסויות מבעבר. ובכל זאת, לא כל מי שמתנסה ביחסים עם בן אותו המין, הופך להיות הומוסקסואל.
18. חשוב לדעת שיש היום מחקרים המדברים על נזילות מינית ומראים שיש אנשים שהמשיכה המינית שלהם יכולה להשתנות לאורך חייהם. הדבר נכון במיוחד אצל נשים לסביות, אך יש מחקר בנושא גם ביחס לגברים. ואף על פי כן, אצל רוב האנשים הנטייה לא משתנה. דיאמונד, נזילות.
19. פרידמן ודוני, הומוסקסואליות, עמ' 923-930.
20. רפפורט, יהדות.
21. הצהרות, בלוגספוט.
22. הקהילה, בית הילל.
23. שלג, מפחיד.
24. דיאמונד, נזילות.

25. סלומוביץ ופייט, האם.
26. שם.

פרק 11

27. סטרלינג, ההתפתחות, עמ' 155-182; APA, מדריך.
28. APA, מדריך.
29. כמה, UCLA.
30. טוני ואחרים, טרנסג'נדר.
31. מעקב, CDC.
32. מגדר, Hindawi.
33. לעדויות אישיות ומרגשות בעניין זה ראו ריאיון (באנגלית): דיון, יוטיוב. וכתבה (בעברית): הקב"ה, וודג'.
34. דיון, יוטיוב.
35. דג'ן, ניתוח, עמ' 1535-1545; ויפג'ס, מחקר, עמ' 582-590.
36. בראשית א, כז.
37. בראשית רבה (וילנא) בראשית פרשה ח.
38. נראה שפרק א של ספר בראשית מתמקד בבני אדם כחלק מהעולם הביולוגי, ופרק ב מתמקד בהם כחלק מהעולם היחסותי – זה מול זה וכן מול הקב"ה. זוהי פרשנות העשויה ליישב את תיאורי הבריאה השונים בכל הנוגע לתחום הזכר והנקבה.
39. בראשית ב, כד.
40. ראו, למשל, מסכת ביכורים א, ה; הלכות עבודת כוכבים לרמב"ם הי"ב פ"ד.
41. כף החיים על אורח חיים לח, ט; כף החיים על אורח חיים מו, לב.
42. דברים כב, ה.
43. הומו, ynet יהדות; אין להחמיר, כמוך.
44. בן אפרים, דור; טרנסג'נדרימות, בת קול.
45. על שינוי מגדר לאנדרוגינוס בהלכה: שינוי מין, מכון שלזינגר; הומוסקסואלים, על כלל ופרט.
46. טרנסג'נדר דתי, הארץ.
47. ויקרא יח, כב ופירוש אבן עזרא שם; לב אריה ב, מט. בן אפרים, דור.
48. שו"ת ציץ אליעזר, חלק יא סימן עח.
49. שלומוביץ ופייט, הומוסקסואליות; בן אפרים, דור; מדרשת, ספריא.
50. טרנסג'נדרימות, בת קול.
51. משנה, אבות ב, ד.

פרק 12

1. אינטרנט, כלכליסט.
2. דור M2, KFF.
3. שם, עמ' 2.
4. מסוכנות, המוסד לביטוח לאומי.
5. דור, KFF, M2, עמ' 2.
6. דוח, commonsensemedia.
7. בלאו, אתגרים.
8. דור M, KFF.
9. שם, עמ' 3.
10. האפנר, כל הורה.
11. להחרים, מייל אונליין.
12. דור M2, KFF.
13. דיבו, מיניות.
14. קולינס ואחרים, צפייה, עמ' 280–289.
15. מכורים, ynet הורים.
16. מדיה חברתית, בא־במייל; מדיה מינית, pediatrics.
17. דו"ח מכון המחקר פיו, אפריל 2015: "רוב בני הנוער האמריקנים מדווחים על גישה למחשב, קונסולת משחקים, טלפון חכם וטאבלט".
18. דו"ח של הוועדה לחינוך מבוסס אינטרנט בארה"ב, 2000.
19. היימן ואחרים, אלימות.
20. מאיזה גיל, שריד.
21. פורנו, ynet יהדות.
22. האפנר, כל הורה.
23. בריונות, McAfee.
24. שיימינג, gov.
25. ביקורות, מדיה.
26. האפנר, כל הורה.
27. שרלו, רשו"ת.
28. 'בקשת חברות' היא מונח המשמש ברשתות חברתיות לתיאור הפנייה לאדם אחר בבקשה להיות חבר/ה שלו. האנשים שאליהם מתבצעת הפנייה יכולים לקבל אותה או לדחות אותה. העמוד שלהם יהיה גלוי לפונה רק אם הם מסכימים.
29. פורנו, ynet יהדות.
30. ואן דה ביר, פורנוגרפיה, עמ' 991.

31. מחקר, Quick time.
32. רות׳ברט, לא בעניין.
33. מספר מחקרים שנעשו לאחרונה מאשרים כי העלייה בחשיפה לפורנוגרפיה הביאה לירידה בדחף המיני של גברים במערכות היחסים המיניות האמיתיות שלהם. ראו, למשל, רות׳ברט, לא בעניין; מוריס, יודעים.
34. וולף, מיתוס הפורנוגרפיה.
35. בובר, אני ואתה.
36. מתמכרים, מעריב.
37. שם.
38. פורנו, FIGHT.
39. למה הפסקתי, יוטיוב.
40. מתמכרים, מעריב.

פרק 13

1. הפרק הזה מציע להורים סקירה קצרה על פגיעה מינית, כמו גם כמה דרכים לשוחח על כך עם ילדים וכמה דרכים לתגובה במקרה שילדים אכן נפגעו. ספר מקיף מומלץ על פגיעה מינית בקהילה הדתית המספק ניתוח מקיף בהרבה: מנדל, שוברים שתיקה.
2. שם.
3. גוטליב, קולות.
4. בסדרת הסרטונים ׳סליחה על השאלה׳ יש סרטון על מספר נפגעים שבאים מכל חלקי החברה, המתאר כמה לא פשוט להיות נפגע: אנשים, יוטיוב.
5. סטטיסטיקה, איגוד.
6. האפנר, כל הורה; רופמן, מין ורגישות.
7. פרימן־לונגו וריבאק, מיתוסים.
8. שכטר, התעללות.
9. היסטוריה, AJP.
10. מנדל, שוברים שתיקה.
11. ילדות, ScienceDirect.
12. שולמן, מגע.
13. האפנר, כל הורה.
14. הלכות ייחוד אינן עוסקות רק במקרה של גבר יחיד ששוהה ביחידות עם אישה אחת, אלא מגדירות מתי מותר לקבוצה שיש בה גברים ונשים לשהות יחד, ומתי אסור. הלכות אלו חורגות מתחומו של ספר זה והן נידונות, למשל, במאמרו של הרב שלמה לוי באתר ישיבת הר עציון: ייחוד, VBM.
15. שכטר, התעללות.

פרק 14

1. גרין, הקולות.
2. ספר הכוזרי ג, ה.
3. מורבן ובאומייסטר, ויסות, עמ' 259-247.
4. מישל ואחרים, אופי, עמ' 696-687.
5. גרין, הקולות.
6. יומא כט ע"א.
7. רמב"ם, מורה נבוכים ג, ח.
8. זקס, הסוד.
9. פיגס, הלבבות. 80 אחוז מהבגידות מתחילות במקום העבודה.
10. ויקרא יט, ב, רש"י על אתר.
11. ויקרא יט, ב, רמב"ן על אתר.